Go back to the Husserl's Phenomenology
The philosophy of the Dawn
by Lee Jonghoon

Published by Hangilsa Publishing Co., Ltd., Korea, 2017

후설현상학으로 돌아가기

어둠을 밝힌 여명의 철학

이종훈 지음

현상학의 창시자 에드문트 후설
후설현상학은 선험적 현상학(선험철학)으로서 그 이념은
궁극적 근원을 되돌아가 물음으로써 이론(앎)과 실천(삶)을 엄밀하게 정초하는 것이다.
이 이념을 추구하는 방법은 모든 편견에서 해방되어 의식에 직접 주어지는
'사태 자체'를 직관하는 것이다.

후설의 두 스승 바이어슈트라스(왼쪽)와 브렌타노
후설은 베를린대학교에서 바이어슈트라스의 지도로
수학박사 학위논문을 완성한 후 빈대학교에서
브렌타노의 강의를 듣는데, 그에게 깊은 영향을 받아 철학의 길로 들어섰다.

1930년경 연구조교인 핑크와 얘기를 나누는 후설
핑크는 후설의 마지막 연구조교이자 공동탐구자다.
그는 후설이 1929년 소르본대학교에서 한 강연의 원고 「파리강연」을
매우 깊이 있는 내용으로 보완해 후설 사후에 『선험적 방법론』으로 펴냈다.

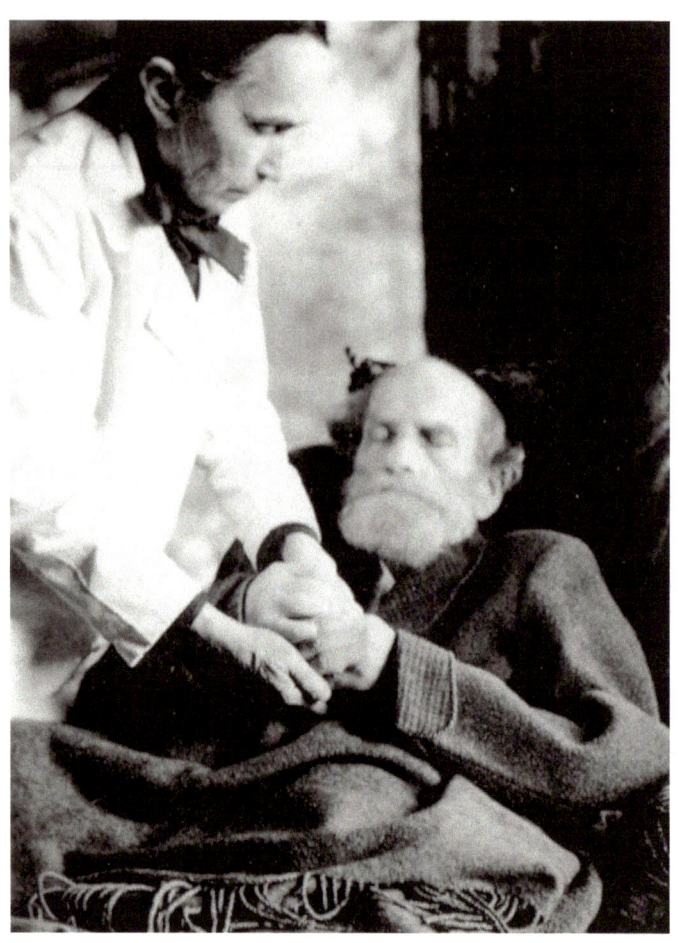

숨을 거두기 한 달 전 병상에 누운 후설

후설은 병상에 누워 죽기 직전까지도 새로운 생각이 떠오르면 속기로 기록했다.
이렇게 남긴 유고만 8절지 크기로 5만여 매가 넘었다.
후설은 "철학자로 살아왔고 철학자로 죽고 싶다"는 유언 그대로
끊임없이 스스로를 비판한 '철학자'였다.

어둠을 밝히는 길은 고전에 있다
• 머리말

한국현상학회는 1978년 창립된 이래 저명한 원로교수들과 의욕 넘치는 젊은 학자들을 중심으로 왕성하게 활동해왔다. 그동안 학회지를 통해 적지 않은 논문을 발표했고, 중요한 원전도 상당 부분 번역했다. 이로써 현상학에 대한 관심이 다양한 학문분야로 크게 확산되었는데, 철학과 인문학, 사회과학뿐만 아니라 예술·체육·간호·상담심리, 심지어 질적(質的) 연구방법 분야에서도 각광받고 있다. 그렇지만 가장 기본적인 물음, 즉 '현상학은 무엇인가?'에 대해서만큼은 누구도 명확하게 답하고 있지 않다.

이렇게 많은 사람이 현상학을 공부하고 이해하는 데 많은 노력을 기울이면서도 저 질문 앞에서는 모두 굳게 입을 다물게 되는 이유는 무엇인가?

우선 후설현상학, 즉 선험적 주관성을 해명하는 선험적 현상학(철학)과 선험적 자아를 추상적이라고 거부하고 본질직관만 받아들이는 다른 현상학자들의 세속적 현상학(방법론)을 명확하게 구별하지 않기 때문이다. 이 차이가 모호해지면 당연히 연구의 체계를 세울 수 없고, 그 결과 논의를 거듭해도 공허해질 뿐이다.

이는 나무만 보고 숲을 놓쳐버리는 실수를 범하게 한다. 즉 후설현상학을 본질을 기술하는 단계(기술적 현상학)에서 출발해 선험적 현상학을 추구하는 단계(선험적 현상학)를 거쳐 생활세계를 해명하는 단계(생활세계 현상학)로 나아갔다거나 의식과 대상의 상관관계를 정적(靜的)으로 분석하는 단계에서 발생적(發生的)으로 분석하는 단계로 발전해갔다거나 하는 식으로 단절시켜 이해하는 것이다. 이러한 시도는 각 단계의 특징을 부각시켜 파악하는 데 많은 도움을 줄 수 있지만, 그 도식의 테두리에 후설현상학 전체를 기계적으로 무리하게 끼워 맞춤으로써 근거를 잃을 뿐만 아니라 그 참모습을 정확하게 이해하지 못하도록 한다.

사실 후설현상학을 제대로 이해하면 저러한 실수는 피해갈 수 있다. 우선 후설은 마지막 저술 『위기』(1936)에서 생활세계의 본질과 존재론을 분석한다. 이때 생활세계는, 『위기』의 제3부 A. 제목에서도 명백하게 드러나듯이, 선험철학에 이르는 단지 하나의 길이다. 그런데도 '생활세계가 후설현상학에서 통과점인가 도달점인가' 하는 외국학자의 뜬금없는 논의를 마치 논리적 맹점을 날카롭게 분석한 탁월한 견해인 것처럼 버젓이 소개한 책도 있다. 하지만 생활세계는 객관적 자연과학이 망각한 그 의미의 기반이자 『엄밀한 학문』(1911)에서 공허한 단어분석을 버리고 '사태 그 자체로' 되돌아가라고 한, 직관적 경험세계를 구체화한 것이다.

또한 후설은 1904~1905년 강의를 정리한 『시간의식』에서 시간적으로 발생하는 모든 의식체험의 지향적 지평구조와 침전된 역사성을 해명할 기초를 확보했다. 그의 현상학이 정적 분석에서 발생적 분석으로 발전해갔다면, 발생적 분석이 등장한 이후에는 정적 분석이 사라져야 하지 않은가? 『이념들』 제1권(1913)이나 『데카르트적 성찰』

(1931)은 정말 그러한가? 1920년대 작성한 한 유고에서 찾아볼 수 있는 표현인 '정적 현상학의 이념'과 '발생적 현상학의 이념'이 단순하게 '목표'를 의미하는 게 아니라면, 각각은 도대체 무엇을 의미한단 말인가?

더구나 『논리연구』 제1권(1900)을 주관적 심리학주의를 비판한 객관주의로, 제2권(1901)을 의식체험의 본질구조를 밝힌 주관주의로 분리해 단정하는 오해는 의식을 '…에 관한 의식'이라는 '지향성'으로 파악하는 것만으로도 '주관 대(對) 객관'의 이원론을 말끔하게 해소할 수 있다. 물론 '선험적 자아(이성) 대 자연적 경험(감성)'의 이원론도 두 항이 실은 의식의 끊임없는 흐름 속에서 하나라는 점 그리고 주관적 속견(Doxa)은 객관적 인식(Episteme)에 대립하는 낮은 단계의 명증성을 지닌 것이 아니라 오히려 객관적 인식이 의미를 갖게 되는 원천이자 타당하게 되는 토대라는 점에서 분명하게 극복된다.

그런데 10여 년 전부터 매우 당혹스러운 일이 벌어졌다.

한국현상학회 일부에서 '후설'을 독일어 발음에 더 가깝다는 이유로 '후썰'로 표기하고, 후설현상학의 근본특징을 집약할 수 있는 용어인 '선험적'(transzendental)을 칸트가 쓴 본래의 의미에 충실해야 한다며 '초월(론)적'으로 옮기기 시작했다. 이것이 더 바람직하다면 철학사전 대부분은 물론 한글사전까지도 그렇게 수정해야 할 것이다. 현상학 입문자에게는 엎친 데 덮친 격으로 혼란만 가중된다.

이 문제가 갑자기 등장한 것은 결코 아니다. Husserl을 '후세르' '훗설' 등으로, transzendental을 '초월(론)적' '정험적'(定驗的) 등으로 학자마다 제각기 옮기던 것을 1980년대 중반 한국현상학회에서 '후설'과 '선험적'으로 통일해 사용하기로 약정했다.

나는 한 철학전문지를 통해 '후썰'은 외래어 표기법에 명시적으로 어긋나고, 만약 정말로 원어 발음을 기준으로 삼는다면 어째서 '하이데거'(Heidegger)는 '하이데꺼'로, '러셀'(Russell)은 '러쎌'로 바꾸지 않느냐며 이의를 제기했다. 이어서 궁극적 근원으로 부단히 되돌아가 묻는 후설현상학의 '선험적' 태도를 의식과 대상이 분리된 이원론을 전제한 '초월론'으로 번역하면 의식과 상관없는 대상을 추구하는 의미가 되고, 게다가 '초월'과 '초월론'의 차이 및 그 관계도 지극히 모호해 한 문장에서 같이 나올 경우 아주 헷갈린다고 지적했다.

그 이후 '후쎌'이란 표기는 이유를 밝히지 않은 채 곧 자취를 감추었다. 그러나 '초월(론)적'이라는 용어는 정작 한국현상학회에서조차 한 번도 진지하게 논의하지 않아 여태껏 '선험적'과 혼용되고 있다. 그 결과 원로학자들이 이제껏 '선험적'으로 발표한 모든 책과 논문도 일거에 낡은 유물이 될 지경이다. 이러한 일이 특정한 학자의 고유한 이론이나 시각에서 비롯된 건설적인 논쟁과는 전혀 상관없다는 생각을 떨칠 수 없으니, 현상학도의 한 사람으로서 매우 부끄럽고 안타까울 뿐이다.

"막히면 돌아가라!"는 말이 있다. 그러나 오히려 '고전(古典)으로 파고들어야' 할 때도 있다. 현상학을 제대로 이해하려면 당연히 후설현상학부터 올바로 알아야 한다. 수학자였던 후설이 50년 이상 끊임없이 철저하게 철학(현상학)을 하면서 궁극적으로 지향한 점은 곧 선험적 현상학이다. 이것은 근대 이래 실증적 사실만을 추구한 객관적 자연과학이 자기반성의 주체인 이성을 불신함으로써 또 학문하는 사람이 자기 삶의 진정한 가치와 의미를 뿌리째 망각함으로써 비롯된 현대사회의 총체적 위기를 극복하기 위해 내놓은 근본적 해결책이다.

후설이 이렇게 분석하고 제시한 문제의식에 공감한다면 그리고 그 문제의식은 현대에 이르러 오히려 더 절박하게 요구되고 있다고 판단한다면, 우리에게 남은 길은 무엇인가?

이제 더 이상 명백한 근거 없이 자의적으로 후설현상학을 비판하거나 피상적으로 평가하는 2차 문헌들에 눈길을 돌릴 수도 없고 돌려서도 안 된다. 만약 그렇게 후설현상학에 접근한다면, 후설이 본인의 현상학이 전통적 의미의 관념론이나 독아론 등으로 오해되는 데 대해 여러 차례 상세하게 해명했는데도, 또한 이성(이론)과 감성(실천)을 의식의 끊임없는 흐름 속의 통일체로 파악해 구체적으로 제시했는데도, 이와는 전혀 다르게 후설현상학을 이해하게 된다. 따라서 후설현상학의 슬로건 '사태 그 자체로!'(zur Sache selbst)처럼, '후설현상학 그 자체로' 되돌아가야 한다. 그리고 거기에서부터 '후설과 더불어 현상학을 해야'(doing Phenomenology, Phänomenologisieren) 한다.

그렇다면 후설현상학은 어디에서 찾아야 하는가? 생전에 펴낸 많은 저술과 사후에 계속 편집되어 출판되는 유고의 매우 세밀한 분석과 복잡한 논의 속에 묻혀 있는 그의 논지와 그 핵심을 어떻게 해야 분명하게 제시할 수 있는가? 후설현상학에 대해 그 누구보다 잘 아는 후설 스스로 말하게 할 수는 없는가?

이러한 문제의식에서부터 이 책을 구상했다.

우선 그동안 내가 옮긴 후설의 책들, 『엄밀한 학문(으로서의 철학)』 『시간의식』 『경험과 판단』 『(유럽학문의) 위기(와 선험적 현상학)』 『(데카르트적) 성찰』 『(순수현상학과 현상학적 철학의) 이념들』 제1~3권, 『형식논리학과 선험논리학』 『(현상학적) 심리학』과 교정 중인 『수동적 종합』, 여기에 『논리연구』 제1권과 제2권만 보충하면 후설현상학 전반을 어느 정도 제시할 수 있다고 생각했다. 그래서 많이 인용되거나 후설현상학을 이해하는 데 필수적인 부분들을 발췌하고 원전과 다시 한 번 대조해가며 새롭게 옮기고 엮었다.

그런데 자신의 관점을 스스로 비판해가면서 부단히 발전해나간 후설현상학의 총체적 모습을 일목요연하게 제시하기 위해서는 그의 저술들을 '어떻게 제시하는지' 못지않게 '어떤 순서로 배열하는지'도 매우 중요한 문제다. 일상에서 대화를 나눌 때도 언제 어떤 맥락에서 말하는지에 따라 의미가 다르게 전달될 수 있고, 바둑을 둘 때도 낙점(落點)하는 순서를 달리하면 결과가 완전히 달라질 수 있으며, 블록을 올릴 때도 어떻게 쌓느냐에 따라 전혀 다른 모양이 될 수 있는 것과 마찬가지다.

후설은 원고를 많이 수정하기로 유명한데 사후에 출판한 책은 말할 것도 없거니와 생전에 출판한 책이라도 오랜 수정 때문에 처음 기획하고 집필했을 때와 발행일의 시간차가 많이 난다. 따라서 단순히 발행일에 따라 배열하면 오히려 후설의 의도를 흐릴 수 있으니 초안을 작성한 시기를 기준으로 배열해야 한다. 그래야만 '주관주의 대 객관주의' '선험적 관념론 대 경험적(또는 생활세계) 실재론' '정적 분석 대 발생적 분석' 등 후설현상학을 오해하게 하는 왜곡된 도식의 틀을 말끔하게 해소할 수 있다.

따라서 『논리연구』 제1권과 제2권은 초안을 완성한 1898년을, 『이념들』 제1~3권도 초안을 작성한 1912년을 기준으로 배열했다. 『이념』은 출간된 1950년이 아니라 그 주제를 강의한 1907년으로, 『시간의식』도 출간된 1928년이 아니라 그 주제를 강의한 1904~1905년, 1905년으로 순서를 매겼다. 『심리학』의 순서는 그 주제를 강의한 1925년으로 간주했으며, 이러한 사정은 『수동적 종합』 『경험과 판단』 『성찰』도 마찬가지다.

이렇게 후설의 주저 14권을 선별하고 배열해 제2부를 구성했다. 목차는 다음과 같다.

Ⅰ 후설현상학의 기본 얼개
『논리연구』제1, 2권
Ⅱ 선험적 현상학이 숙성되는 시기
『시간의식』『이념』『엄밀한 학문』
Ⅲ 선험적 현상학을 향해 출항함
『이념들』제1~3권
Ⅳ 선험적 현상학의 다양한 길을 모색함
『수동적 종합』『경험과 판단』『심리학』
Ⅴ 선험적 현상학의 이념을 계속 추구함
『형식논리학과 선험논리학』『성찰』『위기』

각 저술 앞에는 출판 배경과 의의, 특히 핵심적 문제제기나 쟁점 그리고 반드시 주목해서 보아야 할 사항을 간명하게 정리한 '길잡이'를 배치했다.
인용한 원전은 주제와 논지에 따라 작은 항목으로 구분했다. 책의 분량을 고려해 문맥상 이어지는 전후의 진술들을 모두 넣지 않았다. 다만 생략한 단락과 문구는 '[…]'로 표시했다. 또한 각 저술에서 언급되는 인물과 개념 중 후설현상학을 정확하게 파악하기 위해 매우 중요한 것들은 「인물 소개」「용어 설명」으로 따로 정리했다.

마지막으로 '후설현상학 그 자체로!' 돌아가야 한다며 후설현상학을 안내하겠다고 나선 사람으로서 내 시각을 밝혀야 한다고 생각했다. 그래서 제1부를 후설현상학이 발전을 거듭해나간 총체적 모습과 문제점을 제시하는 내용으로 구성했다.
제1장에서는 후설현상학이 발전해나간 궤적을 시대순으로 추적한다. 그러면서 그가 철학자 이전에 유대인으로서 또한 한 인간으로서

겪은 고통을 생생하게 전달하려 했다. 그리고 어떤 이론을 주장했는지 요약하고, 이것을 어떻게 파악해야 좋은지 예시를 들어 설명했다. 그래야만 후설이 어떻게 현상학을 심화시켰는지 그 총체적 모습에 조금이라도 더 다가갈 수 있기 때문이다.

제2장에서는 후설현상학이 1950년대 새롭게 부활하는 결정적 계기를 살펴보았다. 후설은 나치가 집권하면서 국내외 활동을 제약받는 등 모든 권리를 박탈당해 말년을 쓸쓸히 보내다 죽는다. 다행히도 몇 사람이 뜻을 모아 나치의 삼엄한 감시 속에서도 그가 남긴 수많은 유고를 안전한 곳으로 옮겨 후설아카이브를 세우고 『후설전집』을 발간했다. 그렇지 않았다면 후설현상학은 하이데거나 사르트르의 철학에 이르기 위한 가교역할 정도로 평가받고 말았을 것이다.

제3장에서는 은퇴 이후 한 강연과 유고를 통해 새롭게 드러난 후설현상학을 다룬다. 무엇보다 이성이 술어로 판단하기 이전의 생생한 경험, 즉 지각이 수용되고 파악되는 보편적 지평구조와 그 연장선에서 이뤄진 생활세계의 다양한 문제를 분석했다. 즉 후설현상학은 지각 자체를 희미하고 어두운 영역에서 끌어내 해명한다. 따라서 '애매성'의 철학이 아니라 오히려 이제까지 너무나 당연하다고 간주해 은폐되었던 어두운 곳을 밝히는 '여명의 철학'이다.

제4장에서는 후설현상학에 대한 다양한 왜곡과 그 원인을 구명함으로써 근거가 없거나 모호한 해석의 두터운 장막을 걷어버리고 후설현상학의 참된 의의를 거듭 강조해 제시하고자 했다. 일그러진 고정관념의 안경을 쓰면 아주 명백한 사실조차 제대로 볼 수 없다. 아무리 병이 깊더라도 원인을 정확히 진단한다면 올바로 치유할 수 있기 때문이다. 이러한 과정에서 논지의 근거를 분명하게 밝혀야 했기 때문에 학술서처럼 출처에 관한 주석이 다소 많아질 수밖에 없었다.

끝으로 내가 이 책을 쓰게 된 근본적 동기, 즉 후설현상학 입문자에게 또는 잘못된 선입견 때문에 후설현상학을 부정적으로 생각하는 사람에게 후설현상학의 참모습을 생생하게 전달하고, 그 결과 후설 자신이 그토록 원했듯이 현상학적 방법으로 다양한 분야에 많은 성과를 거둘 수 있는 계기가 되기를 간절하게 바란다.

이 책을 돌아가신 부모님과 많은 가르침을 주신 여러 은사님께 머리 숙여 바친다. 그리고 저술을 적극적으로 지원해주신 한국연구재단과 출판을 위해 많은 수고를 선뜻 떠맡아주신 한길사 김언호 대표님과 편집부에 고마움을 전한다. 학문적 능력이 부족한데도 이제껏 공부할 수 있게 도와준 아내 조정희와 그동안 힘든 시절을 굳게 견디어준 두 아들 윤상이, 윤건이도 잊을 수 없다.

2017년 3월
이종훈

후설현상학으로
돌아가기

어둠을 밝히는 길은 고전에 있다 | 머리말 · 9

제1부
'철학자' 후설이
걸은
현상학의 길

1 후설현상학이 걸어간 길

진리에 대한 신념으로 길어낸 선험철학 · 25
수학에서 논리학으로 그리고 다시 인식론으로 · 29
선험적 현상학이 싹트게 된 중요한 계기 · 43
선험적 현상학을 체계적으로 제시하다 · 55
선험적 현상학의 이념을 계속 추구하다 · 63

2 후설아카이브 설립과 후설르네상스

후설르네상스의 기폭제 · 71
반 브레다와 후설 부인의 만남 · 73
나치의 삼엄한 감시를 피하라 · 75
후설아카이브 설립과 『후설전집』 발간 · 77

3 어둠을 밝힌 여명의 철학

경험의 입체적 구조 · 82
생활세계의 의의와 심리학의 문제 · 88

4 후설현상학에 대한 올바른 이해

다양한 오해와 그 원인 · 99
근거가 없거나 모호한 해석 · 106
후설현상학의 의의 · 139

제2부 후설현상학의 전개

I 후설현상학의 기본 얼개

1 『논리연구』제1권
심리학주의의 논증과 태도 · 157
심리학주의의 편견들 · 164

2 『논리연구』제2권
현상학적 연구의 인식비판 · 187
표현과 의미의 본질적 차이 · 194
의미의 이념성 · 203

II 선험적 현상학이 숙성되는 시기

3 『시간의식』
객관적 시간과 현상학적 시간 · 215
시간의식의 분석 · 221
시간과 시간의 객체들이 구성되는 단계 · 228

4 『이념』
강의의 주된 내용 · 241

5 『엄밀한 학문』
엄밀한 철학의 이념 · 255
자연주의 철학 · 259
역사주의와 세계관 철학 · 271
엄밀한 철학의 출발점은 사태 그 자체 · 277

III 선험적 현상학을 향해 출발함

6 『이념들』제1권

본질과 본질의식 · 285
현상학의 근본적 고찰 · 296
순수현상학의 방법론, 이성과 실제성 · 309

7 『이념들』제2권

정신적 세계의 구성 · 319
정신적 세계의 근본법칙인 동기부여 · 327

8 『이념들』제3권

현상학과 존재론의 관계 · 343
『이념들』제1권의 후기 · 346

IV 선험적 현상학의 다양한 길을 모색함

9 『수동적 종합』

지각에서 대상이 스스로를 부여함과 그 양상화 · 359

10 『경험과 판단』

논리적 주제제기의 양면성과 선험적 문제제기 · 377

11 『심리학』

현대심리학의 문제 · 395
심리학의 주제인 순수주관성 · 399
『브리태니커백과사전』의 현상학 · 410

V 선험적 현상학의 이념을 계속 추구함

12 『형식논리학과 선험논리학』

궁극적 학문이론으로서의 선험논리학 · 425
형식논리학에서 선험논리학으로 · 430
선험적 현상학과 지향적 심리학 · 436

13 『성찰』

선험적 자아를 해명하는 문제 · 451
타자경험과 선험적 상호주관성 · 460

14 『위기』

현대 인간 삶의 근본적 위기와 그 원인 · 471
생활세계에서 선험철학에 이르는 길 · 479
유럽인간성의 위기와 철학(빈강연) · 490

부록   인물 소개 · 505
용어 설명 · 512
후설 연보 · 531
후설의 저술 · 537

참고문헌 · 545

제1부

'철학자' 후설이
걸은
현상학의 길

1 후설현상학이 걸어간 길

진리에 대한 신념으로 길어낸 선험철학

후설(Edmund Husserl)은 1859년 4월 8일 독일 메렌(당시 오스트리아 영토)의 작은 도시 프로스니츠(현재 체코 프로스초프)에서 유대인 상인의 3남 1녀 중 차남으로 태어나 1938년 4월 27일 프라이부르크에서 79세로 사망했다. 할레대학교 강사(1887~1901), 괴팅겐대학교 강사(1901~1906)와 교수(1906~16), 프라이부르크대학교 교수(1916~28)를 역임했고 은퇴 후에는 죽는 날까지 오직 강연과 집필에만 몰두했다. 후설은 "철학자로 살아왔고 철학자로 죽고 싶다"는 유언 그대로 끊임없이 스스로를 비판한 '철학자'였다.

그는 기존의 사상에 자신의 견해를 덧붙이고 체계를 세워 가르치기보다 자기 스스로 사유하는 철학자(Selbstdenker)로서 저술과 강의를 통해 자신이 걸었던 길을 있는 그대로 드러냈다.

> 나는 내가 파악한 것을 안내하고 제시하며 기술할 뿐이지, 가르치려고 하지는 않겠다. […] 우선 나 자신에 대해 그리고 이러한 방식으로 다른 사람들에게 내가 아는 최상의 지식과 양심에 따라 논의할 권리가 있다는 점만 주장할 뿐이다(『위기』, 17쪽; 이 책, 474쪽).

물론 그 길이 단번에 분명하고 확고한 모습으로 주어진 것은 아니다. 후설은 지속된 방황과 실패 속에 끝없는 불안과 뼈아픈 좌절을 겪어야만 했다.

이러한 상황에서 옛 스승 브렌타노(Franz Brentano)가 격려를 담아 편지했고, 후설도 존경과 감사의 마음으로 답장(1904. 10. 11)[1] 했다.

> 존경하는 선생님!
> 선생님이 손수 쓰신 편지, 이 얼마나 크고 예기치 않던 기쁨인지 모르겠습니다! 선생님께서 아직도 이토록 좋게 생각해주시니 저는 정말 행복합니다. 저는 선생님의 지극히 고결한 정신이 제가 철학적으로 발전하는 데 얼마나 깊게 영향을 미쳤는지 결코 잊지 않고 있습니다. […] 저는 선생님 철학의 제자로 시작했으나 독립하게 되었습니다. 이것은 제게 결코 쉬운 일이 아니었습니다. […]

며칠 후 보낸 편지(1904. 10. 15)에서는 학문적 견해가 다르고 유대인이라는 이유로 괴팅겐대학교 정교수 자리가 계속 거부되는 모욕과 절망감을 이렇게 드러냈다.

> 불행하게도 저는 […] 항상 다른 사람이 우월하다는 것을 인정하면서도 그들과 헤어져 제 자신만의 길을 추구할 수밖에 없었습니다. […] 이것은 고통스럽고 지겨운, 게다가 비굴한 일이었습니다. 저는 얼마나 높은 곳에 있고 싶었는지 모릅니다. […] 이제 저는 마흔다섯 살입니다. 그런데도 여전히 비참한 초보자입니다. 제가 무

---

[1] 이 편지와 답신은 H. Spiegelberg, *The Phenomenological Movement*, 88, 90쪽에서 인용.

엇을 바랄 수 있겠습니까? 저는 많은 책을 읽지 않고 (그 수가 아주 적지만) 독창적 사상가의 저술만 읽는데 여기에서 발견하는 새로운 것은 무엇이든 항상 제 견해를 변경하는 도전입니다.

47세라는 적지 않은 나이에 비로소 정교수가 될 때까지 외롭고 험한 길을 포기하지 않고 굳세게 걸어온 힘과 용기는 어디서 나왔을까?
후설은 14년간 사강사로 보낸 할레대학교 시절 매일 지나치던 고아원 담벼락에 새겨진 「이사야」(40장 31절)의 한 구절에서 많은 위안을 받았다고 한다.

> 야훼를 믿고 바라는 자는 새 힘이 솟아나리라.
> 독수리가 날개 쳐 솟아오르는 것처럼
> 아무리 뛰어도 고달프지 않고 아무리 걸어도 지치지 않으리라.

『맹자』의 다음 구절[2]을 접했다면 더 큰 용기를 얻었을 것이다.

> 하늘이 장차 그 사람에게 큰일을 맡기려고 하면,
> 반드시 먼저 그 마음과 뜻을 괴롭히고,
> 근육과 뼈를 깎는 노동을 주며,
> 그 몸과 살을 굶주리게 해 삶을 빈곤에 빠뜨려
> 하는 일마다 어지럽힌다.
> 그것은 그의 마음을 움직여 참을성을 기르고,
> 지금까지 할 수 없었던 일도 할 수 있게 하기 위함이다.

---

[2] 『孟子』, 告子章句 下 15, 天將降大任於是人也, 必先苦其心志, 勞其筋骨, 餓其體膚, 空乏其身, 行拂亂其所爲, 所以 動心忍性 ,曾益其所不能.

자신의 현상학이 절대적 또는 주관적 관념론으로만 오해받는데도 줄곧 선험적 주관성을 다양하게 해명하려 했던 1920년대에는 부처의 설법에 관한 팔리어 원시 불경을 노이만(Karl E. Neumann)이 독일어로 번역한 책을 경탄하며 거듭 읽었다고 한다.[3] 어쨌든 이처럼 오랜 역경과 고난을 극복해낸 후설의 힘과 용기는 타고난 품성에서 비롯된 것이 아니다. 오히려 구도자의 자세로 자신의 삶 전체를 다 바쳐 진리를 찾아 나섰던 굳은 신념이 있었을 뿐이다.

후설은 50여 년간 학자로서 외길을 걸으며 모든 학문과 인간 삶의 근본적 의미와 목적을 해명하고 진정한 인간성을 실현할 철학의 참된 출발점을 근원적으로 건설하고자 했다. 이 현상학의 이념은 모든 학문의 조건과 근원으로 되돌아가 물음으로써 궁극적 자기책임에 근거한 이론적 앎과 실천적 삶을 정초하는 '엄밀한 학문(strenge Wissenschaft)으로서의 제일철학(Erste Philosophie)', 즉 선험철학(Transzendental Philosophie)이다. 이 이념을 추구한 방법은 기존의 철학에서부터 정합적으로 형이상학적 체계를 구축하는 것이 아니라, 모든 편견에서 해방되어 의식에 직접 주어지는 '사태 그 자체로'(zur Sachen selbst) 되돌아가 그 본질을 직관하는 것이다.

이 이념과 방법은 후설의 사상이 부단히 발전을 거듭해가는 와중에도 전혀 변하지 않았다. 그와 직접적 또는 간접적으로 관련을 맺고 독자적 사상을 전개한 수많은 현대철학자, 심지어 충실한 연구조교였던 란트그레베(Ludwig Landgrebe)와 핑크(Eugen Fink)도 나중에는, 암묵적이든 명시적이든, 선험적 현상학을 비판하고 거부했다. 후설은 이들이 거둔 성과를 높이 평가하면서도 결코 선험적 현상학

---

3 『강연 2』, 「고타마 붓다의 설법에 관해」, 125~126쪽(*Papierbote*, 1925); 『상호주관성』 제3권, 241쪽 참조.

을 포기하지 않고 끝까지 견지했다. 그가 후기에 문제 삼은 '생활세계'(Lebenswelt)도 '선험적 현상학'(목적)에 이르기 위한 하나의 길(방법)이었다. '방법'(method)이 어원상 '무엇을 얻기 위한 과정과 절차'(meta+hodos)를 뜻하듯이, 후설이 제시하는 학문적 방법은 그 목적, 즉 선험적 현상학과 결코 분리될 수 없다.

물론 초기저술의 정적 분석과 후기저술이나 유고의 발생적 분석은 그 모습이 많이 다르다. 그러나 이 둘은 서로 배척하는 관계가 아니라, 건물의 평면도와 조감도처럼, 서로 보완하는 필수불가결한 관계다. 참고로 발생적 분석이 정적 분석보다 더 복잡하기 때문에 정적 분석부터 고찰하는 것이 일반적으로 당연한 순서일 것이다.

수학에서 논리학으로 그리고 다시 인식론으로

1 심리학주의 비판

후설은 라이프치히대학교와 베를린대학교에서 바이어슈트라스(Karl Weierstraß)와 크로네커(Leopold Kronecker)에게 수학을, 파울센(Freidrich Paulsen)에게 철학을 배웠으며, 변수계산(變數計算)에 관한 박사학위논문을 완성한 후 바이어슈트라스의 조교로 경력을 쌓기 시작했다. 1884년부터는 빈대학교에서 브렌타노의 강의를 들었다. 그에게 깊은 영향을 받은 후설은 철학도 엄밀한 학문으로 수립될 수 있다고 확신하게 되었다.

그래서 1887년 수 개념을 심리학적 방법으로 분석해 수학의 기초를 확립하려는[4] 내용의 교수자격논문 「수 개념에 관하여(심리학적 분

---

4 기하학은 그 당시까지 가장 확실한 학문의 전형으로 간주되었기 때문에 비-유클리드 기하학의 등장은 상당한 충격이었다. 그래서 수학의 기초를 산술(특

석)」를 발표했다(이것은 내용을 보완해 1891년 『산술철학』으로 출판되었다). 이러한 심리학적 방법은 자극의 조건-반사 관계를 탐구한 파블로프(Ivan Pavlov)의 생리학과 정신현상을 감각요소로 설명한 분트(Wilhelm Wundt)의 실험심리학이 주름잡던 당시 학계의 지배적 경향을 반영한 것이다.

그런데 후설은 곧 이 시도가 충분치 않음을 깨닫게 되었다. 그의 시도를 '심리학주의'라고 비판한 프레게와 나토르프, 판단작용과 판단내용을 구별해 순수논리학을 추구한 볼차노(Bernhard Bolzano)의 영향 때문이었다. 이에 후설은 수학과 논리학의 형식적 관계를 밝히려는 계획을 세운다. 이는 1900년 『논리연구』 제1권에서 심리학주의를 비판함으로써 순수논리학을 학문이론으로 정초하고자 하는 시도로 발전한다.

1) 논리학에 대한 상반된 견해

논리학은 아리스토텔레스가 체계화한 이래 그 자체로 완결된 학문처럼 간주했으나, 근대 이후 논리학의 성격과 원리를 놓고 논리학주의(Logizismus)와 심리학주의가 대립했다. 논리학주의는 논리학이 순수한 이론적 학문이기 때문에 심리학이나 형이상학과 독립된 분과라 주장했고, 심리학주의는 논리학이 판단과 추리의 규범을 다루는 기

히 집합론)에 두었으나 칸토르(Georg Cantor) 등이 역설을 발견함으로써 실패했다. 그 결과 수학의 기초를 논리학에 세우려는 프레게(Gottlob Frege)와 러셀(Bertrand Russell)의 논리주의, 수학을 형식화된 체계로 파악해 무모순성을 증명한 힐버트(David Hilbert)의 형식주의, 수학의 근거와 본질을 명증적 직관에서 찾은 브라우어(Luitzen Brouwer)의 직관주의가 대립했다. 이러한 시도들은 나름대로 성과를 거두었으나 성공하지 못했다. 후설의 견해는 이 가운데 어느 하나에만 속하지 않고, '보편수학'으로서의 논리학에 관한 관심도 혼재되어 있다.

술(技術)에 관한 실천적 학문이기 때문에 심리학의 분과라 주장했다.

후설에 따르면, 이 두 견해는 서로 대립된 것이 아니라 긴밀하게 연관되어 있다. 이론적 학문은 존재의 사실(事實)을 다루고, 규범적 학문은 존재의 당위(當爲)를 다룬다. 그런데 실천적 당위명제는 아무런 규범도 없는 이론적 사실명제를 내포한다. 예를 들어 '모든 군인은 용감해야 한다'와 '용감한 군인만이 훌륭한 군인이다'의 관계와 같다. 물론 거꾸로도 마찬가지다. 따라서 규범적 학문 속에 내포된 이론적 영역은 이론적 학문을 통해 해명되어야 하며, 이론적 학문 역시 실천적 계기를 결코 배제하지 않기 때문에 규범적 성격을 띤다. 단 규범의 기초는 이론에 근거하기 때문에 규범적 학문이 진정으로 학문적 성격을 지니려면 이론적 학문을 전제해야만 한다. 따라서 논리학은 본질적으로 이론적 학문에 속하고 부차적으로만 규범적 성격을 띤다고 정리할 수 있다.

그런데 논리학은 진리를 획득하는 법칙을 세우는 순간 올바른 판단과 추리에 관한 기술을 다루는 규범적 학문이 되어버린다. 심리학주의는 논리학의 순수한 이론적 형식들이 이처럼 실천적 규칙이나 규범으로 변형되기 때문에 ─ 실천적 규정의 대상들은 결국 인간의 심리적 활동의 산물이므로 ─ 논리학의 기초가 심리학, 특히 인식의 심리학에 근거한다고 주장한다.

2) 심리학주의의 주장과 후설의 비판

심리학주의에 따르면, 논리법칙 자체가 심리적 사실에 근거한 심리법칙이기 때문에 논리학은 당연히 심리학의 한 분과가 된다. 이때 논리법칙은 심리물리적인 실험을 반복해 일반화한 발생적 경험법칙이자 사유의 기능 또는 조건을 진술하는 법칙에 지나지 않는다. 예를 들어 모순율은 서로 모순된 두 명제(가령 '이 선분은 직선이다'와 '이 선분은 직선이 아니다')를 동시에 참으로 받아들일 수 없는 마음의 신념, 즉 판단작용이 실재적으로 양립할 수 없음을 의미할 뿐이다. 삼단논법에서 두 개의 전칭부정(全稱否定) 명제가 어떠한 결론도 도출할 수 없는 것[5]도 이것이 일종의 사유작용의 물리학(Physik)이기 때문으로 설명한다.

이에 대한 후설의 비판은 다음과 같다.

우선 순수논리법칙은 그 대상이 현실적으로든 가능적으로든 존재하는지(가령 '둥근 사각형' '화성火星의 생명체' '황금산黃金山' 등)를 함축하거나 전제하지 않는다. 또한 모순율은 서로 모순된 명제나 사태가 이념적으로 양립할 수 없음을 나타낼 뿐이고 삼단논법의 타당성은 어떠한 판단작용과도 무관하다. 특정한 조건에서 확률적 귀납에 따른 맹목적 확신으로 심정적으로 느낀 인과적 필연성과 명증적 통찰을 통해 직접 이해한 것으로서 어떠한 사실로도 확인되거나 반박되지 않는 보편타당한 논리적 필연성은 결코 혼동될 수 없다. 특히 제한된 경우들을 일반화하는 심리학의 경험법칙에는 항상 귀납적 비약이 내포될 수밖에 없기 때문에 언제든지 예외가 있을 수 있는 개연적 근사치만 지닐 뿐이다.

모든 경험적 사실과학은 이러한 귀납적 일반화의 부정확성과 한계를 피할 수 없다. 더구나 심리학적 판단은 사실만 설명할 뿐 이성적 증명을 통해 이론적으로 정당화하는 과정을 거치지 않기 때문에 회의적 상대주의의 순환론에 빠질 수밖에 없다.

---

5 예컨대 ① 어떠한 여자도 남자가 아니다.　② 어떠한 말도 소가 아니다.
　　　　　어떠한 여대생도 남자가 아니다.　　어떠한 개도 소가 아니다.
　　　　　∴ 어떠한 여대생도 여자가 아니다.　∴ 어떠한 개도 말이 아니다.
①의 결론은 거짓이지만 ②의 결론은 참이므로 타당한 추론이라고 생각할 수 있다. 그러나 ②의 결론 역시 전제에서부터 논리적으로 추론한 것이 아니기 때문에 부당하다. 단지 결론만을 사실적으로 확인한 것일 뿐이다.

3) 상대주의의 편견들과 이에 대한 후설의 비판

심리학주의 인식론은 '어떠한 진리도 없고, 어떠한 인식도 없으며, 어떠한 인식의 정초도 없다'는 고르기아스(Gorgias)식 회의주의 전통에 따라 개인이 모든 진리의 척도(homo mensura)라고 주장하는 개인적 상대주의와 모든 판단은 인간에 대해 참이기 때문에 진리의 척도를 인간 자체, 즉 인간 종(種)에 두는 종적 상대주의로 나뉜다.

그러나 '어떠한 진리도 없다'는 개인적 상대주의의 주장은 '어떠한 진리도 없다는 진리는 있다'는 명제와 똑같은 진리치(眞理値)가 있는 가설로서 자가당착(自家撞著)에 빠진다. '동일한 판단내용이 인간에게는 참인 동시에 다른 존재자에게는 거짓일 수 있다'는 종적 상대주의의 주장도 모순율에 배치된다. 따라서 인식한 판단의 내용 및 심리적 주관의 연관성(Für-mich-sein)과 그 자체로 존재하는 논리적 객관성(An-sich-sein)을 혼동해서는 안 된다. 이것은 결국 객관적이고 절대적인 진리를 주관적이고 상대적인 의식의 체험으로 해체할 뿐이다.

이처럼 심리학주의의 상대주의는 논리적 원리를 우연적인 사실에서 도출하기 때문에, 사실이 변하면 원리도 달라지게 돼 자신의 주장마저 자신이 파괴하는 자기모순(自己矛盾)과 회의주의의 순환에 빠질 수밖에 없다.

심리학주의를 회의적 상대주의에 빠뜨린 편견은 이러하다.

첫째, 심리적 규칙들의 기초는 심리학이므로 인식의 규범적 법칙은 인식의 심리학에 근거해야만 한다는 편견이다.

이에 대해 후설은 순수논리적 명제는 이념적인 것과 관계하고 실천적인 것에는 규범적 변형을 통해서나 부차적으로만 관심을 두는 반면, 심리적 사실에 근거한 방법적 명제는 실천적 목표에 직접적인 관심을 품어 실재적인 것과 관계하고 이론적인 것과는 부차적이라고 지적한다. 물론 심리학주의에 반대해 주관을 배제한 채 순수논리법칙만 강조하는 논리학주의도 본래 인식규칙에 지나지 않는 규범법칙을 논리법칙의 본질로 잘못 파악한 것이라고 비판한다. 즉 순수이념적인 논리법칙과 이것을 실천적으로 적용한 규범을 혼동한 인식론적 오류라는 것이다.

둘째, 논리학의 개념은 심리적 활동의 산물이므로 순수논리적 명제와 방법적 명제를 구별하는 것은 무익하고 근본적으로 전도된 것이라는 편견이다.

이에 대해 후설은 셈하고 표상하며 판단하는 개별적 경험을 다루는 실재적 심리학은 수·개념·판단 같은 보편적 대상, 즉 이념적 종(種)을 다루는 수학이나 논리학과 전혀 다른 분과라고 주장한다. 예를 들어 '5'는 어떤 사람이 5를 셈하는 것도, 그 사람이 5를 표상하는 것도 아니다. 심리학주의는 논리적 사고의 이념적 경향인 합리성에서부터 인간의 사고를 구체적으로 파악하는 실재적 경향을 만들고 이것을 사유경제의 원칙[6]으로 정초함으로써 사고의 규범 및 이성적 학문의 가치와 의미를 규정한다. 그러나 규범의 이념적 타당성은 사유경제를 통해 나온 유의미한 모든 언급의 전제일 뿐이지, 사유경제가 설명할 결과는 아니다. 그리고 필연적인 논리적 이론을 평균적 유용성을 지닌 자연적 이론으로 혼동하는 것은 이치에 어긋난다.

셋째, 판단을 참으로 인식하는 명증성은 판단작용에서 우연히 생기는 부수적 감정이나 조건이므로 논리학도 심리학적 명증성의 이론이라는 편견이다.

이에 대해 후설은 논리적 명제나 수학적 명제는 명증성의 이념적

---

6 '사유경제의 원칙'은 마흐(Ernst Mach)와 아베나리우스(Richard Abenarius)가 경험적 사실을 기술하는 개념이나 법칙을 실증주의에 입각해 감각자료를 정리하고 사유를 절약하는 경제적인 수단으로 간주한 것을 뜻한다.

조건을 다룬다고 반박한다. 가령 'A는 참이다'와 '어떤 사람이 명증적으로 그것을 A라고 판단하는 것은 가능하다'는 다르며, 'a+b=b+a'는 a와 b의 합이 a와 b의 결합방식과는 무관함을 말할 뿐 셈하는 누군가의 심리적 활동을 언급하지 않는다. 누구도 실제로 표상하고 셈할 수 없는 매우 큰 수의 경우 그 명증성은 심리학적으로 밝힐 수 없지만, 그 수와 이것에 관련된 심리적 체험은 이념적으로 논의할 수 있다.

> 지각의 영역에서 '보지 못한 것'(Nichtsehen)이 '존재하지 않는 것'(Nichtsein)을 뜻하지 않듯이, 명증성이 없다고 비-진리는 아니다. […] 아무것도 없는 곳에서는 아무것도 볼 수 없듯이, 진리가 없는 곳에서는 명증성을 얻을 수 없다(『논리연구』 제1권, 190~191쪽; 이 책, 182~183쪽).

즉 다양한 실재적-주관적 판단작용과 이 작용을 통해 통일적으로 구성된 이념적-객관적 판단내용을 혼동해선 안 된다. 진리 자체나 논리법칙은, 우리가 통찰하든 안 하든, 있는 그대로 존재한다. 진리는 경험에 의존하거나 경험으로 정당화되지 않지만 경험에 대해 보편타당하다. 또한 생성되고 소멸되는 시간적 존재나 실재적 의미와 전혀 관계하지 않는다. 따라서 논리법칙을 상대화하는 것은 모든 학문과 진리 일반을 상대화하는 회의주의로 빠지게 된다.

4) 심리학주의 비판의 의의

후설은 1913년 『논리연구』 제1, 2권의 개정판을 내면서 제1권의 몇몇 문구를 수정했다.[7] 즉 수 개념(수학)의 궁극적 근원을 순수논리

---

7 제1권 개정판 256쪽을 보면 '라이프니츠' 다음에 '데카르트'의 이름이 첨부되

학에서 찾는 심리학주의를 비판한 것인데 이는 곧 그 이후 지속된 선험적 인식비판의 최초형태다. 후설 자신도 그의 마지막 저술에서 "'선험적 현상학'은 『논리연구』에서 최초로 출현했다"[8]고 밝힌다. 이러한 태도는 『엄밀한 학문』과 『이념들』 제1권에서 수행한 실증적 자연주의에 대한 비판, 『형식논리학과 선험논리학』에서 수행한 공허한 형식논리학에 대한 비판 그리고 『위기』에서 수행한 물리학적 객관주의에 대한 비판으로 조금도 변함없이 그대로 이어진다.

물론 후설은 헤르바르트(Johann Herbart), 드로비쉬(Moritz Drobisch), 해밀턴(William Hamilton), 볼차노, 마이농(Alexius Meinong) 등이 주장한 주관에 맹목적인 객관적 논리학주의도 철저하게 비판한다. 이러한 사실은 후설현상학이 주관과 객관을 분리되거나 대립하는 것으로 보지 않고 항상 '주관-객관-상관관계'로 분석한다는 것을 잘 보여준다. 이러한 지향적 분석이 후설현상학의 가장 기본적인 토대이자 축인데도 너무나 쉽게 잊곤 한다.

또한 후설은 소박한 실증적 자연과학뿐만 아니라 이러한 방법론에 현혹된 객관적 학문 일반이 그 객관성에 의미와 타당성을 부여하고 삶에 가치를 창조하는 주관성 자체를 망각했다고 비판한다. 따라서 그의 비판은 단순한 진단으로 그치지 않고 근원적 치료를 적극적으로 제시하는 데까지 나아간다. 이러한 성격은 특히 '이론적 실천'이라는 개념에서 잘 드러나는데, 이것은 심리학주의를 비판하며 밝힌 '이념적인 것'과 '실재적인 것' 그리고 '규범적인 것'의 관계와 구조를 보면 알 수 있다. 즉 실천의 기초는 이론에 근거하고 실천이 학문적 성격을 지니려면 이론을 전제해야 하므로 실천은 이론으로 정

어 있다. 따라서 그 10여 년간 데카르트의 영향을 더 받았다고 추측해볼 수 있다.
8 『위기』, 168쪽; 이 책, 285~286쪽.

초된다는 것이다.

그러므로 『논리연구』 제1권의 심리학주의 비판은 그 부제처럼 '순수논리학 서론'에 그치지 않고 '후설현상학 전체를 이끌어가는 서론'이다.

2 의식체험에 대한 지향적 분석

심리학주의 비판의 핵심은 곧 이념적인 것(Ideales)과 실재적인 것(Reales) 그리고 이념적인 것이 실천적 계기를 통해 변형된 규범적인 것(Normales)의 근본적 차이를 인식론적으로 혼동한 기초이동(metabasis)에 대한 지적이다. 후설은 이것들의 올바른 관계를 파악하기 위해 경험이 '발생하는 사실'(quid facti)이 아니라 경험이 객관적으로 '타당하기 위한 권리'(quid juris), 즉 '어떻게 경험적인 것이 이념적인 것에 내재하며 인식될 수 있는지'를 해명한다. 순수논리학을 엄밀하게 정초하기 위해 인식론으로 관심을 전환한 것이다.

실제로 후설은 『논리연구』 제2권(1901)에서 의식의 다양한 체험을 분석해 그 본질적 구조를 지향성이라고 밝히는데, 즉 의식은 항상 '무엇에 대한 의식'이라는 것이다. 그는 의식체험의 표층에 매우 복잡하게 얽혀 있는 다층적 구조를 표상(지각·판단)작용, 정서작용, 의지작용으로 구분하는 데서부터 출발한다. 이 중 객관화하는 표상작용을 의식의 각 영역에 공통적으로 있는 가장 기본적인 1차적 지향작용으로 파악한다. 표상작용이 모든 작용의 근본적 토대라는 것이다. 따라서 표상작용은 '이론'의 영역이고, 정서작용이나 의지작용은 '실천'의 영역이다. 후설의 분석이 표상작용에 집중된 것도, '이념적인 것'과 '실재적인 것' 그리고 '규범적인 것'의 관계를 다룰 때처럼, 결코 정서작용이나 의지작용의 가치를 낮게 평가해서가 아니라 이들의 정당한 정초관계를 밝히기 위해서다.

어쨌든 이로써 후설은 모든 인식에 타당성과 존재의미를 부여하는 궁극적 근원인 순수의식을 해명하는 선험적 탐구의 길로 더 깊이 들어가게 되었다.

1) 표현과 의미

후설은 의식의 지향성을 전제해야만 가능한 언어를 분석해 의미의 구조를 밝힌다. 언어를 통한 표현이나 기호의 구조는 이것에 의미를 부여해 생명력을 불어넣는 생생한 체험을 분석해야만 이해할 수 있기 때문이다.

> 표현과 의미의 문제는 […] 현상학적 본질을 탐구하도록 밀어붙이는 첫 번째 문제다(이것이 『논리연구』가 현상학으로 파고들어가려고 노력한 길이었다. 반대의 측면, 즉 내가 1890년대 초 이래 추적했던 경험과 감각적으로 주어진 것의 측면에서의 두 번째 길은 『논리연구』에서 충분히 표현되지 못했다)(『이념들』 제1권, 286쪽, 괄호 안은 287쪽의 주; 이 책, 310~311쪽).

언어는 언제나 '무엇에 대한' 기호다. 그러나 모든 기호에 그 기호를 통해 표현된 의미(Bedeutung)가 있는 것은 아니다. 따라서 기호는 기호와 그것이 지적한 것이 필연적으로 결합한 '표현'과 이것들이 협약이나 연상 등 어떤 동기로 결합한 '표시'와 구분된다. 이를 분석해보면, '표현 자체' '그 표현의 의미' '표현의 대상성'이 드러난다.

일단 표현은 의사소통하는 심리적 체험(형식)과 문자(文字)나 음소(音素) 같은 물리적 체험(내용)으로 이루어진다. 그런데 표현에서 가장 기본적 기능은 '통지기능'이다. 물론 듣는 사람은 통지받는 내용을 자신이 다른 사람에게 통지하는 양상으로 이해하기 때문에, 말하는 사람의 관점이 더 근본적이다. 이렇게 통지하고 통지받는 것의 일치를 통해 표현에 생생한 의미를 부여하고 대상성을 직관하는 것이 곧 '의미기능'이다. 여기에는 의미를 부여해 표현된 대상성과의 관계를 지향하는 '의미지향'과 이 의미지향을 확인·보증·예증해 대상성과의 관계를 성립시키고 충족시키는 '의미충족'의 두 계기가 있다. 이때 표현은 대상에 직접 관계하지 않고 의미작용으로 표현되고 사념된 대상성, 즉 논리적 대상들과 우선 관계한다. 이 대상성은 동반된 직관을 통해 현재화되어 나타난다. 이것이 대상성을 지시하는 '명명기능'이다.

그런데 표현의 본질은 의미기능에 있기에 통지기능은 의미기능의 보조수단일 뿐이다. 표정·몸짓·독백처럼 통지기능이 없어도 의미는 있을 수 있지만 의미기능이 없는 표현은 불가능하고, 의미를 통해 표현된 대상성은 비록 가상일지라도 그 표현을 무의미하게 하지는 못하기 때문이다. "의미기능에서 의미지향은 의미충족에 선행하고 의미충족이 없어도 표현을 이해시켜주기 때문에 의미충족보다 더 본질적인 의미를 지닌 것"[9]이다.

지금까지 분석한 표현의 의미를 정리해보면 다음과 같다.

① '녹색 이다 또는'
의미지향이 없는 단순한 음절이나 단어를 비문법적으로 결합한 것으로 무의미하다. 기호나 그 구조는 이해될 때만 유의미하다.

② '둥근 사각형'
논리적으로 모순, 즉 그 표현의 의미를 충족시키는 것이 아프리오리하게 불가능하지만, 그 의미지향이 표현을 이해시켜주므

---

9 『논리연구』 제2-1권, 55~56쪽; 제2-2권, 16, 21쪽.

로 유의미하다. 대상성이 직관되지 않지만 생각할 수 있기 때문이다.
③ '황금산'
② 의 맥락에서 유의미한 표현이지만, 오직 상상으로만 충족시키기 때문에 사실상 배제된다. 대상성이 없어도 의미는 있다.
④ '현재 프랑스의 왕'
③과 같지만, 역사를 통해 그 의미를 충족시킬 수 있다.
⑤ '달의 뒷면'
현재의 여건이 장애가 되지만, 과학이 발달하면 그 의미가 충족될 가능성이 있기 때문에 유의미한 표현이다.
⑥ '인간'
그 대상성에 대해 쉽게 직관할 수 있는 유의미한 표현이다.
⑦ '내 앞에 있는 흰 벽'
상응하는 직관이 있어야만 사용할 수 있는 유의미한 표현이다.
⑧ '이다' '그리고' '또는'(공의적共義的 표현)
접두사나 접미사가 아니라면 대상성은 없으나 표현의 구성요소로 유의미하다. 감각적 경험과 다른 이것들은 논리함수(論理函數)의 관계로 충족되며, 이에 상응하는 범주적 직관이 가능하다.

이러한 의미론은 상상이나 동화, 문예작품, 미래의 소망처럼 지시하는 대상이 현존하지 않아도 의미지향을 지니기에 유의미한 표현으로 받아들인다. 그래서 유의미의 기준을 원자명제와 사태의 1:1 대응에 둔 비트겐슈타인(Ludwig Wittgenstein)의 '그림이론'이나 명제를 관찰하고 검증(verification)할 방법에 둔 논리적 실증주의의 '검증원리'보다 더 포괄적이며 강한 설득력이 있다.

2) 진리와 명증성

후설현상학에서 명증성(Evidenz)은 '사고한 것이 주어진 사태나 대상과 일치함'을 뜻한다. 그리고 이것은 사태와 사고가 일치하는(adaequatio rei et intellectus), 즉 지향한 대상이 충족되는 충전적(adäquat) 명증성과 주어진 사태가 존재하는 것을 결코 의심할 수 없는 자기의식의 확실성인 필증적(apodiktisch) 명증성으로 구분된다.

따라서 진리는 의미지향과 의미충족이 일치하는 명증성이다. 명증성은 언표의 실제 의미와 스스로 주어진 사태가 일치하는 것으로 의미지향이 직관으로 충족되지 않으면 공허하다. 이 직관에는 감성적 직관 이외에 사태나 관계를 있는 그대로 파악하는 범주적 직관, 즉 이념화작용(Ideation)도 있다.

결국 실증적 자연과학이 표현하는 기호나 공식, 도형은 그 직관적 충족이 아프리오리하게 불가능하다. 따라서 '결코 나타날 수 없는 사물 그 자체'는 무의미한 것(Unsinn)은 아닐지라도, '둥근 사각형'처럼 단지 의미지향만 지닌 이치에 어긋난 것(Widersinn)이다. 왜냐하면 감각적 음영을 통해 스스로 나타나는 사물은 원리상 그리고 정의상 지각할 수 있는 실재이어야 하고, 그 개념은 그 자체로 지각할 수 있는 아프리오리한 가능성을 함축해야 하기 때문이다.

> 모든 존재자는 그 자체로 인식할 수 있으며, […] 객관적으로 규정할 수 있고, 이상적으로 말하면, 확고한 단어의 의미로 표현할 수 있다(『논리연구』 제2-1권, 90쪽).

그러나 정밀한 자연과학이 탐구하는 그 자체(An-sich)의 '자연'(Natur)[10]은 실제로 경험된 것이 아니다. 무한한 이념이나 기하학의 도형같이 그 의미를 충족시킬 수도, 그 진리성을 검증할 수도 없는 이념화된 산물에 불과하다.

3) 지향적 분석에 대한 편견과 오해

그러나 의식체험에 대한 분석을 순수논리학보다 체험심리학이나 인지심리학의 고유한 관심사로 간주한 동시대인은 주관성으로 되돌아가 묻는 작업을 심리학주의로 후퇴한 것으로, 심지어 '단순한 의식철학'이나 '주관적 관념론'으로 해석했다. 후설은 이러한 오해를 여러 번 해명했지만 성공하지 못했다.

> 경험의 대상과 [이것이] 주어지는 방식들의 보편적 상관관계의 아프리오리가 최초로 등장한 것(이것은 대략 1898년경으로 나의 『논리연구』가 마무리되고 있던 때이다)은 나에게 매우 깊은 충격을 주었기 때문에, 그 이후 이루어진 나의 전 생애에 걸친 작업 전체는 이 상관관계의 아프리오리를 체계적으로 완성하는 과제가 지배했다.
> [⋯] 선험적 환원을 통해 새로운 철학을 체계적으로 도입하려는 최초의 시도는 『이념들』 제1권에서 1913년 나타났다.
> 그 이후부터 수십 년 동안 동시대인의 철학은—이른바 현상학파의 철학도—구태의연한 철학적 소박함에 곧잘 머물곤 했다. 물론 이러한 근본적 전환, 즉 삶의 자연적인 방식 전체를 총체적으로 태도변경하는 일이 처음으로 등장하기란 매우 어렵기 때문에 충분한 근거에 입각해 서술할 수는 없었고, [⋯] 자연적 태도로 다시 굴

---

10 이 말은 그리스어 'Physis'(어간 phy는 '성장'을 뜻한다)에서 유래한 것으로 본래 직접 생성되는 실재(to on), 근본원리(arche)를 가리켰으나, 근대 르네상스의 과학을 통해 오늘날의 '자연', 즉 과학적 기술을 통해 경험하고 측정할 수 있는 영역에 대한 총체적 개념으로 변했다.

러떨어짐으로써 일어나는 끊임없는 오해들이 발생하는 경우 더욱 그러하다(『위기』, 169~170쪽 주; 이 책, 485~486쪽 주 8).

결국 심리학주의 비판은 심리학 자체를 거부한 것이 아니라, 과학적 행동주의 심리학이나 객관적 형태심리학의 소박한 자연적 태도를 지적한 것이다. 심리학 등을 통해 이성(순수의식)에 관한 참된 학문의 길을 제시하려는 선험적 현상학은 후설의 사상에서 변함없이 주요한 과제였다.

선험적 현상학이 싹트게 된 중요한 계기

후설은 『논리연구』 제2권을 출간한 이후 『이념들』 제1권을 내놓기까지 10여 년간 논리적·실천적·가치설정적 이성 일반을 비판하는 데 집중했으나, 그 성과를 발표하지 않았다. 그러나 이 기간 동안 선험적 현상학이 싹트는 데 중요한 계기가 된 일들을 정리하면 이렇다.

첫째, 1904~1905년 '현상학과 인식론의 주요문제'를 주제로 한 강의다. 이 강의를 수정하고 보완해 출간한 『시간의식』에서 순수한 감각자료가 시간적으로 구성되는 과정과 그 구성의 기초인 내재적 시간 자체가 지속적으로 구성되는 의식의 심층구조를 분석했다.

둘째, 1905년 여름 제펠트(Seefeld)[11]에서 젊은 현상학도들과 토론하며 작성한 초고다. 이 초고를 바탕으로 1907년 4월 26일부터 5월

---

11 제펠트는 알프스 휴양지로 후설은 이곳에서 '뮌헨학파'의 중심이자 『철학과 현상학 탐구연보』의 공동편집자가 된 팬더(Alexander Pfänder), 다우베르트(Johannes Daubert) 등 젊은 학자들과 연구회를 가졌다. 이 초고는 'A Ⅶ 25'로 분류되어 있다.

2일까지 강의한 총론을 엮은 『이념』은 선험적 현상학의 중심개념인 '환원'과 대상의 '구성' 문제를 처음 다루었다.

셋째, 1910년 크리스마스 휴가 때부터 다음 해 초까지 작성해 『로고스』(*Logos*) 창간호에 발표한 『엄밀한 학문』이다. 이 논문은 다른 저술에 비해 짧지만, 현상학의 구상을 일반인에게 매우 선명하게 제시한 선언문이다.

1 의식체험의 시간적 발생구조

1) 수동적 종합의 근원인 시간의식

의식의 표층에서 표상작용이 발생하기 위해서는 우선 인식작용(noesis)이 주어진 감각자료에 의미를 부여해 통일적 인식대상(noema)을 구성해야 한다. 이 의식에 내재하는 인식작용과 그렇지 않은 인식대상은 의식의 지향성을 구성하는 상관적 요소다. 그런데 주의를 기울여 방향을 전환하면, 인식작용과 인식대상의 상관관계나 인식대상의 핵심은 변하지 않지만, 인식대상의 핵심을 파악하는 양상은 '지금' 지각해 원본적으로 주어진 투명한 활동성의 배경으로 물러나 비-활동성으로 변한다는 것을 알 수 있다. 그래서 인식작용은 긍정·부정·회의·추측 등 믿음의 다양한 성격을 띠며, 이에 따라 인식대상이 존재하는 성격도 변한다.

그러나 인식대상이 구성되기 이전, 즉 이러한 인식활동 자체가 이루어지는 시간이 구성되는 심층의식에서는 이와 같은 '인식(파악)작용-인식(파악)대상'의 상관관계 또는 파악한 내용(질료)과 파악하는 작용(형식)을 구별하는 도식이 해소된다. 그럼으로써 내적 시간의식의 끊임없는 흐름만 남게 되는데, 이는 모든 체험이 각 시간의 국면에서 지속되고 공존하거나 계기(繼起)하는 대상으로 종합되며 통일되는 근원적 터전이다. 즉 표면과 밑바닥의 흐름은 그 모양새가 다르다.

어떤 것을 지각하는 경우 지각된 것은 잠시 동안 현전하는 것으로 남는다. 예를 들어 어떤 멜로디가 울려 퍼질 때 개별적 음(音)은 자극이나 운동신경이 정지한다고 해서 완전히 소멸되지 않는다. 새로운 음이 울려 퍼지더라도 지나간 음은 시간적 원근법을 따라 과거로 밀려나 흔적도 없이 사라지는 것이 아니라 의식 속에서 여전히 파지된다. 그렇지 않다면 각 순간마다 하나의 음만 있게 되어 지나간 음의 동일성이나 잇달아 일어나는 음들의 관계를 파악할 수 없다. 결국 두 음 사이에는 공허한 휴식공간만 남을 뿐, 각각의 음이 일정한 장소와 시간의 양으로 변양되어 통일적으로 종합된 멜로디의 표상은 결코 존재하지 못한다.

시간적으로 변양된 표상이 새롭게 주어진 표상과 끊임없이 결합하는 일, 즉 어떤 것이 다른 것을 기억하고 지시하는 내재적 발생의 짝짓기를 후설은 '근원적 연상'(Urassoziation)이라 부른다. 이때 분리된 기억들은 감각된 것의 동질성과 이질성에 따른 연상적 일깨움에 근거해서만 하나의 시간적 상관관계 속에서 직관적으로 질서 잡히게 된다. 바로 이 연상작용이 내적 시간의식에서 가장 낮은 단계의 종합 위로 층을 이루며 올라간 '수동적 종합'이다. 따라서 시간의식의 통일은 '모든 시간의 객체가 통일적으로 직관될 수 있는 가능한 조건'이다.

2) 시간의식의 지향적 지평구조

지속하는 시간의 객체를 근원적으로 산출하는 원천이자 시점은 '근원적 인상'(Urimpression)이다. 시간의식의 끊임없는 흐름에는 매 순간 '지금'이 과거에서 미래로 부단히 이어지는 '가로방향 지향성'과 그 '지금'이 지나갔지만 흔적도 없이 사라지지 않고 변양된 채 침전되어 유지되는 '세로방향 지향성'이라는 이중의 연속성이 있다. 이 연속성 때문에 의식의 흐름은 방금 전에 체험한 것을 현재화해 의식

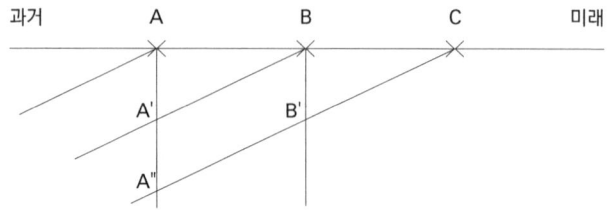

지평선: '지금 계기들'의 계열.
사 선: 나중의 '지금 계기'에서 파악된 동일한 '지금 계기들'의 음영.
수직선: 바로 그 '지금 계기'의 계속적 음영.

하는, 즉 1차적 기억으로 지각하는 '과거지향'(Retention)과 근원적 인상인 '생생한 현재' 그리고 미래에 일어날 것을 현재에 직관적으로 예상하는 '미래지향'(Protention)이 연결되어 통일체를 이룬다. 시간의식의 이러한 지향적 지평구조는 다음 도식처럼 묘사할 수 있다.[12]

그런데 과거지향은 1차적 기억인 반면, 회상(Wiedererinnerung)은 2차적 기억이다. 예를 들어 멜로디가 점차 사라져 더 이상 현재의 멜로디가 아니더라도 그것은 우리의 의식 속에서 방금 전에 지나가버린 멜로디로 존재한다. 그것은 그 자체로 지각된 사태다. 회상에서는 시간적 현재가 기억된(현재화된) 현재다. 물론 과거도 기억된(현재화된) 과거이지만, 실제로 현재 지각되거나 직관된 과거는 아니다. 또한 과거지향은 원본적으로든 재생산적으로든 결코 지속하는 대상성을 산출하지 않고, 오직 의식 속에서 산출된 것으로만 유지된다. 따라서 '방금 전에 지나가버린 것'이라는 특징이 있다. 반면에 회상은 지속하는 대상성을 재구성한, 원본적으로 재생산(현전화)한 것이다.

이렇듯 시간의식의 끊임없는 흐름은 이미 알려진 '과거지향'과 아직 명확하게 규정되어 알려지지는 않았지만 과거의 경험을 통해 친

---

12 M. Merleau-Ponty, *Phenomenology of Perception*, 417쪽.

숙한 유형으로 알려질 수 있는, 즉 미리 지시하는 '미래지향'이 생생하게 드러날 수 있도록 함축된 '지금'의 지평을 이룬다. 가령 전혀 생소한 동물을 만났을 때 그것이 이제까지 경험했던 '개'와 비슷한 유형이라면 우리는 아직 드러나지 않은 그 이빨의 모양이나 행동거지, 꼬리의 형태 등이 '개'와 비슷할 것이라고 예상하면서 주시한다. 낯선 사람을 처음 만났을 때도 그의 음성·눈빛·자세 등을 보고 그의 성격이나 직업, 곧 이어질 행동 등을 예상하면서 살펴본다. 이러한 예상은 우리가 다른 방향으로 몸을 움직이거나 시간이 흘러 다른 양상이 드러나면 확인될 수도 수정될 수도 있다.

3) 발생적 분석의 기본 틀

'현상학과 인식론의 주요문제'로 1904~1905년에 한 강의 가운데 시간의식의 지향적 성격을 해명한 부분은 발생적 분석의 지침을 생생하게 제시한다. 1916년부터 후설의 연구조교로 일한 슈타인(Edith Stein)은 1917년 9월 베르나우에서 이 강의의 원고를 후설과 집중적으로 검토해 최종 정리했다. 하이데거는 이 자료를 편집해 1928년 『철학과 현상학 탐구연보』 제9권에 발표했고, 여기에 1893년부터 1911년까지 작성한 관련자료를 더해 1966년 『후설전집』 제10권 『시간의식』으로 출간했다.

후설은 이러한 성과를 그 후에 출간된 저서들에서 빈번히 인용했지만, 정당한 평가를 받지 못했다. 만약 슈타인이 베르나우에서 정리한 원고가 좀더 일찍 출간되었다면, 후설현상학을 '정적 분석 대 발생적 분석'으로 대립해 이해하는 틀은 생기지도 않았을 것이다.

2 '선험적' 전환의 기폭제

1) 기술적 심리학과 선험적 현상학의 차이

후설은 1907년에 한 강의를 『이념』으로 출간할 때쯤 작성한 한 유고에서 자신의 생각을 『논리연구』와 연관해 이렇게 진술한다.

> 『논리연구』는 현상학을 기술심리학으로 (이 책에서 인식론적 관심이 결정적인데도) 간주하게 했다. 그러나 경험적 현상학으로 이해된 이 기술적 심리학을 선험적 현상학과 구분해야만 한다. […] 『논리연구』에서 단편적으로 실행된 선험적 현상학이 생긴다.
> 선험적 현상학은 구성하는 의식의 현상학이며, 따라서 어떤 객관적 공리도 여기에 속하지 않는다. […] 선험적 현상학의 관심은 의식 그 자체와 관계하며, 다음과 같은 이중 의미에서 현상(Phänomen)과만 관계한다.
> ① 객체성이 나타나는 나타남(Erscheinung)의 의미로서의 현상,
> ② […] 모든 경험적 정립을 배제하는 가운데 '선험적으로' 고찰된 객체성이라는 의미로서의 현상이다. […]
> 참된 존재(Sein)와 인식작용(Erkennen)의 이러한 연관을 명백하게 설명해서 일반적으로 작용(Akt), 의미(Bedeutung), 대상(Gegenstand)의 상관관계를 탐구하는 것이 선험적 현상학(또는 선험철학)의 과제다. […][13]

즉 후설은 현상학적 환원을 통해 선험적 고찰방식을 터득함으로써 선험적 현상학을 천착해갔다. 대상이 구성되는 의식 자체로 되돌아간 것이다.

---

13 유고 B Ⅱ 1, B Ⅰ 25a(『이념』의 「편집자 서문」에서 재인용).

2) '선험적'이라는 용어의 의미

후설은 '선험적'이라는 용어를 칸트에게서 받아들였지만, 점차 칸트와 다르게 또한 더 확장된 의미로 사용한다.

우선 칸트는 "대상들이 아닌 대상들 일반을 인식하는 방식을 다루는—아프리오리하게 가능한 한—모든 인식"[14]을 '선험적'이라 부른다. 즉 "모든 경험을 넘어서는 것이 아니라, 그 경험에 (아프리오리하게) 선행하지만 경험의 인식을 가능케 하는 조건"[15]을 뜻한다.

후설은 칸트가 "인식을 통해 알려진 객체성이라는 의미의 궁극적인 규정을 주관성 속에서 또는 주관성과 객체적인 것의 상관관계 속에서 추구했다"[16]고 파악했으며, 바로 이 부분에서 자신과 칸트가 일치한다고 주장한다. 그러나 그는 "칸트가 인식과 인식대상성의 상관관계의 참된 의미, 즉 '구성'이라는 특수한 선험적 문제의 의미를 파고들어가지 않았기 때문에, 칸트와의 일치는 단지 외적인 것일 뿐"[17]이라고 밝힌다. 따라서 후설에게 '선험적'은 대상을 인식할 수 있게 하는 형식적 조건을 문제 삼거나 존재를 정립해 소박하게 받아들이는 자연적 태도를 넘어서서 그 타당성 자체를 판단중지하는 태도, 즉 궁극적 근원으로 되돌아가 묻는 철저한 반성적 태도를 뜻한다.

> 나는 '선험적'(transzendental)이라는 말을 가장 넓은 의미에서 데카르트가 모든 근대철학에 의미를 부여한 […] 원본적 동기(originale Motiv)에 대한 명칭으로 사용한다. 그것은 '모든 인식이 형성되는

---

14 칸트, 『순수이성비판』, B 25.
15 칸트, 『프롤레고메나』, 373 주.
16 『제일철학』 제1권, 386쪽.
17 같은 곳.

궁극적 원천으로 되돌아가 묻는 동기이며, 인식하는 자가 자기 자신과 자신의 인식하는 삶에 대해 자신을 성찰하는 동기'다(『위기』, 100쪽; 『경험과 판단』, 48~49쪽; 이 책, 477쪽).

즉 칸트에게 '선험적'의 대립항은 '경험적'(empirisch)이지만, 후설에서 그것은 '세속적'(mundan)이다.[18] 이 점을 분명하게 파악해야만 일반적 의미에서 말하는 방법론으로서의 현상학과 전통적 의미의 철학을 심화시킨 새로운 철학(선험철학)으로서의 선험적 현상학을 정확하게 구별할 수 있다.

3) '선험적' 전환의 의미

후설이 제펠트에서 다룬 주제를 더 심화한 강의 가운데 총론격인 '5개 강의'는 『후설전집』 제2권 『이념』(1950)으로, 그 각론인 '사물에 대한 강의'는 『후설전집』 제16권 『사물』(1973)으로, 이와 관련된 1906~1907년 강의는 『후설전집』 제24권 『인식론』(1984)으로 출간되었다.

『이념』에서 처음 밝힌 '현상학적 환원'은 의식체험에 대한 분석이 지각뿐만 아니라에서 회상과 '감정이입'까지 확장될 수 있음을 보여주었다. 이 책에서 언급한 '구성'의 문제도 후설현상학을 시종일관 관통하는 핵심주제로 『이념들』 제1권에서 더 체계적으로 전개한 선험적 현상학을 생생하게 파악할 수 있는 중대한 실마리다.

그러나 1950년대가 되자 후설현상학은 하이데거나 실존철학자들에 이르는 가교(架橋)로만 부각되었고, 이 때문에 『이념들』 제1권의

---

18 E. Fink, *Studien zur Phänomenologie 1930~1939*, 147~148쪽; I. Kern, *Husserl und Kant*, 239쪽.

선험적 관념론은 단순히 관념론의 한 형태로 간주되었다. 만약 『이념들』제1권과 불가분의 자료인 『사물』 『인식론』 출간이 40~60년이나 걸리지 않았다면, 사람들은 현상학적 환원의 다양한 확장을 당연하게 받아들였을 테고 후설현상학을 전통적 의미의 '관념론 대 실재론'으로 해석하는 소모적 논쟁도 없었을 것이다.

3 자연주의와 역사주의에 대한 비판

1) 엄밀한 철학에 대한 충동을 왜곡시킨 자연주의

자연주의는 모든 존재자를 단순한 물질과 오직 이것에 의존해서만 경험되는 심리로 구별하고 이 심리물리적 자연 전체를 정밀한 자연법칙으로 규정한다. 그래서 이념을 자연화(自然化) 또는 사물화(事物化)하고, 의식을 자연화한다. 물론 이것은 순수논리법칙을 규범적 자연법칙으로 해석하는 심리학주의의 관점이다.

우선 이념을 자연화하는 것이 의식에 직접 주어진 '사태 그 자체'를 실증주의에 입각한 '사실'로만 이해하고 '이념'이나 '본질'을 스콜라철학의 신비적 실체나 형이상학적 환상으로만 간주하기 때문이다.

그런데 실재적 사물(개별자)과 구별되는 이념적 본질(보편자)은 '도처에 있으나 아무 데도 없는'(überall und nirgend) 것으로 시간성이나 실재적 성질이 전혀 없다. 예를 들어 '안중근' 의사가 순국했을 때 그 이름을 지닌 사람이 죽은 것이지 그 이름의 의미가 죽은 것은 아니다. 즉 본질은 그것을 표상하는 주관이나 사고하는 작용의 수(數)에 따라 증감하지 않는다.

다음으로 의식을 자연화하는 것이 주관에 따라 다르게 나타날 수 있는 '제2성질'을 비-과학적인 모호한 것이라고 배제하고, 물질만을 심리적 현상의 원인으로 이해하기 때문이다. 즉 실재성을 물질로 한정해 이해한다.

그러나 심리적인 것은 자연·시간과 공간·실체성과 무관한 내재적인 지향적 현상의 흐름이므로, 현상을 자연으로 간주하고 인과적으로 탐구하는 것은 수를 인과적으로 탐구하는 것처럼 모순이다. 게다가 자연주의는 의식과 대상의 서로 분리될 수 없는 본질적 상관관계, 즉 지향된 대상성 자체를 통합하고 그 의미를 구성하는 활동인 '지향성'을 전혀 파악할 수 없다.

즉 자연주의는 모든 존재를 수량화(數量化)해 규정하고 우연적 사실의 경험만 인식하기 때문에 보편타당한 이념적 규범을 정초할 수 없다. 그래서 이념적인 것을 경험으로 확인하거나 정초할수록 그 모순이 심화될 뿐이다.

이처럼 자연주의는 이론상 자기모순이다. 자연주의자는 이념적인 것을 부정하는 이론을 주장하는데, "이 이론 역시 객관성과 보편성을 요구하는 이념적인 것이기 때문에 곧 자신의 행동에서 관념론자이자 객관주의자"[19]다. 또한 자연주의는 그 실천에서 가치나 의미의 문제를 규범과 인격의 주체인 인간의 삶에서 소외시키기 때문에 학문과 인간성에 위기를 불러온다. 그 결과 "'영혼'(Seele), 즉 '심리'(Psyche)가 빠진 심리학(Psychologie)"[20]이 될 뿐이다.

2) 엄밀한 철학에 대한 충동을 약화시킨 역사주의

역사주의는 내적 직관으로 정신이 이룩한 삶을 완전히 파악한다면 그것을 지배하는 동기들을 '추후에 체험'할 수 있고, 이렇게 함으로써 그때그때 정신이 이룩한 형태의 본질과 발전을 역사적 발생론으로 '이해'하고 '설명'할 수 있다고 주장한다.

---

19 『엄밀한 학문』, 295쪽.
20 『이념들』 제1권, 175쪽.

그러나 후설이 보기에 역사주의는 사실과 이념을 인식론적으로 혼동함으로써 결국 각 역사적 관점을 모두 부정하는 극단적인 회의적 상대주의에 빠지고 만다. 가치평가의 원리는 역사적 사실을 다루는 역사가(歷史家)가 단지 전제할 뿐이지 결코 정초할 수 없는 이념적 영역에 놓여 있다. 따라서 "경험적 사실에서부터 비-실재적 이념을 정초하거나 반박하는 것은 희망 없는 헛된 시도요 모순"[21]이다.

역사주의의 연장선에 있는 세계관철학은 근대과학이 자연을 발견한 세계에 대한 경험뿐만 아니라 역사의 중요한 가치인 공동의 정신을 발견한 교양과 지혜, 세계와 인생의 수수께끼를 상대적으로 해명하고 설명하는 세계관을 강조한다. 그래서 때로는 자연과학의 방법을 철학에 적용하는 데 반대하고 때로는 상대주의적 역사주의에 이의를 제기하지만, 궁극적으로는 인식의 목표를 실증적 개별과학의 타당성에 두기 때문에 과학에 확고하게 기초한 학문적 철학이라고 자임한다.

각각의 역사적 사건은 그 시대에서 인간 정신의 발전에 중대한 역할을 하기 때문에 모두 똑같이 타당하다고 보는 것도 세계관철학의 특징이다. 그 결과 학문이 추구하는 진리는 단순한 사실들의 혼합물로 해체되고, 세계관과 학문적 철학의 경계는 말살된다. 바로 이러한 이유로 세계관 철학은 보편타당성을 상실한 비-이성적인 상대주의적 회의론의 산물일 뿐이다. 시대별 문화적 현상으로서의 현실적 학문과 초-시간적으로 타당한 이론의 체계로서의 이념적 학문은 반드시 구별되어야 한다.

---

21 『엄밀한 학문』, 325~326쪽.

3) 자연주의와 역사주의에 대한 비판의 의의

후설은 자연주의·역사주의·세계관철학 모두 사실을 맹목적으로 믿는다고 비판한다. 그리고 현대철학은 이론이 허용하는 범위보다 더 강렬하게 실천적 동기의 힘에 복종하는 데 맹점이 있다고 파악한다. 이것은 르네상스 이래 진정한 계몽주의가 추구한 학문적 이상을 포기하는 것이다.

> 거부되어야 할 것은 이성이 아니라 소박한 자연과학의 영향 아래 이성이 추구한 잘못된 방법이며, 현대의 절박한 학문의 이념을 이상적으로 실현하는 것은 여전히 최고권위를 지닌 이성 자신이다(『엄밀한 학문』, 296, 339쪽).

실증적 자연과학이 제공한 실재성만 믿는 현대가 처한 총체적 위기, 즉 객관적 자연과학이 왜곡한 학문(인식)의 위기와 삶의 의미가 공동화(空洞化)된 인간성(가치관)의 위기는 오직 새로운 학문으로만 치유하고 극복할 수 있다. 요컨대 묶은 자가 풀어야 한다(結者解之). 그것은 기존의 철학에서 일정한 체계를 연역하는 것이 아니다. 오히려 미리 주어진 어떠한 것도 받아들이지 않는 무전제성에 입각해 의식에 직접 주어진 사태와 문제 자체에서 출발하는 참된 근원에 관한 학문이어야만 한다. 이것이 바로 선험적 현상학이다.

> 실증주의(Positivismus)가 모든 학문을 절대적으로 편견에서 해방시켜 '실증적인 것', 즉 원본적으로 파악할 수 있는 것에 정초하는 것을 뜻한다면, 우리야말로 진정한 실증주의자다(『이념들』 제1권, 38쪽; 이 책, 293쪽).

이러한 비판은 사실에 맹목적인 소박한 실증주의(『이념들』제1권)에서 수학적 방법에 따른 물리학적 객관주의(『위기』)로 대상을 확대한다. 특히 『엄밀한 학문』은 과학기술문명의 그늘 속에서 인격적 주체인 자기 자신을 잊어버려 발생한 현대의 학문과 인간성의 위기를 극복하려는 후설의 시도를 총체적으로 이해하는 데 필요한 결정적 시금석이다.

선험적 현상학을 체계적으로 제시하다

현상학에 대한 일반인의 관심이 급증하자 상반된 해석과 많은 오해가 제기되었다. 이에 후설은 직접 그 통일적 모습을 체계적으로 제시하고자 시도한다. 그래서 1913년 『철학과 현상학 탐구연보』(*Jahrbuch für Philo. und Phä. Forschung*) 창간호에 『이념들』 제1권을 발표한다.[22]

1) 현상학의 원리와 규범 그리고 방법

그는 『이념들』 제1권에서 현상학의 최고원리를 밝히는데, 즉 '원본적으로 부여하는 모든 직관이 인식에 대한 권리의 원천'이며, 규범은 '의식 자체에서 본질적으로 통찰할 수 있는 명증성만 요구할 뿐'이고, 그 문제영역은 이성(순수의식 또는 선험적 자아)의 본질구조를 지향적으로 분석하는 새로운 인식비판이라고 분명하게 제시한다. 또한 그 방법으로 '판단중지'(Epoché)와 '형상적 환원'(eidetische Reduktion), '선험적 환원'(transzendentale Reduktion)을 소개한다.

---

22 『철학과 현상학 탐구연보』는 제11권(1930)까지 발행되었는데 하이데거, 셸러(Max Scheler), 팬더, 인가르덴(Roman Ingarden), 슈타인, 란트그레베, 베커(Oskar Becker), 핑크 등의 탁월한 연구들이 수록되었다.

'판단중지'는 자연적 태도로 정립한 실재세계의 타당성을 괄호 속에 묶어 일단 보류하는 것이다. 예를 들어 빨간 장미꽃을 본다고 하자. 이때 판단중지는 이것과 연관된 과거에 경험한 것이나 편견에 얽매여 속단하는 것을 일시 중지시킨다. 그렇다고 소피스트처럼 그 꽃이 실제로 존재하는 것을 부정하거나 회의론자처럼 의심하는 것은 아니다. 다만 그것을 바라보는 기존의 관심과 태도를 변경함으로써 새로운 방식으로 볼 수 있게 하는 것이다.

'형상적 환원'은 개별적 사실에서 보편적 본질을 이끌어낸다. 예를 들어 빨간 장미꽃을 보고 자유로운 상상으로 변경시켜가면서 빨간 연필, 빨간 옷 등 그 모상(模像)을 떠올리고, 이것들 간에 서로 합치하는 것을 종합해 '빨간색'이라는 본질,[23] 즉 형상을 직관하는 것이다. 이때 본질은 형이상학의 신비적 실체가 아니라, 그 경험을 구조적으로 밝힐 수 있는 최소한 필요조건이다.

'선험적 환원'은 의식의 작용들과 대상들에 통일성을 부여하고 그것들의 동일한 의미를 구성(Konstitution)하는 원천인 선험적 자아와 그 대상의 영역을 드러낸다. 경험적 자아는 일상을 통해 구체적으로 존재하는 세계와 교섭하는 사실적 자아이고, 선험적 자아는 자연적 태도의 경험을 판단중지하고 남은 기저 층(層) 또는 구체적 체험흐름의 심층에서 환원을 수행하는 자아다.

이 현상학적 환원을 세잔(Paul Cezanne)의 후기인상주의에 적용해

---

23 후설에게 본질은 스콜라철학의 실체나 형이상학의 유령과 같은 것이 아니라 실재적 성질이 전혀 없는, 표상하는 주관이나 사고작용의 수에 따라 증감하지 않는 초-시간적이고 이념적인 것이다. 그래서 메를로퐁티(Maurice Merleav-Ponty)도 후설의 본질을 "마치 어부의 그물이 바다 속 깊은 곳에서 움질거리는 물고기와 해초를 끌어올리듯, 경험의 모든 관계를 회복시키는 것"(「서문」, *Phenomenology of Percption*, 15쪽)이라 했다.

보자. 가령 「사과와 오렌지」(Apples and Oranges)를 보면, 사과를 순간적으로 눈에 보이는 모습대로 음영을 드리운 사실적인 명암을 그려 모사하지 않았다(이 책, 147쪽). 대신 전통적으로 당연하다고 간주해 왔던 음영의 명암법과 원근법을 완전히 파괴하고(판단중지), 사과·접시 등 상호관계 속에 있는 대상들을 시선에 따라 각각 가장 적합한 구도에서 다양한 형태와 색채를 통해 그림으로써 관찰자의 의식에 원본적으로 주어지는 사과의 본질을 드러냈다(현상학적 환원).

2) 현상학적 환원의 의의

후설현상학의 방법은 받아들이더라도 철학, 즉 선험적 현상학 자체는 거부하는 사람이 적지 않다. 따라서 선험적 현상학을 더 알아보기 전에 현상학적 방법의 의의를 좀더 살펴보자.

후설은 현상학을 심화하면서 '심리학적 환원' '생활세계적 환원' '상호주관적 환원' 등의 용어를 사용한다. 하지만 이것들은 현상학적 환원으로 구체적인 주제를 수행할 때마다 붙인 명칭에 불과하고, 그 핵심은 『이념들』 제1권에서 밝힌 판단중지, 형상적 환원, 선험적 환원이다. 이때 환원은 목적에 따른 논리적 구별일 뿐이지 시간이나 절차에 일정한 순서가 있는 것은 아니다. 다만 어떤 경우든 '판단중지'가 선행되어야만 한다.

판단중지는 자기가 보고 싶은 것만 보고 그것을 자기가 선호하는 측면으로만 해석하는 자기중심적 경향성과 안일한 매너리즘을 극복하게 한다. 즉 사회와 문화, 역사에 대해 자신이 이해하고 믿는 지평(Horizont)을 확장하게 하고, 상대방이 이해하고 믿는 지평과 융합[24]

---

24 '지평융합'(Horizontverschmeizung)이라는 용어는 가다머가 『진리와 방법』(Wahrheit und Methode, Tübingen, 1960, 289, 356, 357쪽 등)에서 사용했기

하려는 노력을 통해 타자를 진정으로 이해하고 배려하도록 처지를 바꾸어 생각(易地思之)하게 한다. 이로써 복잡한 연관 속에 주어진 사태 전체에 더 충실하게 다가서서 새로운 가능성을 찾아갈 수 있도록 이끄는 것이다.

이 판단중지를 벨라스케스(Diego Belasquez)의 「시녀들」(Las Meninas)에 적용해보자(이 책, 148쪽). 이 그림은 독특한 구성으로 이뤄져 있는데, 우선 붓을 든 화가 자신이 그림에 등장하고, 본래 모델이어야 할 왕과 왕비는 거울 속에 조그맣게 비치며, 그림의 중심부는 다양한 모습의 시녀들과 개가 차지한다. 따라서 그림을 보는 사람은 시각, 즉 태도를 다양하게 변경해봄으로써 이전에는 무심코 지나쳤기에 잘 드러나지 않았던 그 당시 상황을 더 정확하게 이해할 수 있다.

후설은 이 방법이 어떻게 가능한지 제시하는 수준에서 그치지 않는다. 현상학적 환원의 수행이 개종처럼 아무리 힘들더라도 어째서 반드시 해야만 하는지 그 목적까지 분명하게 밝힌다. 즉 인간성을 근본적으로 개혁하는 것이 인격적 주체가 스스로 져야만 할 절대적 책임이라고 줄곧 역설하는 것이다.[25]

따라서 본질을 직관하는 이념화작용(Ideation)은 이러한 판단중지가 반드시 선행되어야 한다. 이념화의 과정은 다음과 같다.[26]

때문에 가다머 해석학의 핵심적 개념으로 흔히 알려져 있다. 그러나 후설도 지평융합에 대해 『시간의식』(35, 86쪽), 『경험과 판단』(76~80, 209, 387, 469쪽), 『성찰』(147쪽), 『위기』(372쪽) 등에서 상세하게 논의하며 강조하고 있다. 단순히 표현상 유사한 것이 아니라 그 의미와 내용까지 본질적으로 동일하다.
25 『제일철학』 제2권, 25, 194~202쪽; 『심리학』, 252쪽; 『위기』, 17, 140, 154, 272, 337쪽.
26 『논리연구』 제2-1권, 134~156쪽; 『경험과 판단』, 410~419쪽; 『심리학』, 76~78쪽 참조.

첫째, 어떤 임의의 대상에서 출발해 상상 속에서(im Phantasie) 자유롭게 변경해(freie Variation) 많은 모상(Nachbild)을 만들고,

둘째, 전체 모상에서 서로 겹치고 합치하는 것을 종합·통일하며,

셋째, 어떠한 변경에도 영향받지 않는 불변적 일반성, 즉 본질을 이끌어내 능동적 동일하게 확인(Identifizierung)하는 직관으로 파악한다.

이는 칸트가『순수이성비판』에서 제시한 '순수오성 개념의 연역'[27] 과 매우 유사하지만, 가장 큰 차이점은 그 과정이 조작(操作)이 아니라 임의성(任意性)의 형태를 취하는 데 있다. 이 임의성에는 확고한 한계가 있다. 가령 빨간색에서 노란색으로는 넘어갈 수 있지만 아무리 자유롭게 변경해도 색깔에서 음(音)으로는 넘어갈 수 없듯이, 일정한 류(類) 안에서만 수행된다. 따라서 모상 간에 중첩되어 일치하는 것, 즉 본질은 자유로운 변경을 통해 비로소 산출되는 것이 아니라 처음부터 수동적으로 미리 구성되어 있다(passiv vorkonstituiert). 형식논리학도 이 한계 안에서만 '세계 속에 있는'(in der Welt sein) 참된 존재자에 관해, 그것이 사실이든 상상이든, 유의미하게 판단하는 철학적 논리학일 수 있다. 이 임의성에 부과된 일정한 한계가 곧 후설이 말하는 아프리오리(Apriori)[28]다. 바로 이것 때문에 후설현상학을 절대적 관념론으로 해석할 수 없다.

결국 형상적 환원은 인간에게 본질적으로 주어졌는데도 첨단기계

---

27 칸트,『순수이성비판』, A 99~104.
28 후설은 이것을 "가능한 경험의 진행에 미리 지시된 확고한 테두리"(『이념들』 제3권, 31쪽), "규제의 구조'"(『성찰』, 22쪽), "존재적 아프리오리"(『형식논리학과 선험논리학』, 255쪽), "구성적 아프리오리"(같은 곳), "논리 이전의 보편적 상관관계의 아프리오리"(『위기』, 144, 161쪽) 등으로 부른다.

의 노예가 되어 사용하지 않아 퇴화된 상상력의 가치를 일깨워준다.

또한 선험적 환원은 객관적 자연과학의 눈부신 발전에 현혹되어 인간다운 삶의 가치와 의미를 추구하는 자세조차 완전히 망각한 현대인에게 잃어버린 마음(선험적 주관성)을 찾는 길과 그 당위성을 시종일관 강조한다.

그래서 현상학적 환원의 의의를 다음과 같이 밝혔는지도 모른다.

> 현상학적 환원의 교훈은 그 환원이 우리가 태도변경에 관한 파악에 매우 민감해지게 하는 데 있다(『이념들』 제2권, 179쪽; 이 책, 321쪽).

요컨대 후설현상학은 새로운 가능성(희망)을 열고 잃어버린 마음을 찾는 '여명(黎明)의 철학'이다. 하지만 선험적 환원이 겨냥하는 선험적 주관성(마음)은 결코 실재세계의 구체적 사물이나 생생한 사건처럼 파악되는 것이 아니다. 따라서 대부분의 사람은 이것을 간단히 거부해버리고 선험적 현상학을 '의식(주관) 속으로 파고든 추상적(절대적) 관념론' 또는 '다른 자아와 의사소통이 불가능한 폐쇄된 독아론'으로 단정한다. 하지만 후설현상학에서 선험적 차원을 배제할 수 있는지는 물론이고, 배제하고 남은 모습이 어떨지조차 도무지 상상할 수 없다. 아무튼 이 문제는 후설현상학 전체를 올바로 이해하는 데 매우 중요하기 때문에 제3장에서 생활세계의 개념과 구조를 분석한 다음 그리고 제4장에서 후설현상학에 대한 오해와 그 근원을 살펴보면서 자세히 논의할 것이다.

3) 후설현상학에서 『이념들』 제1권의 의의

『이념들』 제1권은 이성비판을 통해 순수의식의 보편적 구조(선험적 주관성)를 해명하는 '선험적 현상학'[29]의 얼개를 세운 초석이다. 그런데 후설에게 '이성'은, 칸트처럼 '오성'과 구별되거나 '이론이성'과 '실천이성'으로 나뉘지 않는다. 대신 '이론적·실천적·가치설정적 이성 일반', 즉 감각(지각)·기억·예상 등 침전된 무의식(심층의식)까지 포함한 지향적 의식의 끊임없는 통일적 흐름을 의미한다. 연장선에서 '주관성'도 전통적 견해인 '객관과 대립된 주관'(Subjekt 대 Objekt)이 아니라 '주관과 객관의 불가분한 상관관계'(Subjekt-Objekt-Korrelation)를 뜻한다.

흔히 『이념들』 제1권을 인식작용(noesis)이 감각적 질료(Hyle)를 소재로 인식대상(noema)을 일정한 방식으로 정립하고 의미를 부여함으로써 구성하는 과정을 분석한 인식작용학(Noetik), 즉 주관적 관념론으로 단정한다. 그러면서 순수질료학(Hyletik), 즉 객관적 실재론을 배제하고 무시했다고 비판한다. 그러나 이러한 주장은 이 책을 제대로 읽지 않은 것은 물론이고 후설현상학의 근본문제인 의식의 지향성조차 이해하지 못한 이들의 소박한 자연적 태도에서 기인한 왜곡일 뿐이다.

> 순수질료학은 그 자체로 완결된 분과로서 특성과 가치가 있다. […] 절대적 인식의 이념이라는 관점에서 이 문제의 어려움뿐만 아니라 등급의 단계에 관해서는, 순수질료학은 명백히 인식작용적이고 기능적인 현상학 아래 깊이 놓여 있다(그런데 이 둘은 본래 분리될 수 없다)(『이념들』 제1권, 178쪽; 이 책, 310쪽).

실제로 후설은 "초보자의 혼란을 방지할 교육적 목적과 현상학을 쉽게 이해시킬 방법적 의도로 『이념들』 제1권에서 내적 시간의식과

---

29 『이념들』 제1권에는 '현상학적 철학' 또는 '순수현상학'이 더 자주 등장한다.

그 대상의 구성문제를 배제했다."³⁰ 즉 가장 원초적으로 주어지는 것들의 문제를 다루는 질료학(質料學, Hyletik)을 추후 체계적으로 완성하기 위해 유보한 것이다. 이러한 점은 인식작용을 분석하기 위해 시간의식에 관한 '1904~1905년 강의'의 성과와 의의를, 비록 단편적이지만, 빈번히 또 구체적으로 언급하는 사실에서도 분명하게 확인할 수 있다.³¹

그러나 순수의식의 본질적 구조를 해명하는 선험적 현상학은 '주관적 관념론'이라는 인상을 심어주었고, 따라서 자아 속으로 파고들어갈 뿐인 '독아론'(獨我論)으로 간주되었다. 더구나 『이념들』 제1권은 제목 그대로 '제1권'에 불과했다. 후설은 『이념들』을 본래 총 3부로 계획했었다. 그중 우선 제1부만 '순수현상학의 일반적 입문'이라는 부제를 달아 『이념들』 제1권으로 1913년 출간한 것이다. 제2부는 1912년 초고를 완성했고, 슈타인이 1913년과 1918년 두 차례 수기로 정리했으며, 이것을 란트그레베가 1924~25년 다시 수정하고 타이프로 정서했는데, 결국 30년 이상 지난 1952년에서야 『후설전집』 제4권('구성에 대한 현상학적 연구')과 제5권('현상학과 학문의 기초')으로 출간되었다.

이처럼 『이념들』 제1권과 제2권을 출간한 시기가 많이 차이 나다 보니 제1권은 '정적 분석'의 '선험적 관념론'으로, 제2권은 '발생적 분석'의 '경험적 실재론'으로 해석되었다. 그래서 이 둘은 긴밀한 연관 속에서 함께 연구된 일련의 저술이 아니라 마치 다른 시기에 작성한 다른 주제처럼 알려졌다. 더구나 연상(Assoziation)³² 또는 동기부여

---

30 『이념들』 제2권, 102~103쪽; 『형식논리학과 선험논리학』, 252~253쪽; 이 책, 445쪽.
31 『이념들』 제1권, 77~78, 81항(특히 주석), 82~83, 91, 99~100, 111~112, 118항 참조.

(Motivation)라는 근본법칙을 따라 역동적으로 구성되는 정신세계를 다루는 제2권을 하이데거[33]나 메를로퐁티[34]는 유고상태에서 참조했다고 한 반면, 가다머(Hans-Georg Gadamer)[35]는 출간된 책으로 언급한 것만 보아도 알 수 있듯이, 후설현상학과 그 이후의 많은 현상학자 사이의 매우 밀접한 관계도 전혀 파악할 수 없게 되었다.

게다가 후설은 그 당시 제3부를 서술해 제시하지 못했고 이는 그 후 조금도 또한 잠시도 벗어날 수 없는 과제로 남게 되었다.

선험적 현상학의 이념을 계속 추구하다

1914년 7월 일어난 제1차 세계대전은 말 그대로 유럽 전 지역을 격렬한 혼란 속으로 끌고들어가 삶의 근본적 터전마저 철저히 파괴해 폐허로 만들었다. 후설의 괴팅겐대학교 강의와 세미나에 열중하던 유능한 제자들과 『논리연구』 제1권에 깊은 영향을 받아 그를 뮌헨으로 초청해 강의를 듣는 등 긴밀하게 교류했던 뮌헨대학교의 후학들도 전쟁에 희생당하거나 뿔뿔이 흩어질 수밖에 없었다.[36] 게다가 『이

---

32 후설은 감성의 모든 체험과 작용의 일반적 속성이자 끊임없이 동기를 부여하는 관계가 발생하도록 하는 '연상'을 정신적 세계의 근본법칙으로 파악한다. 연상이 실제로 일어나는 계기는 자신이나 다른 사람의 말, 시간, 기억 등이다. 후설의 이러한 논의는 모든 것이 단절되어 고립된 것이 아니라 서로 복잡한 유기적 관계를 맺고 잇달아 일어난다는 불교의 연기설(緣起說)과 매우 유사하다고 할 수 있다.
33 M. Heidegger, *Sein und Zeit*, 47쪽 주 1 참조.
34 M. Merleau-Ponty, 앞의 책, 92쪽 주 1 및 137쪽 주 1 참조.
35 H-G. Gadamer, *Wahrheit und Methode*, 230쪽 주 4 참조.
36 이들 '뮌헨학파' 및 '괴팅겐학파'와 함께 후설은 1913년부터 『철학과 현상학 탐구연보』를 발간하기 시작했다. 여기에는 그들의 매우 탁월한 연구들이 계속 발표됨으로써 1920년대 독일 철학계를 주도하면서 이른바 '현상학 운동'의

념들』제1권을 관념론으로 간주해 점차 후설과 후설현상학에서 떠나가는 제자들도 있었다.

후설은 1916년 4월 프라이부르크대학교로 자리를 옮기면서 심기일전하고자 했다. 하지만 바로 직전에 차남 볼프강(Wolfgang Husserl)이 프랑스전선 베르덩에서 전사했고, 1917년 7월에는 홀어머니마저 돌아가셨다. 이처럼 모든 상황이 어렵고 힘들었지만 그는『이념들』제1권에서 완결 짓지 못한 현상학적(선험적) 철학의 이념을 해명하는 자신의 과제를 잠시도 게을리하지 않았다.

1) 선험적 현상학의 이념을 모색한 흔적

후설은『이념들』제1권 이후『형식논리학과 선험논리학』(1929)을 출판할 때까지 어떠한 저술도 출판하지 않았다. 그렇다고 이 기간 동안 선험적 현상학에 의심을 품고 근본적으로 사상을 전환했다는 것은 터무니없는 억지다. 오히려 현상학적 철학(선험적 현상학)의 이념을 정확하게 전달하려고 외부강연과 대학강의에 몰두하는 한편,『이념들』제1권에 대한 오해를 해소하기 위해 검토와 수정을 거듭했다. 또한 여기에 제2권의 주제와 그 성과를 분명하게 접목하는 작업에도 전력했다.

그 흔적을 추적해보면 다음과 같다.

우선 1920~21년 '논리학', 1923년 '현상학의 문제 선별', 1925~26년 '논리학의 근본문제'라는 제목으로 동일한 주제를 세 번 강의했고,[37] 연장선에서 1920~21년 '선험논리학'[38]을, 1919~20년 '발생적 논리

기폭제가 되었다.
37 『후설전집』제11권『수동적 종합』(1966)으로 출간되었다.
38 『후설전집』제31권『능동적 종합』(2000)으로 출간되었다.

학'[39]을 강의했다. 이때 대상이 술어적 판단으로 주어지기 이전에 선(先)-술어적 직관으로 생생하게 주어지는 지각과 그 명증성을 분석한 강의를 '(선험)논리학' 또는 '선험적 감성론'이라고 부른 데서 후설이 선험적 현상학 전체를 어떻게 구상했는지 가늠해볼 수 있다.

또한 1922년 6월 런던대학교에서 '현상학적 방법과 현상학적 철학'이라는 주제로 강연했다. 이것을 확장해 강의한 것이 1922~23년 '철학입문'[40]과 1923~24년 '제일철학'[41] 강연이다. 후설이 강의주제로 고대철학의 명칭인 '제일철학'(Erste Philosophie)을 택한 것은 독단적 '형이상학'(Metaphysik)을 극복하고, 이성비판이라는 철학 본래의 이념을 복원하려 했기 때문이다.[42] 그는 이미 이때부터 제일철학에 이르는 길로 방법적 회의를 통해 자기의식의 확실성에 도달한 데카르트의 직접적 길뿐만 아니라 심리학과 실증적 자연과학에 대한 비판을 통한 길 같은 다양한 간접적 길까지 진지하게 모색하고 있었다.

이러한 시도는 1927년 하이데거와 함께 집필을 시작해 두 차례 수정작업을 거치며 그와 학문뿐만 아니라 인간적으로도 결별하게 된 『브리태니커백과사전』(*Encyclopaedia Britannica*, 제14판, 제17권, 1929) '현상학' 항목(이것은 후설이 독자적으로 작성한 4차 수정안이다)에서도 찾을 수 있다. 후설은 여기서 심리학과 선험적 현상학의 정초관계를 해명해 보편적 학문으로서 선험철학의 이념을 밝히려 했다. 그는 이것을 수정하고 보완해 1928년 4월 암스테르담에서 강연했다. 그러나 '현

---

39 이 자료로 란트그레베가 편집해 출간한 것이 『경험과 판단』(1939)이다.
40 현재 후설아카이브(Husserl-Archiv)에 유고로 남아 있다.
41 『제일철학』 제1권(1956)과 제2권(1959), 즉 『후설전집』 제7권과 제8권으로 출간되었다.
42 '제일철학'이라는 명칭은 1920년대 말부터 점차 '선험적 현상학' 또는 '선험철학'으로 대체된다.

상학' 항목의 결론인 제3부는 제목만 밝힌 채 미완성으로 남겼다. 선험철학의 이념을 체계적으로 제시하기에는 여전히 부족하다고 느꼈기 때문이다.

2) 은퇴 후에도 결코 포기하지 않은 선험적 현상학의 이념

후설은 1928년 봄 하이데거에게 프라이부르크대학교 교수직을 넘기고 은퇴했으나, 선험적 현상학의 이념을 밝히는 길은 오히려 더 왕성하게 모색해갔다.

우선 1928년 11월부터 다음 해 1월까지 『형식논리학과 선험논리학』을 작성해 발표했다. 그는 논리학이 자신의 방법론을 소박하게 전제하는 하나의 개별과학으로 전락했기 때문에 참된 존재를 탐구하는 진정한 방법의 선구자로서 본연의 역할을 하지 못했고, 그 결과 학문의 위기가 발생했다고 진단한다. 또한 형식논리학이 인식하는 행위가 실천하는 행위 및 가치를 설정하는 행위와 밀접하게 관련된 사실을 문제 삼지 않아 이론과 실천이 단절되었다고 비판한다.

> 우리는 이론적 작업을 수행 할 때 사태, 이론과 방법에 몰두하면서도 자신의 작업수행이 지닌 내면성에 관해 아무것도 모르고, 그 속에 살면서도 이 작업을 수행하는 삶 자체를 주제의 시선 속에 갖지 못하는 이론가의 자기망각을 극복해야 한다(『형식논리학과 선험논리학』, 20쪽; 이 책, 429쪽).

이처럼 후설은 술어적 판단 자체의 진리와 명증성은 판단의 기체인 대상들이 주어지는 근원적인 선-술어적 경험의 대상적 명증성에 근거하기 때문에, 형식논리학은 선험논리학으로 정초되어야만 참된 존재자, 즉 세계에 관한 논리학이 될 수 있다고 분명히 밝힌다. 『논리연구』 제1권 이래 오랜 침묵을 깨고 순수논리학의 이념을 더욱 명확하게 해명한 것이다.

1929년 2월에는 프랑스학술원 주관으로 파리의 소르본대학교 데카르트기념관에서 강연했다. '선험적 현상학 입문'이라고 이름 붙인 그 강연에서 후설은 선험적 현상학을 데카르트 전통에 입각해 체계적으로 묘사했다.[43] 이는 현상학을 방법론으로만 받아들인 셸러를 통해 또한 선험적 자아를 이념적 주체로 규정해 비판한 하이데거를 통해 선험적 현상학을 받아들인 프랑스에 자신의 철학이 결코 추상적 관념론이나 독아론이 아니라고 직접 해명하는 시도였다. 후설이 볼 때, 이들의 현상학은 여전히 소박한 자연적 태도에 머문 인간학주의로서, '선험적' 현상학에 이르지 못한 '세속적'(mundan) 현상학일 뿐이었다.

그는 프랑스어로 씌어진 이 강연의 초고「파리강연」을 독일어판으로 확장해 출판하는 일을 필생의 작업으로 삼고 수정해갔다.[44] 한편 칸트학회의 초청으로 1931년 6월 프랑크푸르트대학교, 베를린대학교, 할레대학교에서 '현상학과 인간학'이라는 주제로 강연했다.[45] 여기서 철학을 인간학으로 정초하려는 딜타이학파의 생(Leben)철학과 셸러나 하이데거의 시도를 비판하고, 철저하게 스스로를 성찰하고 스스로 책임 지는 선험적 현상학의 이념을 데카르트의 성찰과 관련지어 제시했다. 이 강연의 예기치 않은 성황에 크게 힘을 얻어 '감정이입, 타자경험, 상호주관성'의 문제를 중심으로「파리강연」의 초고를 수정했지만, 만족할 수 없었다.

---

43 레비나스(Emmanuel Levinas)가 주로 번역한 이 강연의 요약문은 1931년 프랑스어판『데카르트적 성찰』로 출간되었다.
44 『후설전집』제15권『상호주관성』제3권(1973)으로 출간되었다.
45 『후설전집』제27권『강연 2』(1989)에 수록되었다.

결국 후설은 1932년 8월 핑크에게 「파리강연」의 수정을 위임하고 함께 검토해갔다.[46] 그렇게 완성된 책이 『이념들』 제1권 이래 추구한 '데카르트적 길'의 연장선에 있는 『선험적 방법론』이다. 후설은 이 책의 내용이 선험적 현상학의 이념에 충실함을 인정하면서도 「파리강연」과 완전히 다른 내용이라고 판단했다. 상세한 예비설명 없이 단숨에 선험적 자아로 이르게 해 선험적 자아를 공허한 가상처럼 보이게 했기 때문인데, 따라서 자연적 태도를 벗어나지 못한 사람은 이 책을 읽어도 선험적 현상학을 이해하기 어렵다고 판단해 출판을 보류했다.

더구나 1934년 8월 프라하철학회가 '우리 시대에 철학의 사명'이라는 주제로 강연을 요청했다. 그때는 나치가 정권을 장악해 사회 전반에 걸쳐 합리주의에 대한 반발과 과학문명에 대한 회의가 넓고 깊게 퍼진 심각한 시대였다. 사회가 위기에 부닥친 만큼 후설은 강연준비에 더욱 몰두할 수밖에 없었고, 그 때문에 「파리강연」의 초고를 독일어판으로 완성하려는 계획은 유보되었다.[47] 같은 이유로 1919~20년에 한 '발생적 논리학' 강의를 중심으로 관련된 자료를 정리하던 작업도 중단되었다.

후설은 이렇게 준비한 성과를, 1935년 5월 오스트리아의 빈문화협회에서 '유럽인간성의 위기에서 철학'이라는 주제로, 11월 프라하의 독일대학교와 체코대학교에서 '유럽학문의 위기와 심리학'이라는 주제로 강연했다. 이 중 오스트리아 강연은 또다시 '선험적 현상학 입문'을 시도하는 자리였는데, 제1부에서는 유럽인간성의 근본적 삶의 위기로 드러난 학문의 위기를 논의하고, 제2부에서는 그리스철학과 수학, 갈릴레이 이래 근대과학의 발생 그리고 데카르트부터 칸트

---

46 『제6 데카르트적 성찰』(1988) 제1권과 제2권으로 출간되었다.
47 『후설전집』 제1권 『성찰』(1950)로 출간되었다.

까지의 근대철학사를 목적론적으로 해석했다.⁴⁸

후설은 이것도 정리해 출판하려 했다. 1937년 8월 병들었을 때 제3부「선험적 문제의 해명과 이에 관련된 심리학의 기능」⁴⁹을 수정 중이었다. 하지만 '제3부 A.'의 교정본을 받고「증보판 머리말」까지 작성한 상태에서 계속 수정만 하다 결국 완성하지 못하고 숨을 거뒀다. 미완성된 제3부는 관련 논문과 부록을 포함해『후설전집』제6권『위기』(1954)로 출간되었다.⁵⁰ 어쨌든 이것도 본래 총 5부로 계획한 것이었으니 미완성이라 할 수 있다.

이처럼 후설은 점점 가혹해지는 나치의 탄압을 피해 여러 국가를 떠돌며 강연했고 죽기 직전까지 그 원고를 정리했다. 하지만 후설현상학은 암울한 시대의 영향으로 대중에게 제대로 전파되지 않았고 곧 발발한 제2차 세계대전 때문에 대중의 관심 밖으로 완전히 밀려날 위기에 처한다. 그런데 20세기 후반에 들면서 후설현상학은 크게 각광받기 시작한다. 이는 무엇보다 후설이 치밀하게 분석한 '생활세계'가 던져준 충격 때문이다. 후설아카이브의 설립과『후설전집』의 발간이 이러한 상황에 일조했다. 다음 장에서 이 일련의 과정을 살펴본 다음 제3장에서 생활세계에 대해 상세히 논의하겠다.

---

48 이 강연은 유고슬라비아 베오그라드에서 발행한『필로소피아』(*Philosophia*) 창간호(1936)에 실렸다.
49 제3부는 다시 'A. 미리 주어진 생활세계에서부터 되돌아가 물음으로써 현상학적 선험철학에 이르는 길'과 'B. 심리학에서부터 현상학적 선험철학에 이르는 길'로 나뉜다. 제목에서부터 후설현상학에서 생활세계가 어떤 위치와 의미를 지니는지 분명하게 드러나 있다.
50 이와 관련된 1934~37년 유고는『후설전집』제29권(1993)으로 출판되었다.

2 후설아카이브 설립과 후설르네상스

후설르네상스의 기폭제

후설은 나치가 가혹하게 유대인을 탄압하고 제2차 세계대전의 암운이 갈수록 짙어지던 암울한 시대를 살았다. 그는 1887년 빈의 복음교회에서 결혼해 개신교로 개종한 이후 유대인 집단과 거의 교류하지 않았지만, 유대인 작가들과 그 저작에 대한 나치의 모진 탄압을 벗어날 수 없었다. 말년에 이르러서는 새로운 저술을 출판하는 것은 생각조차 할 수 없었다. 공적인 교수목록에서 삭제되었고, 심지어 대학 건물에 접근하는 것도 금지되었다. 개인자격의 비자도 거부되어 체코나 프랑스 등에서 초청한 국제철학회의에 참석할 수 없었다. 상황이 이렇다 보니 히틀러가 집권한 1933년부터 1938년 죽을 때까지 아무도 그를 방문하지 않았다. 심지어 그의 장례식조차 조문객 없이 치뤄졌다. 마치 황량한 유배지에 버림받은 사람처럼 허망하고 고독하게 죽은 것이다. 세계대전이 끝나고 하이데거와 사르트르(Jean-Paul Sartre), 메를로퐁티의 실존철학이 대중에게 각광받을 때도 정작 그 원천인 후설현상학은 기껏해야 실존철학의 한 방법론으로 간주되는 등 빛을 보지 못했다.

그러나 이러한 상황은 1950년 벨기에 루뱅대학교의 후설아카이브가 『후설전집』을 발간하면서 완전히 반전되었다(『후설전집』은 계속 출간 중인데 2010년 제40권이 출간되었다). 이렇게 막을 연 '후설르네상스'는 후설아카이브가 『현상학총서』(*Phaenomenologica*)를 계속 발간하는 한편 후설의 유고를 복사해 독일 프라이부르크대학교와 쾰른대학교, 프랑스 소르본대학교, 미국 뉴욕 뉴스쿨에 후설아카이브를 세우면서 거대한 '현상학 운동'으로 발전했다. 여러 나라에서 다양한 현상학 학술지가 경쟁하듯 왕성하게 발간됐기 때문이다.

이러한 '후설르네상스'는 반 브레다(Herman Van Breda) 신부가 후설의 유고를 나치의 삼엄한 감시를 뚫고 독일 밖으로 안전하게 옮긴 극적인 사건이 기폭제가 되었다.[1]

벨기에 루뱅대학교에서 후설의 초기사상을 공부하던 당시 27세의 프란치스코 수도회 소속 반 브레다 신부는 현상학적 환원을 주제로 박사학위논문을 준비했는데 더 상세한 자료가 필요했다. 후설 스스로 1930년대 저술에서 여러 번 언급하듯이, 그의 유고는 이미 출판된 저술들과 연관되는 중대한 논의를 포함할 뿐만 아니라 그의 사상을 피상적으로 이해한 비평가가 결코 해결할 수 없는 문제들을 해명하고 있기 때문이다. 결국 후설이 말년에 살았던 프라이부르크를 찾은 반 브레다는 후설의 유고를 찾아내 연구하는 것에서 더 나아가 그 유고를 출판하는 일에 나서게 된다.

---

[1] 이 장은 반 브레다(1911~74)가 1956년 제2차 국제현상학회에 보고한 기록(1959년 출간된 『현상학총서』 제2권 『후설과 현대사상』*Husserl und das Denken der Neuzeit*에 수록되었다)에 근거해 나치의 유대인저술 말살운동을 피해 유고를 벨기에로 옮기고 후설아카이브를 설립하는 과정을 중요한 사건 중심으로 간추린 것이다.

반 브레다와 후설 부인의 만남

1938년 8월 프라이부르크에 도착한 반 브레다는 어렵게 수소문한 끝에 후설이 4개월 전 숨을 거둔 자택에서 그의 부인이 그대로 살고 있다는 것을 알아냈다. 부인은 남편보다 사회생활에 적극적으로 참여했고 가깝게 지낸 친구도 많았기 때문에 갑자기 밀어닥친 외로움이 매우 힘들었을 텐데도, 마치 자신이 나치의 희생물이라는 사실을 모르는 듯, 의연하게 살고 있었다. 혹독한 시련조차 조금도 굴복시킬 수 없었던 강인한 의지와 자세는 아마 타고난 올곧은 품성에다 남편의 철학에 대한 드높은 자부심에서 나왔을 것이다.

8월 29일 반 브레다가 후설 부인을 처음 만난 자리에 후설의 제자였던 핑크도 함께했다. 그 자리에서 반 브레다는 8절지에 속기로 작성한 원고 4만여 매, 슈타인·란트그레베·핑크가 쓰거나 타자로 정리한 원고 1만여 매를 확인했다. 또한 2,700여 권의 책과 2,000여 권의 별쇄본도 보았는데, 대부분 저자가 후설에게 헌정한 이 책들에는 그가 치밀하게 검토하면서 연필로 조그맣게 쓴 수많은 주석이 달려 있었다. 바로 이 주석이야말로 그의 사상이 발전해나간 궤적을 밝히고 그의 유고를 해석하는 데 제기되는 어렵고 복잡한 문제들을 간명하게 풀어낼 결정적 열쇠였다.

반 브레다는 방대한 유고를 훑어보면서 이 모든 기록을 체계적으로 정리하고 비판적으로 편집하려면 전문학자들이 유기적으로 활동할 수 있는 아카이브를 독일 이외의 지역, 특히 벨기에에 창설할 필요가 있다는 의견을 밝혔다. 물론 그 유고를 온전히 국경 밖으로 옮길 수 있는지, 그 경비는 어떻게 마련할지, 또한 아카이브가 설립되었을 때 연구자의 봉급과 출판비용을 어디에서 어떻게 조달할지 등의 문제는 전혀 고려하지 않은 상태였다.

그러나 더 근본적인 문제가 있었다. 나치가 집권하자 곧 네덜란드로 도피한 슈타인은 제외하고서라도, 란트그레베와 핑크 가운데 적어도 한 사람은 독일에 남아 작업을 도와야 했다. 후설은 그 당시 독일과 오스트리아에서 많이 사용하던 가벨스베르거(Gabelsberger)식 속기술과 오래 전부터 자신이 고안한 일련의 축약된 언어를 바탕으로 원고를 작성했기에 이것을 해독하고 번역하려면 후설의 사상과 논의 방식을 정확하게 읽어낼 수 있는 능력과 경륜이 필요한데, 그러한 사람은 란트그레베와 핑크뿐이었기 때문이다.

란트그레베는 프라하의 독일대학교에서 교수자격논문을 준비하면서 속기로 작성한 유고를 정리하고 있었고, 핑크는 스승을 흠모해 그에게 제시된 여러 교수직을 거절하고 1933년부터 프라이부르크에 남아 있었다.[2] 다만 두 사람 모두 신혼 초기라 가족과 함께 살던 곳을 떠나기란 결코 쉬운 일이 아니었다. 또한 이 문제를 해결한다 해도 후설 부인을 남편의 흔적이 모두 사라질 프라이부르크에 홀로 남겨둘 수는 없었다.

사흘 후인 9월 1일 후설 부인은 루뱅대학교의 협조 아래 아카이브를 설립하는 데 동의했다. 그녀가 그토록 빨리 결단을 내린 데는 히틀러 정권에 반대하는 가톨릭교회가 세운 대학교가 바로 루뱅대학교였기 때문이다. 반 브레다가 루뱅대학교와 교섭할 편지를 쓰던 9월 3일에는 후설의 철학을 연구했고 루뱅대학교의 학자들과도 친한 베르제(Gaston Berger)[3]가 프라이부르크에 왔다. 이어 9월 5일 란트그레베가

---

[2] 란트그레베와 핑크 모두 1950년대를 지나서부터는 후설현상학을 비판했다. 선험적 현상학이 너무 추상적이어서 또는 하이데거가 독일뿐만 아니라 유럽 철학계를 강력하게 지배해서 등의 이유만으로는 여전히 이해하기 어려운 일이다.

[3] 베르제(1896~1960)는 세네갈 출신의 철학자이자 미래학자로 프랑스 고등교육국장을 거쳐 철학회 회장과 백과전서위원회 회장을 역임했다.

프라하에서 정리할 새로운 유고를 가져가려고 왔다. 9월 6일 란트그레베와 핑크는 루뱅대학교와의 공동작업에 조건 없이 적극적으로 참여할 것을 동의했다.

나치의 삼엄한 감시를 피하라

반 브레다는 루뱅대학교에 이러한 사정을 보고했고, 9월 12일 답신을 받았다. 책 몇 권을 출판할 수 있지만, 연구자의 생활비까지 지원할 수 없다는 다소 실망스러운 내용이었다. 그런데 9월 16일 아침 후설 부인에게서 급한 전화가 걸려왔다. 불과 사흘 동안 정세가 매우 급박해졌기 때문인데 나치가 체코를 공격해 프랑스와 곧 전쟁이 벌어질 참이었다. 이에 그녀는 프랑스와 가까운 프라이부르크가 가장 먼저 전쟁에 휘말릴 테니, 아카이브를 설립하는 문제 이전에 유고와 문헌을 안전한 곳으로 서둘러 옮기는 일이 더 급하다고 판단했다. 이 일을 반 브레다에게 부탁하면서 그 기본방침과 실행계획을 함께 세우자고 전화한 것이었다.

반 브레다는 전쟁이 일어나면 독일의 모든 지역이 위험에 빠지기 때문에 유고를 즉시 해외로 옮기되 우선 속기로 작성한 원고와 정리된 원고부터 옮기는 것이 좋겠다고 제안했다. 그녀가 동의하자 그는 치외법권을 적용받아 검열을 받지 않고 국경을 통과할 수 있는 외교관 수송물을 이용하려고 프랑크푸르트의 벨기에 영사관을 찾아갔다. 그러나 이러한 외교관 특권은 베를린에 있는 대사관에만 적용된다는 사실을 전해 듣고, 일단 프라이부르크로 돌아온다. 다시 후설 부인과 논의한 끝에 베를린의 벨기에대사관에 가서 도움을 요청하기로 하고, 우선 유고를 안전한 곳에 숨기기로 했다.

그러나 나치의 삼엄한 감시의 눈초리를 피해 그 많은 유고를 안전하게 보관할 장소를 찾는 일은 애초에 불가능했다. 이때 아델군디스(Jaegerschmid Adelgundis) 수녀가 스위스와 국경이 붙어 있어 눈에 띄지 않게 유고를 조금씩 옮길 수 있는 콘스탄츠의 리오바 수녀원을 알아봐주었다. 이것은 유고를 잠시 보존하는 데 그치지 않고 온전히 국외로 반출하는 매우 탁월한 제안이었다. 그녀는 후설의 강의를 들었던 개신교 신자였는데 개종하고 수도원에 들어가 박사학위를 받은 뒤 남부 독일에서 종교문제에 대한 강의를 여러 차례 해 명성을 얻은 인물이다. 그녀는 후설의 딸 엘리자베트(Elisabeth Husserl)의 친구로, 다른 사람들과 달리 후설의 집을 공공연하게 계속 방문해 그의 병을 간호했고, 그가 죽은 다음에도 그의 부인을 보살펴주었다.

9월 19일 아델군디스 수녀는 큰 가방 세 개에 유고를 모두 챙겨 열차를 타고 콘스탄츠로 떠났다. 그러나 다음 날 그녀는 안 좋은 소식을 전할 수밖에 없었다. 나치가 국경을 철통같이 경비해 수녀원에 유고를 보관할 수는 있어도 스위스로 운반할 수는 없었던 것이다. 어쩔 수 없이 반 브레다는 벨기에대사관의 협조를 구하러 베를린에 가야 했고, 따라서 유고를 되찾으러 먼저 콘스탄츠로 갔다. 그리고 후설의 문서에 대한 소유권이 없을 경우 제기될 수 있는 복잡한 문제 때문에 후설 부인이 소유권을 그에게 양도한다는 서류와 후설의 문서가 국경을 넘어가면 그가 모든 권리를 다시 후설 부인에게 반환한다는 서류 두 가지를 동시에 작성했다.

9월 22일 밤 콘스탄츠에서 유고를 찾은 반 브레다는 23일 이것들을 베를린의 수도원에 맡기고, 벨기에대사관 직원을 만났다. 직원은 유고를 대사관에 보관해줄 수는 있지만, 벨기에로 수송하는 일은 벨기에 외무부의 허가가 필요하다고 했다. 어쩔 수 없이 24일 오전 그 가방들을 일단 대사관 금고에 넣은 반 브레다는 25일 프라이부르크로 가 후설 부인에게 이러한 사실을 알리고, 26일 슈타인·란트그레

독일과 주변국 지도. 반 브레다는 나치의 삼엄한 감시 속에서 후설의 유고를 안전한 곳으로 옮기기 위해 매우 많은 곳을 돌아다녔다. 어렵고 위험한 일을 자처한 것이다.

베·핑크가 그때까지 번역한 원고의 복사본만 갖고 루뱅대학교를 방문해 외무부 장관의 협조를 약속받았다. 이러한 우여곡절을 겪은 끝에 드디어 11월 말 베를린의 벨기에대사관에 보관했던 유고를 루뱅대학교의 도서관 금고에 넣을 수 있었다.

후설아카이브 설립과 『후설전집』 발간

1938년 10월 초 루뱅대학교는 철학연구소 안에 후설아카이브를 설립한다고 결정했다. 10월 27일 벨기에 학문연구재단이 2년간 란트그레베와 핑크가 루뱅에 거주할 비용을 지원하기로 하면서 아카이브는 첫발을 내디뎠다.

반 브레다는 이 소식을 전하러 11월 12일 또다시 프라이부르크로 가서 후설 부인과 핑크를 만났다. 그녀는 루뱅대학교의 결정을 지지하는 한편 자녀들이 있는 미국으로 갈 것을 희망했다. 핑크도 루뱅대학교의 조건을 흔쾌히 받아들였다. 반 브레다는 18일 프라하로 가서 란트그레베의 동의도 받았다. 게다가 파토츠카(Jan Patočka)[4]의 노력으로 독일이 체코를 점령할 경우 그동안 란트그레베가 정리한 유고[5]를 벨기에로 옮겨주겠다는 프라하철학회의 약속도 얻었다(이 유고는 1939년 6월 12일 루뱅에 도착했다). 25일 루뱅으로 돌아왔을 때는 후설의 큰아들 게르하르트(Gerhart Husserl)에게서 편지를 받았는데, 루뱅대학교의 후설아카이브 설립에 전적으로 동의한다는 내용이었다. 게르하르트는 1934년 독일을 떠나 미국 워싱턴법과대학교 교수로 재직 중이었는데, 후설 유고에 대한 모든 권리를 갖고 있었다.

핑크는 1939년 3월 16일 루뱅에 도착했지만, 란트그레베는 한 달여 뒤인 4월 24일에야 도착했는데 체코가 독일에 합병되어 가족의 이주허가를 받는 데 어려움을 겪었기 때문이다. 그가 3월에 부친 가재도구는 8월 중순에야 찾을 수 있었다. 반 브레다는 그해 1월 후설 부인의 벨기에 입국비자와 체류허가를 겨우 받아 프라이부르크로 갔다. 그녀도 상자 60개에 이르는 남편의 방대한 장서와 가재도구를 갖고 이민을 가는 데 필요한 허가를 겨우 얻어 6월 20일 벨기에에 도착했다. 루뱅대학교는 이미 4월 24일 이 장서를 모두 구매한 상태였다.

그런데 후설 부인은 곧바로 일어난 제2차 세계대전 때문에 1946년 3월에야 미국으로 떠날 수 있었다. 그녀는 나치가 점령한 4년 이상, 그 전후를 포함하면 거의 7년 동안 루뱅 근처 수녀원의 작은 방에 숨

---

4 파토츠카(1907~77)는 체코의 현상학자로 생활세계의 실천적 구조에 깊은 관심을 가졌다. 1968년 체코의 민주·자유화운동인 '프라하의 봄'에 앞장섰으나 소련군의 침공으로 실패한 후 1977년 '77헌장'을 공동 집필했다.
5 이 유고 가운데 일부가 1939년 3월 프라하에서 출간된 『경험과 판단』이다.

어 살면서 온갖 어려움을 용감하고 굳세게 견뎌냈다. 수녀들의 따뜻한 보살핌이 큰 힘이 되었고, 그래서 1941년 가톨릭교로 개종했다.

숨어 사는 후설 부인은 미국으로 갖고 갈 이삿짐을 안트베르펜 항구에 보관해두었는데 이 항구가 1940년 9월 16일 폭격당했다. 다행스럽게도 후설 부인의 짐은 일부만 피해를 입었다. 후설이 소중하게 보관하던 스승 브렌타노의 초상 두 개와 몇 가지 중요한 서신(이 가운데는 하이데거의 편지도 있다)이 불타버렸다. 그 당시 나치는 유대인 무덤을 파헤쳐 훼손했기 때문에 후설의 가족들은 후설의 유언에 따라 그를 화장했는데 폭격으로 유골단지도 파괴되었다. 반 브레다는 그 재를 거두어 보관하다 전쟁이 끝난 후 후설 부인에게 전했다. 1950년 11월 21일 후설 부인이 죽자 그의 자녀들은 아버지의 재를 프라이부르크의 귄터슈탈 묘지에 묻힌 어머니 옆에 나란히 묻었다.

1939년 여름부터 1940년 3월까지 란트그레베와 핑크는 유고를 정리하고 타자로 정서하는 작업에 몰두했다. 그러나 1940년 5월 10일 독일이 벨기에를 침공하자 그들은 프랑스 남부로 옮겨갈 수밖에 없었고, 프랑스가 항복한 6월 이후에야 돌아올 수 있었다. 그동안 후설 부인과 란트그레베 가족은 브뤼셀의 작은 병원에 몸을 숨겼다. 이후 나치의 감시를 받게 된 란트그레베와 핑크가 11월 독일로 떠남으로써 후설아카이브의 활동은 완전히 중단되었다.

벨기에의 주요도시는 연합군의 대규모 폭격을 계속 받았지만 후설의 유고[6]와 장서 그리고 란트그레베와 핑크가 공들인 작업물들은 천만다행으로 온전히 보존되었다. 이에 힘입어 반 브레다는 그들의 작

---

6 후설은 1935년 자신의 유고를 란트그레베와 핑크에게 정리하도록 지시하면서 주제별로 A부터 F까지의 알파벳으로 분류했다. K 이하는 1942년 루뱅대학교의 후설아카이브에서 분류한 것이다(이 책, 「후설의 저술」 참조).

업에 참여했던 젊은 공동연구자들과 함께 1942년부터 후설아카이브의 활동을 이어갔다. 그 결과 후설이 1929년 소르본대학교에서 강연한 원고와 이 내용을 독일어로 출판하려고 여러 번 수정한 원고 및 자료를 편집해 1950년 『후설전집』 제1권으로 출간했다. 이것은 그동안 은폐되었고 그래서 더 오해되고 왜곡되었던 후설현상학의 참모습을 드러낼 '현상학 운동'의 힘찬 출발을 알린 신호탄이었다.

이후 다양한 분야에 걸쳐 현상학에 대한 관심이 급증하자 1947년 파버(Marvin Farber)가 미국 버펄로대학교에, 1950년 핑크가 프라이부르크대학교에, 1951년 볼크만슐루크(Karl-Heinz Volkmann-Schluck)가 쾰른대학교에, 1957년 메를로퐁티와 리쾨르(Paul Ricoeur)가 소르본대학교에 유고를 복사해 후설아카이브 지부를 설치했다. 후설아카이브는 지금도 계속 유고를 편집해 출판하고 있다.

3 어둠을 밝힌 여명의 철학

나치의 삼엄한 감시 속에 갖은 우여곡절을 겪으며 겨우 출범한 후설아카이브가 『후설전집』을 발간하면서 후설현상학은 새롭게 조명받게 되었다. 이후 밝혀진 후설현상학을 술어로 표현되기 전의 생생한 경험, 즉 지각이 수용되는 지향적 입체구조와 다양한 생활세계의 문제에 대한 분석으로 나눠 살펴보자.

우리가 일상에서 하는 경험은 매우 단순해, 마치 감각자료가 그 자체로 직접 주어지는 것처럼, 최종적이고도 근원적이라고 여겨진다. 후설은 이 경험이 수용되고 파악되는 지각의 보편적 구조를 분석했다. 또한 우리 모두에게 친숙한 유형을 통해 항상 미리 주어지고 이미 잘 알려져 있으며, 그래서 학문의 관심주제로 전혀 부각되지 않았던 은폐된 삶의 토대이자 망각된 의미의 기반인 생활세계를 제시한다. 흔히 철학은 일반적으로 당연하다고 간주하는 것도 왜 그러한지 그 근거와 의미를 캐묻는 작업이라고 하는데 후설은 이러한 철학 본연의 목적에 직접 파고들어간 것이다.

따라서 술어로 표현되기 이전에 감각되는 지각을 분석하고 생활세계의 심층구조를 통해 선험적 주관성을 해명한 후설현상학은 희미하고 어두운 '애매성(ambiguity)의 철학'이 아니라 오히려 이제까지 어둠에 가려져 은폐된 영역을 적극적으로 다가가 밝히기 시작한 '여명의 철학'이며, 과거의 철학들이 당연하게 간주한 것 자체를 문제 삼아 그 근원을 캐물은 '철학 가운데 철학'이다.

경험의 입체적 구조

1 선-술어적 경험의 지평구조

형식논리학은 진리를 판단의 형식적 정합성인 무모순성에서 찾는다. 그러나 형식논리학의 법칙들은 공허한 형식 속에 삽입된 판단의 기체(대상)에서 실질적 내용은 다루지 않기 때문에 진리의 소극적 조건에 머물 뿐이다. 판단이 자신의 목표인 존재자에 관한 참된 인식에 도달하려면, 판단의 대상이 스스로 주어지는 현실성, 즉 사태 그 자체로까지 파고들어가야 한다.

그런데 판단의 대상인 존재자가 명증적으로 주어진 것은 술어적 판단으로 형식화할 필요가 없지만, 대상에 관한 명증적인 술어적 판단은 그 대상 자체가 명증적으로 주어져야만 가능하다. 그러므로 술어적 명증성은 판단의 대상이 주어지는 선-술어적 명증성에 기초해야만 한다. 그것은 궁극적 기체(tode ti), 즉 근원적 대상으로서 어떠한 규정을 하기 전에 곧바로 경험되고 직접 해명될 수 있는 개체다. 따라서 최초의 경험은 대상이 스스로를 원본적으로 부여하는 지각이다.

인식이 활동하기 이전에 단적인 확실성을 통해 스스로 주어진 개별적 대상에 대한 경험은 감각자료처럼 그 자체로 고립된 것이 아니라, 실제로 파악된 것뿐만 아니라 아직 주목하지 못했어도 친숙한 유형에 따라 앞으로 다양하게 인식될 형태와 함께 지각의 영역 속에 미리 놓여 있다. 즉 스스로 거기에 주어진 핵심을 넘어 처음에는 주시하지 않았던 국면을 점차 밝혀줄 가능성까지 지시하는 생생한 지평을 갖는다. 따라서 '아직 알려지지 않은 것은 동시에 이미 알려진 것의 한 양상'이다. 이와 같이 미리 지시해 아는 것은 항상 불완전하고 내용상 규정되지 않지만, 주어진 핵심을 넘어 생각함으로써 앞으로 규정될 수 있는 가능성의 활동공간인 '공허한 지평'을 갖는다.

그러므로 형식논리학이 다루는 대상인 판단의 기체 'S'나 'P'를 형식화해 주어나 술어에 대입시킬 수 있는 것은 사실이든 상상이든 경험할 수 있는 모든 것의 총체인 세계의 통일 속에 있는 동일한 존재자, 즉 '세계-속의-존재자'(In-der-Welt-Sein)다. 이것은 아무런 제한도 없는 임의의 존재가 아니다. 자유로운 상상으로 변경해 만드는 것에는 확고한 한계를 설정해야만 한다. 여기에 기초해서만 판단들은 유의미할 수 있으며, 논리학은 사유형식을 다루는 논리학뿐만 아니라, '세계 속의 존재자(세계)에 대한 논리학', 즉 참된 철학적 논리학이 될 수 있다.

바로 이렇게 선험적 현상학은 지각이 수용되는 수동적 감성(pathos)을 분석하는 선험적 감성론에서 능동적 이성(logos)이 술어로 판단하는 형식논리학을 정초하는 선험논리학으로 상승해가는 것이다.

2 지각이 해석되는 단계

흔히 어떤 대상에 관한 경험은 매우 단순해서 최종적이고도 근원적인 것으로 간주된다. 그러나 지각이 해석되는 과정에는 대상을 부분적 요소들로 나눠 상세하게 규정·해명하고, 다른 대상들과 어떠한 관계에 있는지 관찰하는 단계가 있다. 또한 모든 지각은 자극에 주의를 기울이거나 시선을 향하는 자아의 능동적 활동을 통해서만 해석할 수 있다. 예를 들어 창 밖에 어떤 소리가 나더라도 독서에 열중하면 그것이 무엇인지 정확히 파악할 수 없다. 자극이 경과된 후에 그 경험의 내용을 해석하고 술어로 판단해야만 그 소리가 자동차 경적이었으며, 어떤 상황에서 경적을 울렸는지 등을 이해하게 된다. 지각

역시 단순히 감각성질을 바라보거나 느끼는 것이 아니라, 그 대상이 원본적으로 제시되는 방식까지도 파악하는 것이다. 가령 망치가 실제로 제시되려면, 그 사용방법을 알아야 한다. 망치의 형태나 색만 본다면, 그 사물만 보는 것이지 도구를 보는 것이 아니다.

자아가 대상을 인식하는 지각의 경향은 다음 세 단계로 구성된다.

① 단적인 파악

단적인 파악은 지각이 대상을 객관화해 해석하는 인식활동의 가장 낮은 단계다. 그러나 그 대상은 결코 단순한 자료가 아니라, 내적 시간의식의 통일 속에 구성된 복잡한 구조를 갖는다. 가령 계속 울려 퍼지는 멜로디를 듣는 경우, '여전히 파지하는 것'과 '예측해 미리 파지하는 것'이 통일을 이룬 연속체가 생생한 '지금'에 수동적으로 미리 주어진다.

단적인 파악에는 근원적으로 미리 구성되는 시간흐름의 수동성인 '능동성 이전의(vor) 수동성'과 주어진 대상들을 함께 주제로 삼는 '능동성 속의(in) 수동성'이 수반된다. 전자는 내재적 시간성을 구성하는 고정된 수동적 법칙성이며, 후자는 자아의 중심에서 발산된 시선의 능동적 작용이다.

② 해명

해명은 완전히 새로운 대상이 단적으로 주어지는 것이 아니라, 예측이 상세하게 규정되거나 수정되는 것으로서, 지각의 관심이 대상의 내적 지평으로 침투해 대상의 다양한 요소를 포착하는 능동적 활동이다. 이때 지각의 대상은 동일성을 유지한 채 유기적 관련이 있는 대상의 내적 규정인 속성(계기·부분)을 통해 지속적으로 해명되고, 그 의미가 계속 풍부하게 형성된다.

이때 대상을 규정하는 데는, 가령 '가로수의 길'과 '그 속의 가로 수'처럼 전체에 대해 독립적 부분인 '단편'과 '흰 종이'에서의 흰색처럼 비독립적 부분인 '계기'로 구분된다. 대상은 전체가 통일적으로 파악되고 관찰된 다음, 부분들이 단계적으로 파악되고 관찰될 때 비로소 그 자신과 합치된 통일체로 부각된다. 이때 전체는 단편들이 파악될 수 있는 잉여를 함축한다. 반면 단편은 전체를 통해서만 파악된다. 따라서 '전체는 그 부분들의 단순한 총합 이상'이다.

③ 관계관찰

대상과 다른 대상의 관계를 파악하려는 관심은 대상의 외적 지평 속에 함께 현전하는 대상들을 함께 주제로 삼아 관찰한다. 가령 이 연필은 사전 '옆에' 있고, 만년필보다 '더 길다.' 이때 지각의 관심은 모든 대상에 똑같이 배분되는 것이 아니라, 그때그때 주목하는 시선에 따라 임의로 어떤 대상에 집중되며, 다른 대상들은 그 대상을 더 상세히 규정하는 한에서만 관련된다.

그런데 대상에 관련된 규정은 두 대상을 비교하는 규정과 달리 관계의 항들이 언제나 현실에 존재할 필요가 없다. 예를 들어 우리는 주위에 키가 작은 사람이 없어도 키가 180센티미터인 사람은 크다고 간주한다. 또한 섭씨 5도는 열대지방에서는 매우 추운 날씨이지만, 온대지방에서는 그렇지 않다. 마차는 근대에서는 빠른 교통수단이었지만, 현대에서는 전혀 그렇지 않다. 이러한 규정은 환경세계에 따라 변화할 수 있는 경험의 정상성(Normalität), 즉 정상으로 기능하는 신체(Leib) 또는 정상적 감성(Sinnlichkeit)에 관계한다.

이처럼 술어적 인식의 최종근거인 지각은 대상을 세밀하게 해석할 수 있도록 '단적인 파악' '해명' '관계관찰'이라는 구조를 지닌 자아의 총체적 구성작용이다. 이 단계들은 거역할 수 없는 일방적 방향으로 고정된 것이 아니라, 부단히 교류하면서 더 완전한 인식에 도달할 수 있도록 개방된 나선형 순환구조로 이뤄져 있다.

3 지각이 수용되는 보편적 구조

수동적으로 미리 주어진 대상을 술어 이전에 파악하는 지각작용은 이미 인식하는 작업이 수행된 가장 낮은 단계의 능동성인 수용성(Rezeptivität)으로서, 이것을 술어로 대상화해 지속적 인식의 소유물로 확립하려는 판단작용인 자발성(Spontaneität)의 이전 단계다. 지각이 수용되는 구조에는 '내적 시간의식'과 '신체'가 있다.

1) 내적 시간의식

시간의식의 끊임없는 흐름은 이중 연속성이 있는데 바로 '지금'이 과거에서 미래로 이어지는 '가로방향의 지향성'과 지나가버린 '지금'이 변양되어 '무의식' 속에 침전되는 '세로방향의 지향성'이다. 이 연속성 때문에 의식의 흐름은 방금 전에 체험한 것을 현재화해 지각하는 '과거지향', 지속하는 시간의 객체가 산출되는 원천인 '근원적 인상'으로서의 '생생한 현재'('지금') 그리고 미래의 계기를 현재에 직관적으로 예상하는 '미래지향'의 통일체로 구성되어 있다.

이 통일체에 근거해 이미 알고 있는 것(과거지향)에서부터 아직 알려지지 않은 것(미래지향)을 '생생한 지금'의 지평구조 속에서 친숙한 유형을 통해 미리 지시하고 예측해가는 의식이 곧 '예언가의 의식'이다. 지하철역 플랫폼에 사람이 많다면 열차가 곧 올 것이라고 예상하는 것이 좋은 예다. 물론 이 예상은 신체를 움직이거나 시간이 흐르면 확인될 수도 수정될 수도 있다.

지각의 모든 상관관계를 생생하게 통일하는 연상작용(Assoziation)은 내적 시간의식의 가장 낮은 단계에서 종합한 것 위로 계층을 이루며 올라간 '수동적 종합'(passive Synthesis)이다. 모든 개별적 의식체험은 시간적으로 발생하는 자신의 '역사', 즉 '시간적 발생'을 갖는데, 이때 시간의식이 통일되어야만 모든 시간의 객체가 통일적으로 직관될 수 있는 동일한 대상으로서 지속·공존·계기하게 하는 보편적 질서와 객관적 시간성이 구성될 수 있다. 물론 술어적 판단도 내적 시간의식 속에 끊임없이 정립되고 통일된 객체가 있어야만 가능하기 때문에, '과거지향은 필수적'이다.

2) 신체

지각의 대상이 가능한 모든 측면에서 주어질 수 있는 것은 신체의 운동감각(Kinasthesis) 때문이다. 신체는 의식이 직접 자유롭게 운동하며 지각을 연출할 수 있는 기관으로서, 필연적으로 항상 익명으로 활동하는 지향성이다. 즉 신체는 모든 것의 방향이 정해지는 변함없는 기준점이며, 지각은 단지 인상을 수동적으로 받아들이거나 촉발하는 것이 아니라 '만약 ……하면, ……하다'(Wenn ……, so ……)라는 자발적 운동감각의 체계로 동기가 부여된 결과다.

그런데 신체는 정신을 매개하고 기초를 놓는 토대이며, 정신은 동기부여를 통해 신체를 지배한다. 따라서 신체는 '정신의 인과성에서 자연의 인과성으로 전환되는 지점'이자 '정신의 표현인 동시에 기관'이다. 의식이 개입되지 않으면, 신체는 단순한 '물체'(Körper)일 뿐이며, '운동감각'도 전혀 기능할 수 없다. 또한 정상적 경험으로 구성되고, 서로 의사소통할 수 있는 공동체세계는 정상적 유형으로 기능하는 최상의 지각체계로서의 신체를 전제한다. 더구나 언어로 표현하는 기관인 신체는 상호주관적 학문과 세계가 가능할 수 있는 조건이다. 물론 신체도 의식과 연관되어 침전된 자신의 역사성을 지닌다.

생활세계의 의의와 심리학의 문제

후설은 선험적 현상학이 공허한 주관적 관념론처럼 이해되는 것을 줄곧 안타깝게 여겼기 때문에 그 새로운 입문을 부단히 시도했다.

나는 나의 저술『이념들』[제1권]에서 서술했듯이 선험적 판단중지를 통한 [여기에서 논의한 것보다] 훨씬 짧은 길―이것을 나는 '데카르트적 길'이라고 불렀다(즉 이것은『성찰』에서 […] 데카르트의 편견이나 혼동을 비판적으로 순화함으로써 획득한 것으로 생각된다)― 이 다음과 같은 커다란 결함을 갖는다는 사실에 주목한다. 즉 이 길은 실로 단 한 번의 비약으로 선험적 자아(transzendentale ego)에 이르는 것 같지만, 그러나 선행하는 어떠한 [예비]설명조차 분명히 없으므로 선험적 자아를 가상적인, 내용이 없어 공허한 것으로 보이게 했다. 따라서 이러한 상황에서 사람들은 우선 '그것으로 무엇이 획득되었는가?' […] 하는 [난처한] 문제에 직면했다. 그러므로 […] 사람들은 너무나 쉽게 그리고 곧바로 최초의 출발에서부터 그렇지 않아도 매우 빠지기 쉬운 소박한-자연적 태도 속으로 다시 굴러떨어졌다(『위기』, 157~158쪽; 이 책, 484~485쪽).

그래서 그는 1920년대 들어 '데카르트적 길' 이외의 다양한 길을 모색하기 시작했다. '심리학을 통하는 길'이나 '생활세계를 통하는 길'이 대표적인 예다. 이 길들은 실증적 자연과학과 긴밀하게 관련되어 있기 때문에 일반인도 쉽게 접근할 수 있고, 모든 학문의 궁극적 정초라는 엄밀한 선험철학의 이념도 구체적으로 밝히고 실행할 수 있다. 따라서 이 길들은 '데카르트적 길'과 배척되는 것이 아니라, 상호보완하는 관계다. 한마디로 선험적 현상학에는 지름길과 우회로가 있는데, 전자는 짧지만 가파르고 그 의미를 이해하기 힘들다. 반면 후자는 평탄하고 도중에 아기자기한 정경(情景)도 볼 수 있지만 멀리 돌아가야 하기 때문에 정상에서 전개될 새로운 세계(선험적 주관성)를 망각하거나 포기하기 쉽다.

이 새로운 세계, 곧 선험적 주관성은 다양한 체험을 통일적으로 파악하는 동일한 극(極)이고, 개인이나 공동체의 기억과 습득성을 지닌 기체이며, 생생한 현재뿐만 아니라 과거와 미래에까지 지평을 넓혀 의사소통하면서 자기 자신을 구성하는 모나드(Monad)다. 그러면서도 그 자체로 완결되어 폐쇄된 독아론적 자아가 아니라, 사회성과 역사성을 통한 감정이입으로 타자를 경험하고 공동체 속에 구성되는 상호주관성이다.

1 생활세계를 통하는 길

1) 생활세계의 주제

생활세계는 수학과 자연과학으로 이념화된 세계나 통상적으로 경험하는 일상세계가 아니다. 학문과 논리 이전에, 즉 술어로 규정되기 이전에 미리 주어진, 그 유형을 통해 이미 친숙하게 잘 알려진 선-술어적 경험세계다.

후설은 1917년 작성한 『이념들』 제2권 부록 13에서 이미 생활세계 개념을 제시한다.

> 생활세계는 자연적 세계다. […] 생활세계의 모든 객관적인 것은 주관적으로 주어진 것, 즉 모두에게 하나로서 공통되는, 모든 사람의 소유물이다(『이념들』 제2권, 375쪽).

즉 생활세계는 『위기』에서 비로소 등장한 개념이 아니라, 1910년대 초반부터 제시한 개념으로, 후설이 자연주의의 객관적 인식과 형식논리학의 공허한 경험을 비판하면서 일관되게 강조한 '사태 그 자체로' 되돌아가 직관하는 세계다.

그러나 '환경세계' '문화세계' '고향세계' '경험세계' '체험세계' '관심세계' 등과 동일한지 아니면 그 일부인지가 모호하다. 또한 다음 구분처럼 실재론으로도 동시에 관념론으로도 해석할 수 있게 일련의 스펙트럼 같은 모습을 띤다.[1]

① 직관적 경험의 세계로서 미리 주어진 토대
전통적으로 매우 경멸당한, 단순히 주관에 상대적인 속견(doxa)의 세계. 객관적 학문이 망각한 의미의 기반이자 권리의 원천.
② 주관이 형성한 의미의 형성물
모든 것을 이론화하려는 관심의 지평이자 주관의 지향적 작업 수행을 통해 그 존재의미가 드러나 인식되는 세계.
③ 언어와 문화, 전통에 근거해 생생한 역사성을 지닌 세계
단순한 전체가 아니라 총체적 통일체로 구성된 역사적 형성물.
④ 모든 상대성에서도 그 자체는 보편적 본질구조를 갖는 세계
경험의 흐름 속에 확고한 본질법칙의 구조와 유형을 지닌 세계.

생활세계는 ①에 따르면 실재론으로 해석할 수 있고, ②에 따르면 관념론으로 이해할 수밖에 없다. 그렇다면 어떻게 이처럼 상반된 주장이 양립할 수 있는가?

---

1 이종훈, 『현대의 위기와 생활세계』, 103~111쪽 참조.

2) 생활세계의 총체성(토대↔형성물)

객관적 학문의 세계는 구체적인 경험을 통해 직관할 수 있는 생활세계에 추상적인 '이념과 상징의 옷'을 입힌 세계다. 자연을 '수학적 언어로 씌어진 책'으로 파악한 갈릴레이 이래로 자연과학은 생활세계를 수량화하고 기호화한 객관적 자연을 참된 존재로 간주했다. 그 결과 자연은 발견되었지만, 이 객관성에 의미를 부여하고 해명하는 주관성은 망각되었다. 이 점에서 후설은 갈릴레이를 '발견의 천재인 동시에 은폐의 천재'(『위기』, 53쪽)라고 비판한다.

자연뿐만 아니라 의식도 객관적 자연과학의 방법으로 탐구되었는데, 데카르트가 사유실체(의식)와 연장실체(사물)를 구분했기 때문이다. 따라서 후설은 근대의 합리론과 경험론이 모두 데카르트에게서 출발한다고 매우 독특하게 해석한다.

따라서 객관적 인식(episteme)은 '그 자체의 존재'가 아니라 그것에 이르는 하나의 방법일 뿐이다. 오히려 주관에 상대적이기에 낮은 단계의 모호한 명증성만을 지녔다고 경멸해왔던 속견(doxa)이야말로 언젠가 술어로 충분히 확증될 수 있는 진리의 영역, 즉 참된 이성의 직접적 최초형태로서 객관적 인식이 타당성과 의미를 가지려면 반드시 되돌아가야 할 궁극적 근원이다.

즉 생활세계에 관한 논의 가운데 ①과 ②는 서로 배척하는 것이 아니라 끊임없이 상호작용한다. 즉 주관이 형성한 의미는 문화와 기술, 도구 등 보편적 언어의 형태로 생활세계 속으로 흘러들어가 침전되며, 이것은 지속적인 타당성을 지닌 습득성(Habitualität) 또는 관심으로 작용해 현재의 경험에 동기를 부여하고 규정하는 배경(토대)이 된다. 이 과정에서 상호이해와 의사소통을 통해 자명하게 복원되거나 수정 또는 폐기되면서 다시 그 의미가 더욱 풍부하게 형성되는, 즉 생생하게 발생되고 침전되며 다시 활성화되는 역사성과 그 구성원 모두에게 열려 있는 사회성의 구조를 지니게 된다. 그 구조는 차바퀴가 헛도는 것 같은 폐쇄된 악순환이 아니라, 생소한 외국어 문장을 해석할 때 그 문맥과 단어에 대한 상호이해를 통해 점차 본래의 뜻에 가깝게 접근하는 것 같은 개방된 나선형의 순환구조다.

이러한 생활세계의 총체성은 ③에 해당하는 영역, 즉 상호주관적으로 경험되며 언어로 해석할 수 있는 우리 모두에게 동일한 역사적 환경세계를 형성한다.

3) 생활세계의 이중성(경험세계/선험세계)

그러나 후설은 이와 같이 객관적 학문에서 생활세계로 되돌아가는 것은 '세계가 미리 주어져 있다'는 것을 소박하게 전제하는 자연적(또는 세속적) 태도이기 때문에 그것만으로는 철저하지 않고, '생활세계가 왜 그렇게 주어질 수밖에 없는지'까지 되돌아가 묻는 선험적 태도가 필요하다고 강조한다.

> 첫째, 모든 의미침전물과 학문이나 학문적 규정을 지닌 미리 주어진 세계에서 근원적 생활세계로 되돌아가는(Rückgang) 단계(객관적 학문에 대한 판단중지).
> 둘째, 생활세계가 발생하는 주관적 작업수행으로 되돌아가 묻는 (Rückfrage) 단계(선험적 판단중지)(『위기』, 138, 146쪽; 『경험과 판단』, 49쪽; 이 책, 389쪽).

이렇게 철저한 선험적 태도로 되돌아가 물으면 다양한 생활세계의 모든 상대성에 대해서도 그 자체는 상대적이지 않은 보편적 본질의 구조와 유형이 드러난다. 이 '선험적인 것'('선험성'), '주관적인 것'은 '선험적 (상호)주관성'과 '주관과 객관의 불가분한 본질적 상관관계'

(Subjekt-Objekt-Korrelation)를 뜻하는 '의식의 지향성'에 대한 심층적 표현이다.

④에 해당하는 이 본질의 영역을 배제하면, 생활세계는 후설이『엄밀한 학문』에서 비판한 역사주의와 다를 게 없게 된다. 그런데 생활세계는 후설현상학이 후기에 이르러 새롭게 찾거나 도달한 주제가 아니라 선험철학에 이르는 하나의 통과점이다. 게다가 이 영역을 문제 삼는 선험적 현상학은 전통적 의미의 철학을 심화한 '(선험)철학'이다. 따라서 경험적(세속적) 현상학처럼 객관적 자연과학의 방법을 극복할 새로운 '방법론'으로만 그치지 않는다.

이 철저한 선험적 판단중지가 종교를 개종하는 것처럼 어렵더라도 반드시 수행되어야만 할 이유는 "인간성의 철학적 심층까지 도달하는 판단중지를 통해 인간성 전체를 철저하게 변경시킬 가능성"[2]이 있기 때문이다. 아마 이러한 점에서 메를로퐁티가 "환원이 우리에게 가르쳐준 가장 중요한 교훈은 완전한 환원은 불가능하다는 것"[3]이라고 지적했는지도 모른다.

생활세계에 관한 지금까지의 논의를 정리해보면 다음과 같다.

① 실재론의 해석(토대)

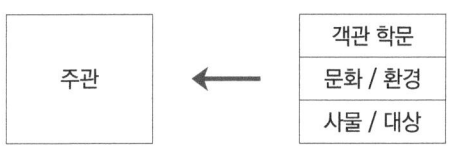

---

2 『위기』, 154쪽; 이 책, 484쪽.
3 M. Merleau-Ponty,「서문」, 앞의 책, 14쪽.

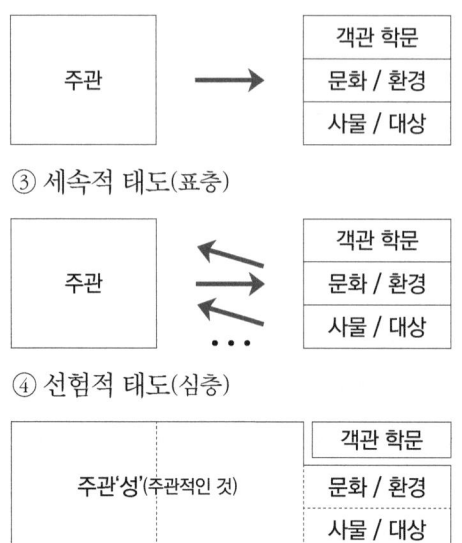

결국 생활세계의 이중성(경험세계/선험세계)[4]은 인격의 이중성에서 기인하는데, 인격은 미리 주어진 환경세계의 객체이면서 공동체 속에 의미를 근원적으로 건설하는 주체이기도 하다. 즉 주관성은 세계 속의 객체로 존재하는 동시에 세계에 대한 주체로 존재하는 역설을 지닌다. 그리고 이렇게 생활세계의 심층(선험세계)을 밝히는 '생활세계 존재론'은 제각기 다른 전통에 입각한 다양한 문화세계를 이해할 수 있게 해주며, 이러한 이해를 바탕으로 자신의 생활세계를 발전시킬 수 있도록 하는 확고한 원천이자 근거다.

---

4 객관적 학문에 대한 판단중지를 통해 주제로 부각되는 세계는 세속적 의미의 '경험세계'라 할 수 있고, 자연적 태도를 총체적으로 판단중지하는 선험적 태도를 통해 생활세계의 심층에 드러난 보편구조는 '선험세계'라고 할 수 있다.

2 심리학을 통하는 길

현상학과 심리학의 깊고 밀접한 관계는 후설이 심리학주의의 관점에서 썼던 교수자격논문 「수 개념에 관하여」(1887)부터 『위기』(1936) 제3부 「선험적 문제의 해명과 이에 관련된 심리학의 기능」, 특히 'B. 심리학에서 현상학적 선험철학에 이르는 길'에 이르기까지 후설현상학 전체를 지배한 주제였다.

이 사실은 심리학주의를 비판한 『논리연구』 제1권, 다양한 지향적 의식의 체험을 분석한 제2권, 순수의식의 영역과 그 보편적 구조를 밝혀 이성의 현상학을 규명한 『이념들』 제1권, 정신적 세계의 근본법칙을 통해 그 구성의 문제를 다룬 제2권, 심지어 심리학과 현상학의 관련을 다루는 데 절반 이상을 할애한 제3권 등에서 분명하게 확인할 수 있다. 물론 이러한 흐름은 1925년 여름학기 강의를 정리한 『심리학』에도 그대로 이어진다.

자연의 한 부분인 '인간'과 규범의 담지자인 '인격'이 분열되면, 이론을 탐구하는 연구자 자신은 주제로 부각되지 못하고 세계나 자연만 부당하게 절대화되어 결국 "인격적 자아의 자기망각"[5]에 이른다. 더구나 인간을 자연의 한 부분으로만 간주해서 탐구하면, 그 심리학은 "심리(Psyche)가 빠진 심리학(Psychologie)"[6]이라는, 즉 핵심이 사라진 자기모순에 빠지게 된다. 이처럼 객관적 자연과학의 방법은 영혼(Seele)뿐만 아니라 정신(Geist)에도 접근할 수 없기 때문에 결국 실패할 수밖에 없다.

> 심리학은 [⋯] 심리학에만 본질적인 진정한 과제의 의미를 심문

---

5 『이념들』 제2권, 184쪽; 이 책, 322쪽.
6 『이념들』 제1권, 175쪽.

하는 데 소홀했기 때문에, 실패하고 말았다. 오히려 심리학은 자연과학의 전형에서 또는 객관적이며 더구나 구체적인 보편적 학문으로서 근대철학의 주도적 이념에서 그 과제와 방법을 제기했다. […] 그런 까닭에 심리학의 역사는 본래 위기의 역사일 뿐이다(『위기』, 207쪽).

요컨대 후설이 경험론이나 감각주의에 입각한 실험심리학을 비판한 것은 결코 경멸하거나 배척해서가 아니라, 엄밀한 현상학의 방법으로서 더 높은 차원의 심리학인 이성에 관한 학문이론으로 가는 참된 길을 제시하기 위해서였다.

그런데 그 용어가 '경험적 심리학' '실험적 심리학' '외면 심리학' '내면 심리학' '지향적 심리학' '현상학적 심리학' '심리학적 현상학' '형상적 심리학' '아프리오리한 심리학' '정신과학' 등 매우 다양하기 때문에 일관성이 부족하고 몹시 혼란스럽다. 다만 '선험적 심리학'이라는 용어는 찾아볼 수 없는데, 사실 후설이 궁극적으로 추구한 현상학의 이념은 '선험적 현상학' '현상학적 철학' '선험철학' 등으로 표현된다.

그가 사용한 용어들을 좀더 간명하게 정리해보면 다음과 같다.

① '경험적 심리학'은 객관적 자연과학의 방법을 통해 의식을 자연화(사물화)하는 인위적인 자연주의적 태도로 심리적 현상을 탐구한다.
② '현상학적 심리학'은 인격적 주체(주관)로 되돌아가지만, 세계가 미리 주어짐을 소박하게 전제하는 자연적 태도로 심리적 현상을 기술한다.
③ '선험적 현상학'은 세계가 미리 주어진 토대 자체로 되돌아가

물음으로써 심리적 현상의 고유한 본질적 구조를 통해 선험적 주관성을 해명한다.

이들의 관계를 '생활세계를 통하는 길'과 대조하면, '경험적 심리학'은 객관적 학문이나 실증적 자연과학의 세계에, '현상학적 심리학'은 객관적 인식이 되돌아가야 할 생활세계의 표층(경험세계)에, '선험적 현상학'은 이 생활세계가 미리 주어져 있음을 되돌아가 물음으로써 드러나는 생활세계의 심층(선험세계)에 해당한다. 물론 이들의 정초관계를 분명하게 해명해야 심리학주의뿐 아니라, 주관과 객관이 분리된 이원론을 근본적으로 극복할 수 있다. 그래야만 철학의 위기, 즉 이념을 자연화한 학문(Wissenschaft)의 위기뿐 아니라 의식을 자연화한 인간성(Menschentum)의 위기도 극복할 수 있다.[7]

이때 시간적으로 발생하고 발생해온 생생한 역사성을 지닌 선험적 주관성(자아)[8]들이 역사적 전통을 지켜온 공동체 속에서 서로 감정이입을 통해 공감하고 의사소통하는 상호주관성의 문화와 사회성을 구성한다는 사실은 선험적 현상학이 결코 주관적 관념론 또는 독아론이 아니라는 점을 확실하게 증명한다.

---

7 이종훈, 앞의 책, 180~184쪽 참조.
8 선험적 주관성을 이해하는 데 유식(唯識)철학이 많은 도움을 준다. 유식은 항상 자기 자신을 집착하는 경험된 자아인 마나(manas)의식과 과거의 축적된 경험이 습기(習氣)와 종자(種子)로 훈습(薰習)되고 이것이 현행(現行)해 다시 경험을 수행하는 자아인 알라야(alaya)의식을 구별한다. 즉 요별(了別)하는 식(識), 사량(思量)하는 의(意), 집기(集起)하는 심(心)을 구분한다. 그런데 마치 폭포처럼 항상 흐르는(恒轉如瀑流) 마음의 흐름(心相續)인 식의 전변(識轉變)과 그 주체인 알라야의식을 인정하지 않으면 유식이론은 독아론에 빠진다. 그렇다고 독아론에 빠지지 않기 위해 알라야의식을 전제한 것은 아니다. 알라야의식은 곧 일련의 연상(聯想)으로 드러나는 모든 의식현상의 궁극적 원천이다.

모든 자아는 자신의 역사(Geschichte)를 가지며, 그 역사의 주체로 존재한다. 그리고 구체적으로 세계의 구성에 참여하는 절대적 자아, 절대적 주관성들이 의사소통하는 모든 공동체는 자신의 수동적 역사와 능동적 역사를 갖고 이 역사 속에서만 존재한다(『제일철학』 제2권, 506쪽).

이 자아의 역사성이야말로 누구나 타고난 품성을 계발하고 인격을 개조함으로써 인간성의 혁명을 이룰 수 있는 가능성의 근거다. 그래서 후설은 발생에 관한 선험적 탐구의 주제가 개체발생과 계통발생, 삶과 죽음, 세대발생, 운명의 문제 등 심리학과 생물학은 물론 윤리적·종교적 문제로도 확장될 수 있다고 파악한다.[9]

상호주관성은 개별적 주체인 나의 주관(자아)과 다른 주관(타자, 객관, 대상, 세계) 사이에 상호주관적으로 구성된다. 그러나 객관과 분리된 주관이 본래 독립해 존재한다고 전제한 바탕 위에 타인의 주관과 관련되는(inter) 2차 사건이 아니라, 처음부터 주관(성) 자체가 타인의 주관(성)과의 불가분한 관계 속에 생성되고 발생하는 '주관-객관-상관관계'의 사태다. 즉 상호주관성의 문제는 후설이 절대적 관념론을 추구하다 순수 자아 속에 갇히는 독아론의 자기모순을 해결하려 뒤늦게 고안해낸 임시방편이 아니라, 감정이입의 문제를 본격적으로 다루기 시작한 1905년 이래[10] 본질상 시종일관된 핵심주제다.

---

9 『성찰』, 169~170, 181~182쪽 참조. 이것은 핑크가 정리한 『위기』 속편의 초안 제4부 「선험철학의 통일 속에 모든 학문을 되찾는 이념」(516쪽)에서 심리학, 심리물리학 또는 생물학에 대한 현상학적 고찰이 예고된 것으로도 추측할 수 있다.
10 『상호주관성』 제1권, no. 1을 참조할 것

4 후설현상학에 대한 올바른 이해

다양한 오해와 그 원인

1) 후설현상학에 대한 뿌리 깊은 오해들

　현상학은, 객관적 실증과학을 극복할 새로운 방법론으로 간주되든 전통적 철학을 심화시킨 독자적 철학으로 주장되든 간에, 다양한 '현상학 운동'으로 왕성하게 발전해나가면서 현대철학뿐만 아니라 인문과학과 사회과학 그리고 문화예술 전반에 매우 깊은 영향을 미쳤다. 우리나라에도 이제 현상학과 관련된 논문이나 입문서가 결코 적지 않으며, 후설과 하이데거, 메를로퐁티 등 주요 현상학자의 원전도 여러 권 번역되었다. 심지어 문학(예술)비평, 영화, 체육, 의학(간호학) 등에서도 현상학을 강력하게 요구하고 있다. 그러나 오히려 현상학의 창시자 후설을 본격적으로 다룬 연구는 한국현상학회에서조차 점차 줄어들고 있다. 과연 이러한 현상이 후설현상학이 충분히 이해되었음을 의미하는가?

　수학자로 출발한 후설은 수학의 기초를 논리학에서, 또 논리학의 기초를 인식론에서 찾고자 했다. 철학의 참된 출발점을 근원적으로 건설하고자 자신의 관점을 끊임없이 비판해나간 것이다. 이러한 과정에서 그는 자신의 연구를 줄기차게 검토하고 수정하기만 했을 뿐

결코 발표하지 않았다. 그래서 생전에 『산술철학』(1891), 『논리연구』(1900~1901), 『엄밀한 학문』(1911), 『이념들』제1권(1913), 『시간의식』(1928), 『형식논리학과 선험논리학』(1929), 『성찰』(1931), 『위기』(1936)만 출간했다. 더구나 그의 사상이 엄청나게 변화했던 『논리연구』 출간부터 『엄밀한 학문』 출간까지의 10년 동안, 또 『이념들』제1권 출간부터 『형식논리학과 선험논리학』 출간까지의 16년 동안은, 제1차 세계대전의 포화가 많은 제자를 집어삼키고 일상인의 평범한 삶을 송두리째 뒤흔든 암울한 시대였기 때문에, 후설의 사상은 세상 밖으로 전혀 나오지 못했다.

그 결과 후설의 사상은 일관되게 발전된 총체적 모습보다는 그때그때 발표된 저술을 바탕으로 '의식(이성)을 강조한 관념론인가, 경험의 지평구조를 분석한 실재론인가?' '주관적 합리론인가, 객관적 경험론인가?' 하는 식의 대립하는 시각으로만 인식되고 평가되었다. 연장선에서 '현상학은 방법론인가, 형이상학(새로운 의미의 제일철학)인가?' '생활세계는 통과점인가, 종착점인가?' 하는 논쟁뿐만 아니라 '생활세계에 대한 논의는 객관으로 다시 전환한 것이다' '후설이 1920년경 정적 분석(현상학)에서 발생적 분석(현상학)으로 전환했다'라는 주장도 제기되었다.

심지어 '실천이 모든 진리의 규준'이라는 마르크스-레닌주의의 사회철학이 풍미하던 1980년대 출간된 사전에는 "실천을 떠난 부르주아사상" "주관적 또는 관념론적으로 왜곡된 플라톤주의의 현대판"[1]

---

[1] 『철학대사전』(한국철학사상연구회 엮음, 동녘, 1989), '후설'과 '현상학' 항목을 참조. 후설은 '부르주아'라는 용어나 그렇게 해석될 수 있는 문구를 사용한 적이 없다. 의식을 강조하고 분석한 것이 주관적 관념론이고 부르주아사상이라면, 불교의 가르침도 그러한가. 또한 '실천을 떠난 이론'이라는 해석도 그가 새롭게 제시한 '이론적 실천'을 파악해본다면, 아니 선험적 현상학을 최후까지 추구한 근

으로까지 규정되어 있다.

후설은 정말 어제는 선험적 현상학에, 오늘은 생활세계 현상학에 은밀하게 두 집 살림을 차린 것인가? 부인과 결혼해 50년 넘게 갖은 어려움과 모진 박해를 이겨내고 해로한 그가 정작 사상의 조강지처인 선험적 현상학과는 이혼도 않고 새장가를 갔다는 것인가?

이처럼 혼란스러울 뿐만 아니라 황당하기까지 한 해석들은 후설이 어떤 전제에서부터 정합적 체계를 구축한 사상가가 아니라 '사태 그 자체로' 접근하기 위해 부단한 사유실험(Denkexperiment)을 수행한, 즉 스스로 길을 찾아간 독창적 사상가였기 때문에 제기된 것이다. 이처럼 후설현상학은 매우 독특한 학문적 배경과 원인 때문에 오랫동안 고정된 편견과 왜곡된 해석, 근거 없는 비난으로 점철된 두꺼운 껍질에 갇혀 있었다. 유대인이었던 그로서는 아우슈비츠 수용소에서 비참하게 희생당하지 않은 것만으로도 커다란 위안을 삼아야 할지 모르겠다. 그러나 이미 현대의 고전이 된 후설현상학을 이대로 방치해둘 수는 없다.

지금부터 후설현상학을 오해토록 한 근본적 원인을 찾아보자.

2) 선험적 현상학(철학)과 세속적 현상학(방법)

현대철학의 여러 분야에서 '현상학(적)'이라는 말을 유행처럼 널리 사용하다보니 정작 그 용어가 무엇을 뜻하는지 매우 모호해졌다. 그래서 후설과 다른 현상학자를 한데 묶어 논의하면 할수록 혼란만 가중된다. 따라서 대표적 현상학자들과 후설의 근본적 차이를 명백하게 밝힐 필요가 있다.

셸러는, 『논리연구』의 논의에 기본적으로 동의한다. 하지만 환원

원적 동기를 조금이라도 공감한다면, 자연스럽게 오해임을 알 수 있다.

에서 본질을 직관하는 형상적 환원은 받아들여도 선험적 환원은 추상적이라고 거부한다.² 하르트만(Nicolai Hartmann)은 반성적 지향(intentio obliqua)은 배척한 채 곧바른 지향(intentio recta)에만 기초해 실재의 존재론에 접근한다.³

하이데거는 존재의 의미를 묻는 현존재(Dasein)의 근본구조를 밝히면서 은폐된 존재 그 자체를 구명하려는 순수(선험적) 자아를 이념적 주체로 규정한다. 그러면서 "이렇게 환상적으로 이념화된 주체로는 현존재의 사실성과 존재체제의 존재론적 성격을 파악할 수 없다"⁴고 비판한 뒤 다음과 같이 주장한다.

> 자기(Selbst)는 반성이 없어도, 내적 지각이 없어도 모든 반성에 앞서 현존재 자신에 현존한다. 방향을 뒤로 전환하는 의미에서 반성은 자기를 파악하는 한 양상일 뿐, 1차적으로 자기를 개시하는 방식은 아니다.⁵

사르트르는 구체적인 역사세계의 상황에 인간 실존이 참여해야 함을 주장하며 현상학적 방법을 적극적으로 수용하지만, 선험적 자아를 "불투명한 것으로 의식의 죽음"⁶이라고 단정한다. 후설현상학의 핵심개념들을 이원론으로 오해한 그는 선험적 자아를 생각조차 할 수 없는 초세속적(extra-mundane) 의식 또는 쓸모없는 치명적 가설로

---

2 H. Spiegelberg, 앞의 책, 242쪽 참조.
3 N. Hartmann, *Zur Grundlegung der Ontologie*, 46~47쪽.
4 M. Heidegger, *Sein und Zeit*, 229쪽.
5 M. Heidegger, *Die Grundprobleme der Phänomenologie*, 226쪽.
6 J.P. Sartre, *The Transcendence of the Ego*, 40쪽.

맹비난하며 이것을 도입하면 독아론을 피할 수 없다고 말한다.[7]

후설에 비교적 정통한 메를로퐁티도 선험적 자아를 이렇게 우회적으로 비판한다.

> 진리는 단순히 '내면적 인간' 속에만 '사는 것'이 아니다. 오히려 내면적 인간은 존재하지 않으며, 인간은 언제나 세계 속에 있고 세계 속에서만 자기 자신을 알게 된다.[8]

슈츠(Alfred Schütz)는 세속적 사회성의 의미현상을 분석하기 위해 자연적 태도에 대한 판단중지는 수행하지만, 선험적 환원은 명백하게 거부하고 타자의 신체에 대한 분석은 방법적으로 실패했다고 파악한다.[9]

이처럼 널리 알려진 현상학자들은 후설의 선험적 자아(주관성)를 철저하게 비판하고 무시하는데, 그러면서도 '왜 자신의 철학이 현상학(적)인지' 전혀 밝히지 않았기 때문에 일반인은 물론 그들 자신에게조차 혼란만 불러일으킨다. 그렇기 때문에 후설이 수많은 비난과 끈질긴 오해를 받으면서도 시종일관 몰두한 '선험적 현상학'과 후설 현상학을 단지 방법론으로만 받아들인 다른 모든 현상학자의 '세속적 현상학'은 엄밀하게 구별해야만 한다. 후자는 전자에서 목적은 제거한 채 방법만 취한 것이다. 그러나 목적을 배제한 방법은 실제로 가능하지도 않고 의미도 없다.

---

7 J.P. Sartre, *Being and Nothingness*, 211, 233쪽 참조.
8 M. Merleau-Ponty, 「서문」, *Phenomenology of Perception*, 11쪽.
9 A, Schütz, *Der sinnhafte Aufbau der soziale Welt*, 56쪽; *Collected Paper I*, 227쪽; *Collected Paper III*, 84쪽 참조.

3) 후설의 저술 자체에서 유래한 문제

후설현상학이 이렇게나 많이 오해받게 된 연원을 일단 후설의 저술에서 찾아보자.

우선 그의 글은 의식이 끊임없이 흐르는 구조여서 문체가 매우 길고 복잡하다. 용어의 뜻도 쉽게 파악하기 어렵다.

또한 그는 기존의 철학에서부터 일정한 정합적 체계를 구축하지 않고 의식에 직접 주어진 '사태 그 자체'에 접근하기 위해 다양한 '사유실험'을 수행했는데, 이것들은 그가 다룬 문제의식과 시기에 따라 제각기 해석되기도 한다.

게다가 속기로 작성된 원고 4만 5,000여 매와 타이프로 정서된 원고 1만여 매가 지금도 계속 편집되어 출판되고 있는데, 이것들이 이미 일정한 모습으로 알려진 그의 사상과는 외견상 다르게 해석될 수 있다.

이러한 어려움은 어쩌면 당연히 감수해야 하는 것이고 사실 후설현상학을 그의 관점으로 이해하지 않는다는 데 더 심각한 원인이 있다.

무엇보다 사상발전의 단계를 '기술적 현상학 대 선험적 현상학 대 생활세계 현상학' 또는 '정적 분석 대 발생적 분석'이라는 단절된 도식의 틀로 이해하는 데서 큰 오해가 생겼다. 물론 이러한 구분은 어떤 특정 시기에 전개된 사상을 이해하는 데 나름대로 유용하다. 그러나 이렇게 단편적으로 이해한 것만으로는, 마치 여러 가닥의 생각이 부단히 떠오르고 가라앉으며 의식의 흐름 전체를 형성하듯이, 각 단계의 특징이 지속되는 가운데 서로 뒤섞여 나선형의 형태로 발전을 거듭해나간 후설현상학의 총체적 모습을 결코 제시할 수 없다.

더 나아가 이렇게 단절된 도식의 틀에 맞춰 후설현상학을 이해하거나 소개하는 문헌, 특히 자신의 견해를 내세우는 데만 급급한 사람들이 정확한 근거나 출처를 밝히지도 않은 채 후설현상학을 피상적으로 비판한 2차 문헌들은 후설현상학의 참모습을 철저히 왜곡하고 그의 현상학이 제시하는 생생하고 다양한 연구의 새로운 지평을 뿌리째 잘라냈다.

그렇다면 이 단절된 도식의 틀은 어떻게 생겨난 것인가?

첫째, 후설은 『논리연구』 제1권에서 심리학주의를 회의적 상대주의라고 철저히 비판해 객관주의자로 부각되었으나, 제2권에서 다양한 의식체험을 분석해 주관주의자로 각인되었다. 만약 이미 1898년경 완성된 이 두 책이 동시에 출간되었다면, 처음부터 '객관주의 대 주관주의'의 논란은 일어나지도 않았을 것이다. 물론 "현상학 전체를 포괄하는 문제의 명칭"인 의식의 지향성을 제대로 파악하면, 이러한 가정조차 쓸데없다.

둘째, 그는 모든 체험이 종합되는 가장 근원적인 형식인 내적 시간의식을 1904~1905년 강의에서 체계적으로 분석했다. 이 성과는 그 후 여러 저술에서 자주 인용되었지만, 1928년에야 비로소 『시간의식』으로 발표되었으나, 비슷한 주제로 1927년 발표된 하이데거의 『존재와 시간』에 파묻혀버렸다. 만약 1917년 이미 탈고를 마친 초고가 좀더 일찍 알려졌다면,[10] '정적 현상학 대 발생적 현상학'으로 대립시켜 접근하는 시각은 아예 생기지도 않았을 것이다.

셋째, 그는 『이념들』 제1권에서 최초로 현상학의 원리와 규범, 방법과 문제를 제시했다. 제2권은 1912년 이미 탈고를 마쳤지만, 몇 차례 수정하고 검토하다 1952년에야 출간되었다. 만약 발생적 구성의 문제를 상세하게 분석한 제2권이 마지막이자 세 번째 수정작업을 마친 1917년 발표되었다면, '정적 분석 대 발생적 분석' 또는 '선험적

---

10 『후설전집』 제10권 『시간의식』의 편집자 뵘(Rudolf Boehm)이 1928년 발표된 원문에 1893년부터 1917년까지 씌어진 관련 유고를 더했다는 점에 주목해야 한다.

현상학(관념론) 대 생활세계 현상학(실재론)'으로 후설현상학을 단절시켜 이해하는 소모적 논의는 일어나지 않았을 것이다.

결국 후설현상학의 참모습을 밝히는 길은 이러한 단절된 도식이 근본적 오류임을 정확하게 인식하는 데서부터 출발할 수밖에 없다.

근거가 없거나 모호한 해석

1 단절된 도식의 틀에 끼워 맞추기

1) 선험적 관념론은 절대적 관념론?

한전숙 교수[11]는, 후설이 '절대적 관념론'이라는 용어를 사용한 적이 없는데도, '주관이 단순한 선험적 주관에서 절대적 주관이 됨으로써 현상학도 선험적 관념론에서 절대적 관념론이 된다'고 반복해 주장했다. 심지어 "선험적 관념론은 물 자체를 인정하는 칸트식 관념론이며, 절대적 관념론은 그것을 인정하지 않는 버클리식 관념론"[12]이라며 이렇게도 말했다.

> 모든 존재는 선험적 주관에 의해 형성된 인식대상(noema)이다. […] 선험적 주관성만 있으면 다른 모든 존재가 있을 수 있다. […] 과연 주관은 절대적 주관이라는데, '피히테에서와 같이' [절대아(絶對我)가 비아(非我)를 산출해내듯] 세계의 '창조원리'[창조주]인가? […] 후설의 주관은 의미를 부여하는 작용으로서 모든 존재

---

11 『현상학의 이해』(민음사, 1984, 이하 『이해』)와 『현상학』(민음사, 1996).
이에 관한 상세한 문제제기는 이종훈, 「후설현상학 이해의 위기. 한전숙 교수의 해석에서 허와 실」 참조.
12 『이해』, 92쪽.

의 의미를 구성한다고 생각되지만, 거기에 그치지 않고 그 존재 자체까지도 구성한다. […] 이에 대한 가장 만족스러운 답이 절대적 관념론이다. […] 선험적 관념론은 초월적 실재계가 주관과 관계없이 주관에 대립해 미리부터 존재한다는 것을 부인하지 않는다. […] 질료는 자신의 선구조(先構造)를 갖고 주관에 주어진다. 따라서 인식작용(noesis)이 대상을 형성하는 작용은 주관의 뜻대로만 되지 않는다. […] 그러면 선험적 관념론을 피히테식 절대적 관념론으로 해석하는 것은 후설의 본의를 그대로 옮긴 것이라 하기 어렵다. 그의 현상학에는 절대적 관념론에 담지 못할 객관적 사실성[질료]이 도사리고 있다.[13]

1)-a 절대적 의식은 절대적 관념론이 될 수밖에 없는가?

한전숙 교수의 논지를 요약해보면, ① 의식은 '그것이 존재하기 위해 아무것도 필요 없는' 절대적 존재이며, ② 의식을 다루는 것은 관념론이다. 따라서 ③ '절대적 의식은 절대적 관념론이 된다'는 것이다. 그런데 이것은 다른 차원의 인식과 존재를 단순히 기계적으로 결합한 오류다.

물론 후설현상학에서 의식이 '절대적'이라는 것은 그 상관자인 대상의 일정한 지분이나 권리를 전혀 인정하지 않는다는 것이 아니고 "항상 궁극적으로 기능한다는 선험적 의미"[14]일 뿐이며, 그의 관념론은 "이념적인 것(Ideales)을 객관적 인식 일반이 가능한 조건으로 인정하는 인식론의 형식"[15]을 뜻하기 때문에 존재론으로는 중립이라고

---

13 『이해』, 226~229쪽. [ ] 속은『현상학』, 199~205쪽과 유사한 표현.
14 『위기』, 156, 275쪽.
15 『논리연구』제2-1권, 108쪽;『이념들』제3권, 150쪽.

할 수 있다.

이처럼 후설현상학을 버클리의 주관적 관념론이나 칸트의 선험적 관념론, 피히테의 절대적 관념론과 비교한 한전숙 교수의 설명은 일관성이 없어 매우 혼란스러울 뿐만 아니라, 이렇게 해석하면 후설이 버클리나 흄의 관념론을 "거칠고 나쁜 관념론"[16]이라고 비판하거나 현상학을 "참된 의미의 실증주의"[17] "가장 강력한 실재론"[18]이라 주장한 것과도 모순된다.

1)-b 절대적 의식 속에 주관이 어찌할 수 없는 객관적 질료가 있다?

후설은 『이념들』 제1권에서 인식작용이 감각질료(sensuelle Hyle)를 소재 삼아 이를 일정한 방식으로 정립하고 의미를 부여하거나 혼을 불어넣어(beseelen) 인식대상으로 구성한다면서 "순수질료학(Hyletik)은 인식작용과 인식대상이 구성되는 계기와 기능을 분석하는 순수인식작용학(Noetik)과 본래 분리될 수 없도록 선험적 의식의 현상학에 속한다"[19]고 했다.

따라서 선험적 자아(ego)의 구성과 상호주관성을 해명한 『성찰』에서 선험적 관념론이 절대적 관념론의 체계가 되었다는 한전숙 교수의 주장은 근본적으로 잘못되었다. ① 질료가 제공되는 수동적 발생과 수동적 종합 및 그 원리인 '연상', ② 물체가 원초적으로 주어지는 신체의 '운동감각', ③ 모든 발생이 보편적으로 종합되는 형식인 내적 시간의식, ④ '감정이입'을 통해 상세하게 다룬 타자경험의 문제[20]

---

16 『형식논리학과 선험논리학』, 178쪽.
17 『엄밀한 학문』, 340쪽; 『이념들』 제1권, 38쪽; 이 책, 280쪽.
18 『성찰』, 121쪽; 『위기』, 190~191쪽; 이 책, 280쪽.
19 『이념들』 제1권, 178쪽; 이 책, 310쪽.
20 ①은 『성찰』, 제21, 38~39, 51~54절, ②는 제44, 50~53, 55절. ③은 제12,

는 결코 '질료'와 무관할 수 없는 주제다. 따라서 『성찰』을 절대적 관념론으로 해석할 근거는 전혀 없다.

1)-c '구성'은 존재의 창조가 아니라 그 의미의 해명

한편으로 한전숙 교수는 ① '질료가 지향적 체험의 내실적 요소로서 순수의식 속에 주어져 있다' ② '초재(超在)와 내재(內在)는 서로 이질적이다' ③ '인식작용이 질료를 소재로 인식대상을 구성하는 것은 소재까지 만들어내는 것이 아니라, 이미 주어진 것을 의식할 수 있게 밝혀 기술하는 해명이다'[21]라고 하고, 다른 한편으로는 ① '절대적 의식 속에는 주관이 어찌할 수 없는 불투명한 질료가 도사리고 있다' ② '그 자체로 완결된 절대적 주관이 되면 의식의 안과 밖, 내재와 초재의 구별은 사라진다' ③ '구성은 대상의 의미만 아니라, 질료(칸트의 물 자체까지)도 부정해, 그 존재까지 창조한다'[22]고도 한다.

이처럼 의식의 인식작용과 그 소재인 질료에 관해 양립할 수 없는 논의를 동시에 여기저기 제시하기 때문에 극히 혼란스럽다. 물론 후설의 구성은 존재(Sein)를 창조하는 것이 아니라 존재의미(Seinssinn)를 해명하는 것이다.

18~20, 29, 36~39, 52, 55, 58, 61절, ④는 제42~44, 47~62절 참조.

21 ①은 『이해』, 23~24, 27, 31, 34, 77, 326, 328쪽; 『현상학』, 98~99, 150~151, 170, 204~205쪽. ②는 『이해』, 78~79, 127, 137, 180, 226, 320, 328쪽; 『현상학』, 147~150, 172, 186, 200~201쪽. ③은 『이해』, 14~19, 24~26, 74, 77~78, 86~87, 93, 99~100, 112, 227~228, 295, 300, 321~322, 325~326, 329쪽; 『현상학』, 165~166, 201, 204~205쪽.

22 ①은 『이해』, 87, 229, 238, 269, 300쪽; 『현상학』, 204~205, 259, 292~293쪽. ②는 『이해』, 84, 99, 296, 299, 333쪽; 『현상학』, 151, 185~186, 199, 202, 284~286쪽. ③은 『이해』, 83, 85, 92~95, 98, 104~105, 225~229, 236, 295, 300쪽; 『현상학』, 156~157, 196~199, 292쪽.

1)-d 이러한 해석의 원인

한전숙 교수의 오류는 선험적 태도(인식)와 자연적 태도(존재) 사이를 원칙 없이 수시로 기초이동(metabasis)한 데서 비롯된 것이다. 그리고 습득성(Habitualität)의 기체인 선험적 자아(주관성)가 역사성을 지닌다는 사실도 간과했다.

> 모든 자아는 자신의 역사(Geschichte)를 가지며, 그 역사의 주체로 존재한다. 그리고 구체적으로 세계의 구성에 참여하는 절대적 자아, 절대적 주관성들이 의사소통하는 모든 공동체는 자신의 수동적 역사와 능동적 역사를 갖고 이 역사 속에서만 존재한다. 역사는 절대적 존재의 강력한 사실(Faktum)이다(『제일철학』 제2권, 506쪽).

이렇게 선험적 관념론을 해석하면 후설현상학에서 주관(자아)은 전통적 견해에 따라 객관(대상)과 분리된 그 자체로 완결된 실체(Subjekt 대 Objekt)가 아니라 대상과 본질적 상관관계(Subjekt-Objekt-Korrelation)를 맺는다는 사실과 연장선에서 후설이 '주관'보다 추상화된 표현인 '주관성'(Subjektivität), 심지어 '주관과 관련된 것'을 함축하는 '주관적인 것'(Subjektives)이라는 생소한 표현을 사용한 이유도 전혀 알 수 없게 된다.

2) 선험적 관념론 대 생활세계 실재론

한전숙 교수는 이른바 후기사상은 중기사상과 끝까지 병행하기 때문에, 연대기의 개념을 적용한 "중기사상이나 후기사상이란 말은 사용하지 않는 것이 좋다"[23]고 한다. 그 대안으로 선험적 주관성에 따

---

23 『현상학』, 57쪽.

른 극단적 이성론인 '선험적 관념론(선험적 현상학)'과 신체적 주관성에 따른 극단적 감성론인 '질료학(생활세계 현상학)'을 대립시킨다.[24] "후설현상학을 단순히 선험적 관념론으로 보는 것은 생전에 출간된 저술에만 토대한 것"[25]이고, 후기 저술이나 유고는 "절대적 관념론의 체계로는 감당키 어려운 발생, 질료, 생활세계, 신체, 운동감각, 상호주관성을 다룬다"[26]는 것이 그 근거다.

2)-a 선험적 관념론은 질료학과 분리될 수 있는가?

순수의식인 선험적 주관성(자아)과 질료적 요소를 지닌 신체적 주관성은 실재적으로 구분되어 대립하는 것이 아니라, 동일한 자아가 태도에 따라 달리 드러나는 양상들로서 그 기능적 작용에 따른 구별일 뿐이다.

> 모든 인간은 '그 자신 속에 선험적 자아를 지닌다'—그러나 이것은 실재적인 부분이나 자기의 영혼에서 하나의 층(이것은 이치에 어긋날 것이다)으로서가 아니라, 인간이 현상학적으로 자신을 성찰함으로써 제시할 수 있는 관련된 선험적 자아가 자신을 객관화한 것(Selbstobjektivation)인 한에서 그러하다(『위기』, 190쪽; 이 책, 490쪽).

데카르트의 이원론에서는 신체가 없어도 영혼이 존재할 수 있지만, 후설현상학에서는 의식이 조금도 개재되지 않은 신체는 단순한

---

24 『이해』, 222, 297~230, 264, 298, 307~315, 334쪽; 『현상학』, 57~58, 220, 261, 268, 282, 292~293쪽.
25 『이해』, 185쪽; 『현상학』, 41, 50쪽.
26 『이해』, 288, 313쪽; 『현상학』, 40, 54쪽.

물체(Körper)일 뿐이며 이럴 경우 운동감각도 전혀 기능을 수행할 수 없다. 결국 한전숙 교수는 '세계에 대해 주체인 동시에 세계 속의 객체인 주관성의 역설'을 이해하지 못해 선험적 관념론을 "독아론의 주관주의 관념론"[27]으로 단정한 것이다.

2)-b 생활세계 존재론은 새로운 실재론 또는 질료학인가?

생활세계 존재론을 질료학으로만 해석하는 것에도 문제가 있다. ① 만약 비(非)-데카르트적 길들이 질료학을 다룬다면, '생활세계를 통하는 길은 비-데카르트적 길'이어야 한다. 그런데 한전숙 교수는 생활세계를 통하는 길이 "데카르트적 길의 보완이며 연장"[28]이라고 함으로써 '비-데카르트적 길'과 '데카르트적 길(의 보완 및 연장)'의 관계를 매우 모호하게 했다. ② 게다가 생활세계를 "이미 학계에서 굳혀진 선험적 관념론의 체계에는 부합되지 않는 어두운 그림자와 같은 개념"[29]으로 부당하게 기정사실화한 결과, ③ 후설이 생활세계를 선험철학에 이르는 '통과점'이라고 명시했는데도 '종착점'으로 왜곡했다. ④ 또한 '토대'의 측면만을 강조해 후설현상학에서 풍부한 '역사성'의 영역과 심오한 '선험적 차원'을 통째로 절단해버림으로써 ⑤ 후설현상학이 '끝내 이성과 감성을 조정하지 못했다'는 비정합적인 결론을 내리고 있다.

2)-c 질료학의 발생적 고찰도 선험적 관념론이다?

이어서 한전숙 교수는 "질료학은 고전적 현상학에서 의도적으로

---

27 『현상학』, 285~286쪽.
28 『이해』, 206~208, 213쪽.
29 『이해』, 185쪽.

무시했던 시간차원을 되살린 발생적 고찰"[30]이며, 여기서 "질료는 그저 주어지는 데 그치지 않고 어떻게 주어지는지가 물어진다"[31]고 하면서 결국 발생적 현상학은 질료학, 즉 생활세계 현상학이라고 주장한다. 그런데 다음 말은 이와 다르다.

> 시간적 차원까지 파고드는 발생적 현상학도 정적 현상학과 마찬가지로 선험적 관념론의 테두리를 벗어나지 못한다. 왜냐하면 체험흐름에 대한 시간적 발생의 분석은 모든 인식의 궁극적 근원의 추구를 목표 삼기 때문이다.[32]

그렇다면 발생적 현상학도 선험적 현상학(관념론)이며, '질료가 어떻게 주어지는지 묻는' 시간적 발생에 관한 분석 역시 질료학에만 국한되지 않고 당연히 모든 인식의 궁극적 근원을 추구하는 선험적 현상학일 수밖에 없다.

> 선험적 영역에서 역사란 대상구성이라는 내재적 목적과 관련된 역사요, 구성적 현상학은 이런 의미에서 의식의 역사를 추적해간다. […] 이 구성적 현상학을 발생적 현상학이라고도 부른다.[33]

이에 대해 한전숙 교수는 "같은 자아도 정적 견지에서 논리적 동일성의 극(極)이던 것이 발생의 견지에서 생성의 역사를 간직한 자아,

---

30 『이해』, 250, 263, 298쪽; 『현상학』, 207쪽.
31 『이해』, 298쪽; 『현상학』, 204, 240쪽.
32 『이해』, 263~264쪽.
33 『현상학』, 217쪽.

즉 습득성의 기체가 된다"[34]면서도, 발생에 관한 논의에서는 순수자아를 배제한 채 오직 질료학만 다루는 오류를 범한다.

2)-d 이러한 순환론의 원인

이처럼 '선험적 관념론 대 질료학'의 대립구도와 고전적(선험적) 현상학에 대한 반성을 따라, "주관(이성)의 우위로 시작한 것이 객관(감성)의 우위로 전도되었다"[35]고 주장하는 것은 전자를 주관주의적 관념론으로, 후자를 객관주의적 실재론으로 파악하기 때문이다.

결국 이러한 악순환은, 후설이 고전적(선험적) 현상학에 문제가 있다고 반성한 적이 없고 그래서 그의 사상에서 이른바 '코페르니쿠스적 전회'가 일어난 적이 없는데도, 후설현상학을 이분법적 사고방식으로 파악하는 데서 전혀 벗어나지 못해 생긴 것이다. 지향성의 경우에도 이것은 "현상학 전체를 포괄하는 문제의 명칭"[36]이지만 하이데거조차 "지향성에 대한 올바른 이해는 현상학 내에서조차 아직 극복되지 못한 잘못된 두 경향, 즉 객관화하는 것과 주관화하는 것을 경계해야 한다고 명백하게 인식하자마자 수수께끼가 되었다"[37]는 어이없는 주장만 반복했을 뿐이다.

이는 선험적 태도로만 비로소 드러나는 선험적 현상학을 자연적 태도를 수시로 넘나들며 이해했기 때문에 빠질 수밖에 없던 오류다.

---

34 『이해』, 251~253, 298쪽; 『현상학』, 213쪽.
35 『이해』, 105, 230, 310쪽; 『현상학』, 199, 261, 286~289쪽.
36 『이념들』 제1권, 303쪽; 이 책, 311쪽. 하이데거도 『시간의식』의 아주 짧은 「편집자 서문」에서 지향성을 근본적으로 해명하는 것이 현상학의 중심문제라고 밝힌다.
37 M. Heidegger, *Die Grundprobleme der Phänomenologie*(이기상 옮김, 『현상학의 근본문제들』, 문예출판사, 1994, 444쪽).

다양한 형태의 이원론적 대립도 주관과 객관의 불가분한 본질적 상관관계인 지향성을 의식의 심층(마음)에서부터 근본적으로 태도를 변경해 새롭게 보고 실천하는 것이 아니라 단지 눈과 머리로만 피상적으로 받아들였기 때문에 생긴 것이다.

3) 이성 대 감성

이원론적 대립의 문제는 계속되는데 한전숙 교수는 이성(logos)과 감성(pathos) 역시 극단적으로 대립시킨다.

> 파토스란 원래 로고스에 의해 순화되고 다듬어져야 한다는 의미에서 진리로서 로고스의 이전 단계는 아니다. […] 파토스의 본성은 로고스에 굴하지 않고 끝까지 자신의 주장을 관철하는 데 있다. 후설에서 선험적 현상학과 생활세계 현상학의 관계는 로고스와 파토스의 이런 관계, 즉 극단적 이성론과 극단적 감성론의 대립과 같다. […] 더구나 명심할 것은 후설에서 이 로고스 면과 파토스 면이 시기를 전후해 나타나지 않고 나란히 병행한다는 점이다. […] 그러나 후설의 생활세계를 신체가 체험하는 직접경험의 세계, 그런 의미에서 감성의 세계라고 하면서 후설이 결코 극복하지 못한 갈등을 로고스와 파토스, 이성과 감성의 갈등으로 해석하는 것은 아무래도 짧은 생각이 아닐까? 물론 우리는 후설이 철저한 이성주의자이고자 했고, 또 한편 생활세계론을 펼치면서 철저한 반(反)-이성주의자이고자 했다는 것을 인정한다. 그러나 이것은 '이성-감성'이라는 매우 오래된 이분법에 집착한 후설 해석이 아닐까?[38]

---

38 『현상학』, 293~295쪽.

우선 생활세계론이 정말로 철저한 반-이성주의인지, 누가 그렇게 인정했는지 그리고 후설이 로고스와 파토스를 갈등의 관계로 파악했는지도 검토해야 하지만, 무엇보다 한전숙 교수 본인이 '이성 대 감성'이라는 매우 오래된 이분법에 집착한 해석은 지나치다거나 잘못일 수 있다고 인정한 것인지조차 명확하지 않아 매우 혼란스럽다.

3)-a 객관적 인식(episteme)의 원천인 주관적 속견(doxa)

후설은 객관적 인식(이성)보다 낮은 단계의 명증성을 지녔다고 전통적으로 경멸해온 '단순히 주관에 상대적 직관일 뿐인 속견'(감성 또는 감각)을 "술어로 충분히 확증할 수 있는 인식의 영역, 실천적 삶이 요구하고 모든 객관적 학문이 의지하는 확인된 진리의 영역"[39]이자 "참된 이성의 예비형태(Vorgestalt) 또는 최초형태(Anfangsgestalt)"[40]로 파악한다. 그에게 객관적 지식은 주관적 속견의 최종형태(Endgestalt)일 뿐이고 '그 자체'(Ansich)의 존재를 인식하는 하나의 방법에 불과하다. 반면 주관적 속견은 정밀한 객관적 과학의 인식이 그 의미와 정초의 관계상 반드시 되돌아가야 할 궁극적 근원의 장(場)이기 때문에 더 높은 가치를 지닌다.

즉 주관적 속견은 객관적 지식이 의미와 타당성을 지니게 하는 원천이자 토대로서, 술어 이전에 지각되는 감성과 술어로 판단해 인식하는 이성은 서로 갈등하는 다른 것이 아니라,[41] 동일한 의식흐름의

---

39 『위기』, 127~128쪽; 이 책, 480쪽.
40 같은 책, 11, 274쪽.
41 이러한 사실은 후설이 '경험'과 '이성'을 결합한 용어 'erfahrungslogisch'(경험논리적, 『엄밀한 학문』, 299, 308쪽; 『이념들』 제1권, 94, 101~102쪽; 『이념들』 제2권, 88쪽 등)나 "경험의 논리 이전의 이성"(『제일철학』 제2권, 262쪽)이라는 표현에서도 분명하게 확인할 수 있다.

심층과 표층으로 존재한다.

3)-b 이성과 감성(본능)을 포괄하는 의식의 흐름

후설현상학에서 이성은 플라톤이 추리하고 사유하는 기능으로 제한한 로고스도 아니고, 칸트가 오성(Verstand)과 구별하거나 '이론이성'과 '실천이성'으로 나눈 이성도 아니다. "모든 이성은 실천적 이성인 동시에 논리적 이성"[42]이고, 따라서 이론과 실천은 태도를 변경함으로써 언제든지 전환될 수 있는 '이론적 실천'[43]으로 종합된다. 이성은 술어 이전에 경험하는 지각·기억·기대·판단·평가하는 작용과 침전된 무의식, 심지어 감성과 본능까지도 그 심층에서 포괄하는 생생한 의식의 흐름이며, 지각은 "갓 태어난 이성"[44]이다. 즉 단순히 계산하고 조작하는 기술적·도구적 이성을 뛰어넘어 과거의 경험을 바탕으로 가까운 미래를 예측하고 현재에서 느끼고 판단하며 욕구하는 '논리적(이론적)·실천적·가치 설정적 이성 일반'이다.

> 감성도 […] 은폐된 이성의 한 층이다(『상호주관성』제2권, 276쪽).

> 감성에는 이성의 침전물이 전혀 없는 근원적 감성과 이성이 생산한 2차적 감성이 있다. 따라서 능동적 지성인 근원적 이성과 감성 속으로 가라앉은 이성이 있다(같은 책, 334쪽).

후설은 선험적 주관성(이성)이 근원적으로 건설해 수동적 의식 속

---

42 『성찰』, 111쪽; 『수동적 종합』, 62쪽.
43 『위기』, 329쪽. 더 상세한 것은 이종훈, 앞의 책, 184~188쪽 참조.
44 M. Merleau-Ponty, *The Primacy of Perception*, 25쪽.

으로 침전된 것을 "2차적 감성"[45]이라고까지 부른다. 그가 의식의 체험을 분석하면서 이성의 표상(지각·판단)작용과 감성의 정서작용 및 의지작용으로 구분한 것 그리고 객관화하는 표상작용을 이것이 각 영역에 공통으로 포함되어 있기 때문에 "모든 작용의 근본토대"[46]로 간주한 것은 정서작용이나 의지작용을 낮게 평가해서가 아니라 그 작용들 사이의 정초관계를 밝히기 위해서였다.

어쨌든 후설은 "이성의 영웅주의"[47]와 이성의 회복을 역설한 철저한 이성주의자이지만, 그가 말한 이성이 감성 또는 경험과 대립한 것은 결코 아니다. 따라서 그가 이성을 강조한 것은 "새로운 구체적 이성론"[48]이자 "신비주의와 비합리주의에 대항해 부적합한 낡은 합리주의를 넘어서는 초합리주의(Überrationalismus)"[49]다.

3)-c 선험적 감성론은 선험논리학으로 상승해야 한다

칸트는 『순수이성비판』에서 선험적 감성론을 분석하며 물 자체가 촉발한 경험이 감성의 아프리오리한 직관형식(시간과 공간)을 통해 수용되는 원리와 이렇게 수용된 것을 오성과 연결시키는 구상력(Einbildungskraft) 및 도식(Schema)의 원리를 밝힌다.

후설도 칸트의 견해에 따라 운동감각의 경험에서 시간적·공간적 연관이 구성되는 것을 해명하는 작업을 '새로운 선험적 감성론'[50]이

---

45 『이념들』 제2권, 332, 334쪽; 『수동적 종합』, 342쪽; 『형식논리학과 선험논리학』, 319쪽.
46 『논리연구』 제2-1권, 439쪽.
47 『위기』, 348쪽; 이 책, 501쪽.
48 『이념들』 제1권, 319쪽.
49 후설이 1935년 3월 11일 레비브륄(Lucien Lévy-Bruel)에게 보낸 편지. H. Spiegelberg, *The Phenomenological Movement*, 78쪽에서 재인용.
50 『수동적 종합』, 295, 361~362쪽; 『상호주관성』 제3권, 214쪽 주 1; 『형식논리

라고 부른다. 이때 수동적 감성은 능동적 이성의 기초를 이루기 때문에 "감성적 세계의 로고스도 선험적 구성의 탐구가 필요"[51]하다. 또한 "모든 경험과 경험세계의 구조를 작성하는 선험적 경험기술학(Empiriographie)",[52] 즉 선험적 감성론은 판단의 기체인 대상의 실질적 내용을 문제 삼지 않는 형식논리학을 경험의 명증성으로 정초해야 한다. 이렇게 이성의 기초인 감성의 작용을 해명함으로써 선험적 감성론은 세계 속의 참된 존재자에 관한 논리학인 선험논리학으로 상승하는 것이다.

3)-d 이러한 해석의 원인과 결과

한전숙 교수는 다음과 같이 회고한다.

> 나는 […] 세기의 관념론자 후설에서 질료의 문제, 이 관점에서 후설을 읽어 왔다. 그러면서도 가장 중요하다고 생각되는 시간문제는 […] 이미 발표된 훌륭한 업적이 있음에도 거기에 접목시키지 못했다. 언어의 문제, 상호주관성의 문제, 생활세계의 문화적, 역사적 측면 등도 마찬가지로 충분히 파고들어가지 못했다.[53]

그렇지 않아도 후설현상학을 주관적 관념론이나 독아론으로 이해하는 분위기가 팽배한 상황에서 '세기의 관념론자'라는 표현이 얼마나 적합한지도 생각해볼 일이지만, 과연 시간문제를 후설이 분석한

학과 선험논리학』(「편집자 서문」), 25쪽, 297쪽; 『성찰』 173쪽 참조.
51 『형식논리학과 선험논리학』, 297쪽; 이 책, 447쪽.
52 『상호주관성』 제3권, 234~235쪽.
53 『현상학』, 2쪽.

다양한 문제 가운데 하나로 취급하는 게 합당한 일인가?

> 모든 개별적 의식체험은 시간적으로 등장하는 그 자신의 역사(Geschichte), 즉 **시간적 발생**(Genesis)을 갖는다(『형식논리학과 선험논리학』, 316쪽).

> 시간의식의 문제와 관련해 오랫동안 애썼지만 성공하지 못한 내 노력은 본질적으로 1905년 끝났고, 그 성과는 괴팅겐대학교의 강연으로 전달되었다(『이념들』 제1권, 182쪽 주).

후설 본인이 강조하듯 시간문제를 파악하지 않고는 발생적 분석과 연관된 어떤 문제도 이해할 수 없다. 그렇지 않고 '관념론(이성) 대 실재론(감성)'의 이분법에 얽매이면 후설현상학의 참모습을 파악하기는커녕 허무하고 지리멸렬한 논란만 가중될 뿐이다. 심지어 아래 언급처럼 후설현상학 고유의 가치마저 희석시켜버릴 수도 있다.

> '사태 자체로!'의 '사태'는 특정한 내용으로 고정된 것이 아니라, 그저 철학하는 기본자세를 지시하는 구호다. [⋯] 이렇게 형식적인 뜻으로만 해석되기 때문에 [⋯] 여러 분야의 연구자를 매료했는지 모른다. 그러나 반면 그렇게 넓은 뜻이라면, 유독 현상학에만 특유한 태도라고 하기도 어려울 것이다. '현상학적'이란 말은 이제 그 특유의 뜻을 잃어가고 있다.[54]

후설현상학이 정말 "특유의 뜻을 잃어가고 있다"면 다음과 같은

---

[54] 『이해』, 310쪽.

진술은 어째서 여전히 유효한가?

> 현대의 프랑스철학자들은 […] 내용이나 의도에서 결국 후설과 다른 이야기를 하려는 사람까지도 그의 말과 방법을 이용하지 않을 수 없었다.[55]

2 '정적 현상학'과 '발생적 현상학'

1) 문제제기

이남인 교수는 후설현상학에 관해 다음과 같이 주장한다.

> 후설은 1920년경 선험적 현상학은 정적 현상학과 발생적 현상학으로 나뉘어져야 한다는 사실을 깨닫고, 이 두 유형의 현상학의 이념을 구별하면서 선험적 현상학을 전개해나갔다. 그리고 하이데거의 '전회'(Kehre) 이전과 이후는 철학의 근본이념 자체에 차이가 없고 단지 현상학적 분석이 심화된 정도의 차이가 있을 뿐인데 반해, 후설의 초·중기 현상학은 발생적 현상학의 요소를 부분적으로 간직한 불완전한 유형의 정적 현상학이며 나름대로 '전회'를 경험한 후기 현상학은 발생적 현상학이 심화된 것이고, 이들은 근본이념 또는 근본구도에서 구별된다.[56]

1921년 작성한 유고 두 편과 1933년 작성한 유고가 이러한 주장의

---

55 『현상학』, 30쪽. G. Brand, *Die Lebenswelt I*, 4쪽에서 재인용.
56 이남인, 『현상학과 해석학. 후썰의 초월론적 현상학과 하이데거의 해석학적 현상학』, 9~15, 127, 278, 311~312쪽 등 참조. 서로 유사한 표현이 반복해 등장하는 것을 내가 내용에 별 차이가 없는 한도 안에서 한데 묶었다.

근거다.[57] 특히 1933년 유고에는 '정적 현상학의 이념(Idee)'[58] '현상학의 이중 얼굴(Doppelgesicht)'[59] 같은 표현이 나오는데 더 이상 구체적인 언급이 없기 때문에 '발생적 현상학의 이념은 무엇인지' '이 이념들과 선험적 현상학의 이념은 어떤 관계인지' '현상학의 이중 얼굴은 어떠한 모습인지' 등이 매우 불명확하다.

그래서 당연히 다음과 같은 문제가 제기된다.[60]

첫째, 후설이 선험적 현상학을 추구하는 과정에서 과연 '전회'가 일어났는가? 혹시 일어났다면 그 근거와 내용은 무엇인가?

둘째, '전회'가 발생적 분석을 뜻하면, 그 시기는 왜 1904~1905년이 아니라, 1920년경인가? 후설현상학에서 정적 분석과 발생적 분석은 어떤 관계인가?

셋째, 『논리연구』 및 『이념들』 제1권의 초·중기 현상학과 후기 현상학은 과연 단절되는가? 이렇게 이해하는 것은 어떤 의미가 있는가?

2) 발생적 현상학에 관한 문제점

2)-a 왜 '1920년경'이 아니라 '1905년'이어야 하는가?

'1920년경에 전회가 일어났다'는 주장의 근거자료는 앞에서 언급한 유고 두 편뿐이다. 더 확대해 살펴보면, 한전숙 교수가 『경험과 판

---

57 「정적 현상학의 방법과 발생적 현상학의 방법」, 『수동적 종합』, 336~345쪽; 「모나드의 개체성의 현상학과 체험의 보편적 가능성과 일치함의 현상학. 정적 현상학과 발생적 현상학」, 『상호주관성』 제2권, 34~42쪽; 「정적 현상학과 발생적 현상학」, 제3권, 613~627쪽.
58 『상호주관성』 제3권, 615쪽.
59 같은 책, 617쪽.
60 이종훈, 「후설과 하이데거의 정확한 관계는 제대로 규명되었는가?」; 「후설현상학의 이중적 얼굴은 과연 어떤 모습인가?―『이념들』 제1권에 대한 기존의 해석과 관련된 문제들」 참조.

단』과 『수동적 종합』의 모체가 된 '발생적 논리학'에 관한 1920년대 초반 일련의 강의를 언급하면서 "란트그레베가 후설의 후기사상이 1920년경 시작한다고 한 것은 일단 근거가 있는 주장"[61]이라고 한 부분에서 그러한 주장의 흔적을 찾을 수 있다. 그런데 란트그레베는 정작 후기가 아니라 "최후의 시기"[62]라고 했다. '후기'와 '최후의 시기'는 상당한 의미 차이가 있지만, 한전숙 교수는 선험적 주관성이 정말 생활세계론으로 전환되었다면 이는 "코페르니쿠스적 전환에 대한 전환",[63] 즉 "다시 객관으로 전환"[64]이라고 한 란트그레베의 주장을 지지해 소개한다.[65]

물론 후설은 소크라테스, 데카르트, 칸트에 이어 선험적 현상학으로 궁극적 전환(letzte Wende)을 이루었지만,[66] 그것은 하이데거나 비트겐슈타인의 경우처럼 그의 현상학 안에서 반전(反轉)이 일어났다는 것이 아니라 그의 현상학이 철학사 전체에 변혁을 일으켰다는 의미다. 더군다나 연구를 심화하거나 관심을 쏟아 주제로 삼은 대상의 심층에 파고드는 것을 '전회'나 '전환'이라고 하지는 않는다.

실제로 후설은 1918년 6월 29일 나토르프에게 이렇게 편지했다.

> 이미 10년 전에 정적 플라톤주의의 단계를 극복해 선험적 발생의 이념을 현상학의 주요 주제로 세웠다.[67]

---

61 『현상학』, 54쪽.
62 『현상학』, 55쪽 주 40. *Phänomenologie und Metaphysik*, 102쪽에서 재인용.
63 L. Landgrebe, 앞의 책, 113쪽.
64 같은 책, 18쪽.
65 『이해』, 263, 334쪽; 『현상학』, 260~261쪽.
66 『엄밀한 학문』, 291~292쪽; 『위기』, 103쪽.
67 후설의 유고 *R I Natorp*. R.P. Buckley, *Husserl, Heidegger and the Crisis of Philosophical Responsibility*, 38쪽 주 7에서 재인용.

여기서 플라톤철학을 '정적'으로 파악한 것이 정당한지는 또 다른 문제이지만, '1918년에서 10년 전'이면 당연히 시간의식의 지향적 구조를 밝혀 발생적 분석의 틀을 다진 1904~1905년 강의(『시간의식』)와 환원과 구성의 문제에 눈을 뜬 1905년 제펠트연구모임 그리고 이 주제를 더욱 심화한 1907년 강의(『이념』)를 지목하지 않을 수 없다. 즉 후설이 선험적 영역으로 관심을 확대한 것을 '전환'이라 한다 해도, 그때는 결코 '1920년경'이 아니라 '1905년'이다.

따라서 "초기(『논리연구』)와 중기(『이념들』 제1권) 현상학이 발생적 현상학의 요소를 부분적으로 간직한 불완전한 유형의 정적 현상학"이라는 주장은 지극히 공허할 뿐이다. '발생적 현상학의 요소를 부분적으로 간직한 것은 무엇인지' '완전한 유형의 정적 현상학은 어떤 것인지'에 대한 준거나 설명이 전혀 없기 때문이다.

후설현상학을 그의 진술이 아니라 다른 사람의 주장과 해석으로 이해한 것도 결코 정당하지 않다. 란트그레베는 후설의 충실한 연구조교이자 아끼는 제자였지만 후설이 죽은 다음부터 하이데거와 가까워지면서 사상적 측면에서도 후설을 떠났다는 사실을 반드시 고려해야 한다.

2)-b '이중'의 의미

우선 후설이 '이중'이라는 용어를 사용한 몇 가지 예를 살펴보자.

> 하나의 유일한 의식흐름 속에는, 동일한 하나의 사태의 두 가지 측면처럼, 분리할 수 없는 통일적인, 서로 간에 요구하는 과거지향의 가로방향과 세로방향의 이중 지향성인 '두 가지'(zwei) 지향성이 서로 함께 얽혀 있다(『시간의식』, 83쪽).

신체는 물질적 신체에 종속된 감각론의 신체와 자유롭게 움직이는 의지의 신체로 구성되는 두 가지 측면의 실재성을 지닌다. 그러므로 […] 자연의 관점과 동시에 정신의 관점에서 이중 얼굴(doppeltes Gesicht)을 갖는다. 마찬가지로 영혼은 신체적으로, 또한 정신적으로 조건이 정해지는 이중 얼굴의 실재성이다. […] 신체는 정신적 인과성에서 자연의 인과성으로 전환되는 지점이다(『이념들』 제2권, 284~286쪽).

인격은 어떤 때는 […] 인격적 연대 속의 인격으로 정립되고, 다른 때는 신체의 자연에 종속된 자연으로 정립된다(같은 책, 288쪽 주).

즉 '이중' 또는 '두 가지'는 서로 분리된 채 충돌하는 것이 아니라 태도를 변경하면 다른 모습으로 드러나는 동일한 하나일 뿐이다. 이것을 이념화과정에 대입하면, 두 가지 모습이 겹치고 합치하는 것을 종합하고 통일해 그 본질을 직관할 수 있다.

그렇다면 서로 분리된 채 대립한다는 두 가지 후설현상학은 도대체 어떤 모습이고 무엇을 지향하는가? 이에 대해 답변할 수 없다면, 즉 후설이 제시한 방법의 특징과 장점을 그의 현상학에조차 적용하지 못한다면, 무슨 의미가 있는가?

2)-c '정적 현상학'과 '발생적 현상학'의 관계

후설은 "정적 현상학을 예전에 '기술현상학'이라 했다."[68] 또한 "구성하는 의식과 구성된 대상성의 상관관계를 추구하고 발생의 문제 일반을 배제한 현상학의 탐구를 '정적'"[69]이라고도 했다.

---

68 『수동적 종합』, 340쪽.

발생의 현상학은 […] 객체화되는 필연적 역사와 함께 가능한 인식의 객체인 객체 자체의 역사를 추구하므로, 객체의 근원적 역사는 근원적 시간의식 속에 질료적 객체와 내재적 객체의 발생으로 소급한다(『수동적 종합』, 345쪽).

발생의 근원적 법칙은 근원적 시간구성[시간의식]의 법칙, 연상과 재생산의 법칙, 모나드가 그 자체만으로 통일체로 구성되는 법칙이다(『상호주관성』 제2권, 39쪽).

모든 개별적 의식체험은 시간적으로 등장하는 그 자신의 고유한 '역사', 즉 자신의 '시간적 발생'을 갖는다(『형식논리학과 선험논리학』, 316쪽).

요컨대 정적 현상학과 발생적 현상학의 차이는 '시간적 발생 속에 등장하는 의식체험의 역사를 다루는지'에 달렸다.

우리는 정적으로-함께-속해-있음(Zusammengehörigkeit)과 동적으로(dynamisch)-함께-속해-있음을 가지며, 정적으로-함께-속해-있음은 체험들이 변화됨으로써 (…) 동적으로-함께-있음으로 이행한다(『이념들』 제2권, 227쪽).

주관성에 관련된 대상의 '정적' 구성에는 이 구성에 필연적으로 선행하는 […] 아프리오리한 발생적 구성이 상응한다. […] 생생한 의미의 구성에 대해 지향적으로 함축된 것으로 드러내 밝히는 것 속

---

69 『상호주관성』 제2권, 38쪽.

에 침전된 '역사'가 놓여 있다(『형식논리학과 선험논리학』, 257쪽; 이 책, 440쪽).

존재하는 것으로 미리 주어진 세계의 구성이 펼쳐진 것인 첫 번째 [정적] 현상학과 구별된 현상학의 더 깊은 층[발생적 현상학](『상호주관성』 제3권, 611쪽 주 1).

자아론적 구체성의 이중 측면에 따라 구성적 문제설정을 기획하는 데 두 가지 방향이 지시된다. 즉 흐르는 경험 삶의 구성적 분석론(정적 현상학)과 현실적 습득성 속에 함축되어 침전된 작업을 수행하는 삶으로 구성적으로 되돌아가 묻는 것(발생적 현상학)이다.[70]

만약 '1920년경의 전회'가 '발생적 분석'을 뜻한다면, 그 기원은 '1920년경'이 아니라 '1905년'이다. 1905년 즈음 작성한 유고나 그 이후 출간된 저술에서도 발생적 분석을 정적 분석으로 드러낼 때 밝힐 수 없는 문제를 다루거나 언급하긴 하지만, 결코 정적 분석이나 정적 현상학 자체를 거부한 적은 없기 때문이다.

그리고 앞에서 살펴보았듯이, 선험적 주관성 자체가 시간적으로 발생한 역사성을 지니기 때문에 이를 정적 분석(데카르트적 길)의 결과로만 제한할 수 없으며, 발생적 분석으로 드러난 생활세계 역시 선험적 문제를 해명하는 하나의 길(비-데카르트적 길)일 뿐이다.

따라서 후설이 "순수질료학은 명백히 인식작용적이고 기능적인 현상학 아래 깊이 놓여 있다(그러나 이 둘은 본래 분리될 수 없다)"[71]고 하

---

70 E. Husserl & E. Fink, *VI. Cartesianische Meditation. Teil 1. Die Idee einer transzendentalen Methodenlehre*(「제6성찰」, 『성찰』), 6쪽.

면서 질료학을 추후 연구할 과제로 남겨놓은 데서도 알 수 있듯, 이 둘은 배척하는 관계가 아니라, 마치 어떤 건물에 대한 평면적 파악과 입체적 조망처럼, 그 전체를 이해하는 데 서로 보완하는 필수불가결한 관계다. 즉 정적 현상학(인식작용학)은 연구를 심화시키면 당연히 진입하게 될 발생적 현상학(순수질료학)의 이전단계다.[72]

2)-d 『이념들』 제1권과 제2권의 관계

흔히 『이념들』 제1권은 선험적 관념론 또는 중기의 정적 분석으로, 제2권은 경험적 실재론 또는 후기의 발생적 분석으로 간주한다.

그러나 『이념들』 제1권이 순수의식(이성)을 분석한다고 해서 선험적 관념론, 게다가 곧 절대적 관념론으로 넘어갈 수밖에 없는 주관적 관념론이라고는 결코 할 수 없다는 점은 이미 앞에서 살펴보았다. 게다가 『이념들』 제1권 출간보다 앞선 1904~1905년 강의를 엮은 『시간의식』이 구성의 현상학을 분석하며 질료학의 의의를 여러 곳에서 상당한 분량으로 다룬다는 점에서도 『이념들』 제1권을 발생의 문제를 배제한 정적 분석으로만 제한할 수 없다. 물론 여기에는 '감정이입'에 관한 논의도 적지 않게 포함되어 있다.[73]

또한 『이념들』 제2권은 자연과 영혼의 실재성, 정신적 세계의 발생적 구성의 문제를 다루므로 경험적 실재론(발생적 현상학)이라 할 수 있지만, 그렇다고 기준조차 모호한 시기구분인 '후기사상'은 결코 아니다. 『이념들』 제2권과 제3권은 본래 계획상 제2부이며, 1912년 이

---

71 『이념들』 제1권, 199쪽; 이 책, 310쪽.
72 『이념들』 제1권, 182, 273쪽; 『이념들』 제2권, 102~103쪽; 『이념들』 제3권, 141~142쪽; 『형식논리학과 선험논리학』, 252~253쪽.
73 『이념들』 제1권, 78, 93~94, 97, 102, 163, 168~169, 183~185, 210, 235, 325~328, 352쪽 참조.

미 그 초고가 완성되었기 때문이다.

후설은 『이념들』 제1권 「머리말」에서 이미 제2권에서 다룰 주제와 내용을 대체적으로 언급하며 다음과 같이 진술한다.

> 『이념들』 제2권에서 […] 입안된 현상학적 스케치는 『이념들』 제1권에서 획득한 현상학을 더 깊게 이해시키고, 현상학의 거대한 문제범위를 훨씬 더 풍부하게 알 수 있게 하는 환영할 만한 수단을 준다(『이념들』 제1권, 7쪽; 이 책, 287쪽).

> 순수자아에 관한 어려운 문제를 해명하고 동시에 여기에서 수행한 '잠정적 태도를 취하는 데' 대해 『이념들』 제2권에서 독자적 절을 바칠 것이다(같은 책, 124쪽).

> [원본적으로 확정하는 것이 제외되는 것은] 『이념들』 제2권에서 명증성의 근본종류를 배정할 (그리고 『이념들』 제2권에서 더욱 상세하게 연구할) 감정이입에 본질적으로 적용된다. 어쨌든 매우 중요한 현상학의 주제들이 이것으로 명시되었다(같은 책, 325쪽).

거꾸로 『이념들』 제2권에서는 제1권을 이렇게 언급한다.

> 감정이입과 자연의 구성을 논의한 다음 […] 자연과 자연고찰에 대한 분석을 보충할 필요가 있다는 사실, 그것이 그 자체로 전제를 간직하며 그래서 자신을 넘어서 존재(Sein)와 탐구(Forschung)의 새로운 분야—즉 더 이상 자연이 아닌 [선험적] 주관성의 장(場)—로 나아가야 한다는 사실을 입증한다(『이념들』 제2권, 172쪽).

주목해야 할 점은 경험적 실재론으로만 해석했던 『이념들』 제2권이 '감정이입과 자연의 구성을 논의한 다음 선험적 주관성으로 나아가야 한다'고 주장했다는 사실이다. 이는 이제까지 알려진 것과 완전히 반대된다.

그리고 『이념들』 제1권 및 제2권과 내용상 긴밀히 연관될 뿐만 아니라 1912년경 초안이 함께 완성된 제3권[74]은 이 둘의 관계에 대해 이렇게 진술한다.

> 제1권만 출판된 『이념들』은 '순수현상학' 또는 '선험적 현상학'이라는 명칭으로 […] 오직 '선험적 주관성'의 경험의 장(場)에 관련된 새로운 학문의 정초를 시도한다. […] 이 책에서 기술하는 영역도 쉽게 접근할 수 있는 수준으로 제한한다. 내재적 시간의 영역에서 시간화(Zeitigung)라는 문제제기가 제외되기 때문이다(1905년 내적 시간의식에 관한 강의 참조). 자아·인격성·'감정이입'의 선험적 문제는 제2권을 위해 남겨두었다(『이념들』 제3권, 141~142쪽; 이 책, 347~349쪽).

> 『이념들』 제1권(제2장 제2절)의 출발은 우선 […] '현상학적' 자기 숙고로서 자아론으로(egologisch) 시작한다. […] 이 책의 서술은, 내가 인정하듯이, 불완전함에 시달렸다. […] 선험적·현상학적 관념론의 정초에 관해서는 선험적 독아론이나 선험적 주관성의 문

---

[74] 아래 두 문단은 1931년 작성한 「『이념들』 제1권의 후기」에서 인용한 것이다. 즉 초안을 완성한 1912년에서 20년이 지나서야 작성한 것인데 구차한 변명이 아니라 절실한 안타까움을 담아낸 자서전 같은 글이다. 이 인용문을 보아도 최소한 1931년까지는 후설현상학 내에 어떠한 전환도 없었음을 분명히 파악할 수 있다.

제에 명시적 태도를 취하지 않았다. 그 당시 즉시 출판할 수 있기를 매우 희망했던—제1권과 동시에 계획한—제2권은 보충해야 했다. 이 관념론을 오해한 독아론에 대한 불쾌한 기분은 […] 이 저술을 수용하기 매우 어렵게 했다(같은 책, 149~150쪽).

여기서 자아와 인격성, 감정이입 등의 선험적 문제를 『이념들』 제1권에서 제2권으로 넘긴 분명한 의도와 제2권이 제1권과 동시에 출판되었으면 제1권이 독아론으로 오해받지 않았으리라는 후회가 돋보인다. 제2권을 제1권과 동시에 출판할 수 없었던 것은 "해결하려는 문제의 범위가 더 어렵고 포괄적인 것으로 드러나 수정과 보완을 거듭했기 때문"[75]이다.

나는 상호주관성의 문제와 선험적 독아론을 극복하는 데 중요한 점을 이미 괴팅겐대학교(1910~11년 겨울학기)에서 전개했다. 그러나 실제 실행은 더 어려운 개별적인 연구가 필요했는데, 이 연구는 훨씬 이후에야 비로소 결론에 도달했다(『형식논리학과 선험적 논리학』, 250쪽 주; 이 책, 438~439쪽 주 10).

『이념들』 제2권이, 관념론과 대립된 전통적 의미의 경험적 실재론은 아니지만, 발생적 현상학인 것은 분명하다. 그러나 이 책이 1952년 『후설전집』 제4권으로 출판되었다고 『이념들』 제1권과 별개의 저술로 또는 막연히 '후기'나 '유고' 가운데 하나로 취급해서는 안 된다. 즉 후설현상학에서 일어난 어떤 큰 변화가 '발생적 분석'(현상학)을 뜻한다면, 그 시기는 '1905년'이지 절대로 '1920년경'이 아니다.

---

75 『형식논리학과 선험논리학』, 289쪽 주; 이 책, 444쪽 주13.

물론 굉장히 긴 동일한 제목의 책을 제1권과 제2권으로 강제로 나눠 서로 다르다고 하는 것은 기이한 억지일 뿐이다.

3 'transzendental'의 번역 문제

1) 문제제기

한전숙 교수는 'transzendental'을 '선험적'으로 옮기면서 이렇게 밝힌다.

> 이 말은 'transzendent'(초월적), 'transzendieren'(초월하다)과 자매 관계에 있으므로, 그 번역에도 '초월'이 들어가야 온당할 것이다. 더구나 '선험적'이라는 말은, 문자 그대로 경험에 앞선다는 뜻이요, […] '경험에 앞선 것'이 a priori한 것을 말한다면, 이런 의미에서 'transzendental'은 칸트에는 해당되어도 후설에는 해당되지 않는다. 안호상 박사는 '경험을 가능케 한다, 결정한다'는 뜻으로 '정험적'(定驗的)이라 번역하는데, 이것은 내용상 타당하며 칸트에도 후설에도 해당되는 역어라고 할 수 있다. 그러나 'transzendent'라는 말과의 관계로 볼 때 '초월론적'(超越論的)이라는 역어가 제일 적합하다고 사료된다.[76]

위 인용문 끝에는 주석으로 "관례에 따라 '선험적'으로 한다"고 덧붙였다.

그의 제자 이남인 교수는 1990년대 초까지 '선험적'으로 번역하다, 1996년부터 '초월적'으로, 1998년 이후에는 '초월론적'으로 쓴다. 이러한 변화의 원인이 스승의 영향이라면 시간적으로 맞지 않다.

---

76 『이해』, 328쪽.

다른 가능성은 다음 글에서 추측해볼 수 있다.

> 지금까지 관례에 따라 'transzendental'을 '선험적'으로 번역해왔다. 그러나 후설현상학에서 'transzendental'은 '이미 주어진 낮은 단계의 의미에서 더 높은 단계의 의미로 초월할 수 있는 의식의 기능'을 의미하며, 따라서 '초월적'으로 번역하는 것이 타당하다. […] 이 점과 관련해 칸트 비판철학의 핵심개념인 'transzendental'도 '선험적'이 아니라, '초월적'으로 번역해야 한다는 입장(…)에 전적으로 동의한다.[77]

1980년대 초반 한국현상학회에서 이 용어를 '선험적'으로 옮기자고 결정한 것은 그 어원의 의미나 칸트와 후설의 밀접한 관계를 몰랐기 때문이 아니라, 초보자의 혼란을 방지하고 학문의 지속적 발전에 도움을 줄 수 있다고 판단했기 때문이다. 이미 주어진 낮은 단계의 의미에서 더 높은 단계로 '상승하는 것'이 과연 '초월하는 것'인가? 초월하는 의식의 기능은 독아론으로 몰고가는 것이 아니라면 무엇을 뜻하는가? 더구나 관례를 깬 것에 대한 해명치고는 너무 간단하고 빈약하다. 이남인 교수는 더 나아가 다음과 같이 주장한다.

> 그동안 한국현상학계에서 'Husserl'을 '후설'로 표기해왔다. 그러나 우리말 '후설'은 독일어 'Husserl'과 발음에 큰 차이가 있어 적절하지 않다. 이러한 점을 감안해 몇몇 분과 상의해 이 책에서 '후썰'로 표기하고, 그 외에 후썰현상학의 근본개념인 'a priori'와

---

[77] 이남인,『현상학과 해석학. 후썰의 초월론적 현상학과 하이데거의 해석학』, 78쪽 주, 332-333, 336-337쪽.

'transzendental'을 각기 '선험적'과 '초월론적'(또는 '초월적')으로 번역해 사용했다. 이 기회에 'Husserl'의 우리말 표기 및 후썰현상학의 근본개념에 대한 번역문제와 관련해 여러모로 조언해주신 한전숙 교수님, 이영호 교수님을 비롯한 여러 선생님께 감사드린다.[78]

나는 이 주장이 실린 책에 대해 철학전문 잡지 『철학과 현실』에 서평[79]을 기고하며 후설사상을 '정적 현상학'과 '발생적 현상학'으로 대립시켜 분석한 시각의 문제점을 지적하는 한편 'Husserl'과 'transzendental'의 번역에 대한 이의를 제기했다. 전자부터 살펴보자. 'Husserl' 역시 1980년대 중반까지 '훗설' '후싸르' '후쎌' 등으로 학자마다 달리 표기해 혼란스러웠던 것을 한국현상학회에서 '후설'로 통일해 사용하기로 하면서 관례로 굳어졌다. 그 후 외래어표기법에도 '후설'로 명시되었다. 만약 원어 발음이 '후썰'에 더 가깝다는 논리라면 'Heidegger'도 '하이덱거'로, 'Russell'도 '럿셀'로 표기해야 할 텐데 그렇지 않다. 그렇다면 왜 굳이 유독 '후설'만 '후썰'로 표기해야 하는가?(언제인지 모르지만 내 문제제기 이후 '후썰'은 아무런 해명조차 없이 '후설'로 돌아갔다.)

이남인 교수는 번역 문제와 관련해 "여러모로 조언을 해주셨다"는 그 내용도 전혀 밝히지 않았다. 더욱 심각한 문제는 이러한 과정이 학술토론이나 공개논의조차 없이 '몇몇 분과 상의해' 또는 '한전숙 교수님과 이영호 교수님의 조언으로' 이루어졌다는 사실이다. 보편타당한 철학은 어느새, 독특한 맛을 전수하듯이, 소수가 배타적으로 독점하는 비전(秘傳)이 되었다.

---

78 이남인, 「머리말」, 앞의 책, 9~10쪽.
79 이종훈, 「후설과 하이데거의 정확한 관계는 제대로 규명되었는가?」 참조.

몇 년간 망설이다 이영호 교수님께 확인해보았는데, "그 문제로 조언해준 적 없다" "후설현상학에서는 선험적으로 옮기는 게 더 옳다고 생각한다"는 말씀만 들었다. 한전숙 교수님은 돌아가셔서 이제 확인할 기회가 없다. 그러나 '선험적'을 '초월(론)적'으로 수정해야 한다는 유언을 누구한테도 전해들은 바 없고, 그 유언에 따라 제자들이 생전 발표한 논문과 저서를 교정한다는 소식도 아직까지 없다.

2) '초월(론)적'의 번역이 부적절한 이유

2)-a 후설을 칸트의 단순한 아류로 만드는 기행(奇行)

후설현상학에서 transzendental은 "모든 인식형성의 궁극적 근원으로 되돌아가 묻고 [⋯] 자기 자신과 자신의 인식하는 삶을 스스로 성찰하려는 동기"[80]인 철저한 반성적 태도를 뜻한다. 따라서 칸트나 신칸트학파에서는 '선험적'과 대립하는 것이 '경험적'(empirisch)이지만 후설현상학에서는 '세속적'(mundan)이다. 즉 경험을 벗어나 초월하는 것이 아니라, 주어진 경험을 단순히 받아들이는 소박한 자연적(세속적) 태도를 변경해 그 근원으로 되돌아가 묻고 밝히는 태도다.

후설은 줄곧 칸트를 비판적으로 연구하면서 자신의 철학을 형성해갔다. 이러한 사실은 『위기』의 제25절부터 제32절까지 칸트를 집중적으로 다룬 데서도 확인할 수 있다. 그런데도 칸트에게만 맞추어 '초월(론)적'으로 옮기면, 칸트와 다르다고 계속 항변하는 후설을 애써 묵살하고 그를 칸트의 아류로 만드는 짓이다.

2)-b 넘어서는 것이 초월하는 것인가?

칸트에게 구성(Konstruktion)이란 감성이 시간과 공간을 통해 받

---

80 『위기』, 100쪽; 『경험과 판단』, 48~49쪽.

아들인 것에 오성이 범주들을 집어넣어 인식하는 것이지만, 후설현상학에서 구성은 "이미 현존하는 대상에 의미를 부여하고 형성하는 것"[81]으로, 인식의 형식뿐만 아니라 내용도 아프리오리하다. 즉 인식될 내용이 미리 완성되어 있다. 그러나 그 내용에 대한 인식은 완성되어 있지 않기 때문에 경험이 발생하는 것을 분석해야 한다. 모든 경험은 스스로 거기에 주어진 '핵심을 넘어 생각함'(Über-sich-hinaus-meinen)으로써 처음에는 주시하지 않았던 국면(plus ultra)까지 점차 밝혀줄 지평을 갖는데, 여기에는 역사적으로 형성되고 침전되어 전통으로 계승된 문화도 포함된다.

따라서 궁극적 근원으로 되돌아가 물음으로써 의미를 해명하려는 발생적 현상학의 태도를 '초월(론)적'으로 부를 수 없다. '넘어서는 것'이 의식과 대상의 이원론적 분리를 전제한 '초월하는 것'은 결코 아니기 때문이다. 물론 종교나 일상적 의미에서의 신비적 '초월'과도 단어가 유사해 단순한 번역 문제에 그치지 않고 전반적 해석에까지 부정적 인상만 심어줄 위험도 있다.

2)-c 실제로 번역 시 드러나는 문제

실제로 '초월(론)적'으로 번역하면 매우 어색하거나 왜곡되는 경우가 적지 않다. 예를 들어 보자.

> 현상학과 다른 모든 학문의 […] 관계는 선험적[초월(론)적] 존재와 초월적[초월적] 존재 사이의 본질적 관계에 근거한다(『이념들』 제1권, 142쪽).

---

[81] 『이념』, 71쪽.

순수형상적 태도, 각각의 초월성[초재](Transzendenz)을 배제하는 태도로 현상학은 고유한 순수의식의 토대 위에 필연적으로 특수한 의미에서의 선험적[초월(론)적] 문제의 이러한 전체적 복합체로 나아가고, 따라서 '선험적[초월(론)적] 현상학'이라는 명칭을 마땅히 받을 만하다(같은 책, 198쪽).

이처럼 'transzendental'이 'transzendent'와 대비되는 문구에서는 '-(론)'이 있고 없음만으로 의미를 제대로 파악할 수 없다. 물론 '초월적'과 '초월론적'이 '존재적'(ontisch)과 '존재론적'(ontologisch)처럼 확연하게 구별되지도 않는다. 그렇다고 그때마다 원어를 병기하면 번역의 의의가 퇴색할 수밖에 없다.

예를 들어, 다소 생소하지만, '선험적 경험'(transzendentale Erfahrung)[82]이란 개념을 보자. 이 용어는 의식이 직접적으로 제시되는 대상의 핵심을 넘어 간접적으로 제시되는 것들에 대해 통각을 할 수 있는 가능성과 과거에 근원적으로 건설한 습득성을 언제나 생생하게 복원할 수 있는 침전된 소유물에 대한 자기경험[의 가능성]을 뜻한다. 그런데 '초월(론)적 경험'으로 번역하면 일반 독자는 당연히 자아를 이탈하는 신비적 종교체험으로 오해할 것이다.

무엇보다 선험적 환원은 초월적 실재를 내재적 영역으로 끌어들여 의식작용과 그 대상에 동일한 통일적 의미를 구성하는 선험적 자아를 드러내는 방법이자 대상으로 향한 시선을 거꾸로 주관 쪽으로 전향하는 태도변경이다. 그런데 이것을 '초월(론)적 환원'으로 부르면

---

82 『이념들』 제3권, 141쪽; 『심리학』, 292, 345, 347쪽; 『형식논리학과 선험논리학』, 276쪽; 『성찰』, '제1성찰'의 제목 등 66~91, 107, 126, 176~177쪽; 『제6 데카르트적 성찰』, 44쪽 등.

주관에서 객관(대상)을 향해 나아간다는 정반대의 뜻이 된다.

2)-d 학자의 학문적 자유와 사회적 책임

물론 '초월(론)적'으로 옮기는 것이 아예 잘못된 것은 아니다. 그 어원의 의미, 후설이 칸트에게 받은 영향, 현상학적 내재(Immanenz)에 내실적 초재(reelle Transzendenz)로서의 지향적 내재가 포함되는 점 등을 고려해볼 때 나름대로 근거와 의미가 있다. 그리고 근거만 있다면 다양한 해석과 독자적 번역은 학자의 고유한 권리다. 또한 후설이 선험적 현상학은 독아론에 빠질 수밖에 없다는 오해를 바로잡으려고 무척 노력했지만 실패한 것을 생각하면, '초월(론)적'으로 옮기는 것이 그런 오해와 비난만큼은 단숨에 벗어던지게 할 수도 있을 것이다.

그러나 원로교수들이 공들여 가꾸어온 전통, 유능한 학자들이 연구한 업적을 소수의 사람이 간단히 무시해서도 안 되고 무시될 수도 없다. 한국현상학회가 고심해 만들어 사용해온 관례를 깨려면 적어도 공개논의와 학술토론을 거쳐야 한다. 특히 '선험적'이라는 용어가 후설현상학에서 매우 중요할 뿐만 아니라 일반인은 이 용어를 통해 후설현상학에 대해 확고한 인상을 받기 때문에 더욱 그렇다.

일본에서 1994년 출간된 책을 옮긴 『현상학사전』[83]을 보면 이 용어를 '초월론적'으로 번역하고 있는데, 일본의 경향을 참조할 수는 있어도 맹목적으로 추종하면 안 된다. 더구나 한국칸트학회 『칸트전집』 간행사업단도 밝혔듯이,[84] 이들 번역용어의 혼란을 시정하려 학술대회와 오랜 논의를 거쳐 a priori를 '아프리오리'로, transzendental을 '선험적'으로 번역하기로 결정한 사실과 그 과정에 주목해야 한다.

---

83 기다 겐 외, 이신철 옮김, 『현상학사전』, 비, 2011.
84 한국칸트학회, '『칸트전집』을 발간하며'(한길사, 2018. 4.)

후설현상학의 의의

현상학은 20세기 철학에 커다란 사건으로 등장해 '현상학 운동'으로 발전하면서 실존주의·인간학·해석학·구조주의·존재론·심리학·윤리학·신학·미학·사회과학 등에 깊은 영향을 미쳤다. 셸러, 하이데거, 야스퍼스(Karl Jaspers), 하르트만, 마르셀(Gabriel Marcel), 사르트르, 메를로퐁티, 레비나스, 리쾨르, 마르쿠제(Herbert Marcuse), 인가르덴, 슈츠, 가다머 등은 직접적으로, 다음 세대인 하버마스(Jürgen Harbermas), 데리다(Jacques Derrida) 등은 간접적으로 후설과 밀접한 관계 속에서 자신의 철학을 형성시켜갔다.

그러나 이들은 암묵적이든 명시적이든 한결같이 선험적 현상학을 비판하고 거부했다. 후설도 이들이 현상학적 방법으로 풍부한 결실을 얻었다는 것을 알았고 그 성과를 높게 평가했지만 결코 만족하지 않았다. 더구나 충실한 연구조교였던 슈타인은 후설이 살아 있을 때부터, 란트그레베와 핑크는 그가 죽은 다음부터 선험적 현상학을 거의 논의조차 하지 않았다.

그런데도 후설은 선험적 현상학을 결코 포기하지 않고 끝까지 완강하게 붙잡았다. 왜 그럴 수밖에 없었을까?

1 선험적 현상학의 길

후설에 따르면, 철학은 '이성이 자기 자신으로 되어가는 역사적 운동'인데, 이처럼 자기 자신을 실현시키는 철학 속에서만 인간성의 자기책임이 수행된다. 연장선에서 후설은 선험적 주관성을 해명하는 『성찰』의 결론에서 선험적 현상학을 통해 "델포이 신전의 신탁 '너 자신을 알라!'는 말이 새로운 의미를 획득했다"고까지 주장하며 다음과 같은 아우구스티누스의 말을 인용한다.

밖으로 나가지 말고 너 자신으로 들어가라. 진리는 인간의 마음속에 깃들어 있다(『성찰』, 183쪽; 이 책, 467쪽).

즉 후설에게 '철학을 함'(Philosophieren)은 선험적 주관성이 스스로를 구성하는 것과 그 원초적 영역을 해명함으로써 자기 자신과 세계를 궁극적으로 이해하는 '현상학을 함'(Phänomenologisieren)이며, 학문과 인간성의 이념에 부단히 접근해야 할 목적을 지닌 현상학적 이성비판이다.

그렇지만 선험적 주관성의 깊고 풍부한 세계를 해명하는 길은 너무나 멀고 힘들다. 그래서 소박한 자연적 태도에 안주하는 데만 급급해 진정한 삶의 의미와 목적을 외면하거나, 실증주의의 세례를 철저히 받아 과학문명의 엄청난 성과와 편리함에 빠져 실험을 통해 증명된 객관적 사실만 받아들이는 사람에게는 분명 선험적 주관성(자아)은 군더더기일 뿐이다.

그러나 선험적 자아(즉 마음)는 버선목처럼 뒤집어 보일 수는 없지만, 분명 실재하는 것이다. 만약 그것이 없다면, 나와 다른 사람, 공동체의 역사적 전통이나 관심, 습관을 전혀 이해할 수 없다. 물론 이것들을 유지하고 새롭게 발전시킬 주체도 확보되지 않는다. 마음이 다르면 동일한 사물이나 사건에 대한 이해도 근본적으로 다르다. 마음이 없으면 느끼고 보아야 할 것을 느끼지도 보지도 못한다. 따라서 무엇을 왜 해야 하는지도 알 수 없고, 당연히 실천도 뒤따를 수 없다. 그렇다면 마음이 없는 철학을 무엇 때문에, 왜 해야 하는가? 동양의 고전에서도 "학문의 길은 다름 아니라 잃어버린 마음을 찾는 것"[85]이라고 하지 않았던가. 그 학문이 곧 선험적 현상학이다.

---

85 『孟子』, 告子章句 上 11, 學問之道 無他 求其放心而已矣.

후설은 이 선험적 현상학을 시종일관, 많은 오해와 비난을 받으면서도 더 철저하고 역동적으로 추구해갔다. 그 길이 개종하는 것처럼 어렵더라도 반드시 수행되어야 한다고 강조한 그는 "내가 파악한 것을 안내하고 제시하며 기술할 뿐이지, 가르치려 하지는 않겠다."[86]면서도 다음과 같이 역설한다.

> 추정적으로 보면 반동가인 내가 오늘날 말로만 매우 급진적 태도를 취하는 사람들보다 훨씬 더 급진적이고 훨씬 더 혁명적이다(『위기』, 337쪽; 이 책, 495~496쪽).

후설은 나치가 유럽뿐만 아니라 인류 전체의 삶의 의미와 생존의 가치를 송두리째 짓밟던 시절, 이성 또는 자아를 추구하는 자신의 철학이 역사의 흐름을 역행하고 시대의 과제와도 맞지 않는 '반동'이라고 비난당하는 것을 충분히 알고 있었다. 그렇다면 그는 무슨 근거로 이렇게 당당히 자부할 수 있었는가?

그는 1930년에 쓴 편지에서 다음과 같이 말한다.

> 나는 선험적 환원을 통해 완전히 충족된 그 존재와 삶 속에서 궁극적인 의미의 구체적인 실재적 주관성을 그리고 이 주관성 속에서 (단지 이론적으로 구성하는 삶이 아니라) 보편적으로 구성하는 삶, 즉 그 역사성 속에서 절대적 주관성을 획득했다고 확신한다.[87]

---

86 『위기』, 17쪽; 이 책, 474쪽.
87 후설의 1930년 11월 16일 편지. J. Derrida, *Edmund Husserl's Origin of Geometry*, 144~145쪽 주 1에서 재인용.

그가 본 것은 곧 선험적 주관성이다. 또한 실재를 있는 그대로 보는 것을 지향하는, 즉 '사태 그 자체'로 부단히 다가서는 현상학의 철저한 직관주의에서 '보는 것'은 '아는 것'의 궁극적 기초이자 자아를 실현하는 첫걸음이다.

> 직접적 봄(Sehen)—단순히 감각적으로 경험하는 봄이 아니라, 어떤 종류이든 원본적으로 [인식되는 대상을] 부여하는 의식인 봄 일반—은 모든 이성적 주장의 궁극적 권리원천이다(『이념들』 제1권, 43쪽; 이 책, 292쪽).[88]

이때 봄, 즉 보면서 해명하는 것은 "새로운 역사성을 통해 인간성의 삶을 새로운 단계로 고양시키는 철학적 또는 학문적 실천"[89]이다. 후설은 이러한 실천을 통해 인간성의 삶을 "현상학으로 개혁"[90]하고자 했다.

2 어둠을 밝힌 여명의 철학

요컨대 선험적 주관성은 의식의 지향적 통일성 속에서 인간의 자기동일성을 확보하고, 의사소통을 통해 자신과 다른 사람, 다른 사회공동체, 다른 역사와 전통을 지닌 문화를 진정으로 이해함으로써 새

---

[88] 이것은 유가(儒家)가 모든 근본을 격물치지(格物致知)에 둔 것이나, 불가(佛家)에서 팔정도(八正道)의 첫걸음을 정견(正見) 또는 지관(止觀)이라 한 것이나, 도가(道家)에서 도통(道通)의 첫 단계를 관조(觀照)라 한 것은 물론이고 '먹어 본다' '만져 본다' '들어 본다' 등의 우리말에서도, 모두 '봄'이 이론적 앎과 실천적 삶의 기본이라고 강조한 것과 마찬가지다.
[89] 『위기』, 271쪽.
[90] 『심리학』, 252쪽.

로운 삶을 창조해나가는 이성적 존재이자 스스로 자신의 책임을 실천하는 삶의 주체다. 후설은 현대가 처한 학문과 인간성의 위기는 이성 자체가 아니라 이성이 좌절된 데서 기인한다고 본다. 즉 거부되어야 할 것은 이성이 아니라 소박한 자연과학의 영향 아래 길을 잘못 들어선 이성, 즉 이성이 추구한 잘못된 방법이다. 이성은 결코 죽지 않았다.

현대의 학문과 인간성은 인격적 주체인 자기 자신을 망각하고 이성에 대한 신념을 상실한 채 방황하고 있다. 이와 같은 암울한 상황은 오늘날 더욱 악화되고 있을 뿐이다. 후설현상학은 이처럼 절박한 위기의 원인을 정확하게 진단하고 궁극적으로 극복할 수 있는 처방으로서 제시된 것이다.

후설현상학이 제시하는 방법 가운데 우선 판단중지는 편향적 매너리즘에서 벗어나 주어진 사태를 있는 그대로 볼 수 있게 해주는 실마리다. 형상적 환원은 주어진 것에 대해 자유롭게 상상해 그 주변에 반드시 함께 주어지는 새로운 가능성을 파악할 수 있게 해준다. 선험적 환원은 이러한 능력의 주체이자 원천인 이성, 즉 선험적 자아를 찾아가는 길이다.

또한 후설현상학은 너무나 당연하고 분명해서 가장 원초적인 것으로 간주하고 이제껏 문제 삼지 않았던 감각이 지각으로 수용되면서 술어로 해석되는 경험의 보편적 구조와 단계를 밝힌다. 연장선에서 이미 친숙하게 잘 알려지고 자명하게 미리 주어져 일상적으로 경험하기 때문에 관심의 주제로 제기되지 않았던 생활세계의 다층적 존재론도 해명한다.

특히 전통적으로 낮은 단계의 명증성을 지닌 의견일 뿐이라고 경멸되었던 주관적 속견(doxa)이 사실은 객관적 지식(episteme)의 의미 기반이자 권리와 타당성의 원천임과 이성(logos)과 감성(pathos) 또는 이론(theoria)과 실천(praxis)이 정면으로 대립하거나 일방적으로 지배하고 지배받는 종속관계가 아니라 신체를 지닌 생생한 의식의 끊임없는 흐름 속에서 긴밀하게 연결되는 통일체임을 분명하게 밝혔다. 이로써 후설현상학은 인간의 총체적 모습을 근본적으로 올바르게 이해할 수 있는 새로운 지평을 활짝 열었다.

무엇보다 후설현상학은 새로운 가능성을 찾는 구체적 방법(How)을 제시하는 것에 그치지 않고, 아무리 어려워도 반드시 해야만 하는 이유(Why)를 일깨워준다. 그리고 이렇게 철학을 해야만, 즉 '현상학을 해야만'(Phänomenologisieren) 진정한 인간성을 실현할 수 있으며, 이것은 곧 인격의 주체인 선험적 주관성이 스스로 걸머져야 할 궁극적 책임이라는 사실을 준엄하게 다그치고 있다.

따라서 후설현상학은 이제껏 애매하다는 어둠에 가려 묻혀왔던 지각의 근원적 가치를 당당하게 회복하고 생생한 그 체험의 구체적 영역을 치밀하게 분석해 밝힘으로써 인간이 실제로 느끼며 인식하고 실천하며 살아가고 또 살아가야 할 주체라는 자기 정체성마저 망각한 인간성(주관성)을 되찾아야 한다고 횃불을 높이 든 '여명의 철학'이다.

후설이 태어난 프로스니츠와
14년간 사강사로 재직한 할레대학교 근처의 고아원

프로스니츠는 현재 체코 프로스초프다. 후설은 1887년 교수자격논문이 통과된 후 1906년까지 무려 20여 년간 사강사로 일했다.
그중 14년을 할레대학교에서 일했는데
대학교 근처 고아원 벽에 새겨진 「이사야」 40장 31절이 큰 위로가 되었다고 한다.

베를린대학교와 그의 교수자격논문「수 개념에 관하여」

변수계산에 관한 박사학위논문을 쓴 후설은 수학자로 경력을 쌓기 시작한다.
그러다가 브렌타노의 영향을 받아 철학도 엄밀한 학문으로 수립될 수 있다고 확신하게 된다.
그 결과 1887년 수 개념을 심리학적 방법으로 분석해 수학의 기초를 확립하려는
교수자격논문「수 개념에 관해」를 쓴다.

세잔, 「사과와 오렌지」, 1899
세잔은 소박하게 주어지는 원근법과 명암을 완전히 파괴하고(판단중지)
각각의 오브제를 가장 적합한 구도에서 다양한 형태와 색채로 그려냄으로써
관찰자(세잔)의 의식에 원본적으로 주어지는 사물의 본질을 드러냈다(현상학적 환원).

벨라스케스, 「시녀들」, 1656
우리는 이 그림을 일반 관객의 시선뿐만 아니라 그림 속에 비친
화가 자신의 위치와 관점으로도, 그림 속 거울에 비친 국왕 부부의 시선으로도 볼 수도 있다.
이는 시선을 변경해봄으로써 다양한 주제를 부각하는 태도변경의 좋은 예다.

런던대학교의 강연 공고문과 빈문화협회의 강연 공고문

후설은 『이념들』 제1권 이후 『형식논리학과 선험논리학』을 출판할 때까지
어떠한 저술도 출판하지 않고 선험적 현상학의 이념을 추구하는 데 몰두했다.
이 시기 후설은 1922년 6월 런던대학교에서 '현상학적 방법과 현상학적 철학'을 주제로 강연했고,
은퇴한 후에는 1935년 5월 빈문화협회에서 '유럽인간성의 위기에서 철학'이란 주제로 강연했다.

후설과 그의 동료들

마지막 연구조교인 핑크(왼쪽)와 체코 출신 제자인 파토츠카와 함께 찍은 사진이다.
파토츠카는 체코슬로바키아에서 일어난 민주화운동에 적극적으로 참여했는데
'프라하의 봄'이 소련의 침공으로 막을 내리자 「77년 헌장」을 집필한 혐의로 희생당했다.

**후설이 병상에 누워 마지막으로 쓴 원고와
그의 사후 반 브레다 신부와 만난 후설 부인**

후설은 평생 진지한 초보자의 자세로 철학이라는 외길만 걸었다.
후설 부인은 반 브레다 신부와 함께 방대한 후설의 유고를
안전한 곳으로 옮겨 후설아카이브를 세우는 데 결정적으로 기여한다.
이는 후설르네상스의 시작을 알리는 신호탄이 되었다.

루뱅대학교의 후설아카이브 연구원들
후설아카이브는 후설의 유고를 정리해『후설전집』을 발간하고
독일의 프라이부르크대학교와 쾰른대학교, 프랑스의 소르본대학교, 미국의 뉴욕 뉴스쿨에 지부를
설치했다. 그 결과 후설르네상스는 전 세계에 걸쳐 거대한 '현상학 운동'으로 발전했다.

제2부

후설현상학의
  전개

Ⅰ 후설현상학의 기본 얼개
1 『논리연구』제1권

후설은 『논리연구』 제1권에서 심리학주의가 우연적인 경험에 근거하기 때문에 결국 자기모순과 상대주의적 회의론에 빠질 수밖에 없다고 강력히 비판하고, 학문을 학문으로 성립시키는 학문이론(Wissenschafslehre)으로서 순수논리학을 정초하고자 한다.

심리학주의는 논리학이 올바른 판단과 추리를 결정하는 규범학이며 그 과정은 심리적 활동의 산물이므로 논리학뿐만 아니라 모든 정신과학의 기초는 심리학, 특히 인식심리학이라고 주장한다. 따라서 논리법칙은 심리물리적인 실험을 반복해 일반화한 발생적 경험법칙으로서 사유의 기능이나 조건을 진술하며, 모순율도 모순된 두 명제를 동시에 참으로 받아들일 수 없는 마음의 신념, 즉 판단작용의 실재적 양립불가능성을 가리킨다.

이에 대해 후설은 순수 논리법칙은 그 대상의 존재를 함축하거나 전제하지 않는다고 비판한다. 그것은 실재적으로 판단하는 주관의 다양한 작용과 무관하고 오히려 이 작용들을 통해 통일적으로 구성된 객관적 내용이다. 모순율도 모순된 명제들이나 상반된 사태들의 이념적 양립불가능성이다. 따라서 심정적으로 느낀 인과적 필연성과 어떠한 사실로도 확인되거나 반박되지 않는 보편타당한 논리적 필연성은 전혀 다르다. 즉 심리학주의는 이념적인 것(Ideales)과 실재적인 것(Reales) 그리고 이념적인 것이 실천적으로 변형된 규범적인 것(Normales)의 차이를 인식론적으로 혼동해 기초이동(metabasis)을 한 것이다.

물론 후설이 이 책에서 주관적 심리학주의뿐만 아니라 주관에 대해 맹목적인 객관적 논리학주의도 비판하고 있다는 사실도 결코 간과하면 안 된다.

『논리연구』제1권

1900년 출간한 이 책은 후설현상학 전체의 얼개를 볼 수 있는 책으로,
심리학주의는 회의적 상대주의에 빠질 수밖에 없다고 철저하게 비판한다.

심리학주의의 논증과 태도

머리말

이 '서론'(Prolegomena)을 시작으로 발표하는 『논리연구』는 내가 순수수학을 철학적으로 해명하려고 여러 해 동안 계속 노력했던 것을 거듭 방해하고 결국에는 중단시켰던 불가피한 문제에서 생겨났다.[1] 그 노력은 수학의 근본개념과 근본통찰의 기원에 관한 물음 이외에 특히 수학의 이론과 방법의 어려운 문제에도 관련된 것이다. […] 나는 '수학화(數學化)하는 논리학'에서 사실상 수량을 다루지 않는 수학, 게다가 수학적 형식과 방법에 관한 분과로서의 수학을 알게 되었다. 그 결과 수학적인 것 일반의 보편적 본질에 관한 중요한 문제, […] 예를 들어 산술의 형식적인 것과 논리학의 형식적인 것 사이의 관계가 중요한 문제로 드러났다. 그래서 당연히 나는 이러한 문제에서부터 더 근본적인 문제, 즉 인식의 질료(Materie)와 다른 인식의 형식(Form)에 관한 문제 그리고 형식적 (순수)규정·진리·법칙과 질료적 규정·진리·법칙 사이의 차이에서 발생한 의미에 관한 문제로 계속 전진해가야만 했다.

[…] 산술의 기초를 심리학에서 찾는 심리학적 분석은 분명하고 교훈적이지만 사유작용의 심리학적 연관에서부터 사유내용의 논리적 통일체(이론의 통일체)로 이행되면 정당한 연속성과 명석함을 명백하게 제시할 수 없다. '수학과 모든 학문 일반의 객체성이 어떻게 논리

---

1 이처럼 후설은 제1권과 제2권이 별개의 저술이 아니라 동일한 문제의식에서 출발한 일련의 저술이라는 점을 처음부터 그리고 이 「머리말」 여러 곳에서 분명하게 밝혔다. 따라서 '제1권 객관주의 대 제2권 주관주의'로 대립시켜 해석할 근거는 전혀 없다.

적인 것(Logisches)을 심리학으로 정초하는 것과 조화될 수 있는지' 하는 원리적인 회의도 나를 괴롭혔다. […] 그래서 나는 점점 논리학의 본질을, 특히 인식작용(Erkennen)의 주관성(Subjektivität)과 인식내용(Erkenntnisinhalt)의 객관성(Objektivität) 사이의 관계를 보편적으로 비판해 반성할 수밖에 없었다.[2] […]

17 과연 규범적 논리학의 본질적인 이론적 기초가 심리학 속에 있는가?

[…] 어떤 이론적 학문이 학문이론(Wissenschaftslehre)의 본질적 기초를 제공하는가? […] 이러한 물음에서 심리학과 논리학의 관계에 관한 논쟁에 직면한다. 왜냐하면 현대의 지배적 경향은 이 물음에 곧 '본질의 이론적 기초는 심리학이고, 논리학에 그 특성을 각인시키는 명제는 그 이론적 내용에 따라 심리학의 영역에 속한다'고 답변하기 때문이다. 논리학은, 화학공학이 화학에 관계되고 토지측량술이 기하학에 관계되듯이, 심리학에 관계된다. […] 그래서 밀은 해밀턴과 대립해 "논리학은 심리학에서 분리된, 심리학과 대등한 학문이 아니다. 학문인 한, 논리학은 한편으로 전체와 구별되는 부분처럼 또 다른 한편으로 학문과 구별되는 기술(技術)처럼 심리학과 구별되는, 심리학의 부분이나 분야다. 논리학은 그 이론적 토대가 총체적으로 심리학에 근거하며, 기술의 규칙들을 정초해야 하는 한, 심리학에 포함된다."[3]고 한다. 더구나 립스에 따르면, 논리학은 심리학의 단순한 구성요소로 분류되는 것처럼 보인다. "논리학이 바로 심리학의 특수한 분

---

2 이와 같이 주관(성)과 객관(성)의 긴밀한 상관관계에 대한 반성, 즉 지향성의 문제를 분석하는 과제는 후설현상학의 기술 심리학의 단계에서도 중요한 핵심사항이다.
3 밀, 『윌리암 해밀턴 경(卿)의 철학 검토』, 461쪽—후설의 주.

과라는 사실이야말로 이 둘을 서로 충분히 명백하게 구분하기"[4] 때문이다.

18 심리학주의자의 논증[5]

[…] 그러므로 심리학, 더 자세히 말하면, 인식의 심리학은 논리적 기술학(技術學)을 구축하기 위한 이론적 기초를 제공한다.[6]

[…] 개념·판단·추리·연역·귀납·정의·분류 등은, 단지 규범적이거나 실천적 관점에 따라 선택되고 정리되었을 뿐, 심리학이다. 아무리 순수논리학을 좁게 제한하더라도, 심리학적인 것을 격리할 수는 없다. 심리학적인 것은, 예를 들어 참과 거짓·긍정과 부정·보편과 특수·원인과 결과 등과 같이, 논리적 법칙을 이루는 개념 속에 이미 삽입되어 있다.

19 이와 대립한 측의 일상적 논증과 그 심리학주의적 해결

이와 아주 현저하게 대립한 측은 논리학의 규범적 특성을 고려하며 두 학문을 날카롭게 분리해 정초할 수 있다고 믿는다. 심리학은 '있는 사실(事實)'의 사유작용을 고찰하고, 논리학은 '마땅히 있어야 할 당위(當爲)의 사유작용'을 고찰한다. 심리학은 사유작용의 자연법칙에 관계하고, 논리학은 사유작용의 규범법칙에 관계한다. […]

---

4 립스, 『논리학 개요』(1893), 3항—후설의 주.
5 나는 '심리학주의자' '심리학주의' 등의 표현을 슈툼프가 그의 저술인 『심리학과 인식론』에서 사용했듯이, 어떠한 평가적 '색조'도 띠지 않고 사용한다—후설의 주.
6 "인식작용이 오직 심리(Psyche) 속에서만 일어나고 인식작용 속에 완성되는 사유작용이 심리적 사건이라는 것이 확실하듯이, 논리학은 하나의 심리학적 분과다"(립스, 앞의 책)—후설의 주.

논리학에 심리학적 원리를 끌어들이는 것은 삶(Leben)에서 도덕(Moral)을 이끌어내는 것처럼 부조리하다. […] 논리학은 우연적 규칙의 물음이 아니라 필연적 규칙의 물음을 추구한다. 즉 '어떻게 사유하는지'가 아니라 '어떻게 사유해야 하는지'를 묻는다. 그러므로 논리학의 규칙은 이성을 우연적으로 사용하는 것이 아니라, 모든 심리학과 떨어져 필연적으로 사용하는 것에서 끌어내야 한다. […] 논리학은 오성을 올바로 사용하는 것, 즉 자기 자신과 일치하게 사용하는 것을 가르쳐야 한다.[7]

헤르바르트도 […] 논리학의 규범적 특성을 지적하며 이것은 인간의 경향·충동·나약함의 자연사(自然史)와 더불어 [논의를] 시작하려는 도덕철학의 오류처럼 몹시 나쁜 오류라고 그 당시 논리학에 반론을 제기한다.[8]

이와 같은 논증은 심리학주의 논리학자를 결코 당혹하게 하지 않는다. 그래서 다음과 같이 답변한다.

오성을 필연적으로 사용하는 것도 곧 오성을 사용하는 것이며, 오성 자체와 더불어 심리학에 속한다. 사유작용이 마땅히 어떠해야 한다는 사유작용은 사유작용이 어떻게 존재하는가 묻는 사유작용의 특수한 경우다. 확실히 심리학은 사유작용의 자연법칙을, 따라서 올바르든 거짓되든 모든 판단 일반의 법칙을 탐구해야 한다. […] 오직 그와 같은 법칙만 가장 포괄적인 보편성으로 모든 판단 일반에 관련되는 심리학에 속한다고 이 명제를 해석하는 것은 부조리할 것이다.[9]

---

7 「서론. 1. 논리학의 개념」, 『칸트전집』(1867) 제8권, 15쪽—후설의 주.
8 헤르바르트, 『학문으로서의 심리학』 제2권, 119항—후설의 주.
9 예를 들어 밀의 앞의 책 459쪽 이하를 참조—후설의 주.

[…] 사유작용의 규범법칙은, 올바로 사유한다고 가정하면, 우리가 어떻게 처리해야만 하는지만을 진술한다. […]

> 올바로 사유하기 위해 취해야만 할 규칙은 사유작용의 본성, 즉 그 특수한 법칙성이 요구하듯이 사유하기 위해 취해야만 할 규칙일 뿐이다. 논리학은 사유작용의 물리학이거나 [그렇지 않으면] 전혀 아무것도 아니다.[10]

아마 반(反)-심리학주의 측은 다음과 같이 말할 것이다.[11]

[…] 심리학의 과제는 경과하는 의식들의 실재적 연관뿐만 아니라 심리적 성향과 이에 상응하는 경과를 법칙으로 탐구하는 것이다. 이 법칙은 필연적인 공존(Koexistenz)과 계기(Sukzession) 그리고 예외 없는 연결을 포괄하는 공식을 뜻한다. 그 연관은 인과적이다. [그런데] 논리학의 과제는 완전히 다른 것이다. 논리학은 지성적 활동의 인과적 원인과 결과가 아니라 그 진리의 내용을 심문한다. […] 논리학자는 심리적 현상의 자연적 연관에 관심을 두지 않고, 사유작용이 사실적으로 경과하는 가운데 단지 예외적으로만 실현된 이념적 연관의 발견을 추구한다. 논리학자의 목표는 물리학(Physik)이 아니라, 사유작용의 윤리학(Ethik)이다. 그래서 지그바르트는 사유작용에 대한 심리학적 고찰에서 "참과 거짓의 대립은 인간 행위에서 선과 악의 대립이 심리학적인 대립만큼이나 […] 역할을 하지 않는다"[12]고 당연히 강조

---

10 립스, 「인식론의 과제」, 『철학 월보』 제16권(1880), 530쪽 이하―후설의 주.
11 예를 들어 해밀턴, 『강의』 제3권, 78쪽(밀의 앞의 책 460쪽에서 인용); 드로비쉬, 『새로운 논리학 서술』, 2항(밀의 앞의 책 36쪽에서 인용) 참조. 또한 에르트만, 『논리학』 제1권, 18쪽 참조―후설의 주.
12 [지그바르트의] 『논리학』 제1권, 10쪽. 물론 지그바르트 자신이 논리학을 다루는

한다.

[…] 확실히 논리학의 과제는 심리학과 전혀 다르다. 누가 이러한 사실마저 부정하겠는가? 논리학은 곧 인식의 기술공학(Technologie)이다. 그러나 이 기술공학이 어떻게 인과적 연관의 문제를 도외시할 수 있으며 자연적 연관을 연구하지 않고 어떻게 이념적 연관을 추구할 수 있겠는가? "마치 모든 당위(Sollen)가 존재(Sein)에 입각하지 않듯이, 각 윤리학은 동시에 물리학으로 증명되어야 할 것이다."[13] […] 따라서 이론적 관점에서 심리학과 논리학의 관계는 전체와 부분의 관계와 같다. 그 주된 목적은 특히 형식의 명제를 수립하는 것이다. […] 명증성의 심리학적 특성은 어떤 전건(前件)의 인과적 결과다. 과제는 어떤 성질의 전건인지를 탐구하는 것이다.[14]

종종 반복되는 다음의 논증, 즉 논리학은 다른 학문만큼 심리학에 기초를 둘 수 없다는 논증은 심리학주의 진영을 동요시키는 데 더 성공하지 못한다. 왜냐하면 각 학문은 오직 논리학의 규칙들과 조화를 이룸으로써만 학문이 될 수 있으며, 따라서 이 규칙들의 타당성을 이미 전제하기 때문이다. 즉 논리학의 근거를 무엇보다 심리학에 두려는 것은 순환론일 것이다.[15]

이에 반대하는 사람들은 다음과 같이 답변할 것이다. 이 논증이 옳바를 수 없다는 것은 이미 이 논증에서 논리학 일반의 불가능성이 명

    방식은 철저하게 심리학주의를 따른다—후설의 주.
13 립스, 「인식론의 과제」, 같은 책, 529쪽—후설의 주.
14 이러한 관점은 밀, 지그바르트, 분트, 회플러-마이농의 저술에서 점차 명백하게 나타난다. […]—후설의 주.
15 로체, 『논리학』, 332항 543~544쪽 참조. 나토르프, 「인식의 객관적 정초와 주관적 정초」, 『철학 월보』 제23권, 264쪽; 에르트만, 앞의 책, 18쪽. 이에 대립해 슈툼프, 앞의 책, 5쪽 참조—후설의 주.

백해지기 때문이다. 학문으로서의 논리학이 그 자체로 논리적으로 처리돼야만 하므로, 논리학은 실로 동일한 순환론에 빠질 것이다. 논리학이 전제하는 규칙들의 정당성을 논리학이 동시에 정초해야만 하기 때문이다.

[…] 심리학이 논리적 법칙을 타당하게 전제한다는 점에서 순환론에 빠지는가? 그러나 전제라는 개념의 애매함에 주의하자. 어떤 학문이 일정한 규칙의 타당성을 전제한다는 것은 그 규칙이 그 학문을 정초하는 전제라는 것을 뜻할 수 있다. […] 하지만 논리적 규칙에 따라 추론하는 것과 논리적 규칙에서부터 추론하는 것을 동일한 것으로 간주하기 때문에 그 논증은 이 둘을 혼동시킨다. 논리적 규칙에서부터 추론되는 경우에만 순환론에 빠질 것이다. 그러나 수많은 예술가가 미학(美學)을 전혀 모른 채 아름다운 작품을 창조하듯이, 연구자는 논리학에 의지한 적 없이도 증명할 수 있다. 그러므로 논리적 법칙이 그 증명의 전제일 수는 없다. […]

20 심리학주의자의 증명의 빈틈

이러한 논증으로 반(反)-심리학주의자는 명백히 불리한 것처럼 보인다. […] 어쨌든 반-심리학주의자의 논증에는—논박할 계기를 제공한 부당하거나 불명료한 많은 것이 낱낱이 있는데도—해결되지 않고 남아 있는 문제가 있지 않은가? […] 나로서는 이 물음에 ["그렇다"고] 긍정하고 싶다. 더구나 나에게는 진리의 더 중대한 부분이 반-심리학주의 측면에 있다. 단지 그 결정적인 [반박]사고가 충분히 뚜렷하게 다듬어지지 않았고 여러 가지로 부당하게 희석되는 것처럼 보일 뿐이다.[16]

---

16 후설은 심리적 판단작용에 근거한 주관적 심리학주의(밀·브렌타노·분트·

[…] 규범적 논리학의 이론적 기초는 심리학주의자의 논쟁을 통해 실제로 해결되었는가? 여기에서 우리는 즉시 어떤 약점을 깨닫는다. 그 논증은 단지 심리학이 논리학을 기초 지우는 데 함께 관여한다는 사실만 입증하지, 심리학이 논리학을 기초 지우는 데 단독으로 또는 더 우선적으로 관여한다는 사실이나 심리학이 논리학에 본질적 기초를 제공한다는 사실을 입증하지 못한다는 것이다. […]

심리학주의의 편견들

이제까지 심리학주의를 그 결론에 입각해 반박했다. 이제 심리학주의의 추정적 자명성은 기만적 편견임을 증명하면서 그 논증 자체를 반론해보자.

41 첫 번째 편견

첫 번째 편견은 "심리적인 것을 규칙화하는 규정은 자명하게 심리학적으로 기초가 세워져 있다. 따라서 인식의 규범적 법칙이 인식의 심리학에 근거해야만 한다는 것도 명백하다"는 것이다.

우리가 일반적인 논증을 하는 대신 '사태 그 자체'(Sache selbst)에 다가서는 것만으로 그 기만(欺瞞)은 사라진다.

우선 두 진영의 잘못된 파악을 끝낼 필요가 있다. 결국 논리적 법칙은, 그 자체만으로 보면, 규정의 의미에서 결코 규범적 명제, 즉 그것

지그바르트 · 립스 등)뿐만 아니라 이 주관에 대해 맹목적인 단순한 반-심리학주의인 객관적 논리학주의(헤르바르트 · 드로비쉬 · 해밀턴 · 볼차노 · 마이농 등)도 비판한다. 이 주관과 객관의 불가분한 상관관계(Subjekt-Objekt-Korreation), 즉 지향성을 분석하는 것은 현상학의 일관된 과제다.

이 마땅히 판단해야 할 내용에 속하는 것을 진술하는 명제가 아니다. [한편으로] 인식의 활동을 규범화(Normierung)하는 데 이바지하는 법칙(Gesetze)과 [다른 한편으로] 이 규범화하는 생각 자체를 포함하고 일반적으로 강제하는 진술로서의 규칙(Regeln)을 철저히 구별해야만 한다.

[…] 어느 이론적 영역에 대해서도 모든 일반적 진리는 올바른 판단작용의 일반적 규범을 정초하는 데 동일한 방식으로 사용될 수 있다. 논리적 법칙은 이러한 관점에서 결코 다르지 않다. 그 고유한 본성에 따라 논리적 법칙은 규범적 진리가 아니라 이론적 진리이며, 그 어느 다른 분과의 진리도 판단작용을 규범화하는 것에 사용하는 것처럼 사용할 수 있다. […]

반-심리학주의자는 인식의 규칙화를 이른바 논리적 법칙의 본질(Essenz)로 내세우는 실수를 범했다. 그래서 형식논리학의 순수이론적 특성 그리고 더 나아가 형식논리학과 형식수학을 동등하게 다루는 것도 당연히 부당하게 되었다. […] 어쨌든 [한편으로] 그 명제들의 고유한 내용과 [다른 한편으로] 그 명제들의 기능 및 그 실천적 사용의 차이를 드러내지 못했다. 이른바 논리학의 근본적 원리가 그 자체로 규범이 아니라 바로 규범으로만 사용되는 점을 드러내지 못했다. 규범화를 고려해 사유법칙을 이야기하는 데 익숙했고, 그래서 마치 이 사유법칙도 심리학적 내용을 갖는 것처럼 또 그 밖의 심리학적 법칙은 규범화하지 않을 뿐인 것처럼 보였다.

다른 측면에서 심리학주의자는 부당함을 이제 간략하게 제시할 추정적 공리로 진행하는 부분에서 잘못 판단했다. 심리학적인 것이든 아니든 모든 일반적 진리가 올바른 판단작용의 규칙을 정초한다는 것이 순수한 자명성에서 입증되면, 이것으로 유의미한 가능성뿐만 아니라 심리학에 근거하지 않는 판단규칙의 현존(Existenz)도 보증된다.

물론 그러한 모든 판단규칙은, 판단작용의 올바름을 규범화하는

데도, 실로 그 때문에 논리적 규칙이 아니다. […] 밀이나 지그바르트를 포함해 심리학적 논리학자는 학문의 (진리의 이론적 통일체라는 이념으로서) 객관적 측면보다 (종적-인간적 인식을 획득하는 방법론적 통일체로서) 주관적 측면을 더 고찰함으로써 논리학의 방법론적 과제를 일면적으로 강조하는 가운데, [한편으로] 순수논리적 규범과 [다른 한편으로] 종적 인간의 사유하는 기술(Denkkunst)의 기술적 규칙의 근본적 차이를 간과한다. 그러나 이 둘은 내용·근원·기능상 완전히 다른 특성이다. 우리가 그 원본적 내용에 주목하는 순수논리적 명제가 오직 이념적인 것과 관련된다면, 그 방법론적 명제는 실재적인 것과 관련된다. 전자의 근원은 직접 통찰할 수 있는 공리(Axiom)에 있고, 후자의 근원은 경험적이고 주로 심리학적인 사실(Tatsache)에 있다. 전자의 설립이 순수이론적 관심에 이바지하고 단지 부수적으로 실천적 관심에 이바지한다면, 후자의 경우 그 반대, 즉 그 직접적 관심은 실천적인 것이고 단지 간접적으로만—요컨대 그 목표가 학문적 인식 일반을 방법적으로 촉진하는 한—이론적 관심은 그것을 통해 촉진된다.

42 상세한 해설

모든 이론적 명제는, 위에서 살펴보았듯이, 규범적으로 전환될 수 있다. 그러나 이렇게 생긴 올바른 판단작용을 위한 규칙은 일반적으로 논리적 기술학을 요구하는 규칙이 아니며, 오직 약간만 논리적으로 규범화되도록 정해져 있다. 만약 이 기술학이 우리의 학문적 노력을 활기차게 도우려면, 우리가 그 도움을 통해 우선적으로 획득하기를 바라는 완성된 학문의 인식을 충족시키는 것을 기술학이 전제해서는 안 된다.

[…] 하나의 객관적 통일체인 학문의 이념을 구성하는 개념들의 내용(의미) 속에 순수하게 근거하는 진리는 그 어떤 개별학문의 영역에

도 나란히 속할 수 없다. 특히 진리는 이념적인 것으로서 자신의 고향을 '사실의 문제'(matter of fact)에 관한 학문은 물론 심리학에서도 가질 수 없다. […] 그렇다면 체계적 또는 이론적 통일체의 이념을 구성하는 데 필요한 그 개념들의 경계를 설정하고 더 나아가 순수하게 이 개념들에 근거하는 이론적 연관을 탐구하는 순수논리학은 그 자체가 '형식'에 따라 그 법칙의 내용에 지배되는 유일한 특색, 즉 진리의 체계적 통일체로 이루어진 요소들과 이론적 연관이 그 이론적 내용에 함께 속하는 법칙에 지배되는 유일한 특색을 지닌다. […]

그러므로 이 순수논리학은 방법론적 논리학의 첫 번째 그리고 가장 본질적인 기초다. 물론 방법론적 논리학은 심리학이 제공하는 아주 또 다른 기초가 있다. 이미 상론했듯이, 모든 학문은 이중의 관점에서 고찰되어야 하기 때문이다. 즉 첫 번째 관점에서 학문은 이러저러한 진리의 영역에서 인식을 획득하고 체계적으로 경계를 설정하며 진술하려고 인간이 실행하는 것[방법]의 총괄이기 때문이다. […]

순수논리학은 그 형식상 학문의 이념적 측면을 겨냥한다. 즉 순수논리학은 일정한 개별과학의 특수한 주제에 속하거나 그 진리와 결합하는 형식의 그때그때 특징에 속하는 것이 아니라 진리와 진리 일반의 이론적 연대(連帶)에 관련된 것을 겨냥한다. 그러므로 각 학문은 그 객관적인 이론적 측면을 고려해 철저히 이념적인 그 법칙들에 적합해야만 한다.

어쨌든 이로써 이 이념적 법칙도 방법론적 의미를 획득한다. 간접적 명증성이 정초되는 연관 속에서 발생하고 그 규범은 순수하게 논리적 범주에 근거하는 이념적 법칙을 규범적으로 전환한 것일 뿐이기 때문이다. […] 역사적으로는 아리스토텔레스의 천재성에서 최초로 생긴 순수논리적 반성은 기초로 그때그때 놓인 법칙 자체를 추상화하고, 이렇게 획득하고 단순히 개별화한 다양한 법칙들을 원초적인 근본적 법칙으로 환원하며, 그렇게 정돈한 결과 순수연역적으로 가능한 모든 순수논리적 법칙 일반—추론·증명 등 가능한 모든 '형식'—을 도출해낼 수 있는 학문적 체계를 창조했다. 이러한 작업수행이 실천적-논리적 관심을 장악했다. 순수논리적 형식들은 우리가 어떻게 정초해야 하는지에 대한 규범과 규칙으로 변형되고, 비-법칙적으로 형성될 수 있는 것에 관해서는 어떻게 정초하면 안 되는지에 대한 규칙으로 변형된다.

따라서 규범은 두 부류로 나뉜다. 하나는 모든 필증적 연관을 아프리오리하게 규제하면서 모든 것을 정초하는 순수이념적 본성인데, 이는 오직 명증적으로 전용해서만 인간의 학문에 관련된다. 다른 것은 […] 경험적이고 본질적으로 학문의 종적-인간적 측면에 관련된다. 그래서 이 규범은 인간의 일반적 구조에 근거하며 더구나 어떤 (기술학에 더 중요한) 부분에서는 심리적 구조에, 다른 부분에서는 심지어 물리적 구조에 근거한다.[17]

43 관념론적 반론에 대한 회고. 그 결점과 올바른 의미

따라서 나는 논리학의 심리학적 정초나 객관적 정초에 관한 논쟁에서 중간 위치를 취한다. 반-심리학주의자는 순수논리적 법칙인 이념적 법칙을 우선 주시하고, 심리학주의자는 인간학적 법칙인 방법론적 규칙을 우선 주시한다. 따라서 두 진영은 의사소통할 수 없었다. […] 심리학주의자는 '형식' 또는 '순수'논리학을 서술했다고 주장하

---

[17] 기초적 계산기술도 후자에 관한 좋은 예를 제공한다. 인간이 3차원 그룹배열 (특히 부호배분의 경우)과 2차원 그룹배열을 직관하듯이 실천적으로 지배할 수 있는 존재는 아주 완전히 다른 계산방법을 사용할 것이다. 이러한 문제는 내 『산술철학』, 특히 물리적 상황이 방법의 형성에 미치는 영향은 275쪽 이하와 312쪽 이하를 참조—후설의 주.

는 저술의 사실적 내용도 부정하는 태도를 강화했고 이러한 인상을 일깨울 뿐이다. […] 반-심리학주의자는 그 논쟁에서 '심리학은 자연법칙과 연관된 반면 논리학은 **규범법칙**과 연관된다'고 강조해서는 안 된다. 사실적 존재와 사건을 경험적으로 정초한 규칙인 **자연법칙**에 대립된 것은 규정인 **규범법칙**이 아니라, 순수하게 개념(이념, 순수 개념적 본질)에 근거한—따라서 경험적이지 않은—법칙성의 의미에서의 **이념법칙**이다. […] 그러나 형식주의 논리학자는 순수논리적 명제의 이론적 특성을 간과했고, [한편으로] 그 내용을 통해 인식을 규칙화하도록 정해진 이론적 법칙과 [다른 한편으로] 그 자체로 또 **본질적으로** 규정의 특성을 갖는 규범적 법칙의 차이를 오해했다.

참과 거짓의 대립은 심리학과 아무 관련이 없다는 주장도 전혀 옳지 않다. 즉 진리는 어쨌든 인식 속에서 '파악되고' 이념적인 것은 이것을 통해 그 실재적 체험이 규정되기 때문이다. 다른 한편 개념적으로 순수하게 규정되는 것에 관련된 명제들 역시 실재적인 심리적 사건의 법칙이 아니다. 심리학주의자는 이 점에서 잘못 생각했고, 이념적인 것 일반의 본질, 특히 진리의 이념성을 오해했다. […]

결국 반-심리학주의자의 최종적 논증에도 잘못된 것과 동시에 올바른 것이 있다. 형식논리학이든 방법론적 논리학이든 어떠한 논리학도 모든 진리 그 자체를 인식할 수 있는 기준을 제공할 수 없기 때문에, 논리학을 심리학적으로 정초하는 데는 전혀 순환이 없다. 그러나 (기술학의 일상적 의미에서) 논리학을 심리학적으로 정초하는 것과 '순수논리적' 명제인 이론적으로 완결된 그룹의 논리적 명제를 심리학적으로 정초하는 것은 전혀 다르다. 물론 이러한 관점에서 […] 모든 이론적 통일체의 본질적 구성요소에 근거한 명제들을 그 어떤 개별학문—심지어 사실과학—의 우연적 내용에서 도출하는 것은 극단적인 불일치다. […]

그 불일치는 근본적으로 '단순한 형식(즉 학문적 이론 그 자체의 개념적 요소들)에 관련된 명제는 완전히 이질적(heterogen) 내용의 명제에서 추론되어야 한다'는 데서 기인한다. 모순율 · '전건긍정 긍정식'(modus ponens) 등 원초적 원리의 경우 불일치는 이러한 명제를 도출하는 것이 개별적인 연역 단계에서는 그 명제 자체를 [...] 전제할 것이라는 점에서 순환이 발생한다. 이러한 관점에서 불일치는 전제와 결론의 명제가 서로 뒤섞여 경과하는 일상적이거나 직접적인 '순환 논증'과 대립된 반성적 순환이다.

모든 학문 가운데 순수논리학만 이러한 반론을 피하는 것은 그 전제가 대상적으로 관련된 것에 따라 그것이 정초한 결론의 명제와 동질적(homogen)이기 때문이다. 더구나 그때그때 연역이 원리로 전제하는 명제를 바로 이 연역 자체에서 증명하지 않기 때문이다. [...]

44 두 번째 편견

인식의 규칙이 인식의 심리학에 의지해야만 한다는 점은 자명하다는 첫 번째 편견을 입증하기 위해 심리학주의자는 모든 논리학의 사실적 내용에 의존한다. [그렇다면] 논리학은 무엇을 논의하는가? 어쨌든 언제나 표상과 판단, 추론과 증명, 진리와 개연성, 필연성과 가능성, 원인과 결과, 이와 밀접하게 연관되고 유사한 다른 개념들도 논의한다. 그러나 이러한 표제에서 심리적 현상과 형성물 이외의 다른 것이 사유될 수는 없는가? 표상과 판단의 경우 이 점은 분명하다. [하지만] 추론은 판단들로 [새로운] 판단을 정초하는 것이고, 이때 정초하는 것은 어쨌든 심리적 활동이다. 진리와 개연성 · 필연성 · 가능성 등에 관한 논의도 판단에 관련된다. 이것들이 뜻하는 것은 언제나 오직 판단에서 제시되고 체험될 수 있기 때문이다.

따라서 심리적 현상에 관련된 명제와 이론을 심리학에서 배제하려고 생각하는 것은 이상하지 않은가? 이러한 관점에서 순수논리적 명제와 방법론적 명제를 구분하는 것은 쓸모없다. 그러므로 추정적으로 '순수'논리학인 논리학의 어느 한 부분만 심리학에서 소외시키려는 모든 시도는 완전히 틀린 것으로 간주해야만 할 것이다.

45 '순수수학도 심리학의 한 분과가 될 것이다'라는 논박

이 모든 것은 아무리 자명해 보여도, 잘못된 것임이 **틀림없다**. [⋯] 그러나 여기에는 순수논리적 교리와 산술적 교리의 자연적 유사성이 있다.

이미 때때로 언급했듯이, 로체도 수학을 '그 자체만으로 계속 발전한 일반 논리학의 한 분과'로 간주해야만 한다고 가르쳤다. 그는 "단지 수업을 실천적으로 정초해 분열시키는 것만 수학의 완벽한 시민권이 논리학의 일반적 영역에 있다는 것을 간과시켰다"[18]고 생각한다. 릴에 따르면, "논리학은 순수형식수학(이 개념은 한켈의 의미로 파악한 것이다)의 일반적 부분과 [⋯] 일치한다고 정당하게 말할 수 있다."[19] 아무튼 논리학에 대한 정당한 논증은 산술에서도 인정되어야만 한다. 산술은 수(數), 그 관계와 연결의 법칙을 수립한다. 그러나 수는 심리적 활동인 총괄하고 셈하는 것에서 생긴다. 관계는 관계 맺는 작용에서 생기며, 연결은 연결하는 작용에서 생긴다. 덧셈과 곱셈, 뺄셈과 나눗셈은 단지 심리적 과정일 뿐이다. [⋯]

정밀성(Exaktheit)을 얻고자 진지하게 노력하는 현대심리학이 수학적 이론을 확장시키는 것은 정말 매우 바람직해도, 수학 자체를 심리

---

18 로체, 『논리학』, 18항 34쪽과 112항 138쪽—후설의 주.
19 릴, 『철학적 비판주의와 그 실증과학에 대한 의미』 제2권, 제1부 226쪽—후설의 주.

학의 한 부분으로 분류하기는 어려울 것이다. 두 학문의 이질성은 결코 오인될 수 없다. […] 당연히 여기에도 '[허용되지 않는] 다른 유(類)로 넘어간다'(metabasis eis allo genos)는 말이 적용될 것이다.[20]

46 순수수학과 유사하게 순수논리학의 탐구 영역은 이념적인 것

[…] 누구도 순수수학적 이론과 특히 순수 부정수론(不定數論)을, 비록 우리가 셈하지 않고 어떤 수도 합계하지 않고 어떤 합계도 곱셈하지 않고는 어떤 적(積) 등을 가질 수 없더라도, '심리학의 부분이나 분과'로 파악하지 않는다. […] 산술적 개념이 이러한 '심리학적 근원'을 갖는데도 수학적 법칙이 심리학적 법칙이어야 한다는 것은 누구나 잘못된 기초이동(metabasis)으로 인정한다. 이것은 어떻게 설명할 수 있는가?

여기에는 단지 하나의 답변만 있다. 셈하는 것과 산술적으로 조작하는 것은 사실로서, 시간적으로 경과하는 심리적 작용을 통해 당연히 심리학과 관련된다. 심리학은 심리적 사실 일반에 관한 경험적 학문이다. [그러나] 산술은 전혀 다르다. 산술이 탐구하는 영역은 우리에게 아주 친숙한 계열인 이념적 종(種) 1, 2, 3……을 통해 알려지며, 완벽하게 또 철저하게 규정된다. 개별적 사실, 시간적 규정성은 이 영역에서 전혀 논의되지 않는다. 수(數)의 개수·합(合)·적(積) 등은 셈

---

[20] 이에 대한 보충은 나토르프가 탁월하게 상론한「인식의 객관적 정초와 주관적 정초」(『철학 월보』 제23권, 265쪽 이하)를 참조. 더 나아가 프레게의 흥미 있는 저술 『산술의 기초』(1884)의 「머리말」, 6쪽 이하를 참조(나는 『산술철학』 제1권, 129~132쪽에서 프레게의 반-심리주의적 관점에서 행한 원리적 비판이 더 이상 언급되지 않는다는 사실을 거의 말할 필요가 없다). 이 기회에 이 책(『논리연구』 제1권)에 대한 논의 전체와 관련해 프레게의 그 이후 저술 『산술의 근본법칙』 제1권(1893)의 「머리말」도 지적해야 한다―후설의 주.

하는 것·합계하는 것·곱하는 것 등 우연적으로 여기저기에서 일어나는 작용이 아니다. 이것들은 자명하게 그때그때 표상되는 그 **표상**과도 다르다. 수 5는 나나 다른 어떤 사람이 5를 셈하는 것이 아니며, 나나 다른 어떤 사람의 표상 5도 아니다. 후자의 관점에서 그것은 표상작용이 가능한 대상이며, 전자의 관점에서 그것은 어떤 셈하는 작용 속의 객체적인 것·구성된 집합적인 것의 측면에서 구체적인 개별적 경우를 갖는 형식의 이념적 종(Spezies)이다. 그것은 어떤 경우에도 이치에 어긋나지 않고는 심리적 체험의 부분이나 측면으로 파악될 수 없고, 따라서 실재적인 것으로 파악될 수 없다. […]

자립적인 이론적 분과로 분리할 수 있는 순수논리학은 심리적 사실을 겨냥하거나 심리학적 법칙으로 특징지을 법칙을 겨냥하지 않는다. 예컨대 원초적 '사유법칙'이나 삼단논법의 공식 같은 순수논리적 법칙은, 이 법칙을 심리학적 법칙으로 해석하려고 시도하자마자, 그 본질적 의미를 완전히 상실한다. 따라서 이러한 또는 유사한 법칙을 구축하는 개념은 전혀 경험적 외연을 가질 수 없다. 요컨대 이 개념의 외연은 사실적 개별자를 충족시키는 단순한 보편적(universell) 개념의 특성을 가질 수 없다. 그 외연은 오직 이념적 개별자, 즉 진정한 종에서 이루어지는 진정한 류적(generell) 개념이어야 한다. 더구나 순수논리적 연관 속에 등장하는 전문용어들과 모든 것 일반은 한편으로 바로 심리학에 속하는 영혼의 형성물에 대한 부류의 개념이고 다른 한편으로 순수법칙성의 영역에 속하는 이념적 개별자에 대한 류적 개념이라 할 정도로 총체적으로 틀림없이 애매하다는 사실이 분명해진다.

47 논리적 근본개념에서 또 논리적 명제의 의미에서 입증하는 증명

이것은 […] 인식의 주관적–인간학적 통일체와 인식내용의 객관적–이념적 통일체의 근본적 차이를 주의하는 것으로도 입증된다. […] 누군가 논리적 범례로 '삼각형의 표상은 도형의 표상을 포함하고 도형의 외연은 삼각형의 외연을 포함한다'는 명제를 표명한다고 하자. 이 명제에서 그 사람의 주관적 체험이 논의되고, [어떤] 현상이 [다른] 현상 속에 실재적으로 포함된 것이 논의되는가?

[…] 논리적 기술학의 심리학주의 진영에서는 판단을 참으로 간주하는 것이라 말하고, 따라서 일정한 성질의 의식체험을 말한다. [반면] 순수논리학 진영에서는 이것을 전혀 논의하지 않는다. 여기에서 판단은 명제—게다가 문법적이 아니라 이념적 의미의 통일체로 이해된—같은 것을 뜻한다. […] 순수논리학에서 관련된 분석은 의미의 분석이며, 따라서 결코 심리학적 분석이 아니다. 개별적 현상이 아니라 지향적 통일체의 형식을 분석하며, 추론하는 체험이 아니라 추론을 분석한다. 논리적-분석적 의도에서 "정언판단 '신은 의롭다'는 주어의 표상 '신'을 갖는다"고 말하는 사람은 확실히 그나 다른 어떤 개인의 심리적 체험으로서의 판단을 말하는 것이 아니며, 그 판단 속에 포함된 또 '신'이라는 단어가 불러일으킬 심리적 작용을 말하는 것도 아니다. 오히려 그는 다양한 체험을 할 수 있지만 '신은 의롭다'라는 하나의 그 명제에 대해, 또한 하나인 전체의 개별적 부분과 다를 수 없을 하나의 표상인 그 표상 '신'에 대해 이야기한다. 따라서 논리학자는 '모든 판단'이라는 표현으로 '모든 판단작용'이 아니라 '모든 객관적 명제'를 가리킨다.

[…] 그러나 판단을 심리적 체험, 확인·믿음 등의 작용으로 이해하는 한, 이러한 파악은 타당할 수 없다. […] '두 모순된 판단 가운데 하나가 참이고 [다른] 하나는 거짓이다'라고 진술하는 사람은 판단작용에 대한 법칙이 아니라 판단의 내용, 즉 우리가 손쉽게 명제라 부르는 이념적 의미에 대한 법칙을 진술하는 것이다. 따라서 '두 모순된 명제 가운데 하나가 참이면 [다른] 하나는 거짓이다'라는 표현이 더 적

절하다.²¹ […] 어떤 류(類)의 이념적 개별자(또는 그 류의 이념적 본질 속에 아프리오리하게 근거한 것)에 관한 학문인 순수논리학과 산술은 어떤 경험적 부류의 개체적 개별자에 관한 학문인 심리학과 본질적으로 구별된다.

48 결정적 차이

결론적으로 심리학주의의 논증 전체를 인정하거나 부정하는 결정적 차이를 부각하면 다음과 같다.

1) 이념적 학문과 실재적 학문 사이에는 전혀 조정할 수 없는 본질적 차이가 있다. 전자는 아프리오리하고, 후자는 경험적이다. 전자가 통찰적 확신으로 진정한 류적 개념에 근거한 이념적-법칙적 일반성을 전개한다면, 후자는 실재적인 법칙적 일반성을 게다가 사실의 영역에 관련된 통찰적 개연성으로 확인한다. 일반성이라는 개념의 외연은 전자의 경우 가장 낮은 수준의 종적 차이의 범위이고, 후자의 경우 시간적으로 규정된 개체적 개별자의 범위다. 궁극적 대상은 전자의 경우 이념적 종이지만, 후자의 경우 경험적 사실이다. 이것에서 자연법칙과 이념법칙, (아마 '모든 까마귀는 까맣다' — '까마귀는 까맣다'같이 류적 명제로 분장한) 사실에 관한 보편적 명제와 (순수수학의 일반적 명제와 같은) 진정한 류적 명제, 경험적 부류의 개념과 이념적 류의 개

---

21 모순율을 그 결론이 '두 모순된 판단 가운데 하나는 올바르다'인 판단의 규범적 명제와 혼동하면 안 된다. 올바름의 개념은 진리의 개념과 상관적이다. 판단이 참인 것을 참으로 간주할 때 판단은 올바르다. 따라서 그것은 그 '내용'이 참된 명제인 판단이다. '참'과 '거짓'이라는 논리적 술어는 그 본래의 의미상 이념적 진술-의미라는 뜻에서 오직 명제에만 관계한다. 또한 모순적 판단의 개념은 모순적 명제와 상관관계에 있다. 즉 인식작용적(noetisch) 의미에서 판단은, 그 내용(그 이념적 의미)이 우리가 형식적-논리적 의미에서 모순이라고 하는 기술(記述)로 규정된 관계에 있을 때, 모순적이라고 한다—후설의 주.

념 등의 구분에 명백히 본질적인 차이가 전제된다. 이러한 차이에 대한 올바른 평가는 현재 지배적이지만 모든 논리적인 것에 대한 이해를 차단하는 경험주의 추상이론—[…](제2권 제3연구 「머리말」 이하를 참조)[22]—을 최종적으로 포기하는 것에 철저히 달려 있다.

2) 모든 인식, 특히 학문의 다음 세 가지 기본적 차이를 주목해야 한다.

ⓐ 학문이 주관적으로 실현되는 인식 체험의 연관, 따라서 […] 통찰로 숙고되는 표상·판단·통찰·추측·의문 등 **심리학적 연관**.

ⓑ 그 자체로 이 학문의 영역을 형성하는, 학문적으로 탐구되고 이론적으로 인식된 사태의 연관.

ⓒ 논리적 연관, 즉 학문적 분과—특히 학문적 이론, 증명이나 추론—의 진리의 통일체를 구성하는 또는 참된 **명제** 속의 개념의 통일체나 진리의 연관에서 간단한 진리의 통일체를 구성하는 이론적 이념의 종적 연관.

물리학을 예로 들면 우리는 물리학의 경우 [한편으로] 물리학적으로 사유하는 사람의 심리적 체험의 연관과 [다른 한편으로] 그 사람이 인식한 물리적 자연을 구별하고, 이 둘을 또한 물리학적 이론—해석역학·이론적 광학 등의 통일체—에서 진리의 이념적 연관과 구별한다. […] 논리적 연관은 이념적 형식이고, 이것 때문에 '종(種) 속에서' 동일한 진리·추론·증명·이론·이성적 분과가, 누가 '그것을' 사유하더라도, 하나의 **동일한 것으로서** 논의된다. 이 형식의 통일체는 법칙적 타당성의 통일체다. […]

---

22 1913년 『논리연구』 개정 시 제1권은 제2권과 달리 몇 군데 문구나 표현만 수정했을 뿐이다. 여기 개정판에 추가한 괄호 안의 내용만 봐도 그가 제1권과 제2권의 긴밀한 연속성을 얼마나 중요하게 간주했는지 확인할 수 있다.

세 가지 다른 연관은 다른 모든 분과와 마찬가지로 논리학과 산술에도 해당된다. 오직 이 둘의 경우에서만 탐구된 사태가 물리학에서와 같이 실재적 사실이 아니라, 이념적 종이다. 논리학의 경우 이념적 연관이 그 이론적 통일체를 형성하는 것은 특수한 경우로서 그것 자체를 수립하는 법칙에 속하는 그때그때 미리 언급된 특성은 이념적 종의 특수성에서 생긴다. 논리적 법칙은 이러한 연관의 부분과 규칙이며, 이것들은 이론적 연대(連帶)에 속하고 어쨌든 동시에 논리적 학문의 영역에 속한다.

49 세 번째 편견. 명증성에 관한 이론으로서 논리학

세 번째 편견은 '모든 진리는 판단 속에 있다'로 정식화된다. 그러나 우리는 판단을 그것이 **명증성**을 띨 경우에만 참으로 인식한다. 명증성은 내적 경험을 통해 모든 사람에게 잘 알려진 독특한 심리적 특성, 그것에 관계된 판단의 진리를 보증하는 고유한 감정을 뜻한다. 그런데 논리학이 진리의 인식을 촉진할 기술학이면, 논리적 법칙은 자명하게 심리학의 명제다. 즉 그것은 이 '명증성의 감정'이 의존하는 심리학적 조건을 밝히는 명제다.

[…] 분트는 그의 저술 『논리학』에서 다음과 같이 주장한다.

> 사유가 일정하게 연결된 명증성과 보편타당성의 속성은 […] 심리학적 사유법칙이 논리적 사유법칙으로 되게 한다. […] 명증성과 보편타당성을 수반하는 데 반드시 충족되어야 할 그 조건 자체를 논리적 사유법칙이라고 한다. […] 심리학적 사유는 항상 더 포괄적인 형식으로 남는다.[23]

19세기 말 논리학을 실천적으로 전환된 명증성의 심리학으로 해석하는 경향이 뚜렷하고 격렬하게 확산되었다. 회플러와 마이농의 『논리학』을 특히 언급할 만하다. 명증성의 심리학이라는 관점을 논리학 전체에서 최대한 일관되고 타당하게 이끈 실제로 실시된 최초의 시도로 간주할 수 있기 때문이다. 회플러는 논리학의 주된 과제가 "명증성의 성립이 표상이나 판단의 일정한 속성에 의존하는 (우선 심리학적) 법칙"[24]을 연구하는 것이라고 한다. […] 그래서 예컨대 논리학이 올바른 사유에 관한 학설의 이론적 기초에 관계하는 한, 논리학의 방법은 심리학이 모든 심리적 나타남에 적용하는 것과 동일한 방법이라고 한다. 논리학은 특히 올바른 사유의 나타남을 기술해야 하고, 그런 다음 가능한 한 단순한 법칙으로 환원해야 한다. 즉 단순한 법칙에 입각해 더 복잡한 법칙을 설명해야 한다. […]

50 판단의 명증성의 이념적 조건에 관한 논리적 명제의 애매한 변형

순수논리적 명제 자체는 명증성과 그 조건에 관해 거의 아무것도 진술하지 않는다. […] 그러나 명증성에 관한 명제는 여전히 아프리오리한 특성을 띤다. 그 명제가 진술하는 명증성의 조건은 결코 심리학적 조건이 아니며 따라서 실재적 조건이 아니다. 오히려 순수 개념적 명제는 여기에서 **이념적 양립불가능성 또는 가능성**에 관한 진술로 바뀐다.

---

23 분트, 『논리학』 제1권, 91쪽. 분트는 여기에서 명증성과 보편타당성을 끊임없이 병치시킨다. 보편타당성에 관해서 그는 [한편으로] 명증성의 단순한 결과인 주관적 보편타당성과 [다른 한편으로] 그 결과 경험을 이해할 수 있는 요청이 되는 객관적 보편타당성을 구별한다. 그러나 이 요청의 정당화와 적절한 충족은 어쨌든 다시 명증성에 기초하기 때문에, 보편타당성을 출발점에 대한 원리적 상론으로 끌어들이는 것은 실행이 불가능하다―후설의 주.
24 회플러가 마이농과 공동으로 집필한 『논리학』(1890), 16쪽을 참조―후설의 주.

[…] 모순율과 배중률이 결합된 원리는 확실히 '명증성은 어느 한 판단에서, 하지만 한 쌍의 모순된 판단 중 어느 한 판단으로 등장할 수 있다'는 명제와 동등하다.[25] […] 'A는 참이다'는 명제와 '어느 누군가 A는 참이라고 명증성을 갖고 판단하는 것은 가능하다'는 명제 사이에는 일반적으로 명백하게 동등한 것이 있다. […] 그러나 이 둘은 동일한 것이 아니다. 전자는 어떤 사람, 심지어 어느 누구의 판단작용에 대해 전혀 이야기하지 않는다. 이것은 순수수학적 명제의 경우와 똑같다. 'a+b=b+a'라는 진술은 두 수를 합한 수치(數値)가 결합의 위치에 의존하지 않음을 뜻하지만, 어떤 사람이 셈하거나 합계하는 것에 대해 전혀 말하지 않는다.

[…] 심리학은 경험적 학문, 즉 심리적 사실에 관한 학문이다. 따라서 심리학적 가능성은 실재적 가능성의 한 경우다. 그러나 그 명증성의 가능성은 이념적인 것이다. 심리학적으로 불가능한 것이, 이념적으로 말하면, 매우 충분히 가능할 수 있다. […] 어쨌든 모든 인간의 인식능력을 넘어설지도 모를 문제도 어떤 해결안이 있으며, 그래서 이에 관련된 명증성은 가능하다. 10의 18승(乘)의 수가 존재하며, 이에 관련된 진리가 존재한다. 그렇지만 누구도 그와 같은 수를 실제로 표상할 수 없으며, 이와 관련된 덧셈·곱셈 등을 실제로 실행할 수 없다. 명증성은 여기에서 심리학적으로 불가능한, 어쨌든 **이념적으로 말**

---

25 명증성 이론이 회플러가 같은 책, 133쪽에서 해석한 것을 필요로 한다면, 논리적 원리에 대한 경험주의의 오해는 이전의 비판(이 책의 23항 참조)으로 교정되었을 것이다. 회플러의 명제 '동일한 대상에 대한 긍정판단과 부정판단은 양립할 수 없다'는, 정확하게 살펴보면, 그 자체로 거짓이며 하물며 논리적 원리의 의미로 간주될 수도 없다. […] 회플러는 '비-공존'(Inkoexistenz)의 명증성으로 양립불가능성을 설명한다(같은 책, 129쪽). 그는 관련된 명제의 이념적 '비-공존'(더 명백하게는 '함께 인정되지 않음')과 인정하거나 표상하는 것에 상응하는 작용의 실재적 비-공존을 분명히 혼동하고 있다—후설의 주.

하면, 아주 확실하게 가능한 하나의 심리적 체험이다.

'진리'라는 개념을 명증적 판단작용의 가능성이라는 개념으로 전환하는 것은 개체적 존재와 지각의 가능성이라는 개념의 관계와 유사하다. 만약 지각을 충전적 지각으로만 이해할 경우, 이 개념들이 동등하다는 것은 반론의 여지가 없다. 따라서 어떤 바라봄(Schauen)에서 세계 전체, 즉 물체들의 지극히 무한함을 지각하는 지각이 가능하다. 물론 이 이념적 가능성은 어떤 경험적 주체가 받아들일 수 있을 실재적 가능성이 아니며, 더구나 그러한 바라봄은 바라봄의 무한한 연속체, 즉 통일적으로 생각된 칸트의 이념[26]일 것이다.

[…] '두 가지 모순된 명제 가운데 하나가 참이며 다른 하나는 거짓이다'는 법칙에서 '한 쌍의 가능한 모순적 판단 가운데 오직 하나의 판단만 명증성의 특성을 가질 수 있다'는 진리를 도출하면, […] 새로운 명제는 어떤 **심리적 체험**이 양립할 가능성이나 불가능성에 관한 진리를 표명한다. 모든 순수수학적 명제도 이러한 방식으로 심리적인 것의 영역에서 가능하거나 불가능한 사건을 드러낸다. 어떠한 경험적 셈법이나 계산도, 대수학의 변환이나 기하학의 작도(作圖) 같은 심리적 작용도, 수학의 이념적 법칙에 모순되면 불가능하다. 그래서 이 법칙은 심리학적으로 이용된다. […] 그러나 이 때문에 이 법칙이 그 자체로 심리학적 명제는 아니다.

[…] 모든 현실적 판단은 단순한 형식이나 소재를 통해 그 명증성의 가능성에 대한 이념적 조건을 충족시킨다. 순수논리적 법칙은 순

---

26 칸트에 따르면 "그 어떤 경험도 결코 이념에 합치할 수 없다는 점에 바로 이념의 특성이 있다"(『순수이성비판』, B 649). "이념은 범주보다 객관적 실재성에서 더 멀리 떨어져 있다. 이념이 구체적으로 표상되게 하는 어떠한 나타남[현상]도 발견될 수 없기 때문이다. 이념은 어떠한 가능한 경험적 인식도 도달하지 못하는 완전성을 포함한다"(같은 책, B 595~596).

수하게 진리의 개념에 또 이 개념과 본질적으로 유사한 개념에 근거한 진리다. 그 법칙은 가능한 판단작용을 사용하고 단순한 판단의 형식에 근거해 명증성을 가능케 하는 이념적 조건을 표명한다. 이 가운데 전자는 그때그때 심리학의 테두리에 빠진―그래서 경험이 심리학적 귀납(Induktion)에 도달하는 데까지만―일종의 심리적 존재의 특별한 구조에 관계한다. 그러나 후자는 이념의 법칙적 조건으로서 모든 가능한 의식에 전체적으로 적용된다.

51 이러한 논쟁에 결정적 요점

결국 이러한 논쟁의 궁극적인 해명도 가장 근본적인 인식론적 차이, 즉 **실재적인 것**(Reales)과 **이념적인 것**(Ideales)의 차이를 올바로 인식하는 데 달려 있다. […] 물론 누구든 이 차이를 확실하게 안다. 심지어 **흄** 같은 극단적 경험론자도 '관념의 관계'(relations of ideas)와 '사실의 문제'(matters of fact)를 근본적으로 구별했고, 이 구별은 그보다 앞선 위대한 관념론자인 라이프니츠가 '이성적 진리'(vérités de raison)와 '사실적 진리'(vérités de fait)라는 표제로 이미 가르쳤다. 그러나 인식론적으로 중요한 구별을 한 것이 그 인식론적 본질을 올바로 파악한 것을 뜻하지는 않는다. '도대체 이념적인 것은 그 자체로 무엇이며 실재적인 것과의 관계는 무엇인지' '이념적인 것이 어떻게 실재적인 것에 관련되는지' '이념적인 것이 어떻게 실재적인 것에 내재하며 그래서 인식될 수 있는지'를 분명하게 이해해야만 한다. […]

다른 한편 '명증성에 대한' 실재적 '이론'과 이념적 '이론'의 구별을 이해하는 것은 **명증성과 진리에 대한 올바른 개념**을 전제한다. 지난 10년간 심리학주의 문헌은 명증성을 어떤 판단의 경우에는 나타나고 다른 판단의 경우에는 나타나지 않는, 그래서 기껏해야 […] 정상으로 판단할 수 있는 모든 정상인에게조차 어떤 판단에서는 연결되어 나타나고 다른 판단에서는 나타나지 않는 우연적 감정이라 한다. 정상적 상황의 모든 정상인은 명제 '2+1=1+2'에 대해 그가 화상을 입었을 때 고통을 느끼듯이 명증성을 느낀다. […] 무엇보다 정상적인 것에 의지해도 명증적 판단의 외연과 진리에 적합한 판단의 외연이 합치될 수는 없다. […]

경험론이 일반적으로 이념적인 것과 실재적인 것의 관계를 오해하듯이, 진리와 명증성의 관계도 오해한다. 명증성은 우연적이거나 자연법칙에 따라 어떤 판단에 연결된 부수적 감정이 결코 아니다. 그것은 어떤 부류의 모든 임의적 판단(즉 이른바 '참된' 판단)에 단순하게 부착시킨 심리적 특성이 전혀 아니다. 그래서 그 자체만으로 고찰된 관련된 판단의 현상학적 내용은, 이러한 특성을 지니든 않든, 동일하게 같은 것으로 남아 있다. 이 사태는 우리가 감각의 내용과 이것에 관련된 감정 사이의 연관을 생각하는 것과 전혀 다르다. 즉 사람들은 동일한 감각을 갖지만, 그 감각은 그들의 감정 속에서 달리 움직인다. 명증성은 진리에 대한 '체험'일 뿐이다. 물론 진리는 일반적으로 이념적인 것이 실재적 작용 속에서 체험될 수 있는 의미로만 체험된다. 달리 말하면, 진리는 그 개별적 경우가 명증적 판단 속에서 현실적 체험이 되는 하나의 이념이다. 그러나 명증적 판단은 원본적으로 주어지는 의식이다. 비-명증적 판단과 명증적 판단의 관계는 임의로 표상되는 대상의 정립과 그 충전적 지각의 관계와 유사하다. […]

원본적으로 [스스로를] 부여하는 모든 체험을 연결하는 유비(類比)가 그다음 유비적 논의를 이끈다. 즉 명증성은 봄(Sehen)·통찰함(Einsehen)·스스로 주어진 ('참된') 사태를 포착함(Erfassen) 또는 당연하다고 생각되는 애매함의 차원에서 진리를 포착함이다. 그리고 지각의 영역 속에서 '보지 못한 것'(Nichtsehen)이 결코 '존재하지 않는 것'(Nichtsein)에 합치하지 않듯이, 명증성의 결여도 비-진리와 같은 것을 뜻하지 않는다. 의견과 이 의견이 뜻하는 그 자체로 현재의 것, 진술의 현실적 의미와 그 자체로 주어진 사태가 일치하는 것의 체험이 명증성이며, 이 일치하는 것의 이념이 진리다. 하지만 진리의 이념성이 그 객체성을 이룬다. […] '타당성'이나 '대상성'(또는 '부당성'이나 '대상성이 없음')은 이러한 시간적 체험인 진술에 걸맞지 않고 (순수하고 동일한) 진술 '2×2=4' 등 같은 '종(種)의' 진술에 걸맞다.

[…] 결국 우리는 왜 명증성의 '감정'이 관련된 판단내용의 진리 이외에 다른 **본질적** 전제조건을 가질 수 없는지를 이해할 수 있다. 왜냐하면 아무것도 없는 곳에서는 아무것도 볼 수 없는 것이 자명하듯이, 어떤 진리도 없는 곳에는 참으로 통찰하는 어떤 것도, 즉 어떤 명증성도 있을 수 없다는 것이 자명하기 때문이다.[27]

---

[27] 『논리연구』 제2권, 제6연구 제5절['충전성의 이상. 명증성과 진리']을 참조—후설의 주.

2 『논리연구』 제2권

후설은 경험론의 추상이론을 포기해야만 이념적인 것과 실재적인 것의 올바른 관계가 분명하게 드러날 수 있다고 파악해 '어떻게 실재적 경험이 이념적 개념 속에 내재하며 인식될 수 있는지'를 해명한다. 즉 그의 관심은 수학에서 논리학으로, 다시 순수 논리학을 정초하는 인식론으로 옮겨갔다.

실제로 그는 1901년 출간한 『논리연구』 제2권에서 다양한 의식의 체험을 분석해 그 본질적 구조가 항상 '무엇을 향한 의식', 즉 대상의 의미를 구성하는 활동인 '지향성'임을 밝혔다. 또한 이 지향성을 전제해야만 생생한 체험으로 이해할 수 있는 언어적 표현과 의미의 본질을 고찰했다. 그러면서 의식을 심층과 표층으로 이루어진 매우 복잡한 다층구조로 파악했는데, 이때 전자는 내적 시간의식의 흐름이고, 후자는 그 작용과 대상의 지향적 상관관계를 지닌 표상(지각과 판단)·정서·의지 등의 영역이다. 이 중 특히 객관화하는 표상작용은 각각의 영역에 공통적으로 포함된 가장 기본적인 1차적 지향작용이기 때문에 모든 작용의 근본적 토대로 간주된다.

당시 사람들은 이렇게 의식작용을 기술하는 작업은 순수 논리학보다 인지심리학에 더 가깝다고 보았다. 그 결과 제2권은 '심리학주의로의 후퇴' '단순한 의식철학' '추상적인 주관적 관념론'이라는 오해를 받았다.

그러나 제1권과 제2권 모두 이미 1898년경 마무리되었다. 따라서 이 두 책이 동시에 또는 같은 해에 출간되었다면, 제1권은 '객관적 실재론'인데 제2권은 '주관적 관념론'이라는 오해를 받지 않았을 것이다. 물론 책의 출간시기와 상관없이 주관과 객관의 불가분적 상관관계인 '지향성'만 제대로 파악했어도 오해하는 일은 없었을 것이다.

할레대학교 본관과 괴팅겐대학교 원외교수 임명장

후설은 할레대학교에서 14년간 사강사로 일했다.
이 기간에 그는 『논리연구』 제1권과 제2권을 발표해 철학자로서 이름을 널리 알리고
괴팅겐대학교 원외교수로 부임하게 된다.

현상학적 연구의 인식비판

1 순수논리학을 인식비판으로 준비하고 해명할 현상학적 연구의 필연성

[…] 밀에 따르면, "언어는 확실히 사유의 가장 고상한 수단이자 도구 가운데 하나다. […] 단어의 의미와 올바른 사용을 신뢰하기 전에 학문적 방법을 연구하는 것은 망원경의 올바른 사용을 배우기 전에 천문학을 관찰하려는 것 못지않게 전도된 것이다."[1] 그는 언어분석이 논리학에 대해 매우 깊은 필연적 근거가 된다고 보았다. 그렇지 않으면 논리학의 '눈앞에 있는' 대상인 명제의 의미를 연구하는 것이 불가능하기 때문이다.

[…] 순수논리학을 확실하게 구축하려면 언어적 상론은 철학적으로 포기할 수 없는 준비단계다. 왜냐하면 그것의 도움을 받아야만 논리적 탐구의 본래적 객체, 심지어 그 본질적 종류와 차이가 오해 없이 분명하게 부각되기 때문이다. 그러나 이때 정말 중요한 것은 역사적으로 주어진 언어와 관련된 경험적 의미에서의 문법적 상론이 아니라, 객관적 인식이론과—이 이론과 가장 밀접하게 연관된—사유체험과 인식체험의 순수현상학이라는 더 넓은 영역에 속한 가장 일반적인 상론이다. 이러한 상론을 포괄하는 체험 일반의 순수현상학은 순수본질의 일반성을 통해 직관(Intuition) 속에서 파악하고 분석할 수 있는 체험에만 관계하지, 실재적 사실[…]인 경험을 통해 통각이 된 체험에는 관계하지 않는다. 순수현상학은 본질직관 속에서 직접 파악한 본질과 순수하게 본질에 근거한 연관을 본질의 개념과 법칙적 본질을 진술하는 가운데 기술해 순수하게 표현한다. 이것은 순수논리학을 인식비판으로 준비하고 해명하기 위해 철저하게 탐색해야 할 영역이다. […]

---

1 밀, 『논리학』 제1권, 제1절 1항—후설의 주.

순수현상학은 중립적 탐구 영역을 서술한다. […] 한편으로 순수현상학은 경험적 학문인 심리학에 이바지한다. […] 다른 한편으로 현상학은 순수논리학의 근본적 개념과 이념적 법칙이 '생기는' '원천'을 드러내고, 순수논리학을 인식비판으로 이해하는 데 필요한 '명석함과 판명함'을 마련하기 위해서는 다시 그 원천으로까지 소급해 추적해야 한다. […]

2 그와 같은 연구의 목적을 명료하게 만드는 것

[…] 순수논리학이 탐구하려고 겨냥한 객체들은 **의미의 지향과 의미의 충족**(후자의 관점에서 예시하거나 명증적이게 하는 직관으로) 기능에서 어떠한 언어적 **표현**에 속하고 이 표현과 함께 현상학적 통일체를 형성하는 이른바 구체적인 심리적 체험 속에 새겨진 채 주어진다.

[…] 모든 논리적인 것은 구체적으로 충만하게 주어져야 한다. 그러나 우선은 불완전한 형태로 주어진다. 즉 개념은 다소 동요하는 단어의 의미로, 법칙은 개념으로 수립되기 때문에 그에 못지않게 동요하는 주장으로 주어진다. 그렇다고 논리적 통찰이 없지는 않다. 순수 사유의 형식에 근거한 것을 인식하는 명증성은 법칙적 판단을 현실적으로 수행하는 데 단어의 생생했던 의미에 의존한다. 알아차리지 못한 애매함으로 그 단어가 추후에 다른 개념으로 대체되거나 명제의 의미가 변화되기 때문에 이전에 경험한 명증성을 거짓으로 요구하는 것이다. 거꾸로 애매해서 생긴 오해가 순수-논리적 명제(가령 경험적-심리학적 명제에서)의 의미를 왜곡시키고 이전에 경험된 명증성과 순수논리적인 것의 유일한 의미를 포기시킬 수도 있다.

그러므로 논리적 이념과 함께 구성된 순수법칙이 이렇게 주어진 것만으로는 충분치 않다. 그래서 **논리적 이념, 개념과 법칙을 인식론적으로 명석하고 판명하게 이끄는** 중요한 과제가 생긴다. 여기에서 현상학적 분석이 시작된다.

　타당한 사유의 통일체인 논리적 개념은 반드시 직관 속에 그 근원이 있다. 그 개념은 어떤 체험에 근거해 이념화하는 추상(Abstraktion)을 통해 생기고, 이 추상을 새롭게 실행함으로써 언제든 다시 새롭게 확증되고 그 이념성에서 반드시 자기 자신과 함께 파악될 수 있다. 즉 우리는 순수논리학에서 수립된 법칙의 의미─'개념'·'판단'·'진리' 등─를 반성하는 데 그 다양한 특수화와 함께하는 '단순한 단어', 즉 단순히 상징적인 단어를 이해하는 것만으로는 절대 만족하지 않는다. […] 그래서 '사태 자체'(Sache selbst)로 되돌아가려 한다. […]

　논리적 체험의 현상학은 이 심리적 체험과 이 체험에 내재한 의미를─모든 논리적 기본개념에 확고한 의미, 게다가 분석적으로 철저히 탐구된 의미의 지향과 의미의 충족 사이의 본질적 연관으로 되돌아감으로써 해명되고 인식의 기능 속에서 이해되며 동시에 확보되는 의미를 부여하기 위해 필요한 것으로서─아주 광범위하게 기술해 (가령 경험적-심리학적으로는 아닌) 이해시키는 목적이 있다. 즉 그것은 순수논리학 자체의 관심이다. […] 논리적(logisch) 그리고 인식작용적(noetisch) 기본개념은 이제까지 아주 불완전하게 해명되었다.

　[…] 동물적 실재성의 심리적 속성과 상태에 관한 경험과학인 심리학이 결코 아닌 순수현상학을 통해서만 심리학주의를 **근본적으로** 극복할 수 있다. […] 순수현상학만이 객관적으로 논리적인 것을 심리적인 것으로 바꿔 해석하는 불가피한 가상(Schein)을 본질적 근거에서 제거한다.

　[…] 모든 사유작용과 인식작용은 대상이나 **사태**를 겨냥하며, 명목상 '그 자체의 존재'(An-sich-sein)가 실제의 또는 가능한 사유작용이나 의미의 다양체 속에 동일화할 수 있는 통일체로 드러나야 한다. 모든 사유에는 이념적 법칙, 게다가 인식 일반의 객관성이나 이념성을

규정하는 법칙에 지배되는 사유의 형식이 내재한다. 이 사실은 객관성 '그 자체[의 존재]'가 '표상되고' 인식으로 '파악되며' 결국 다시 주관적으로 되는 것이 어떻게 이해될 수 있는지, 대상이 '그 자체로' 존재하거나 인식으로 '주어진다'는 것은 무엇을 뜻하는지, 개념이나 법칙인 일반자의 이념성은 어떻게 실재적인 심리적 체험의 흐름에 들어오고 사유하는 자의 인식소유물이 될 수 있는지, 인식하는 '사물과 지성의 일치'(adaequatio rei et intellectus)는 인식하는 파악작용이 개별적인 것이나 일반적인 것, 사실이나 법칙 등에 관계하는 것에 따라 다른 경우에 무엇을 뜻하는지 같은 물음을 언제나 새롭게 자극한다. […]

3 순수현상학적 분석의 어려움

[…] 모든 어려움의 원천은 현상학적 분석에서 요구되는 반-자연적인 직관과 사유의 방향에 있다. […] 대상이 직관되고 사유되고 이론적으로 숙고되면서 어떤 존재의 양상에서 실제성으로 정립되는 동안, 우리는 이론적 관심을 이 대상―그것이 그 작용의 직관 속에 나타나고 타당하듯이 실제성으로 정립된 대상―이 아니라, 반대로 이제까지 대상이 된 적은 없지만 이제부터 파악하고 이론적으로 정립하는 객체가 될 바로 그 작용으로 돌려야 한다. 우리는 새로운 직관작용과 사유작용 속에서 그 대상을 고찰하고 그 본질에 따라 분석하고 기술하며 경험적이거나 이념화하는 사유작용의 대상으로 만들어야 한다. 그러나 이것은 우리의 심리가 발달한 처음부터 줄곧 상승된 지극히 견고한 습관에 대립된 사유의 방향이다. 따라서 현상학적 사유의 태도에서 단적인-소박한 사유의 태도로 언제나 다시 전락할 거의 근절할 수 없는 경향이 있다. […]

심리적 작용을 각각 내재적으로 기술하는 가능성, 이것의 당연한 전이(轉移)로서 현상학적 본질학의 가능성을 위협하는 많이 논의된 어려움은 작용을 소박하게 수행해 넘어가는 반성의 태도 또는 작용을 수행하는 데 앞의 작용이 필연적으로 변경되는 데서 비롯된다. [그렇다면] 우리는 이러한 변경의 본성과 범위를 어떻게 올바로 평가할 수 있고, 사실이든 본질적 필연성이든 도대체 그 변경을 어떻게 알 수 있는가?

반복된 동일화 속에서 견지할 수 있는 명증적 성과를 획득하는 어려움 이외에도 이 성과를 제시하고 다른 사람에게 전달하는 어려움이 있다. 지극히 정확한 분석을 통해 본질적 행태로 완전하게 명증적으로 확인된 것은 […] 광범위하게 구분되어 우리에게 친숙한 자연적 객체성에 적합한 표현으로 제시되어야 한다. […] 이 어려움을 제외해도, 획득된 통찰을 다른 사람에게 설득력 있게 전달하는 데 새로운 어려움이 생긴다. 반성이라는 반-자연적 습관에서 순수하게 기술할 수 있는, 따라서 현상학적 관계에 순수하게 감명받을 수 있는 잘 훈련된 능력을 갖춘 사람만 이 통찰을 재확인하고 입증할 수 있다. […]

4 논리적 체험의 문법적 측면을 함께 고려해야 할 불가피성

[…] 표현과 의미, 의미의 지향과 의미의 충족 사이의 현상학적 본질의 관계를 완전히 해명하는 것만이 우리에게 확실한 중간적 관점을 제공해주며, 문법적인 것과 의미를 분석하는 것의 관계를 필수불가결하고 판명하게 이끈다.

5 그다음 분석적 연구의 주요 목표

[…] 표현적 체험의 독특한 본질적 내용처럼 그 **지향적 내용**, 즉 이념적 의미의 통일체와 대상의 통일체도 상세하게 탐구해야 한다. 그러나 무엇보다 동일한 체험이 이중 의미에서 하나의 내용을 갖는, 본래적·내실적 내용 외에 이념적·지향적 내용까지 그 체험에 내재하

고 내재할 수 있는, 수수께끼 같은 두 측면의 연관도 상세하게 탐구해야 한다. […]

6 첨부

첨부 1. 우리의 연구는 논리적 이념을 해명하고 직접 명백하게 하는 데 실제로 필요한 좁은 현상학적 영역을 불가피하게 자주 넘어선다. 이 영역은 처음부터 주어지지 않고, 연구가 경과하는 가운데 비로소 한정된다. […]

첨부 2. 논리학을 현상학적으로 기초 지우는 것은 그것이 해명하려는 거의 모든 개념을 서술 자체로만 사용해야 하는 어려움과도 싸운다. […]

첨부 3. 우리가 뜻하는 의미의 현상학이 파악되면, 현상학을 (자연스러운 경험과학의 의미에서) 기술적 심리학으로 임의로 해석하는 경우 완전한 권리를 갖게 될 반론이 더 이상 제기될 수 없다. 그 반론은 체계적인 현상학적 인식에 대한 해명으로서 모든 인식론은 심리학 위에 구축된다는 것, 따라서 **철학적 분과인 인식론적으로 해명된 순수 논리학**도 결국 심리학―심리학의 단순한 하부단계인 지향적 체험을 기술하는 탐구―에 기초한다는 것이다. 그렇다면 심리학주의에 대한 열렬한 논쟁은 무엇을 위한 것인가?

[…] 심리학이란 단어가 그 옛 의미를 유지하면, 현상학은 기술적 심리학이 아니다. 그 고유한 '순수' 기술(記述)―즉 체험의 범례적 개별직관(자유로운 상상으로 날조된)에 근거해 수행된 본질직관과 순수 개념으로 간취된 본질을 기술하는 확정―은 결코 경험적(자연과학적) 기술이 아니다. 오히려 모든 경험적(자연주의적) 통각과 정립을 배제한다. […] 따라서 심리학이 아니라 현상학이 순수논리적(또한 모든 이성비판적) 해명의 기초다. 동시에 현상학은 완전히 다른 기능에서 순

수공간론과 운동론 같은 순수수학이 모든 정밀한 자연과학(경험적 형태·운동 등을 지닌 경험적 사물에 관한 자연론)의 필수적 기초인 것처럼, 모든 심리학의 필수적 기초다. […]

7 인식론적 연구의 무전제성 원리

학문적 성격을 진지하게 요구하는 인식론적 탐구는 **무전제성의 원리**를 충족시켜야 한다. […] 인식의 의미를 이렇게 숙고하는 것이 단순한 의견이 아니라 통찰을 통해 앎을 산출하면, 그 숙고는 주어진 사유와 인식의 체험 가운데 범례적 근거에서 순수본질직관으로 실행되어야 한다. 사유작용은 때에 따라 초월적 또는 심지어 비(非)-존재적이고 불가능한 객체에 향할 수 있다. […] '외부 세계'의 현존과 본성에 관한 문제는 형이상학의 문제다. 이념적 본질, 인식하는 사유의 타당한 의미를 일반적으로 해명하는 인식론은 그것을 인식하는 체험에 대해 원리적으로 초월적인 사물의 '실재적' 대상에 대한 앎이나 이성적 추측이 과연 가능한지 또 어디까지 가능한지, 그와 같은 앎의 참된 의미는 어떤 규범에 적합해야만 하는지 같은 일반적 문제를 포괄한다.

[…] 사실의 영역에서 중요한 문제는 주어진 상황에서 **자연법칙**에 따라 **필연적**으로 일어나는 일을 인식하는 것이다. […] 이론을 해명하는 형식적 인식론은 객관적 자연 속에 **사실적 사건**을 심리학적 또는 심리물리적 의미로 **설명하는** 인식이 아니라, 인식의 이념을 그 구성적 요소나 법칙에 따라 **해명하는** 인식이고자 한다. 그 인식론은 사실적 인식작용들이 조직되는 공존과 계기의 실재적 연관이 아니라. 대신 인식의 객체성이 기록되고 이해되는 **종적 연관의 이념적 의미**를 추적하고 충전적으로 충족시키는 직관으로 되돌아감으로써 순수인식의 형식과 법칙을 명석함과 판명함으로 고양시킨다. 이러한 해명은 인식의 현상학, 즉 '순수' 체험과 이 체험에 속한 의미의 존립요소들의

본질적 구조를 향한 현상학의 테두리 안에서 실행된다. […]

표현과 의미의 본질적 차이

1 기호라는 용어의 애매함

표현(Ausdruck)과 기호(Zeichen)라는 용어는 종종 같은 뜻으로 다루어진다. 그러나 언어의 일반적 관습상 어디에서나 일치하지는 않는다. 모든 기호는 무엇에 대한 기호이지만, 모든 기호가 기호로 '표현된' '뜻'(Sinn)인 '의미'(Bedeutung)[2]를 갖지는 않는다. […] 표시(표지·부호 등)의 의미에서 기호는, 그것이 표시하는 기능 이외에 의미하는 기능을 충족시키지 않는 한, 아무것도 표현하지 않는다. […] 의미하는 것은 표시의 의미에서 일종의 기호로 있는 것이 아니다. 표현은 그것이 더 이상 표시로 기능하지 않는 고독한 영혼 삶에서도 그 의미의 기능을 발휘한다. […]

3 지시와 증명

현상학적 상태에서는 진정한 추론과 정초를 증명하는 것(Beweisen)이 표시를 [앞서] 지시하는 것(Hinweisen)과 함께 파악된다. […] 주관적으로 추론하고 증명하는 것은 객관적으로 추론하고 증명하는 것에, 즉 원인과 결과의 객관적 관계에 상응한다. 이 이념적 통일체들은 관련된 판단의 체험이 아니라 그 이념적 '내용', 즉 명제다. […]

---

2 후설현상학에서 명제의 의미(Sinn)는 사고(Gedanke)이고, 그것이 지시하는 것(Bedeutung)는 사태(Sache)다. 그는 초기에 "Sinn과 Bedeutung은 같은 뜻"(『논리연구』 제2-1권, 52쪽)이라 보았으나, 'Bedeutung'은 점차 표현의 이념적 내용으로 남고, 'Sinn'은 의식체험에서 표현되지 않은 기체의 인식대상 전체를 포괄하는 의미를 지닌 본질로 사용된다(『이념들』 제1권, 133항 참조).

5 유의미한 기호인 표현. 표현에서 의미를 분리하는 것

우리는 유의미한 기호인 표현을 표시하는 기호와 구별한다. […] 반면 본의 아니게 함께 작용하는 언어 없이 어떤 사람의 영혼 상태를 그 주변에 이해시키는 표정과 몸짓은 결코 표현이 아니며, […] 표명을 통해 아무것도 전달하지 않는다. 그것이 표명될 경우에도 그 사람에게는 그 어떤 '사고'를—다른 사람에게든 그가 오직 자신만 수반하는 한 그 자신에게든—명확하게 수립할 의도가 없다. 요컨대 그러한 '표현'은 본래 전혀 의미가 없다. […]

6 표현 그 자체에 속한 현상학적인 지향적 구별의 문제

모든 표현과 관련해 다음 두 가지가 구별되곤 한다.

1) 물리적 측면의 표현(감각적 기호, 분절된 음성복합, 종이의 문자 등).

2) 표현에 연상적으로 연결되는, 이것으로 그것을 무엇에 관한 표현으로 만드는 심리적 체험의 총체. 적어도 이 심리적 체험을 표현의 '뜻'(Sinn) 또는 의미'(Bedeutung)라고 한다. […]

7 의사소통의 기능에서 표현

[…] 모든 표현은 의사소통이 오가는 논의에서 표시로 기능한다. 모든 표현은 듣는 사람에게 논의하는 사람의 '사고', 즉 전달하려는 의도를 지닌 다른 심리적 체험과 마찬가지로 논의하는 사람이 의미를 부여하는 심리적 체험의 기호로 이바지한다. 언어적 표현의 이 기능을 통지하는 기능이라고 한다. 통지하는 내용은 통지하는 심리적 체험을 형성한다. '통지하는'이라는 술어는 좁은 의미에서 의미를 부여하는 작용으로 한정되는 반면, 넓은 의미에서 […] 말하는 사람의 모든 작용을 포괄한다. 예를 들어 우리가 어떤 소원을 진술하면, 소원에 관한 판단은 좁은 의미에서 통지되고 소원 자체는 넓은 의미에서 통지된

다. 듣는 사람이 어떤 현실적 지각에 속하는 것으로 즉시 파악하는 통상적인 지각의 진술도 마찬가지다. […]

통지를 이해하는 것은 가령 통지를 개념적으로 알거나 일종의 진술로 판단하는 것이 아니라, 듣는 사람이 말하는 사람을 이러저러한 것을 표현하는 하나의 사람으로 직관적으로 파악(통각)하는 데 또는 지각하는 데 있다. […]

9 물리적 표현이 나타남과 의미를 부여하고 충족시키는 작용의 구별

[…] 우리가 순수하게 기술하는 것의 토대에 서면, 의미가 불어넣어진 표현의 구체적 현상은 한편으로 표현이 그 물리적 측면에 따라 구성되는 물리적 현상과 다른 한편으로 어쩌면 직관적으로 의미를 충족시키며 표현된 대상성과의 관계가 구성되는 작용으로 구분된다. 이 후자의 작용으로 표현은 단순한 말소리 이상의 것이 된다. 표현은 무엇을 뜻하고, 그것을 뜻함으로써 대상적인 것과 관련된다. 이 대상적인 것은 수반하는 직관을 통해 현실적으로 현재하거나 현전화된 것으로 (예를 들어 상상의 형성물 속에) 나타난다. 이것이 일어나는 경우 대상성과의 관련이 실현된다. […]

직관이 공허한 의미의 지향과 충족된 의미의 지향의 이 근본적 구별에 기초하면, 또한 표현이 말소리로 나타나는 감각적 작용을 분리시키면, 다음 두 가지 계열의 작용이 구별된다. 우선 표현이 […] 의미가 불어넣어진 말소리인 한, 표현에 본질적이어야 할 작용이다. 이것을 '의미를 수여하는 작용' 또는 '의미의 지향'이라 한다. 다음은 표현 그 자체에 비-본질적이지만, 그 의미지향을 다소 간에 적절하게 **충족시키는**(입증·강화·예시하는) 그래서 곧 그 대상적 관계를 현실화하기 위해 표현과 논리상 근본적으로 관련되는 작용이다. 인식의 통일체 또는 충족의 통일체에서 의미를 수여하는 작용과 융합된 이 작용을

'의미를 충족시키는 작용'이라 한다. 요약된 표현인 의미의 **충족**은 어떤 의미의 지향이 상관적 작용 속에서 충족을 발견하는 **총체적** 체험과의 당연하다고 생각되는 혼동을 배제한 때만 사용할 수 있다. 표현이 그 대상성으로 실현된 관계[3]에서만 의미가 불어넣어진 표현은 의미를 충족시키는 작용과 일치한다. 말소리는 우선 의미의 지향과 일치하고, 이 의미의 지향은 다시 관련된 의미의 충족과 (…) 일치한다. […]

11 이념적 구별: 우선 표현과 이념적 통일체인 의미의 구별

두 가지 요소, 즉 구체적 체험으로 고찰한 표현의 나타남과 의미를 수여하거나 충족시키는 체험 대신, 어떤 방식으로 그 '속에' 주어진 것, 즉 표현 자체와 그 의미 및 그 대상성을 고찰해보자. 이는 작용의 실재적 관련에서 그 대상, 즉 내용의 이념적 관련으로 전환하는 것이다. 그래서 주관적 고찰은 객관적 고찰에서 물러선다. […]

내가 (…) '어떤 삼각형의 세 수직선은 한 점에서 교차한다'고 진술하면, 내가 그렇게 판단한다는 것이 당연히 진술의 기초에 놓여 있다. 나의 진술을 이해해 들은 사람은 이러한 사실을 안다. […] 그러나 내가 여기에서 **통지한** 나의 판단이 진술명제의 의미라면, 그것은 그 진술이 말하는 것인가? 그리고 그러한 의미에서 표현된 것인가? 명백히 아니다. […] 나의 판단작용은 생기거나 사라지는 일시적 체험이다. 그러나 진술이 진술하는 것, 즉 '어떤 삼각형의 세 수직선은 한 점에서 교차한다'는 내용은 생기거나 사라지는 것이 아니다. […] 판단작용은 경우마다 다르다. 그러나 판단작용이 판단하는 것, 즉 진술이 말

---

[3] 나는 곳곳에서 좁은 의미의 대상뿐만 아니라 사태·징표, 비-자립적인 실재적 형식이나 범주적 형식 등도 중요한 문제이기 때문에 좀더 막연한 표현인 '대상성'(Gegenständlichkeit)을 종종 선택했다—후설의 주.

하는 것은 어디에서나 동일하다. 그것은 엄밀한 의미에서 동일한 것이고, 하나의 동일한 기하학적 진리다.

[…] 우리는 그 이념적 내용을 확인하고 진술하는 일시적 체험 그리고 다양체 속의 통일체인 진술의 의미를 구별한다. 그때그때 반성하는 명증적 작용 속에서 그 의미를 지향의 동일자로도 인식한다. 우리는 자의로 의미를 진술에 삽입하는 것이 아니라, 진술 속에서 의미를 발견한다. […]

12 계속: 표현된 대상성

[…] 모든 표현은 무엇을 말할 뿐만 아니라 무엇에 관해서도 말한다. 즉 자신의 의미를 가질 뿐만 아니라 그 어떤 대상과도 관련된다. 하나의 동일한 표현이라도 상황에 따라서 여러 가지 관련이 있을 수 있다. 그러나 그 대상이 결코 의미와 일치하지는 않는다. 물론 이 둘은 대상에 의미를 부여하는 심리적 작용으로만 표현된다. 그리고 이 '표상'의 관점에서 '내용'과 '대상'을 구별하면, 표현의 관점에서 [한편으로] 표현이 뜻하는 것 또는 '말하는' 것과 [다른 한편으로] 표현이 그것에 관해 어떤 것을 말하는 것으로 나눌 수 있다.

의미(내용)와 대상을 구별할 필연성은 동일한 의미가 있는 다수의 표현이 각각 다른 대상을 가질 수 있거나 각각 다른 의미가 있는 다수의 표현이 동일한 대상을 가질 수 있는 예를 비교해 확신할 때 분명해진다. 게다가 그것들이 구별되고 일치하는 가능성도 자명하게 있다. 후자는 동어반복의 표현, 예를 들어 다른 언어 속에 서로 상응하는 동일한 의미와 명칭이 있는 경우('런던': London, Londres ; '둘': zwei, deux, duo 등)다.

명사(名辭)는 의미와 대상적 관련을 구별하는 가장 분명한 예시가 된다. 명사의 경우 후자의 관점에서 '명칭'에 관해 논의된다. 두 이름은 다른 것을 의미할 수 있지만, 동일한 것을 명명한다. 즉 '예나(Jena)의 승자'와 '워털루(Waterloo)의 패자'[나폴레옹], '등변삼각형'과 '등각삼각형'[정삼각형]을 예로 들 수 있다. 표현된 의미는 동일한 대상을 뜻하더라도 분명히 다르다. 규정되어 있지 않기 때문에 어떤 '범위'를 뜻하는 명사의 경우도 마찬가지다. '등변삼각형'과 '등각삼각형'이라는 표현은 적용할 수 있는 동일한 대상적 관련, 동일한 외연을 갖는다.

거꾸로 의미는 같지만 대상적 관련은 다른 두 표현에 있을 수 있다. '말'(馬)이라는 표현은 어떤 연관에서도 동일한 의미를 갖는다. 그러나 어떤 때는 '[알렉산더 대왕의 군마] 부케팔로스(Bucephalus)는 말이다' 하고 다른 때는 '이 짐마차를 끄는 말(Karrengaul)은 말이다' 하면, 어떤 진술에서 다른 진술로 이행할 때 의미를 부여하는 표상 때문에 분명히 변화가 일어난다. 그 내용, '말'이라는 표현의 의미는 변화되지 않고 남아 있지만, 대상적 관계는 변화된다. 이 의미에 의해 '말'이라는 표현은 어떤 때는 '부케팔로스'를, 다른 때는 '짐마차를 끄는 말'을 표상한다. […]

개별적 객체이든 류적(類的) 객체이든 고유명사의 경우는 다르다. '소크라테스'와 같은 단어는 그것이 다른 것을 의미할 때, 즉 그것이 애매해질 때 다른 것을 명명할 수 있다. 그 단어가 하나의 의미일 때 그것은 하나의 대상을 명명한다. […]

두 명제 'a는 b보다 크다'와 'b는 a보다 작다'는 분명히 다른 것을 진술한다. 이것들은 문법뿐만 아니라 '사유', 바로 그 의미의 내용에 따라 다르다. 하지만 이것들은 동일한 상태(Sachlage)를 표현하고, 동일한 '사태'(Sache)는 이중의 술어로 파악되고 진술된다. […]

14 대상으로서, 충족시키는 뜻으로서, 뜻이나 의미 그 자체로서 내용

통지, 의미 그리고 대상을 관련지우는 논의는 본질적으로 모든 표현에 속한다. […] 현실적으로 주어진, 그 의미의 지향을 충족시키는 대상성과의 관련은 표현에 부수적이다. […] 대상과의 실현된 관련에서 여전히 이중적으로 표현된 것이 나타날 수 있다. 즉 한편으로 이러저러하게 사념된 것으로 대상 자체 또는 다른 한편으로 더 본래적인 의미로 대상을 구성하는 의미를 충족시키는 작용 속에서 그 이념적 상관자, 즉 **충족시키는 의미**[뜻]이자 의미의 지향이 상응하는 직관에 근거해 충족되는 곳에서의 대상은 어떤 작용 속에 '주어진 대상'으로 구성되고 게다가 의미가 그것을 뜻하는 것과 **동일한 방식으로** 그 작용 속에 주어진다. 의미와 의미의 충족이 이렇게 합치되는 통일체에서 의미작용의 본질인 의미는 의미를 충족시키는 상관적 본질과 상응하는데, 이것은 표현을 통해 표현된 의미[뜻]인 **충족시키는 의미**다. […] 우리는 충족시키는 작용에서 다시 (범주적으로 형성된) 지각의 의미에 적합한 내용과 지각된 대상을 구별해야만 한다. 충족의 통일체에서 이 충족시키는 '내용'은 저 지향하는 '내용'과 '합치되고', 그래서 이렇게 합치되는 통일체를 경험하는 가운데 동시에 지향되고 '주어진' 대상은 우리에게 이중이 아니라 오직 하나로 대면해 있다.

의미를 수여하는 작용의 지향적 본질을 이상적으로 파악한 것이 이념으로서 **지향하는 의미**를 산출하듯, 의미를 **충족시키는** 작용의 상관적 본질을 이상적으로 파악한 것은 똑같은 이념으로서 **충족시키는 의미**를 산출한다. […]

어떤 표현이 표현한 것 또는 **표현된 내용**에 관한 다양한 논의의 애매함은 주관의 의미의 내용과 객관적 의미의 내용으로 구별해 정리될 수 있다. 후자의 관점에서 다음과 같이 구별되어야만 한다.

① **지향하는 의미**[뜻]로서 또는 의미[뜻], 의미 그 자체로서의 내용,

② 충족시키는 의미[뜻]로서의 내용 그리고
③ 대상으로서의 내용.

15 이 구별과 관련된 의미와 무의미에 관한 논의의 애매함

[…] 의미(Bedeutung)와 뜻(Sinn) 또는 무의미한(bedeutungslos) 표현이나 뜻이 없는(sinnlos) 표현을 논의할 때는 매우 해로운 애매함을 정확하게 설명하는 것이 더 중요하다. 혼합된 개념을 분리하면 다음과 같은 계열이 생긴다.

1) 어떤 의미를 갖는 것은 표현의 개념에 속한다. 바로 이것이 기호와 표현을 구별해준다. 따라서 본래 무의미한 표현은 결코 표현이 아니다. 기껏해야 외면상 하나의 표현[…]으로 보이고자 요구할 뿐이다. 여기에는 '아부라카다브라'(Abracadabra)처럼 일종의 언어로 들리는 분절된 음성의 형성물이 있다. 그러나 다른 한편 예를 들어 '녹색이다 또는'(Grün ist oder)처럼 외면상으로는 어떠한 의미가 있다고 부당하게 요구하는 반면, 실은 어떠한 통일적 의미도 그에 상응하지 않는 실제적 표현들의 복합체도 있다.

2) 의미 속에서 대상과의 관련이 구성된다. 따라서 어떤 표현을 의미[뜻]와 함께 사용하는 것과 표현되면서 그 대상에 관련되는 것(그 대상을 표상하는 것)은 같다. 이 경우 '대상이 존재하는지' 또는 '대상이 전혀 불가능하지 않다면 허구인지'는 결코 중요하지 않다. 그러나 '표현은 의미를 갖는 사실을 통해 본래적 의미에서, 즉 대상의 존재를 포함하는 의미에서 어떤 대상에 관련된다'는 명제를 해석하면, 그 표현은 상응하는 대상이 존재할 때 의미를 갖고, 존재하지 않을 때 무의미하다(bedeutungslos). […]

3) 의미가 표현의 대상성과 동일화되면, '황금산'과 같은 명사(名辭)는 무의미하다. 그러나 여기에서 일반적으로 '대상이 없는 것'과

'의미가 없는 것'을 구별해야 한다. 반면 '둥근 사각형'처럼 모순되고 일반적인 통찰로도 양립불가능한 표현은 '무의미하다'(sinnlos)거나 같은 수준에서 의미를 부정하려 한다. 그래서 가령 지그바르트에 따르면[4] '4각의 원'과 같은 모순된 말은 우리가 이해할 수 있을 어떠한 개념도 표현하지 않고, 단지 해소할 수 없는 과제를 포함한 단어만 나열할 뿐이다. 즉 '결코 4각의 원은 존재하지 않는다'는 존재명제는 이 단어에 어떤 개념이 결합할 가능성을 물리친다.

[…] 표현은 그 지향에 가능한 충족[시킴]이 상응할 때, 즉 통일적 직관화의 가능성이 상응할 때, 의미를 갖는다. 이 가능성은 분명히 이념적 가능성으로 생각된 것이고, 표현의 우연적 작용과 충족[시킴]의 우연적 작용이 아니라 그 이념적 내용—[한편으로] 이념적 통일체로서의 (지향하는 의미라고 할 수 있는) 의미와 [다른 한편으로] 어떤 관련 속에서 그것에 정확히 적합하게 충족시키는 의미—에 관계한다. 이 이념적 관련은 충족[시킴]의 통일체의 어떤 작용에 근거해 이념화하는 추상을 통해 파악된다. 반대의 경우 우리는 지향된 충족의 통일체 속에서 부분적 의미가 '양립할 수 없음'을 체험한 것에 근거해 의미를 충족[시킴]의 이념적 불가능성을 파악한다. […]

4) 어떤 표현이 무엇을 의미하는지에 관한 문제에서 우리는 그 표현이 현실적 인식의 기능을 수행하는 경우나 그 의미의 지향이 직관을 통해 충족되는 경우로 자연스레 되돌아간다. 이러한 방식으로 '개념적 표상'(곧 의미의 지향)은 그 '명석함과 판명함'을 획득하고, '올바르게' '실제로' 수행할 수 있는 것으로 입증된다. […] 따라서 **충족시키는 직관**(사람들은 여기에서 범주적으로 형성하는 작용을 간과하곤 한다)을 의미로 간주하는 경향이 생긴다. 그러나 이 충족[시킴]이 항상 완전

---

4 지그바르트,『비-인칭적인 것들』(*Die Impersonalien*), 62쪽—후설의 주.

한 것은 아니다. […]

16 계속: 의미와 함축

[…] 통지하는 기능은 의미의 기능에 보조수단일 뿐이다. 1차적으로 중요한 것은 표상이 아니다. 문제는 사념된 대상이다. 따라서 명명된 대상인 표상된 대상에 관심을 쏟는 것이다. […] 그러나 대상과의 관련에서 고유명사는 결코 표시하는 것(Anzeichen)이 아니다. 이것은 현존재(Dasein)를 알려주는 것은 표시하는 것의 본질에 속하는 반면 명명된 대상은 실존하는 것으로 간주될 필요가 전혀 없다는 사실을 숙고해보면, 즉시 명백해진다. […]

의미의 이념성

17 추정적 의미인 예시하는 '상상의 상(像)'

[…] 어떤 표현을 이해하는 것은 그 표현에 속한 '상상의 상'(Phantasiebild)을 발견하는 것을 뜻한다. '상상의 상'이 일어나지 않는 곳에서 표현은 무의미할 것이다. 흔히 이 '상상의 상' 자체를 '단어의 의미'라고 부른다. […] 표현의 현존재가 표현(심지어 그 의미 자체)의 유의미성을 결정하지 않으며, 표현의 현존재가 없다고 해서 표현의 유의미성을 방해할 수도 없다. […]

23 표현 속의 통각과 직관적 표상 속의 통각

어떤 기호의 의미작용(Bedeuten)이 수행되는 이해하는[5] 파악은, 모

---

[5] 나는 '이해한다'는 단어를 가령 말하는 사람과 듣는 사람의 관련을 지시하는 제한된 의미로 사용하지 않는다. 독백으로 사유하는 자는 자신의 단어를 '이해하

든 파악하는 것이 어떤 의미에서 이해하거나 해석하는 것인 한, 체험된 감각내용을 통해 어떤 대상(예를 들어 '어떤 외적' 사물)의 직관적 표상(지각·상상·모사 등)이 생기는 (다른 형식으로 수행되는) 객관화하는 파악과 유사하다. 그러나 두 파악의 현상학적 구조는 현저하게 구별된다. […]

24 서론

[…] 우리는 작용(Akt)으로서 의미하는 것(Bedeuten)과 가능한 작용들의 다양체에 대립된 이념적 통일체(ideale Einheit)인 의미(Bedeutung) 자체를 구별했다. 주관적 의미에서 표현된 내용과 객관적 의미에서 표현된 내용, 후자의 관점에서 '의미'로서 내용과 '명명(命名)'으로서 내용의 구별은 무수한 경우 확실하게 판명하다. […]

25 통지의 내용과 명명이 합치하는 관계

표현은 다른 대상들뿐만 아니라 표명하는 사람의 현재의 심리적 체험에도 관련될 수 있다. 따라서 표현은 **표현이 명명하고**(…) 동시에 **통지하는 대상적인 것**과 **명명된 내용과 통지된 내용이 분리되는 대상적인 것**으로 나뉜다. 전자의 예는 의문문·소망문·명령문이고 후자의 예는 외적 사물·과거의 고유한 심리적 체험·수학적 관계 등이다. 누군가 '나는 물 한잔 부탁한다'는 소망을 말하면, 듣는 사람에게 이것은 말하는 사람의 소망에 대한 표시다. 그러나 동시에 이 소망도 진술의 대상이다. 통지된 것과 명명된 것이 여기에서는 부분적으로 합치된다. 나는 통지하는 것이 분명히 화자에게 더 도달하기 때문에 '부분적으로 합치된다'고 말한다. […] 가령 '2×2=4' 같은 진술에서는

고', 이 이해함은 단순히 현실적으로 의미함이다—후설의 주.

통지와 진술된 사태가 완전히 분리되어 있다. 이 명제는 다른 명제 '나는 2×2=4라 판단한다'와 결코 동일한 것을 말하지 않는다. 이 둘은 어느 하나는 참인데 다른 하나는 거짓일 수 있는, 전혀 같은 값을 지닌 것이 아니다. […]

26 본질상 우연적 표현과 객관적 표현

[…] 어떤 표현이 단순히 그 음성으로 나타나는 내용을 통해 그 의미와 결합하거나 결합할 수 있을 때 따라서 표명하는 사람이나 그 표명하는 상황을 필연적으로 고려하지 않아도 이해될 수 있을 때 '객관적'이라고 한다. 객관적 표현은 애매할 수 있다. 그때그때 사실적으로 일어나고 뜻하는 심리학적 상황(듣는 사람의 우연적인 사유의 방향, 이미 유출되는 논의의 경과 그리고 이 속에서 일어난 경향 등)에 의존하는 관계 속에 수많은 의미가 있기 때문이다. 따라서 논의하는 사람과 그 상태를 고려하는 것이 영향을 촉진시킬 수 있다. 그러나 그 단어가 일반적으로 이러한 의미로 이해되는 데 필수조건인지는 이러한 고려에 의존하지 않는다.

본질적인 모든 표현을 '본질적으로 주관적이며 우연적'이라고 또는 간략하게 '본질적으로 우연적'이라고 하는 것은 […] 개념적으로 통일된 가능한 의미들의 그룹이 그것에 속해 그때그때 형편에 따라, 논의하는 사람과 그 상황에 따라 그 현실적 의미의 방향이 정해지는 것에서 기인한다.

모든 이론적 표현, 따라서 '추상적' 학문의 원리와 공리, 증명과 이론을 구축하는 표현은 객관적 표현에 속한다. 예를 들어 수학적 표현이 뜻하는 것에는 현실적 논의의 상황이 조금도 영향을 미치지 못한다. 우리는 논의하는 사람을 전혀 염두에 두지 않고도 그 명제를 읽고 이해한다. […]

인칭대명사를 포함하는 모든 표현은 실로 객관적 의미가 없다. '나'라는 단어는 경우마다 다른 사람을 일컫고, 이것은 항상 새로운 의미로 이루어진다. 그때마다 오직 생생한 논의에서만 그리고 이 논의에 속한 직관적 상황에서만 자신의 의미를 이끌어낼 수 있다. 우리는 누가 그 단어를 썼는지 알지 못해도 그 단어를 읽고, 그것이 무의미하지 않다면 그 정상적 의미에서 먼 단어를 갖는다. 물론 이것은 임의의 아라베스크[무늬]와 다른 느낌을 준다. 그것은 하나의 단어, 게다가 그때그때 논의하는 사람이 자기 자신을 나타내는 단어다. 그러나 이렇게 제기된 개념적 표상은 '나'라는 단어의 의미가 아니다. 그렇지 않으면 우리는 '나'를 대신해 '자기 자신을 나타내는 그때그때 논의하는 사람'으로 단순하게 대체돼야 한다. […]

27 다른 종류의 동요하는 표현

본질적으로 우연적인 표현이 동요하고 증가하는 것은 종종 논의하는 사람의 의견을 부각시키는 그 표현의 불완전함 때문이다. 대체로 우연적 표현과 객관적 표현의 본질적인 구별은 동시에 애매함의 새로운 형식을 나타내는 다른 구별과 교차된다. 그래서 완전한 표현과 불완전한(약식 삼단논법[6]의) 표현, 정상으로 기능하는 표현과 비-정상으로 기능하는 표현, 정확한 표현과 모호한 표현의 구별과 교차된다.

---

6 일반적으로 삼단논법은 대전제·소전제·결론으로 이루어지는데, 약식 삼단논법은 이 가운데 하나를 생략한 것이다. 가령
    모든 철학자는 이상주의자다.
    <u>플라톤은 철학자다.</u>
  ∴ 플라톤은 이상주의자다.
이처럼 약식 삼단논법은 불완전하지만, 독자나 청중이 생략된 부분을 직접 추론하기 때문에 더 강한 여운이 남아 풍자나 수사학 등에 곧잘 사용된다.

통상의 논의에서 비-인칭적인 것은 외관상 확고한 객관적 표현이 약식(略式) 삼단논법의 단축으로 어떻게 주관적으로 동요되는지에 대한 좋은 예가 된다. 아무도 '케이크가 있다'는 명제를 '정다면체가 있다'는 수학적 명제처럼 이해하지 않는다. 전자의 경우 일반적으로 또 전적으로 케이크가 있다는 것이 아니라, '여기에 지금 커피와 함께 케이크가 있다'를 뜻한다. '비가 내린다'도 일반적으로 비가 오는 것이 아니라, '지금 밖에' 비가 온다는 것을 뜻한다. 표현에 없는 것은 단순히 말해지지 않은 것이 아니라, 명백하게 사유되지 않은 것이다. 그러나 그것은 확실히 논의 속에서 뜻해진 것에 속한다.[7] 보충이 삽입되면 명백히 위에서 정의한 의미에서의 본질적으로 우연적인 것으로 특징지을 수 있는 표현이 된다.

[…] 부분적으로 미흡하고 또 주관적으로 규정되지 않은 의미는 말하는 사람과 듣는 사람이 공통적으로 자신을 발견하는 직관적 상태를 통해 보충되거나 자세하게 구별된다. 이것이 옹색한 표현을 이해할 수 있게 한다.

표현의 애매함에 관련해 우리는 **정확한 표현**과 **모호한 표현**을 구별했다. 순수이론과 법칙 속에 존립요소로 등장하는 모든 표현이 정확한 데 반해, '나무'·'관목'·'동물'·'식물' 등 공동 삶의 표현 대부분은 모호하다. […]

28 의미가 동요하는 것인 의미작용이 동요하는 것

[…] 그러나 의미가 동요한다는 이 중대한 사실이 의미를 이념적

---

[7] 이러한 후설의 주장은 언어로 표현되지 않는 것(예컨대 배경이나 분위기)에도 주목하는 동양사상이나 본 것을 모두 그릴 수 없다고 여백(餘白)을 강조하는 동양미학과 매우 유사한 견해로 서양철학에서는 아주 독특한 견해다.

(그래서 견고한) 통일체로 파악하는 것을 뒤흔들거나 일반성의 관점에서 본질적으로 제한하는 게 적당한지는 숙고해야만 한다. 게다가 위에서 본질적으로 '주관적 또는 우연적'이라고 부른 애매한 표현 그리고 마찬가지로 모호한 표현과 정확한 표현의 차이는 이러한 관점에서 의심스러울 수 있다. 그렇다면 의미 자체는 객관적인 것과 주관적인 것, 확고한 것과 때에 따라 변화하는 것으로 나뉘는가? 우선 그렇게 보일 이 차이에서 하나는 주관적 표상작용과 사유작용의 흐름에 상관없이 확고한 종(種)의 방식에서 이념적 통일체로, 다른 하나는 주관의 심리적 체험의 흐름 속에 가라앉는 일시적 사건이자 때로는 거기에 있고 때로는 없는 것으로 파악될 수 있는가?

[…] 그 의미가 임시적인 것으로 방향이 정해진 주관적 표현이 일정한 경우에 뜻하는 내용은 확고한 표현의 내용과 아주 똑같이 이념적인 통일적 의미다. 이것은 **이념적으로** 말하면, 모든 주관적 표현이 그 표현에 즉시 들어맞는 의미의 지향을 동일하게 확인하는 경우 객관적 표현으로 대체될 수 있는 상황이 명백하게 보여준다. […]

사실상 각각의 주관적 표현이 객관적 표현으로 대체될 수 있다는 우리의 주장은 근본적으로 객관적 이성에 제한이 없다는 것을 분명하게 뜻할 뿐이다.

① 존재하는 모든 것은 '그 자체로' 인식할 수 있고, 그 존재는 이러저러한 '진리 그 자체' 속에 명시된 내용적으로 규정된 존재다.

② 존재하는 것은 그 자체로 확고하게 규정된 성질과 관계를 갖고, 사물적 자연의 의미에서 실재적 존재이고, 공간과 시간 속에 확고하게 규정된 넓이와 위치, 항속(恒續)하거나 변화하는 확고하게 규정된 방식을 갖는다.

③ 그러나 그 자체로 확고하게 규정된 것은 반드시 객관적으로 규정될 수 있고, 객관적으로 규정될 수 있는 것은 이념적으로 말하

면 확고하게 규정된 단어의 의미로 표현될 수 있다.

④ 존재 그 자체에는 진리 그 자체가 상응하고, 이것에는 다시 확고하고 명백한 진술 그 자체가 상응한다. 물론 이것을 어디에서나 실제로 진술할 수 있기 위해서는 단순히 필요한 수의 잘 구별된 단어의 기호가 아니라, 무엇보다 그에 상응하는 수의 정확하고 유의미한 표현이 필요하다. […] 이론적으로 문제가 되는 모든 의미에 대한 표현을 형성하고 이와 관련해 그 의미를 명증적으로 동일화하거나 구별하는 능력이 필요하다.

[…] 사실적인 단어의미는 동요하며, 동일한 사유의 과정이 경과하는 가운데 종종 변화된다. 게다가 단어의 의미는 대부분 본성상 임시적인 것을 통해 규정된다. 그러나 정확하게 살펴보면, 의미가 동요하는 것은 본래 의미의 작용이 동요하는 것이다. 즉 표현에 의미를 수여하는 주관적 작용은 동요하고, 이것은 여기에서 개별적으로가 아니라 특히 그 의미가 놓여 있는 종적 특성에 따라 변화된다. 그러나 의미 자체는 변화되지 않는다. […]

29 순수논리학과 이념적 의미

순수논리학은 개념·판단·추리를 다루는 어디에서든 사실상 우리가 여기에서 '의미'라고 부르는 이 이념적 통일체에 관계한다. 그리고 의미의 이념적 본질을 심리학적인 문법적 연결로 가려내려고 노력하면 그리고 앞으로도 이러한 본질에 근거해 의미된 대상성과 일치하는 아프리오리한 관계를 해명하려고 겨냥하면, 우리는 실로 순수논리학의 영향권 속에 있게 된다.

[…] 모든 주어진 이론적 통일체가 본질상 의미의 통일체이면 그리고 논리학이 이론적 통일체 일반에 관한 학문이면, 분명하게 논리학은 의미 그 자체, 그 본질적 종류와 차이뿐만 아니라 순수하게 이것에

근거한 (따라서 이념적) 법칙에 관한 학문임이 틀림없다. 왜냐하면 그 본질적 차이에는 대상적 의미와 대상이 없는 의미, 참된 의미와 거짓된 의미의 차이도 포함되고, 따라서 이 법칙에는 의미와 그 대상성 또는 진리의 범주적 형식의 아프리오리한 연관을 표현하는 순수 '사유법칙'도 포함되기 때문이다.

물론 논리학을 이렇게 의미에 관한 학문으로 파악하는 것은 표상·판단·긍정·부정·전제·결론 등 심리학적 용어나 심리학적으로 해석할 수 있는 용어로 조작하고 그래서 실제로 심리학적 차이를 확인하며 이와 관련된 심리학적 법칙성을 추적하는 전통논리학이 일반적으로 논의한 방식과 대립된다. 그러나 '서론'(제1권)의 비판적 연구 이후 우리는 이러한 파악에 현혹될 수 없다.[8] 그것은 논리학이 자신의 가장 고유한 탐구의 영역을 형성하는 객체[대상]에 대한 올바른 이해에서 아직 얼마나 멀리 떨어져 있는지, 그 본질이 어쨌든 이론적 이해로 이끌게 요구하는 객관적 학문을 아직 얼마나 배워야만 하는지를 보여줄 뿐이다. […]

30 심리학적 의미에서 표현하는 체험의 내용과 통일적 의미의 내용

우리는 의미의 본질을 의미를 수여하는 체험에서 보는 것이 아니라 말하거나 사유하는 사람의 실제적이거나 가능한 체험의 분산된 다양체에 대립해 하나의 동일한 지향적[9] 통일체를 서술하는 '내용'에

---

8 따라서 『논리연구』에서 제1권과 제2권을 분리해 제1권에서는 심리학주의를 비판했다가 제2권에서는 다시 심리학주의에 빠졌다고 해석하는 것은 후설 자체에서 전혀 근거를 찾을 수 없는 자의적 왜곡일 뿐이다.
9 '지향적'이라는 단어는 형성된 것에 따라 의미에 적용하는 것뿐만 아니라 '지향하는'(intentio) 대상에 적용하는 것도 허용한다. 따라서 지향적 통일체는 필연적으로 지향된 통일체, 즉 대상의 지향된 통일체를 뜻한다—후설의 주.

서 본다. 이러한 이념적 의미로 관련된 의미의 체험인 '내용'은 심리학이 뜻하는 내용, 즉 어떤 체험의 실재적 부분이나 측면이 결코 아니다. […] 표현작용의 본질은 의미지향 속에 있지, 충족시키는 가운데 의미지향에 덧붙일 수 있는 다소 간에 완전한, 더 자세하거나 모호한 심상화(Verbildlichung)에는 없다. […]

31 의미작용의 작용적 특성과 이념적으로-하나인 의미

[…] 개별적 체험의 무한한 다양성에 대립해 그 속에 표현된 것은 어디에서나 동일한 것, 즉 단어의 가장 엄밀한 의미에서의 **동일한 것**이다. 명제의 의미는 사람이나 작용의 수(數)를 통해 증가되지 않고, 이념적인 논리적 의미에서 판단은 하나다. […]

32 의미의 이념성은 규범적 의미의 이념성이 아니다

의미의 이념성은 종적(種的)인 것 일반의 이념성에서 특수한 경우다. 따라서 그 이념성은 마치 완전함의 이상, 즉 다소 간에 유사하게 실재화하는 개별적 경우들에 대립된 이념적 극한치(極限値)가 문제인 것처럼 **규범적 이념성의 의미를** 결코 갖지 않는다. 확실히 '논리적 개념', 즉 **규범적 논리학의 의미에서** 전문용어는 그 의미작용에 관해 하나의 이상(理想)이다. 왜냐하면 인식하는 기술(技術)은 다음과 같이 요청하기 때문이다.

단어를 절대적으로 동일한 의미에서 사용하라.
의미가 동요하는 모든 것을 배제하라.
의미를 구별하고 감각적으로 날카롭게 구분된 기호를 통해 진술하는 사고 속에서 그 차이를 유지하는 데 마음을 써라.

[…] 일상적인 규범적 의미에서 이념성은 실재성을 배제하지 않는다. 이상(Ideal)은 더구나 실제적 사물로 실존하고 확실하게 있을 수 있는 구체적인 근원적 상(Urbild)이다. […]

II 선험적 현상학이 숙성되는 시기

3 『시간의식』

후설이 1904~1905년 강의한 '현상학과 인식론의 주요문제'의 마지막 부분과 1893년부터 1917년까지 집필한 관련 자료는 슈타인이 초안을 정리했고, 하이데거가 1928년 편집해 출간했다. 그렇게 세상에 나온 『시간의식』은 순수한 근원적인 감각자료가 시간적으로 구성되는 과정과 이 구성의 기초인 현상학적 시간이 구성되는 시간의식의 지향성을 밝힌다.

모든 체험은 내적 시간의식의 절대적 흐름 속에서 통일적으로 구성된다. 이 흐름은 이중의 연속성을 지니는데, 생생한 현재인 '지금'(Jetzt)이 과거에서 미래로 이어지는 표층의 '가로방향의 지향성'과 '지금'이 지나가버렸지만 아무런 흔적도 없이 사라지는 것이 아니라 변양된 채 무의식 속에 원근법적으로 침전되어 여전히 유지되는 심층의 '세로방향의 지향성'이 바로 그것이다.

따라서 의식의 흐름은 방금 전에 체험한 것을 현재화해 지각하는 '과거지향'(Retention), 지속하는 시간의 객체가 산출되는 원천인 '지금', 즉 '근원적 인상'(Urimpression), 미래의 계기를 직관적으로 예상하는 '미래지향'(Protention)의 통일체를 이룬다. 이 통일체에 근거해 이미 잘 알려져 있는 것(과거지향)에서 아직 상세하게 알려져 있지 않은 것(미래지향)을 그 친숙한 유형(Typik)으로 미리 지시하고 예측해갈 수 있다.

후설은 시간적으로 발생하는 모든 의식체험의 지향적 지평구조와 침전된 역사성을 분석해 발생적 현상학의 근본 틀을 마련했다. 그는 이 성과를 『이념들』 제1권 등에서 자주 인용하며 강조했지만, 그의 현상학을 단편적으로 이해한 이들의 두껍게 쌓인 편견 때문에 전혀 주목받지 못했다.

슈타인(왼쪽)과 하이데거
『시간의식』은 연구조교 슈타인이 원고를 정리하면서
후설이 이를 함께 검토하다가 이후 하이데거가 최종 편집해 발표했다.
사진은 1910년대 초반의 슈타인과 1920년대의 하이데거.

객관적 시간과 현상학적 시간

편집자 서문[1]

『시간의식』의 제1부는 1904~1905년 겨울학기에 '현상학과 인식론의 주요문제'라는 제목으로 행한 주당 4시간 강의의 마지막 부분을 포함한다. 『논리연구』 제2권(1901)이 인식의 '더 높은' 차원의 작용을 해석하는 것을 주제로 삼은 반면, 이 강의는 '가장 밑바닥에 놓여 있는 지성적 작용, 즉 지각·상상·심상(心像)의식·기억·시간직관'을 연구할 계획이었다. 제2부는 이 강의의 부록과 1910년까지의 새로운 보충적 연구를 담았다.

그 후 계속된, 특히 1917년 이래 개체화(Individuation)의 문제와 관련해 다시 다룬 시간의식에 관한 연구는 추후 출판하기 위해 유보했다.[2]

이 연구의 일관된 주제는 순수한 감각자료의 시간적 구성과 그 구성의 기초인 '현상학적 시간'의 자기구성(Selbstkonstitution)이다. 이때 시간의식의 지향적 성격을 분명하게 밝히고 **지향성 일반**을 근본적으로 해명하는 것이 중요하다. 개별적 분석의 특별한 내용 이외에 이러한 사실 하나만으로도 이미 다음의 연구는 『논리연구』에서 처음 다룬 지향성을 근본적으로 해명하는 일을 불가결하게 보완해준다. 오늘날에도 여전히 이러한 표현[지향성]은 '모토의 구호'가 아니라 오히려 '중심적 문제'의 명칭일 뿐이다. […]

---

1 이 「편집자 서문」은 이 책을 편집해 『철학과 현상학 탐구연보』 제9권(1928)에 발표할 때 하이데거가 작성한 것이다. 1쪽으로 매우 짧은 분량이지만 그 당시 하이데거가 이해한 후설현상학을 가늠해 볼 수 있는 내용이다.

2 이 연구 가운데는 1919~20년 강의를 중심으로 란트그레베가 편집해 후설이 죽은 다음 해인 1939년 출판한 『경험과 판단』이 있다.

서론

시간의식의 분석은 기술심리학과 인식론의 매우 오래된 교차점이다. 여기에 놓인 극히 어려운 점을 깊이 깨닫고 이 문제에 필사적으로 노력을 기울인 최초의 사람은 아우구스티누스이다. 그의 『고백록』(*Confessiones*) 제11권 제14장에서 제28장까지는 오늘날에도 시간의 문제에 몰두하는 모든 사람이 근본적으로 연구해야 할 부분이다. 왜냐하면 지식을 과시하는 현대에도 이 문제를 진지하게 탐구한 그 위대한 사상가보다 더 탁월하거나 훨씬 뛰어난 연구가 없기 때문이다. 현대에도 다음과 같이 그의 말을 인용할 수 있다.

> 아무도 나에게 묻지 않으면, 나는 알고 있습니다. [그런데] 물음을 받고 해명하려 하면, 나는 모릅니다(si nemo a me quaerat, scio, si quaerenti explicare velim, nescio).[3]

물론 우리는 모두 '시간이 무엇인지' 알고 있다. 시간은 모두에게 가장 잘 알려진 것이다. 그러나 시간의식을 해명하고 객관적 시간과 주관적 시간의식을 정당한 관계 속에서 정립하며 '어떻게 시간적 객체성, 즉 개체적 객체성 일반이 주관적 시간의식 속에 구성될 수 있는지' 이해하려고 시도하자마자, 더구나 주관적 시간의식, 즉 시간체험의 현상학적 내용을 분석하려고 시도하자마자 극히 특별한 어려움과 모순, 혼란에 휩쓸린다. […]

---

[3] "현재는 언제나 존재하는 현재이고 과거로 이행하지 않으면, 이미 현재가 아니고 영원이다"(『고백록』 제11권, 제14장). 마음(anima) 속에 새겨진 현재의 시간은 과거의 현재인 기억(memoria), 현재의 현재인 직관, 즉 지각(contuitus), 미래의 현재인 예상(expectatio)으로 이루어진다(같은 책, 제18, 20장 참조).

1 객관적 시간의 배제

[…] 모든 현상학적 분석처럼, 시간의식에 대한 현상학적 분석에서는 객관적 시간에 관한 모든 가정, 확정, 확신(존재하는 것을 초월하는 모든 전제)을 완전히 제외해야 한다. 객관적 관점에서 보면, 각각의 체험, 따라서 시간[에 대한]지각과 시간[에 대한]표상의 체험 자체는, 모든 실재적 존재나 존재의 계기와 마찬가지로 유일한 하나의 객관적 시간 속에 자신의 위치를 가질 것이다. 시간을 구성하는 체험을 포함해 어떤 체험의 객관적 시간을 규정하는 것에 관심을 두는 사람도 있을 것이다. 더구나 '시간의식 속에 객관적 시간으로 정립된 시간은 어떻게 현실적인 객관적 시간에 관계하는가?' '시간간격의 [주관적] 평가는 객관적인 현실적 시간간격에 과연 상응하는가?' 또는 '시간간격의 [주관적] 평가는 객관적인 현실적 시간간격에서 어떻게 벗어나는가?' — 이러한 사실을 확정하는 것도 흥미 있는 연구일 것이다.

그러나 이것들은 결코 현상학의 과제가 아니다. 현실적 사물, 현실적 세계가 현상학의 자료가 아니듯이 세계의 시간, 실재적 시간, 즉 자연과학이나 영혼에 관한 자연과학인 심리학적 의미에서의 자연의 시간은 현상학의 자료가 아니다.

그런데 시간의식의 분석이나 지각·기억·예상의 대상이 지닌 시간의 성격을 논의하면, 마치 객관적 시간의 경과를 미리 상정하고 그런 다음 시간[에 대한]직관과 본래적 시간[에 대한]인식을 가능케 해주는 주관적 조건만 연구하는 것처럼 보일지 모른다. 그러나 우리가 받아들이는 것은 […] 나타나는 시간 그 자체, 즉 나타나는 지속 그 자체다. 이것은 절대적으로 주어진 것이며, 이것을 의심하는 것은 무의미할 것이다. 그렇다면 우리는 존재하는 그 어떤 시간을 가정하지만, 이것은 경험하는 세계의 시간이 아니라 의식이 경과하는 내재적(immanent) 시간이다. […]

객관적 시간을 배제한다는 것은 공간과 비교해보면 더 명백해진다. 왜냐하면 시간과 공간은 이제까지 크게 주목한 중요한 유사점이 있기 때문이다. 현상학적으로 주어진 것의 영역에는 공간의식, 즉 체험— 이 속에서 '공간의 직관'은 지각이나 상상으로 수행된다—이 있다. […] 현상학의 자료는 시간에 대한 파악, 객관적 의미에서 시간적인 것이 나타나는 체험이다. 더구나 시간에 대한 파악 그 자체를 특히 기초 짓는 체험의 계기들, 그래서 경우에 따라 특수하게 일시적으로 파악한 내용(온건한 생득설이 '근원적으로 시간적인 것'이라 부르는 것)은 현상학적으로 주어진다. 그러나 이 가운데 어떤 것도 객관적 시간은 아니다. […] '근원적 시간의 장(場)'은 가령 객관적 시간의 한 부분이 아니며, 체험된 '지금'은 그 자체로 보면, 객관적 시간의 한 시점이 아니다. 객관적 공간, 객관적 시간 그리고 이와 더불어 현실적 사물이나 경과의 객관적 세계—이 모든 것은 초재다. […]

현상학의 자료를 감각된 것이라고 하면, 이러한 의미에서 '감각된' 시간적인 것과 지각된 시간적인 것도 구별해야 한다.[4,5] 지각된 시간적인 것은 객관적 시간을 뜻한다. 그러나 감각된 시간적인 것은 그 자체로 객관적 시간(또는 객관적 시간 속의 위치)이 아니라, 현상학의 자료다. 이 자료의 경험적 통각을 통해 객관적 시간과의 관계가 구성된다.

---

4 그러므로 '감각된'이라는 말은 '감각된 것이 감성적(sensuell)인지 아닌지, 더구나 이것이 도대체 감성적이라는 의미에서 내재적인지 아닌지'에 대해 그 자체로는 아무것도 [우리에게] 주장하지 못할 관계에 관한 개념의 표시일 것이다. […] 모든 구성이 '파악내용–파악'이라는 도식을 갖지는 않는다—후설의 주.
5 일상적 의미의 '감각'은 외적 지각이 제시하는 내용이고, '지각'은 체험된 감각 내용 속에 직접 제시하는 내용의 총체를 뜻한다. 즉 감각은 신체가 체험하는 자극으로 일어나는 직접적 의식내용이며, 지각은 이것에 주의를 기울이는 파악작용으로 이루어진 선-술어적 경험이다. 하지만 감각도 대상을 지향하는 성격이 있기 때문에 감정과 달리 일종의 지적인 현상이다—후설의 주.

우리가 시간의 표시라고 하는 **시간의 자료**는 시간(tempora) 자체가 아닙니다. 객관적 시간은 경험하는 대상성의 연관에 속한다. '감각된' 시간의 자료는 단순히 감각된 것이 아니라, 감각된 자료에 기초해 나타나는 시간 또는 시간의 관계를 서로 비교해 측정하고 객관적 질서로 배열함으로써 외견상으로 구별하거나 그 실제적 질서를 구별해 파악하는 성격도 부착되어 있다. 이 경우 객관적으로 타당한 존재로 구성되는 것은 결국 하나의 무한한 객관적 시간이며, 이 시간 속에 모든 사물이나 사건, 즉 물체나 그 물리적 성질, 영혼이나 그 영혼의 상태는 시간측정기로 규정될 수 있는 일정한 시간의 위치를 차지한다.

[…] 한 자루의 분필에 주목해보자. 그리고 눈을 감고, 또 떠보자. 이때 우리는 두 가지 지각을 갖는다. 그렇다면 동일한 분필을 두 번 보는 것이다. 이 경우 우리는 시간적으로 분리된 [지각의] 내용을 갖고, 현상학적으로 '시간적으로 서로 떨어져 있는 것', 즉 분리된 것도 간취한다. 그러나 대상은 전혀 분리되지 않으며 동일하다. 즉 대상에는 지속이, 현상에는 변화가 있다. 공존(Koexistenz)을 객관적으로 확정할 수 있는 경우에도 시간적 계기의 관계는 주관적으로 감각할 수 있다. 체험된 내용은 '객체화'되고, 객체는 체험된 내용의 질료에서 파악의 방식으로 구성된다. 그러나 대상은 이러한 '내용'의 단순한 총계나 복합이 아니다. 이 내용은 결코 대상 속에 깊이 들어가는 것이 아니다. 대상은 내용 이상의 것이고, 어떤 방식으로든 내용과 다른 것이다. 객체성은 '경험'에 속하며, 게다가 경험의 통일, 즉 경험의 법칙에 지배되는 자연의 연관에 속한다. 현상학적으로 말하면, 객체성은 곧 '1차적' 내용 속에 구성되는 것이 아니고, 파악의 성격과 그 본질에 속하는 법칙성으로 구성된다. 이러한 사실을 완전히 통찰하고 명백하게 이해하는 것이 곧 인식의 현상학이다.

2 '시간의 근원'에 관한 물음

우리는 이러한 반성을 통해 경험에 대해 구성적인 모든 개념 그리고 시간의 개념에 관한 현상학적(또는 인식론적) 근원의 물음과 심리학적 근원의 물음의 차이도 이해한다. 경험의 가능성에 관한 인식론적 물음은 경험의 본질에 관한 인식론적 물음이다. 그리고 경험의 현상학적 가능성에 관한 해명은 현상학적 자료로 되돌아갈 것을 요구한다. 경험된 것은 현상학적으로 이러한 자료로 이루어진다. 경험작용이 '본래적인 것'과 '비-본래적인 것'의 대립을 통해 구분되고, 본래적 경험, 즉 직관적이며 궁극적인 충전적 경험이 경험을 평가하는 척도를 제공하는 한, '본래적' 경험의 현상학은 특히 요구된다.

그러므로 시간의 본질에 관한 물음은 또한 시간의 '근원'에 관한 물음으로 환원된다. 이 근원적 물음은 시간의식의 원초적 형태를 향해 있다. 이 형태에서 시간적인 것의 원초적 차이가 시간에 관련된 모든 명증성의 원본적 원천으로서 직관적으로 그리고 본래적으로 구성된다. 그 근원적 물음을 심리학적 근원에 관한 물음, 즉 경험론과 생득론이 논쟁한 물음과 혼동하면 안 된다. 후자는 근원적 감각질료를 묻는다. 객관적 공간의 직관과 시간의 직관은 이 근원적 감각질료에 근거해 인간의 개체나 류(類) 속에 성립한다. 경험의 발생(Genesis)에 관한 문제는 우리와 전혀 상관없고, 체험의 대상적 의미와 이것이 기술하는 내용에 따른 체험만 우리의 관심사다. 심리학적 통각은 경험적 개인, 즉 심리물리적 주체의 심리적 상태로서 체험을 파악하고, 순수한 심리적 연관이든 심리물리적 연관이든 그 연관을 확정하고 심리적 체험이 발생하고 형성되며 변형되는 것을 자연법칙으로 추구한다.

이러한 심리학적 통각은 현상학적 통각과 전혀 다르다. 우리는 체험을 실제성의 일부로 간주하지 않는다. […] 우리의 관심사는 시간의 체험일 뿐이다. […] 이러한 체험에 '객관적 시간의' 자료가 사념된다는 사실이다. 이에 관련된 [의식]작용이 이러저러한 '객체적인 것'을 사념한다는 사실을 기술하는 것, 더 정확하게 말하면, 객체성의 다른 구성적 계기에 속한 아프리오리한 진리를 제시하는 것이 현상학의 영역에 속한다. 우리는 시간의 아프리오리를 명석하게 이끌어내도록 시도하며, 이렇게 함으로써 시간의식을 철저히 탐구하고 그 본질적 구성을 분명히 드러내도록 촉진하고, 경우에 따라 시간에 특수하게 속한 파악의 내용과 작용의 성격을 뚜렷이 드러낸다. 시간의 아프리오리한 법칙은 본질적으로 이러한 파악의 내용과 작용의 성격에 속한다. […] 이 정도가 일반적 서론이다.

II-3

시간의식의 분석

10 경과하는 현상들의 연속체. 시간의 도표

내재적 시간객체가 경과하는 양상은 하나의 출발점, 이른바 하나의 원천적 시점을 갖는다. 그것은 내재적 객체가 그것을 통해 존재하기 시작하는 경과의 양상이다. 이 경과의 양상은 '지금'으로 특징지어진다. 그리고 경과의 양상이 끊임없이 진행되면, 우리는 '그 후 각각 경과하는 국면 자체는 하나의 연속성이며 끊임없이 확장되는 연속성, 즉 과거의 것의 연속성'이라는 주목할 만한 사실을 발견한다. 우리는 객체가 지속하는 경과의 양상의 연속성과 지속의 각 시점에서 경과의 양상의 연속성을 대립시킨다. 후자의 연속성은 전자의 연속성에 자명하게 포함된다. 지속하는 객체가 경과하는 연속성은 하나의 연속체(Kontinuum)다. 이 연속체의 국면들은 객체가 지속하는 가운데 서로 다른 시점이 경과하는 양상의 연속체다. 구체적 연속성을 따라가면, 우리는 끊임없이 변경을 겪으며, 이 속에서 경과의 양상, 즉 이것에 관련된 시점이 경과하는 연속성도 끊임없이 변화된다.

항상 새로운 '지금'이 나타남으로써 '지금'은 '과거'로 변화되고, 이 경우 선행된 시점에서 과거의 것으로 경과하는 연속성 전체가 '그 아래로' 밀리며, 일제히 과거의 심연 속으로 후퇴한다.

다음 도표에서 끊임없는 수평선 계열은 지속하는 객체가 경과하는 양상을 예시한다.

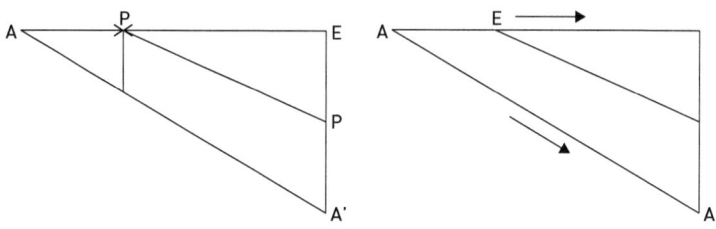

AE: '지금'의 시점의 계열.
AA: 가라앉아버림.
EA: 국면의 연속체
　　(과거지평을 지닌 '지금'의 시점).

E→: 경우에 따라 다른 객체들로 충족된 '지금'의 계열.

이렇게 경과하는 양상[6]은 하나의 시점 A에서 최후의 '지금'을 궁극적 시점으로 갖는 일정한 간격에 이르기까지 점차 증가한다. 그런 다음 (이 지속의) '지금'을 더 이상 포함하지 않는 경과의 양상의 계열이 시작된다. 이 지속은 더 이상 현실의 지속이 아니라, [사라져버린] 과거의 지속이며, 끊임없이 과거 속으로 더 깊게 가라앉아 사라지는 지속이다. 그러므로 위의 도표는 경과하는 양상에서의 이중적 연속성의 완전한 상(像)을 보여준다.

11 근원적 인상과 과거지향적 변양

지속하는 객체의 '산출'이 시작되는 '원천적 시점'은 근원적 인상

6　이에 관한 메를로퐁티의 간명한 도표는 이 책의 46쪽을 참조.

이다. 이 의식은 끊임없는 변화 속에서 파악된다. (이른바 의식에 적합하게, 의식 '속의') 생생한 '지금'의 음(音)은 이미 존재했던 것 속에서 끊임없이 변화되고, 항상 새로운 '지금'의 음은 변양된 '지금'의 음으로 끊임없이 교체된다.

그런데 '지금'의 음에 관한 의식, 즉 근원적 인상이 과거지향으로 이행하면, 과거지향 그 자체가 다시 '지금'이다. 즉 현실적으로 현존하는 것이다. 과거지향 자체가 현실적인 (하지만 현실의 음은 아니다) 반면, 그것은 이미 존재했던 음의 과거지향이다. 사념의 광선은 '지금', 즉 지나가버린 [과거의] 음을 향할 수도 있다. 그러나 의식 각각의 현실적 '지금'은 변양의 법칙에 따른다. 그것은 과거지향에 관한 과거지향 속에서 변화되고, 이것은 끊임없이 계속된다. 그 결과 그 후의 모든 시점에는 그 전의 모든 시점에 대해 과거지향인 과거지향의 끊임없는 연속체가 생긴다. 그리고 각각의 과거지향은 이미 연속체다. 음은 울려 퍼지기 시작하고, '그 음'은 끊임없이 울려 퍼진다. '지금'의 음은 '이미 존재했던' 음으로 변화되고, 인상적 의식은 끊임없이 흐르면서 항상 새로운 과거지향적 의식으로 이행한다. 이 흐름에 따라 또는 이 흐름과 더불어 우리는 [근원적 인상의] 기점에 속하는 끊임없는 과거지향의 계열을 갖는다.

더 나아가 이 계열의 그 이전 모든 시점은 과거지향의 의미에서 하나의 '지금'으로서 다시 음영이 새겨진다. 각각의 과거지향에는 과거지향적 변화의 연속성이 그와 같이 연결되고, 이 연속성은 그 자체로 다시 과거지향의 음영이 새겨진 현실성의 한 시점이다. 이러한 사실이 단순한 무한소급으로 이끌지 않는다. 왜냐하면 각각의 과거지향은 그 자체로 이른바 음영의 계열이라는 형식으로 과거의 유산을 포함하는 연속적 변양이기 때문이다. […]

14 시간의 객체들의 재생산(2차적 기억)

우리는 [앞에서] 1차적 기억 또는 과거지향을 '그때그때의 지각에 연결된 혜성의 긴 꼬리'로 특징지었다. 이것과 2차적 기억 또는 회상은 근본적으로 구별되어야 한다. 1차적 기억이 지나가 사라진 다음 그 운동, 그 멜로디에 관한 새로운 기억이 떠오를 수 있다. […] 현실적 지각이 지각의 흐름 가운데 있든 완전히 경과된 이후 연속적으로 합일하든 과거지향이 현실적 지각에 연결되면, 우선 (브렌타노가 말했듯이) "현실적 지각은 감각에 기초해 '직접 제시하는 것'(Präsentation)으로 구성되고, 1차적 기억은 상상에 기초해 재현(再現), 즉 현전화로 구성된다." 현전화는 직접 지각에 연결될 수도 있고 지각에 연결되지 않고 독자적으로 나타날 수도 있으며, [따라서] 이것은 2차적 기억이다.

[…] 회상은 시간적 현재가 기억된, 현전화된 현재다.[7] 이와 마찬가지로 과거는 기억된, 현전화된 과거이지만, 실제로 현재의 지각이나 지각된 과거, 즉 1차적으로 주어지거나 직관된 과거는 아니다.

다른 한편 회상 그 자체는 현재적이며, 원본적으로 구성된 회상이다. 그리고 그 후에는 방금 전에 존재했던 회상이 된다. 회상은 그 자체로 근원적 자료와 과거지향의 연속체 속에 형성되고, 이것과 일치해 (회상이 내재적으로 향하는지 초월적으로 향하는지에 따라) 내재적이거나 초월적인 지속의 대상성을 구성(또는 재-구성)한다. 반면 과거지향은 (원본적으로도 재생산적으로도) 결코 어떠한 지속의 대상성을 산출하지 않으며, 오히려 의식 속에 산출된 것만을 유지하면서 '방금 전에 지나가버린'이라는 특성을 각인한다.

---

7 '회상'은 과거에 지각된 것을 상상 속에서 다시 기억하는 것으로 생생하게 지각된 현재(지금)와 직접적 관련이 없고, 연상적 동기부여라는 매개를 통해 나타나기 때문에 '2차적 기억'이라 한다.

19 과거지향과 재생산(1차적 기억과 2차적 기억 또는 상상)의 차이

[…] 상상은 현전화(상상)로 특징지어진 의식이다. 물론 현전화된 시간도 존재하지만, 이 시간은 근원적으로 주어진 시간, 즉 상상된 것이 아니라 오히려 직접 제시된 시간을 필연적으로 소급해 지시한다. 현전화는 근원적으로 부여하는 작용에 대립하는 것이며, 어떠한 표상도 이것에서 '일어날' 수는 없다. 즉 상상은 그 어떤 객체성을 또는 어떤 객체성의 본질적이며 가능적인 특징을 그 자체로 주어진 것으로 제시할 수 있는 의식이 아니다. [객체] 그 자체를 부여하지 않는 것이 곧 상상의 본질이다. 상상이라는 개념조차 상상에서 일어나지 않는다. 왜냐하면 상상의 본질을 원본적으로 부여하고자 하면, 우리는 상상을 반드시 형성할 수 있지만, 이러한 사실 자체가 여전히 [상상의 본질이] 주어져 있다는 것을 뜻하지는 않기 때문이다. [따라서] 당연히 우리는 상상작용을 관찰하고 이 작용을 지각해야만 한다. 즉 상상의 지각은 상상이라는 개념을 형성하기 위해 근원적으로 부여하는 의식이며, 이러한 지각에서 우리는 상상의 본질을 간취하고 상상을 스스로 주어진 것의 의식 속에서 파악한다. […]

원본적 '지금'을 재생산된 '지금'으로 변경시키는 의식의 변양은 그것이 원본적 '지금'이든 재생산된 '지금'이든 '지금'을 '과거의 것'으로 변경시키는 변양과 전적으로 다르다. 후자의 변양은 끊임없는 음영의 성격을 띤다. 즉 '지금'이 끊임없이 '과거의 것' 그리고 '더 먼 과거의 것'으로 층(層)을 이루듯이, 직관적 시간의식도 끊임없이 층을 이룬다. 이에 반해 지각에서 상상으로, 인상에서 재생산으로 끊임없이 이행하는 것은 [여기에서] 논의되지 않는다. 지각과 상상, 인상과 재생산의 차이는 연속되지 않는 차이다.

따라서 우리가 원본적 의식, 인상 또는 지각이라고 부르는 것은 끊임없이 층을 이루는 작용이다. 각각의 구체적 지각은 이와 같이 층을 이루는 연속체 전체를 함축한다. 그러나 재생산과 상상의 의식도 정확히 이와 같이 층을 이룰 것을 요구하지만, 곧 재생산적으로 변양된다는 점이 다르다. 어떤 경우이든 체험은 반드시 이러한 방식으로 확장되며 어떠한 시점의 국면도 결코 그 자체로는 존재할 수 없다는 사실은 체험의 본질에 속한다. […]

26 기억과 예상의 차이

[…] 미래에 일어날 일을 직관적으로 표상하는 것에서 나는 재생산적으로 경과하는 과정의 재생산적 '심상'(Bild)을 지금 직관적으로 갖는다. 이 심상에는 규정되지 않은 미래지향과 과거지향, 즉 생생한 '지금'으로 한정하는 시간의 주변과 그 과정의 처음부터 관계하는 지향이 결합된다. 그래서 예상하는 직관은 거꾸로 기억되는 직관이다. 기억되는 직관에서 '지금'의 지향은 '앞서' 나가는 것이 아니라, 그것에 뒤따라가기 때문이다. […]

그러나 기억과 예상의 원리적 차이는 충족되는 방식에 있다. 과거지향은 직관적 재생산의 연관을 해명함으로써 필연적으로 충족된다. 과거에 일어난 일의 (내적 의식 속의) 타당성에 관한 기억이 결정되지 않았다는 것을 확인하고 재생산되는 변화를 통해 개선하는 것만 인정한다. […] 반면 예상은 지각 속에 그 자신의 충족을 발견한다. 그것이 지각될 것이라는 사실은 예상된 것의 본질에 속한다. 이 경우 예상된 어떤 것이 나타나면, 즉 현재의 것이 되면, 예상했던 상황 자체가 지나가버렸다는 사실은 분명하다. 미래의 것이 현재의 것이 되면, 현재의 것은 상대적으로 과거의 것이 된다. […]

30 과거지향의 변화에서 대상적 지향의 유지

[…] 모든 '지금'이 과거 속으로 되돌아가 가라앉는 가운데 그 자신

의 엄밀한 동일성을 견지한다는 사실은 보편적인 본질적 사태다. 현상학적으로 말하면, 질료 A의 기초 위에 구성된 '지금'의 의식은 항상 새로운 '지금'의 의식이 구축되는 가운데 끊임없이 '과거'의 의식으로 변형된다. 그러나 이렇게 변형되는데도 스스로를 변양시키는 의식은 그 자신의 대상적 지향을 유지한다(그리고 이 사실은 시간의식의 본질에 속한다).

[…] 대상은 그것의 종적(種的) 존립요소를 통해 유지될 뿐만 아니라, 개체적인 따라서 시간적으로 규정된 대상, 즉 그 자신의 시간적 규정을 지니고 시간 속으로 뒤로 가라앉아버리는 대상으로도 유지된다. 이렇게 뒤로 가라앉아버리는 것이 의식의 고유한 현상학적 변양이다. 이러한 사실을 통해 항상 새롭게 구성된 현실적 '지금'과의 관계 속에서 현실적 '지금'으로 이끄는 끊임없는 변화의 계열로 [이것들 사이의] 끊임없이 증대하는 간격이 형성된다.

31 근원적 인상과 객체적인 개별적 시점

여기에서 우리는 객체가 뒤로 가라앉아버림으로써 끊임없이 자신의 시간위치를 변경하지만, 어쨌든 그것은 뒤로 가라앉아버림으로써 자신의 시간위치를 유지해야 한다는 이율배반에 이끌리는 것 같다. 사실 끊임없이 뒤로 가라앉아버린 1차적 기억의 대상은 결코 자신의 시간위치를 변경시키지 않고, 단지 현실적 '지금'과의 간격을 변경시킬 뿐이다. 게다가 이것은 현실적 '지금'이 항상 새로운 시점으로 간주되는 반면, 지나간 과거의 시간적인 것은 그것이 존재하던 그대로 남아 있기 때문에 그러하다. […] 모든 객체화는 시간의식 속에서 수행된다. 따라서 시간위치의 동일성을 해명하지 않고는 시간 속에 있는 어떤 객체의 동일성도 결코 해명할 수 없다.

[…] 시간은 고정적인 것이지만, 어쨌든 흘러가버린다. 시간흐름

속에, 과거로 끊임없이 가라앉지만 흘러가버리지 않는 절대적으로 확고하고 동일한 객관적 시간이 구성된다. 이것이 곧 문제다. [⋯]

시간과 시간의 객체들이 구성되는 단계

39 과거지향의 이중적 지향성과 의식흐름의 구성

과거지향의 지향성에서 이중성은 '궁극적으로 구성하는 의식흐름의 통일체를 아는 것이 어떻게 가능한가?'라는 어려운 문제를 해결하기 위한 지침을 제공해준다. 여기에 어려움이 있다는 것은 의심할 여지가 없다. 즉 (지속하는 어떤 과정이나 객체에 속한) 하나의 완결된 흐름이 경과되면, 어쨌든 나는 그 흐름을 돌이켜볼 수 있으며, 그 흐름은 그것이 나타나듯이 기억 속에 통일체를 형성한다. 따라서 의식흐름도 명확하게 그 의식 속에 통일체로 구성된다. 예를 들어 음-지속의 통일체는 의식흐름 속에 구성되지만, 이 의식흐름 자체는 '음-지속-의식'의 통일체로 [의식흐름 속에] 다시 구성된다.

[⋯] 음의 내재적 시간의 통일체와 의식흐름 그 자체의 통일체는 곧 유일한 하나의 의식흐름 속에서 동시에 구성된다. [⋯] 일종의 '과거지향'인 각각의 의식의 음영은 이중의 지향성을 갖는다. 그 하나는 내재적 객체, 즉 음의 구성에 이바지하는 지향성으로, 이것은 (방금 전에 감각된) 음에 관한 '1차적 기억'이라 부르는 지향성, 더 명확하게 말하면, 곧 음의 과거지향이다. 다른 하나는 흐름 속에 있는 이 1차적 기억의 통일체에 대해 구성적인 지향성이다. 즉 과거지향은 여전히 존재하는 의식, 거꾸로 흐르는 의식이라는 사실과 일치해 흘러가버린 '음-과거지향'의 과거지향이다. 따라서 이 과거지향은 그 자신의 흐름 속에, 끊임없이 음영이 새겨지는 가운데 끊임없이 선행된 국면에 대한 끊임없는 과거지향이다. 의식흐름의 (⋯) 국면은 '이전의-

동시에 있음' 속에 있는 과거지향들의 통일적 연속성을 포함하며, 이 연속성은 선행된 흐름의 국면들의 순간적 연속성 전체에 대한 과거지향이다. […] 이 경우 '순간적으로-동시에 있음'으로 존재하는 국면들에 관한 각각의 새로운 연속성은 선행된 국면들에서 '동시에 있음'의 연속성 전체에 관계하는 과거지향이다. 그러므로 흐름의 경과에서 끊임없이 자기 자신과 합치되어 통일되는 '세로방향의 지향성'이 그 흐름을 통해 그렇게 나아간다. […]

그러나 동시에 최초의 과거지향과 더불어 새로운 '지금', 새로운 근원적 감각이 그곳에 있다. 이때 그 과거지향과 연속적-순간적으로 결합된 그 흐름의 두 번째 국면이 새로운 '지금'의 근원적 감각이자 그보다 앞서는 '지금'의 과거지향이다. 이와 마찬가지로 [그 흐름의] 세 번째 국면은 두 번째 근원적 감각의 과거지향과 더불어 최초의 근원적 감각의 과거지향에 관한 과거지향을 수반하는 새로운 근원적 감각이다. 여기에서 고려해야 할 점은 어떤 과거지향에 관한 과거지향은 직접 과거지향된 것에 관련해 지향성을 가질 뿐만 아니라, 두 번째 단계의 과거지향의 작용 속에서 과거지향된 것에 그리고 마지막으로 여기에서 철저하게 객체화되는 근원적 자료에 관련해 지향성을 갖는다는 사실이다. 즉 어떤 사물이 나타나는 현전화는 사물의 나타남에 관련해서뿐만 아니라 나타나는 사물에 관련해서도 지향성을 가지는데, 적절하게 말하면, A에 관한 어떤 기억이 단순히 기억만 의식하게 하는 것이 아니라 그 기억으로 기억된 것인 A를 의식하게 한다.

따라서 […] 내가 주의 깊게 음의 '가로방향의 지향성'에 익숙해지면(…), 지속하는 음은 그 자신의 지속 속에 항상 확대되면서 현존한다. 반면 '세로방향의 지향성'과 그 속에 구성된 것에 초점을 맞추면, 나는 반성하는 시선을 (일정 기간 지속했던) 음에서부터 '이전의-동시에 있음' 속에서 어떤 시점이 지나간 다음 드러나는 근원적 감각의 새로운 것으로, 어떤 끊임없는 계열에 따라서 [이 근원적인 것과] '동시에 있는' 과거지향된 것으로 던진다.

[…] 유일한 하나의 의식흐름에는 동일한 하나의 사실의 두 가지 측면처럼 분리할 수 없게 서로를 요구하는 통일적인 두 가지 지향성이 얽혀 있다. 세로방향의 지향성을 통해 내재적 시간, 즉 지속하는 것에 관한 지속이나 변화가 그 속에 존재하는 객관적 시간, 진정한 시간이 구성되고, 가로방향의 지향성 속에 흐름의 국면들의 유사-시간적 배열이 구성된다. 이 흐름의 국면들은 흘러가버리는 '지금'-시점, 즉 현실성의 국면을 항상 또 필연적으로 가지며, 일련의 이전-현실적 국면과 이후-현실적(아직 현실적이지 않은) 국면을 갖는다. […]

42 인상과 재생산

[…] 모든 구성된 체험은 인상이나 재생산이고, 재생산인 그 체험은 현전화작용이거나 아니다. 각각의 경우 그 구성된 체험 자체는 (내재적으로) 현재의 것이다. 그러나 모든 현재의 의식 또는 현재화하는 의식에는 이 의식에 관해 정확하게 부합하는 현전화의 이념적 가능성이 상응한다. […] 이 내재적 현전화작용, 어떤 A에 관한 지각작용에 재생산적 변양이 상응한다. 즉 지각작용의 현전화, 상상 또는 기억 속의 지각작용이 상응한다. 그러나 '상상 속의 지각'은 동시에 지각된 객체에 관한 상상이다. 지각에는 사물이나 사물의 경과라고 일컫는 어떤 대상이 현재의 것으로 현존한다. 따라서 지각은 그 자체로 현재의 것일 뿐만 아니라, 동시에 하나의 현재화작용이다. 지각에는 어떤 현재의 것, 즉 사물이나 경과가 현존한다. 마찬가지로 지각의 변양은 동시에 지각된 객체에 관한 현전화다. […]

(현전화에 대립되는 더 좁은 의미에서) 인상은 1차적 의식으로서, 의식된 어떤 의식도 그 배후에 갖지 않는 것으로 파악될 수 있지만, 이에

반해 가장 원초적인 현전화인 내재적 현전화는 실로 2차적 의식이며, 이것은 그것이 인상적으로 의식되는 1차적 의식을 전제한다.

45 비-시간적인 초재의 구성

더 나아가 (구성된 내재적 통일체인) 통일적 의미에서의 각각의 의식도 동시에 필연적으로 이것이 '관계되는' 대상적인 것에 관한 의식의 통일체라는 사실을 고려해야 한다. 그러나 각각의 의식이 그 자체로 시간의식, 즉 어떤 시간적인 것에 관한 의식, 지향적 시간을 구성하는 의식은 아니다. 따라서 어떤 수학적 사태[8]에 관해 판단하는 의식은 인상이지만, 그 자신의 통일체 속에 통일적으로 '현존하는' 수학적 사태는 결코 시간적인 것이 아니며, [이러한] 판단작용은 결코 현재화작용(또는 현전화작용)이 아니다. 따라서 우리의 상상 속에 어떤 사물·사건·시간적 존재가 표상되며, 상상·기억·예상에 따라 과거지향으로 나타난다. […]

판단작용은 더 길든 짧든 지속할 수 있으며, 주관적 시간 속에 확장될 수 있고, 현재적이든 현전화된 것이든 존재할 수 있다. 그러나 판단된 것은 길거나 짧지도 않으며 지속하거나 덜 지속하는 것도 아니다. 판단의 현전화 속에 유사-판단된 것도 마찬가지다. 현전화된 것은 판단이지, 판단된 것이 아니다. 어떤 사람이 어떤 사태를 '단지 생각한다'는 사실을 논의하면, 그것은 그 사태가 현전화되었다는 사실을 주장하는 것이 아니라, 그 사태가 믿음의 성격에서 현존하는 대신 중립성의 변양이라는 성격에서 현존한다는 사실을 주장하는 것이다. 하지만 신념의 양태는 현재적인 것-비-현재적인 것의 양태와 결

---

8 '수학적 사태'로는 가령 '3은 2보다 크다' '삼각형에서 두 변의 합은 다른 한 변보다 크다'는 것들을 예로 들 수 있다.

코 일치하지 않고, 오히려 교차한다. […] 수학적 판단 속으로 들어가 상상하는 것은, 마치 그 수학적 사태가 현재화되거나 현전화되어 제시될 수 있을 것처럼, 그 수학적 사태를 상상의 표상으로 이끄는 것을 뜻하지 않는다.

'직접 제시하는 것'이라는 말 그대로의 의미에서 나타남은 현재화의 영역과 이 현재화가 변양된 영역에만 속하며, 나타나는 것의 구성은, 더 적절하게 말하면, 개체적 존재가 본래 주어지는 것은 '그 개체적 존재가 제시되는 것인 나타남의 연속성이라는 형식으로 주어진다'는 사실을 포함한다. 사태가 '단순히 나타날' 수 있으며, 본래 주어진 것에서 확증을 요구하는 것도 자명하다. 개체적 나타남(자연적 나타남) 위에 기초한 사태('자연의 사실')는 그것에 토대가 되는 나타남이 주어진 것에 근거한다. 따라서 […] 그 사태는 이와 유사한 방식으로 '제시되는 것'의 무한성에서 주어진다. 그런데도 사태가 '제시되는 것(나타남)'은 본래의 의미에서 제시되는 것이 아니라, 어떤 파생된 의미에서 제시되는 것이다. 사태도 본래는 시간적인 것이 아니다. 사태는 일정한 시간에 대해 존재하지만, 그 자체가 어떤 사물이나 과정과 같이 시간 속에 있는 것은 아니다. 시간의식이나 제시하는 작용은 사태 그 자체에 속하는 것이 아니라, 그 사태의 사항에 속한다.

[…] 어떤 가치도 시간의 위치를 전혀 갖지 않는다. 어떤 시간의 객체는 아름답거나 마음에 들거나 유익한 것일 수 있으며, 어떤 일정한 시간에 그럴 수 있다. 그러나 아름다움이나 마음에 듦은 자연이나 시간 속에 어떠한 위치도 갖지 않는다. 이것은 현재화나 현전화 속에 나타나는 것이 결코 아니다.

부록 4 회상 그리고 시간의 객체와 객관적 시간의 구성

나는 어떤 시간의 객체에 대한 지각을 '반복할' 수 있다. 그러나 이러한 지각이 계속되는 가운데 두 가지 동등한 시간의 객체가 계속하는 것에 관한 의식이 구성된다. 나는 회상에서만 동일한 하나의 시간의 대상을 반복할 수 있고, 이전에 지각된 것이 그 후에 회상된 것과 동일한 것이라는 사실을 기억으로 확인할 수 있다. 이러한 사실은 '내가 그것을 지각했다'는 단적인 기억 속에 그리고 '내가 그것을 기억했다'는 두 번째 단계의 회상 속에서 일어난다. 그러므로 시간의 객체는 동일하게 반복해 경험할 수 있는 작용이 된다. […]

회상은 객체를 단순히 '다시 의식하는 것'이 아니라, 어떤 시간의 객체를 지각하는 것처럼 자신의 시간의 지평을 수반하며, 그래서 회상도 이러한 지평에 대한 의식을 반복한다. 두 가지 회상은 동등한 시간의 객체, 가령 두 가지 동등한 음(音)에 관한 기억일 수 있다. […] 그러므로 시간의 객체의 동일성은 회상이 가능하게 동일화되어 합치되는 구성적 통일체의 산물이다. 시간의 객체성은 주관적 시간흐름 속에 수립되며, 회상 속에 동일화될 수 있고, 따라서 동일한 술어들의 주어가 될 수 있다는 것은 시간의 객체성에 본질적으로 속한다.

현실적 현재의 시간은 언제나 흐름 속에 있으며, 언제나 어떤 새로운 '지금'에서 방향이 정해진다. 회상에서 시간은 기억의 각 순간에 방향이 정해지는데, 각각의 시점은 언제나 다시 동일화될 수 있는 어떤 객관적 시점을 제시하고, 시간의 간격은 순수한 객관적 시점에서 형성되며 그 자체로 다시 동일화될 수 있다. […] 시간적 흐름의 연속성은 통일체, 변화되거나 변화되지 않는 어떤 내용, 즉 시간의 대상의 통일체를 준다. 과거 속으로 밀쳐지는 것은 바로 이 통일체다. 그러나 이것으로 우리가 완전한 시간의 객체성을 갖는 것은 아직 아니다.

동일화의 가능성은 시간을 구성하는 것에 속한다. 나는 언제나 다시 소급해 기억(회상)할 수 있고, 자신에게 충족된 모든 시간의 단편을 언제나 '다시' 산출할 수 있으며, 내가 지금 갖고 있는 재-산출이 잇달아 일어나는 가운데 동일한 것, 즉 동일한 내용을 지닌 동일한 지속, 동일한 객체를 파악할 수 있다. 객체는 반복된 작용들 속에 (따라서 시간적으로 잇달아 일어나는 가운데) 동일한 것으로 수립될 수 있는 의식의 통일체이며, 임의의 의식작용들 속에 동일화될 수 있다. 더구나 객체는 임의의 지각들 속에 지각할 수 있거나 다시 지각할 수 있는 지향의 동일자다. […] 이렇게 해서 객관적 시간이 구성되고 우선 지속이 수립되며 지속 전체의 모든 과거지향이 단순한 '음영'인 경험하는 과정과의 관계에서 방금 전에 지나가버린 것의 객관적 시간이 구성된다. [그래서] 나는 어떤 근원적 도식(Schema), 즉 자신의 내용을 지닌 하나의 흐름을 갖는다. 더구나 '나는 할 수 있다'(ich kann)는 근원적 다양성도 갖는다. 즉 나는 흐름의 각 위치에서 되돌려놓을 수 있고, 그 흐름을 '다시 한 번' 산출할 수 있다. 여기에서 우리는 객관적 공간성을 구성하는 경우처럼 최적의 조건(Optimum)도 갖는다. […]

부록 5 지각과 지각된 것의 동시성

지각과 지각된 것이 동시적이라는 것은 […] 객관적 시간에―소박한 태도에서는―맞지 않는다. 왜냐하면 지각의 시점에는 지각된 객체가 더 이상 존재하지 않기 때문이다(예를 들면 별). 이러한 관점에서 지각의 시점과 지각된 것의 시점은 언제나 서로 나뉘어 분리된다.

나타나는 객관적 시간을―이제 현상학적 태도에서―고찰해보자. 초월적 객체는 이 객관적 시간을 통해 지속한다. 그러면 지각의 지속은 지각된 객체의 지속과 합치하지 않는다. […] 그 객체는 자신의 지속을 시작에서부터 끝까지 추적하는 하나의 가능한 연속적 지각의 상관자다. 그렇다면 객체가 지속하는 각 국면에는 각 지각의 국면이 상응한다. 그러나 이것으로 객체가 지속하는 출발점과 지각하는 출발점이 일치해야 한다든지, 따라서 서로 상응하는 국면의 시점이 동일해야 한다든지를 주장하는 것은 아니다. 이것을 위해서는 초월적 객체의 구성에서 그 역할을 하는 감각자료가 그 자체로 시간의 경과 속에 구성된 통일체라는 점을 고려해야 한다.

지각은 파악이 시작하는 순간과 더불어 일어난다. […] 파악은 감각자료를 '활성화한 것'(Beseelung)이다. 그래도 '파악은 감각자료와 동시에 시작하는지, 감각자료는 활성화하는 파악이 시작되기 전에, 비록 잠시의 시간적 차이를 두더라도, 반드시 구성될 수밖에 없는지' 하는 문제가 여전히 남는다. 이것은 후자가 맞는 것 같다. 이 경우 파악이 일어나는 순간 감각자료의 한 부분은 이미 경과된 채, 단지 과거지향으로만 여전히 유지된다. 파악은 그때그때의 근원적 감각의 국면뿐만 아니라, 경과된 간격까지 포함해 감각자료 전체를 활성화한다. 그러나 파악은 감각이 경과하는 데 상응하는 상태에서 감각이 경과하는 지속 전체에 대해, 따라서 파악 그 자체—지각의 파악—에 선행하는 시간의 단면에 대해 객체를 정립한다.

[…] 내재적 통일체가 주어지게 하는 반성의 작용으로서 지각을 파악하면, 그 작용은 그 작용이 되돌아볼 수 있는 이미 구성된 것 그리고 과거지향으로 유지된 것이 있다는 사실을 전제한다. 이 경우 지각은 지각된 것을 뒤따라가며, 따라서 지각된 것과 동시적인 것이 아니다. 그러나 반성과 과거지향은 그것에 관련된 내재적 자료의 인상을 통한 '내적 의식'을 그 근원적 구성 속에 전제한다. 아울러 이러한 의식은 그때그때의 근원적 인상과 구체적으로 일치하며, 분리될 수 없다. 또한 '내적 의식'을 '지각'이라고 부르면, 우리는 여기에서 사실상 지각과 지각된 것의 엄밀한 동시성을 갖는다.

부록 9 근원적 의식과 반성의 가능성

과거지향은 인상을 통해 변화된 자료의 형식에서만 내실적으로 유지되어 남아 있는 변양이 아니다. 오히려 그것은 일종의 지향성이며, 더구나 독특한 지향성이다. 어떤 근원적 자료, 즉 어떤 새로운 국면이 갑자기 나타나면, 선행하는 국면은 상실되는 것이 아니라 '파지해 유지'되며—곧 '과거지향이 되며'—경과된 것을 되돌아보는 것이 가능한 것은 이 과거지향 덕분이다. 과거지향 그 자체는 경과된 국면을 객체로 만드는 소급해 바라보는 것이 결코 아니다. 내가 경과된 국면을 파지해 갖고 있기 때문에, 나는 현재의 국면을 체험하며, 이것을—과거지향 덕분에—[과거의 국면에] '첨가해' 받아들이고, (미래지향을 통해) 앞으로 일어날 것을 향한다.

나는 경과된 국면을 파지해 갖기 때문에, 새로운 작용을 통해 그것에 시선을 향할 수 있다. 즉 경과된 체험작용이 새로운 근원적 자료 속에 여전히 계속 산출되거나—이것은 하나의 인상이다—이미 완결된 전체로서 '과거로 옮겨짐'에 따라 이 새로운 작용을 '하나의 반성(내재적 지각)이나 회상'이라고 한다. 이 작용은 과거지향을 충족시킨다. 과거지향은 그 자체로 어떤 '작용'(즉 과거지향적 국면의 계열 속에 구성된 내재적 지속의 통일체)이 아니라 경과된 국면에 관한 순간의 의식이며, 동시에 가장 가까운 국면의 과거지향적 의식에 대한 근본적 토대다. 각각의 국면이 이에 앞서 놓여 있는 국면을 과거지향으로 의식했기 때문에, 그것은 경과된 과거지향의 계열 전체를 간접적 지향들의 연쇄 속에 그 자신도 포함시킨다. 시간도표의 수직계열로 다시 주어지는 지속의 통일체, 되돌아보는 작용들의 객체인 지속의 통일체는 곧 이러한 사실로 구성된다. 이와 같은 작용에는 구성된 통일체(가령 과거지향으로 유지되어 지속하는 변화되지 않은 음)와 더불어 그 통일체를 구성하는 국면들의 계열이 주어진다. 그러므로 의식이 객체가 될 수 있다는 사실은 과거지향 덕분이다. […]

부록 13 내재적 시간의 객체인 자발적 통일체의 구성

우리가 어떤 판단(예를 들면 '2×2=4')을 갖는다면, 사념된 것 그 자체는 비-시간적인 이념이다. 무수한 판단작용 속에서 동일한 것은 절대적으로 동일한 의미로 사념될 수 있으며, 이 동일자는 참될 수도 거짓될 수도 있다. 이 이념을 '명제'로 받아들이고, 이 명제의 상관자로서 '판단'을 고찰해보자. 이것을 판단작용이라 말할 것인가? 곧 '2×2=4'라는 것이 사념된 의식인가? 아니다. 다음과 같이 고찰해보자. 사념된 것 그 자체에 시선을 향하는 대신 나는 판단작용에, 즉 '2×2=4'라는 것이 나에게 주어지는 과정에 향한다. 어떤 과정이 진행되면, 나는 '2×2'라는 주어의 개념이 형성되는 작용에서 시작해 이러한 형성작용을 끝내고, 이것은 '4와 같다'는 후속의 정립을 위한 근본적 정립으로 이바지한다. 그러므로 이것은 시작하고 진행하며 끝맺는 자발적 형성작용이다. 그러나 내가 여기에서 형성한 것은 그것으로 사념된 논리적 명제가 아니다. '형성된 것'은 사념된 것이 아니다. 우선 '2×2'가, 그런 다음 '2×2=4'가 자발적으로 형성된다. 즉 '2×2'의 '의식'이 자발적으로 완성되고(자발적 형성작용 속에 형성되고), 최후에는 '2×2=4'의 의식이 완성된다. 이러한 형성물이 완성되면, 그것도 이미 과정으로서 넘어가고 곧 과거 속으로 가라앉는다.

이 경우 형성물은 명백히 형성작용이 아니다(…). 나는 끊임없이 진행하는 의식에, 진행하는 과정의 통일체에 주목할 수 있다(마찬가지로 어떤 멜로디를 지각하는 경우 끊임없는 의식에, 음들 그 자체는 아닌 '현상'의 끊임없는 경과에 주목할 수 있다). 그러나 이 과정은 그 과정이 끝날 때 완성되는 현상, 즉 '2×2=4'가 사념되는 현상이 아니다.

그러므로 우리는 다음 두 종류를 구별해야만 한다.

1) 의식흐름,
2) 의식흐름 속에 구성된 것.

그리고 두 번째 국면[후자]을 다시 다음과 같이 구별해야만 한다.
a) 구성된 '나타남' 또는 하나의 생성과정인 '2×2=4'라는 사념인 판단과
b) 여기에 있게 될 것, 즉 결국에는 형성될 것, 생성될 것으로 현존하는 판단. 요컨대 완성된 술어화(述語化).

[…] 따라서 내재적 시간의식 속의 내재적 객체인 판단은 한 과정의 통일체이며, 근원적으로 정립하는 계기들이 등장하는 지속적 '정립'(당연히 판단의 정립)의 끊임없는 통일체다. 이 과정은 그러한 계기들 없이 하나의 간격으로 끝난다. 이 간격은 '상태를 유지하는' 방식으로 그 과정에 관한 의식이며, '근원적' 방식으로 수행되는 작용의 계기를 통해 의식되는 것을 믿는다. 판단(술어화)은 그러한 과정 속에서만 가능하며, 판단의 가능성을 위해 과거지향이 필수적이라는 사실을 함축한다.[9] […]

---

[9] 판단 역시 끊임없는 의식흐름의 통일체로서 내적 시간의식 속의 객체이기 때문에 술어적 판단이 가능하려면 과거지향이 필연적이다. 그래서 형식논리학을 참된 세계의 존재자에 관한 논리학으로 정초하는 선험논리학은 그 심층부에 내적 시간의식과 신체의 운동감각이 지각으로 수용되는 보편적 구조를 분석하는 '선험적 감성론'을 요청한다.

4 『이념』

『이념』은 1907년 4월 말부터 5월 초까지 괴팅겐대학교에서 행한 '사물에 관한 강의'와 관련 부록을 함께 묶어 1950년 출간되었다. 1905년 8월 스위스 제펠트에서 뮌헨대학교의 젊은 현상학자들과 환원(Reduktion)과 대상의 구성(Konstitution) 문제를 토론한 게 초안이 되었다.

후설현상학의 과제는 인식작용과 인식대상의 지향적 상관관계를 해명하는 진정한 인식비판(認識批判), 즉 보편적 이성비판(理性批判)이다. 그리고 이 인식비판은 기존의 어떠한 지식이나 체계도 전제하지 않는다. 그 대신 따라서 데카르트의 방법적 회의와 마찬가지로 절대적으로 확고한 명증성을 추구하기 위해 최초의 출발점으로 부단히 되돌아가 심문한다.

요컨대 선험적 현상학에 도달하려면 모든 초월적인 것을 배제하는 '판단중지', 의식에 직접 주어진 사태 자체의 본질을 분석하고 탐구하는 '환원'이 필요하다. 즉 사고하는 태도에서부터 철학과 과학의 근본적 차이를 밝히고, 의심할 여지없이 의식에 절대적으로 주어진 명증성의 영역을 확보할 궁극적인 원칙을 제시하며, 구체적으로 경험되는 사태와 그 명증성 사이의 본질상 필연적인 지향적 상관관계를 분석해야 한다. 또한 시간의식과 본질에 대한 의식을 구성하는 문제도 해명해야만 한다.

이 책은 다른 저술들에 비해 매우 간략하지만, 가벼이 보아선 안 된다. 후설의 사상에 획기적인 '선험적 전환'을 이뤄 인간과 세계의 본질을 이해할 수 있는 확고한 교두보를 마련했기 때문이다. 그러나 이 새로운 시작은 아직 정교하게 다듬어지지 않았기 때문에 그의 강의를 들은 소수의 제자 이외에는 거의 관심을 두지 않았다.

 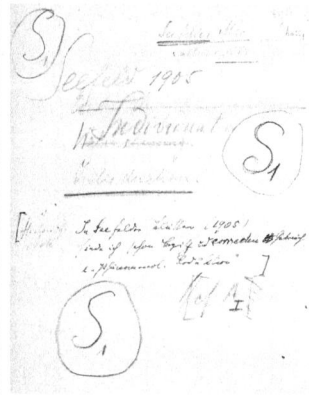

제펠트와 그곳에서 현상학적 환원에 대해 쓴 메모

1905년 8월 후설은 뮌헨학파의 젊은 제자들과 제펠트에 모여 함께 연구하고 토론하는 시간을 보냈다.
이곳에서 쓴 초고로 강의한 것을 엮은 게 바로 『이념』이다.

강의의 주된 내용

자연적 사고는 삶이나 학문에서 인식 가능성의 어려움에 무관심한 사고이며, 철학적 사고는 인식 가능성의 문제에 대한 태도로 규정되는 사고다.

사태(Sache) 자체에 맞아떨어지는 인식가능성에 관한 반성이 빠진 어려움은 다음과 같다. 즉 어떻게 인식은 그것이 그 자체로 존재하는 사태와 일치하는 것을 확신할 수 있게 되며, 이 사태와 '맞아떨어질' 수 있는가? 사태 자체는 우리의 사고가 진행하는 것과 이 진행을 지배하는 논리적 법칙에 어떤 관계를 맺는가? 이것은 우리의 사고법칙이고, 심리학적 법칙이다(…).

[…] 어쨌든 여기에 놓인 어려움을 해결하고 인식의 본질과 그 작업수행의 가능성에 대한 궁극적이고 명석한 통찰을 주는 학문인 인식론의 이념이 싹튼다. 이러한 의미에서 인식비판은 형이상학의 가능성에 대한 조건이다. 인식비판의 **방법**은 현상학적 방법이고, 현상학은 인식의 본질에 관한 학문을 포함하는 일반적 본질학이다.

이것은 어떤 종류의 방법인가? 인식 일반이 대체 그 의미와 그 작업수행에 따라 의문시되면, 인식에 관한 학문은 어떻게 확립될 수 있는가? 이때 어떤 방법이 그 목적을 이룰 수 있는가?

1 현상학적 고찰의 첫째 단계

1) 우선 첫째 그와 같은 학문이 도대체 가능한지 의심스럽다. 만약 그 학문이 모든 인식을 문제시하면, 출발점으로 선정된 모든 인식도 인식으로서 함께 문제시된다. 그렇다면 그 학문은 어떻게 출발할 수 있는가?

그렇지만 이것은 단순한 외견상의 어려움이다. 인식은 '의문시 된다'고 부인되지 않으며, 모든 의미에서 의심스러운 것으로 제기되지도 않는다. […] 인식론이 인식의 가능성을 탐구하려면, 그 자체로 의심할 여지가 없는 인식의 가능성에 관한 인식을 가져야 한다. 즉 대상과 인식이 맞아떨어지는 가장 적확한 의미에서 인식을 가져야 하며, '그 맞아떨어짐이 어떻게 가능한지'가 불분명하고 의심스러워지면, […] 우선 인식대상과 실제로 맞아떨어질 가능성이 있는 인식의 경우를 주목해야 한다. 시작하면서 우리는 어떤 인식도 [정당화된] 인식으로 받아들이면 안 된다. 그렇지 않으면 어떤 가능한 목표, 즉 어떤 유의미한 목표도 갖지 못할 것이다.

이때 데카르트의 회의적 고찰[방법적 회의]이 출발점을 제공해준다. 체험하는 동안 또 체험하는 것에 대한 단적인 반성에서는 체험의 존재, 즉 '사유하는 것'(cogitatio)의 존재를 의심할 필요가 없다. 직관하면서 직접 파악하는 것과 '사유하는 것'을 갖는 것은 이미 인식작용이고, '사유작용'(cogitationes)은 절대적으로 주어진 최초의 것이다.

2) 여기에 최초의 인식론적 반성이 당연히 연결된다.

이 경우 무엇이 [더 이상] 의심할 수 없다는 것을 […] 결정하는가? 왜 또 어떤 경우에 회의주의의 경향이 생기며, '어떻게 존재가 인식 속에 맞아떨어질 수 있는가' 하는 회의(懷疑)의 물음이 생기는가? 또한 이러한 회의와 어려움은 '사유작용'의 경우 왜 일어나지 않는가?

이 물음에 대해 한 쌍의 개념 **내재**(Immanenz)와 **초재**(Transzendenz)는 가장 손쉬운 답변이 된다. '사유하는 것'의 직관하는 인식은 내재적이고, 객관적 학문의 인식, 즉 자연과학과 정신과학—더구나 수학적 학문도—의 인식은 초월적이다. 객관적 학문에는 **초재에 대한 의혹**이 있다. 이 의혹은 '인식은 어떻게 자신을 넘어설 수 있는가(über sich hinaus)?' '인식은 어떻게 의식의 테두리 속에서 발견될 수 없는 존재와 맞아떨어질 수 있는가?' 하는 물음이다. 이러한 어려움은 '사유하는 것'의 직관하는 인식의 경우 없어진다.

3) 그다음으로 사람들은 내재를 내실적 내재로, 심지어 심리학을 통해 실재적 내재로 해석하는 경향이 있고, 이것을 자명하다고 간주한다. 즉 인식의 객체도, 그것이 하나의 실재적 실제성이듯이, 인식하는 체험 속에 또는 체험이 속한 자아의식 속에 있다고 해석한다. 인식작용이 동일한 의식 속에 또 동일한 실재적 '지금' 속에서 그 객체를 발견하고 맞아떨어질 수 있다는 것을 자명한 것으로 간주한다. 이때 초보자는 '내재적인 것은 내 속에 있고, 초월적인 것은 내 외부에 있다'고 말할 것이다.

그러나 더 자세히 고찰해보면, 내실적 내재와 **명증성 속에 구성되는 스스로 주어진 것**이라는 의미의 내재는 구별된다. 내실적으로 내재적인 것은 의심할 여지 없이 타당하다. 왜냐하면 그것은 다른 아무것도 제시하지 않으며, 자신을 '넘어서' 아무것도 '사념하지' 않기 때문이다. 즉 여기에서는 사념된 것도 완전히 충전적으로 스스로 주어지기 때문이다. 내실적으로 내재적인 것 이외에 스스로 주어진 다른 것은 아직 시야에 들어오지 않는다.

4) 따라서 지금으로서는 어떤 구별도 이루어지지 않는다. 그래서 명석함의 첫 번째 단계는 다음과 같다. 즉 내실적으로 내재적인 것, 즉 충전적으로 스스로 주어진 것은 의심할 여지가 없다. 나는 이것을 이용해도 좋다. 그러나 초월적인 것(내실적으로 내재적이 아닌 것)을 이용하면 안 된다. 따라서 나는 **현상학적 환원**을 해야만, 즉 모든 초월적 정립을 배제해야만 한다.

왜 그런가? 만약 인식이 초월적인 것(Transzendentes), 즉 스스로 주어진 것이 아니라 '넘어서 사념된 것'과 어떻게 맞아떨어질 수 있는지 분명하지 않다면, 확실히 어떠한 초월적 인식과 학문도 명석함을 도울 수 없다. […] 인식비판은 자연적 학문의 성과나 존재의 확인과 전혀 연관이 없고, 이것들은 인식비판에 대해 의문으로 남는다. 모든 학문은 이 인식비판에 대해 단순히 학문의 현상일 뿐이다. 그와 같이 연관시키는 모든 것은 결함이 있는 기초이동(metabasis)을 뜻한다. 이것도 결함이 있지만 매우 명백한 문제의 전위(轉位)―인식을 자연의 사실로 심리학적·자연과학적으로 설명하는 것과 인식을 그 작업수행의 본질적 가능성에 따라 해명하는 것 사이의 전위―를 통해 이루어진다. 따라서 이러한 전위를 피하고 그 가능성에 관한 문제의 의미를 항상 기억하기 위해 현상학적 환원이 필요하다.

현상학적 환원은 모든 초월적인 것(나에게 내재적으로 주어지지 않은 것)이 제로의 지표(Index)로 지정된다는 것, 즉 그 존재, 그 타당성이 그 자체로서가 아니라 기껏해야 타당성의 현상으로서 확보되는 것을 뜻한다. […] 원리(Prizip)의 본래 의미는 지금 인식비판에서 문제시되는 사태에 머물러야 하며 여기에 있는 문제를 전혀 다른 문제와 혼동하지 말아야 한다. 인식의 가능성을 해명하는 것은 객관적 학문의 길에 있지 않다. 인식을 명증적으로 스스로 주어지게 하고 이 속에서 그 작업수행의 본질을 직관하는 것은 연역하거나 귀납하는 것·산출하는 것을 뜻하지 않으며, 이미 타당한 것으로 주어진 사태를 근거로 두고 새로운 사태를 도출하는 것 역시 뜻하지 않는다.

2 현상학적 고찰의 둘째 단계

현상학적 탐구와 그 문제의 본질을 더 높은 단계의 명석함으로 이끌기 위해 이제 고찰의 새로운 층이 필요하다.

1) 우선 데카르트의 '사유하는 것'도 현상학적 환원이 필요하다. 심리학적 통각과 객관화에서의 심리학적 현상은 실제로 절대적으로 주어진 것이 아니라 환원된 순수현상일 뿐이다. 체험하는 자아·객체·세계의 시간 속의 인간·사물 가운데 어떤 사물 등은 절대적으로

주어진 것이 아니며, 자아의 체험인 그 체험도 절대적으로 주어진 것이 아니다. 우리는 심리학의 토대, 심지어 기술심리학의 토대마저 최종적으로 떠난다. 이렇게 함으로써 […] '인간인 내가 나의 체험에서 가령 나의 외부에 있는 존재 자체와 어떻게 맞아떨어질 수 있는가?' 하는 물음 대신, '순수한 인식의 현상이 그에게 내재적이 아닌 것과 어떻게 맞아떨어질 수 있는가?' 하는 순수한 근본적 물음이 등장한다.

동시에 내실적 내재의 개념도 환원되어, 그것은 더 이상 실재적 내재로서 인간의 의식 또는 실재적 심리의 현상 속에 있는 내재를 뜻하지 않는다.

2) 만약 직관된 현상을 가지면, 이러한 현상에 관한 학문인 현상학도 이미 가진 것처럼 보인다.

그러나 실제로 거기에 착수하자마자 몇 가지 어려움을 알아차리게 된다. […] 개별적 직관이 '사유작용'을 아무리 확실하게 스스로 주어지게 하더라도, 그 개별적 직관이 우리에게 무엇을 수행하는가? 이러한 직관에 근거해 논리적 조작에 착수하고 비교하며 구별해 개념들로 서술할 수 있다는 것은 우선 자명해 보인다. 하지만 나중에 밝혀지듯이, 그 배후에 새로운 객체성이 있다. 이 자명함을 인정하고 더 이상 숙고하지 않으면, 우리가 여기에서 요구하는 방식의 보편타당한 확정이 어떻게 이루어져야 하는지 알 수 없다.

하지만 이념화하는 추상(Abstraktion)은 통찰적인 일반성·종(種)·본질을 밝혀주며, 그래서 […] 우리는 인식의 본질에 관해 직관하는 명석함을 추구한다. 인식은 '사유작용'의 영역에 속하며, 따라서 우리는 직관하면서 인식의 일반적 대상성을 일반성 의식으로 고양해야 하고, 그래서 인식의 본질학이 가능케 된다.

이것을 명석하고 판명한 지각에 관한 데카르트의 고찰에 연결해보자. '사유하는 것'의 '실존'(Existenz)은 그것이 절대적으로 스스로 주어짐으로써, 순수한 명증성 속에 주어짐으로써 보증된다. 순수한 명증성을 갖는 곳에서, 객체성을 직접 또 그 자체로 순수하게 직관하고 파악하는 곳에서, 우리는 스스로 주어진 것과 동일하게 의심할 여지가 없다는 특성과 권리를 갖는다.

그 결과 절대적으로 주어진 새로운 객체성(Objektivität), 즉 본질의 객체성이 밝혀진다. 그리고 직관된 것에 근거한 언표로 새겨진 논리적 작용이 처음부터 주목되지 않은 채 남아 있기 때문에, 여기에서 동시에 본질을 언표하는 장(場), 순수한 직관 속에 주어진 보편적 사태의 장이 밝혀진다. […]

3) […] 이렇게 함으로써 인식비판에 필요한 것을 소유할 수 있는 완벽하게 규정된 현상학과 명백한 자명성을 갖는가? 그래서 해결되어야만 할 문제에 관한 명석함을 갖는가?

아니다. 그것은 내실적 내재(또는 초재)가 내재 일반이라는 더 넓은 개념의 한 특수한 경우일 뿐이라는 사실을 분명하게 해줄 뿐이다. 이제 절대적으로 주어진 것과 내실적으로 내재적인 것은 더 이상 자명하지 않으며, 조사해보지 않은 채 같은 것이라 할 수 없다. 왜냐하면 일반적인 것은 절대적으로 주어진 것이며 내실적으로 내재적인 것이 아니기 때문이다. 일반적인 것의 인식은 개별적인 것이며, 의식의 흐름 속에 있는 그때그때의 계기다. 그러나 이 의식의 흐름 속에 명증적으로 주어진 일반적인 것 자체는 결코 개별적인 것이 아니라 바로 일반적인 것이며, 따라서 내실적 의미에서 초월적이다.

그 결과 현상학적 환원이라는 개념은 더 자세하고 깊은 규정과 더 명백한 의미를 얻는다. 즉 이 환원은 내실적으로 초월적인 것(가령 심리학적-경험적 의미에서조차)을 배제하는 것이 아니라, 포함시킨 실존으로서 초월적인 것 일반을 배제하는 것을 뜻한다. 요컨대 진정한 의미에서 명증적으로 주어지지 않은 모든 것, 즉 순수하게 직관하는 것이 절대적으로 주어지지 않은 모든 것의 배제를 뜻한다. […] 즉 학문적으로 귀납되거나 연역되며 가정·사실·공리에서 추론된 타당성·실제성 등은 배제되어 있고, 단지 '현상'으로만 허용된다. […] 이 탐구는 바로 순수하게 직관하는 것 속에 유지되어야 한다. 그러나 바로 그렇기 때문에 내실적으로 내재적인 것에만 의거해서는 안 된다. 이것은 순수한 명증성의 영역에서의 탐구, 게다가 본질의 탐구이다. 이 탐구의 장이 절대적으로 스스로 주어진 것 안에 있는 아프리오리다.

[…] 절대적으로 주어진 것의 의미를 파악하는 것, 모든 의미 있는 회의를 배제한 주어진 것이 절대적으로 명석함을 파악하는 것, 요컨대 절대적으로 직관하고 스스로를 파악하는 명증성을 파악하는 것이 모든 것의 기초다. 데카르트의 방법적 회의의 역사적 의미는 어느 정도 이러한 발견에 기댄다. 그러나 데카르트의 경우 [그가] 발견한 것과 포기한 것은 같은 하나다.[1] 우리는 이 아주 오래된 지향 속에 이미 놓여 있던 것을 순수하게 파악하고 일관되게 전개할 뿐이다. 우리는 심리학주의를 통해 명증성을 [이것을 느끼는] 감정으로 해석하는 것을 이러한 연관 속에 논쟁했다.[2]

---

[1] 후설의 '판단중지'와 데카르트의 '방법적 회의'는 절대적으로 확실한 인식을 정초한다는 목적을 공유한다. 그러나 후설은 데카르트가 스콜라철학의 편견에 사로잡혀 연장실체(res extensa)와 이것에 인과적으로 관련된 사유실체(res cogitans)의 이원론을 전제하고, 방법적 회의로 찾아낸 '사유하는 자아'(ego cogito)를 객관적 인식의 공리나 의심할 수 없는 세계의 작은 단편으로 해석했다고 파악한다. 그래서 '데카르트가 발견한 참된 선험적 주관성인 사유주체를 잃어버렸고', 그 결과 "불합리한 선험적 실재론의 시조"(『성찰』, 63, 69쪽; 이 책, 456쪽), "물리학적 객관주의의 시조"(『위기』, 74, 88쪽)가 되었다고 비판한다.

[2] 『논리연구』 제1권, '제8절 심리학주의 편견'에서 명증성의 감정과 관련된 세 번째 편견을 참조.

3 현상학적 고찰의 셋째 단계

현상학의 의미와 현상학적 문제제기를 더 명백하게 하기 위해 이제 또다시 새로운 층(層)을 고찰할 필요가 있다.

스스로 주어진 것은 어디까지 도달하는가? 스스로 주어진 것은 '사유하는 것'이 주어진 것에서, 이 '사유하는 것'이 주어진 것을 보편적으로 파악하는 이념화작용(Ideation)에서 종결되는가? 이 스스로 주어진 것이 도달하는 데까지가 현상학적 영역, 절대적으로 명석함, 진정한 의미에서의 내재의 영역이기도 하다.

이제 더 심층으로 들어가면 희미하고, 여기에 문제가 있다.

[…] 우선 본질고찰은 단지 '사유작용'에 내실적으로 내재하는 것을 보편적으로 파악하고 본질 속에 근거한 관계들을 확인하는 것처럼 보인다. 이것은 쉬운 일처럼 보인다. 우리는 반성을 하고, 우리 자신의 [의식]작용을 돌이켜보며, 그 내실적 내용을 있는 그대로 타당하게 받아들인다. 이러한 것은 현상학적 환원으로만 이루어진다. 따라서 이것이 유일한 어려움인 것처럼 보인다. 그래서 이제 당연히 직관된 것을 일반성의 의식으로 고양하는 일만 남는다.

그러나 주어진 것을 더 자세하게 살펴보면, 문제는 그렇게 간단치 않다. 우선 우리는 단적으로 주어진 것인 '사유작용'을 전혀 신비스러운 것으로 간주하지 않는데, 바로 이 '사유작용'이 모든 종류의 초재를 내포한다.

예를 들어 어떤 음(音)에 대한 체험 속에서 현상학적 환원 이후에도 나타남(Erscheinung)과 나타나는 것(Erscheindes)이 어떻게 대립하는지, 또 순수하게 주어진 것 가운데, 즉 진정한 내재 가운데 어떻게 대립하는지 더 자세하게 주시해보면, 깜짝 놀라게 된다. 가령 음이 지속된다. 이때 우리는 [한편으로] 그 음과 [다른 한편으로] 그 음의 시간국면 — '지금'의 국면과 과거의 국면 — 을 지닌 통일체, 즉 그 음의 시간적 간격이 명증적으로 주어진 통일체를 갖는다. 다른 한편 우리가 반성을 할 때는 음이 지속하는 현상—이것 자체가 시간적인 것이다—을, 즉 그 음의 그때그때 '지금'의 국면과 지나가버린 국면들을 지닌 지속을 갖는다. 그래서 현상의 '지금'의 국면만 끄집어내보아도 음 자체의 '지금'은 단지 대상적으로 있는 것이 아니라, 음의 지속 속에 있는 하나의 시점으로 있다.

[…] 음을 지각하는 현상, 게다가 명증적이고 환원된 음을 지각하는 현상은 내재 안에서 **나타남과 나타나는 것을 서로 구별하도록** 요구한다. 따라서 나타남이 주어지는 것과 대상이 주어지는 것이라는 두 가지 절대적으로 주어진 것을 갖는다. 하지만 대상은 이 내재 안에서 내실적 의미로 내재적인 것이 아니다. 그것은 나타남의 한 부분이 아니다. 즉 음이 지속하는 지나간 국면들은 지금도 여전히 대상적으로 있지만, 어쨌든 나타남의 '지금'의 시점 속에 내실적으로 포함되어 있지 않다. 따라서 우리가 일반성에 관한 의식에서 발견한 것, 이것은 내실적인 것 속에 포함되어 있지 않고 '사유하는 것'으로는 전혀 발견될 수 없는 스스로 주어진 것을 구성하는 의식인데, 우리는 이것을 지각의 현상에서도 발견한다.

가장 낮은 단계의 고찰에서, 즉 소박한 태도로 보면, 우선 명증성은 마치 단순하게 직관하는 것, 정신의 내용 없는 일견(一見), 어디에서 동일한 것, 그 자체로 구별이 없는 것처럼 보인다. 직관하는 것은 바로 사태를 직관한다. 이때 사태는 단순히 현존하고 참으로 명증적으로 직관하는 것에서 의식 속에 현존한다. 그래서 직관하는 것은 곧 단순히 사태를 향해 직관한다. 또 다른 의미의 비유를 들면, 직관하는 것은 단순히 있는, 거기에 있는 어떤 것을 직접적으로 파악하는 것·취하는 것·지적하는 것이다. 따라서 모든 구별은 그 자체만으로 있고 자기 자신을 통해 구별되는 사태 속에 '있다'.

그러나 이제 더 자세하게 분석해보면, 사태를 직관하는 것은 이와 다르다고 입증된다. 비록 우리가 '주목한다'는 명칭 아래 그 자체로 기술할 수도 없고 구별할 수도 없는 직관하는 것을 여전히 견지하더라도 그렇다. 어쨌든 단순히 거기에 있고 단지 직관되기만 하면 되는 사태에 관해 이야기한다는 것은 본래 전혀 의미가 없으며, 이 '단순히 현존한다'는 것은 지각·상상·기억·술어화 등이 현존하는 한, 특별하고 변화하는 구조에 대한 특정한 체험이라는 사실이 밝혀진다. 그리고 사태는 가령 자루나 그릇 속에서처럼 체험 속에 있는 것이 아니다. 내실적으로 그 속에서 전혀 발견될 수 없는 사태는 체험 속에서 **구성된다**. '사태가 주어진 것'은 그러한 현상 속에 이러저러하게 제시된다(표상된다). 그런 다음에도 사태가 또다시 그 자체만으로 현존하는 것은 아니며, '그 대표자를 의식 속으로 집어넣는 것'도 아니다. 그와 같은 일은 현상학적 환원의 영역 안에서 생각될 수 없고, 오히려 사태가 있고 나타남 속에 있으며 나타남을 통해 스스로 주어진다. 이 개별적 나타남(주어져 있음의 의식)이 중요한 문제가 아닌 한, 사태는 물론 개별적으로는 나타남과 분리될 수 있고 또 그렇게 인정되지만, 본질적으로는, 즉 본질에 따라서는 분리될 수 없다.

그러므로 인식의 현상과 인식의 객체 사이의 이 놀라운 상관관계는 어디에서나 밝혀진다. 그래서 현상학의 과제와 연구의 장은 마치 단순히 직관하거나 눈만 뜨면 되는 것 같은 사소한 일이 결코 아니다. 최초의 그리고 가장 단순한 경우에서, 인식의 가장 낮은 형식에서 이미 순수하게 분석하는 것과 본질을 고찰하는 것에 극도의 어려움이 있다. 이 상관관계에 관해 일반적으로 이야기하는 것은 쉽다. 그러나 인식의 객체가 인식 속에 어떻게 **구성되는가** 하는 방식을 명석하게 밝히는 것은 매우 어렵다. 어쨌든 과제는 순수한 명증성 또는 스스로 주어진 것의 테두리 안에서 주어지는 모든 형식(Form)과 모든 상관관계

(Korrealtion)를 추적하는 것 그리고 이 모든 형식과 상관관계에서 해명해 분석하는 것이다. 물론 이때 개별적 작용만 고찰되는 것이 아니라, 그 작용들의 복합, 그 작용들이 일치하거나 일치하지 않는 연관, 이 연관에서 드러나는 목적론도 고찰된다. 이 연관은 아무렇게 뭉쳐진 덩어리가 아니라 독특하게 결합된, 마치 합치된 통일체, 인식의 통일체다. 인식의 통일체인 이 연관도 그 통일적인 대상적 상관자를 갖는다. 따라서 그것 자신도 인식의 **작용**에 함께 속하며, 그 유형은 인식의 유형이고, 이 유형에 내재하는 형식의 사유형식과 직관형식이다(여기에서 이 말을 칸트적 의미로 이해해서는 안 된다).

[…] 이러한 길에서 우리는 마침내 초월적인 실재적 객체가 어떻게 인식의 작용에서 그것이 최초에 생각된 그대로 맞아떨어질 수 있으며(자연이 인식될 수 있으며), 어떻게 이 생각의 의미가 계속 경과하는 인식의 연관 속에서 (이 연관이 단지 경험의 객체가 구성되는 것에 속하는 적당한 형식들을 갖는 한에서만) 점차 충족되는지 이해하게 된다. 그런 다음 우리는 어떻게 경험의 객체가 연속적으로 구성되는지, 어떻게 구성의 이러한 방식이 경험의 객체의 본질에 따라 같은 단계적인 구성을 요구하는 바로 이러한 경험의 객체에 미리 지정되어 있는지 이해하게 된다.

[…] 그러므로 이것은 주어지는 것의 문제이고, 인식에서 **모든** 방식의 대상성에 대한 **구성**의 문제다. 인식의 현상학은 다음의 이중 의미에서 인식의 현상에 관한 학문이다. 즉 [한편으로] 이러저러한 대상성이 제시되고 능동적이거나 수동적으로 의식되는 나타남·제시함·의식작용으로서 인식에 관한 학문이며, 다른 한편으로 그렇게 제시되는 것으로서 이 대상성 자체에 관한 학문이다. '현상'이라는 말은 나타남과 나타나는 것의 본질적 상관관계 때문에 이중 의미를 지닌다. [그리스어] '파이노메논'(phainomenon)은 본래 나타나는 것을 뜻하는

II-4

데, 주로 나타남 자체, 즉 주관적 현상을 표현하려고 사용되었다(이 거칠고 심리학적으로 오해할 수 있는 표현이 허용된다면).

반성 속에 '사유하는 것', 나타남 자체가 대상이 되고, 이것이 애매함이 형성되도록 조장한다. 마지막으로 또다시 강조할 필요는 없지만, 인식의 대상과 인식의 양상에 관한 탐구는 항상 절대적으로 주어지는 영역 속에서 그 궁극적 의미, 가능성 그리고 인식의 대상성과 대상성의 인식에 관한 본질을 보편적으로 드러내 밝히는 본질에 관한 탐구다.

물론 이성(Vernunft)의 일반적 현상학도 평가와 가치 등의 상관관계에 대한 평행하는 문제를 해결해야만 한다. '현상학'이라는 말을 스스로 주어진 모든 것의 분석을 포괄할 정도로 넓게 사용하면, 어쨌든 이 말로써 감각적으로 주어진 것을 그 서로 다른 류(類)에 따라 분석하는 것 등 전혀 연관 없는 자료까지 총괄될 것이다. 이때 공통점은 직접적 명증성의 영역에서 본질을 분석하는 방법적인 것에 있다.

5 『엄밀한 학문』

후설은 『엄밀한 학문』을 1910년 크리스마스 휴가 때부터 이듬해 2월초까지 써서 3월 『로고스』 창간호에 발표했다. 다른 저술들에 비해 매우 적은 분량에 아주 짧은 기간 동안 작성한 이 원고는, 가까운 제자만 알 수 있었던 현상학에 대한 전반적인 구상과 연구방향을 일반 대중에게 극명하게 알린 선언문이다.

이 책은 '자연주의'와 '역사주의' 그리고 '세계관철학'을 비판한다. 자연주의는 모든 존재를 자연과학적 방법으로 수량화해 규정하고 의식과 이념을 자연화(사물화)하는데, 보편타당한 이념적 규범을 우연적인 경험적 사실로 정초하려 하기 때문에 불합리하다. 이념을 부정하는 그 이론 자체도 객관적인 보편타당성을 요구하는 이념이라는 점에서 자기모순이다. 그 결과 인격적 자아의 자기망각을 야기해 삶에서 가치와 의미의 문제를 소외시킨다.

역사주의는 정신적 삶을 지배하는 동기들을 추후 체험함으로써 그때그때 정신의 형태들의 본질과 발전을 역사적 발생론으로 이해할 수 있다고 주장한다. 그러나 가치평가의 원리들은 역사적 사실을 다루는 역사가(歷史家)가 단지 전제할 뿐 정초할 수 없는 이념적 영역에 놓여 있기 때문에, 역사주의는 결국 극단적인 회의적 상대주의에 빠진다.

세계관철학은 세계관을 각 시대의 정신으로 간주하고, 스스로 확고한 실증적 개별과학에 근거한 철학이라고 자임한다. 그러나 세계관도 보편타당성을 상실할 수밖에 없어 결국 비이성적인 역사주의적 회의론에 지나지 않는다.

오직 실재성만 믿는 현대의 이러한 회의적 부정주의는 참된 실증주의, 즉 현상학을 통해서만 극복할 수 있다. 그 때문에 탐구의 추진력은 기존의 철학에서가 아니라, 의식에 직접 주어진 사태와 문제 자체에서 출발해야만 한다.

『로고스』에 게재한 『엄밀한 학문』과 피사의 사탑

후설은 『엄밀한 학문』에서 근대 이후의 객관적 자연주의가 인간 삶의 주체인 이성을 객관적 사물로 왜곡한다고 비판한다. 5.5도 기울어진 피사의 사탑은 실증적 자연과학의 이러한 왜곡으로 심화된 현대문명의 '위기'를 상징한다.

엄밀한 철학의 이념[1]

1. 철학은 처음 출발한 이래 줄곧 엄밀한 학문이 되고자(strenge Wissenschaft zu sein) 해왔다. 즉 철학은 최고의 이론적 욕구를 충족시키며 윤리적-종교적 관점에서도 순수한 이성의 규범으로 규제된 삶을 가능케 하는 학문이 되고자 했다. 이 요구는 […] 순수한 이론에 대한 관심과 그 이론을 수행할 능력이 위축되었던 시대나, 종교적 권력이 이론적 탐구의 자유를 박탈했던 시대에도 결코 포기되지 않았다.

2. 그러나 철학은 어떤 시기에도 엄밀한 학문이 되고자 하는 요구를 충족시킬 수 없었다. […] 실제로 근대철학을 지배한 풍조는 철학적 충동에 소박하게 몰두하기보다, 오히려 비판적 반성을 매개로, 즉 방법에 대해 더욱 깊게 탐구함으로써 스스로를 엄밀한 학문으로 구성하려는 것이었다. 근대철학이 이룩한 유일한 성과는 새로운 순수 수학적 분과처럼 엄밀한 자연과학과 정신과학을 정초하고 독립시킨 것이었다. 그리고 이렇게 함으로써 비로소 분명하게 부각된 특별한 의미에서 철학 자체는 이전과 마찬가지로 엄밀한 학문이라는 성격을 상실했다.

[…] '자연과 정신에 본질적으로 관련된 독특한 철학의 작업이 원리적으로 새로운 태도를 요구하는지, 이 태도와 함께 원리적으로 고유한 목표와 방법이 제시되는지' '따라서 철학의 작업이 예컨대 어떤 새로운 차원을 이끄는지 자연과 정신생활에 관한 경험과학과 동일한 차원에서 진행되는지'의 문제는 현재도 논쟁 중이다. 이것은 철학의 문제에서 본래적 의미가 결코 학문적으로 해명된 적이 없다는 점을

---

[1] 일련번호는 본래 없던 것을 질라시(Wilhelm Szilasi)가 1965년 단행본으로 출판하면서 붙인 것으로 내용과 문맥의 흐름을 이해하는 데 도움이 된다.

여실히 보여준다.

3. 그러므로 역사적 의도에 따라 모든 학문 가운데 가장 높고 가장 엄밀한 학문이며 순수한 절대적² 인식(…)에 대한 인류의 영원한 요구를 대변하는 학문인 철학은 실제적 학문으로 형성될 수 없었다. [그래서] 인류의 영원한 업적에 소명을 받은 스승[철학]은 결코 객관적으로 타당하게 가르칠 수 없었다. [이에] 칸트는 "우리는 철학(Philosophie)을 배울 수 없고, 오직 철학을 하는 것(Philosophieren)만 배울 수 있을 뿐이다"라고 즐겨 말했다.³

결국 이 말은 철학의 비-학문성에 대한 고백과 무엇이 다른가! 학문, 즉 실질적 학문이 도달하는 그만큼만 우리는 가르치고 배울 수 있다. [···] 학문적으로 배운다는 것은 언제나 자기활동, 즉 창조적 정신으로 획득한 이성의 통찰을 원인과 결과에 따라 내적으로 추후에 산출하는 것에 의거한다. 그런데 철학에는 이와 같이 객관적으로 파악되고 정초된 통찰이 없기 때문에, 철학을 배울 수 없다. 또한 이것은 철학에 아직 개념적으로 명확하게 한정되고 그 의미상 완전히 해명된 문제, 방법과 이론이 없기 때문이기도 하다.

---

2 후설현상학에서 '순수'는 모든 추측과 가정을 배제한 인식을, '절대적'은 그것이 존재하기 위해 다른 것이 필요하지 않다는 의미에서 '궁극적' 또는 '선험적'을 뜻한다.

3 칸트의 순수이성의 건축술에서 모든 인식은 주어진 것에서 역사적 인식이거나 그 자체의 원리에 기초한 이성적 인식이다. 이성적 인식에는 개념을 통한 철학적 인식과 개념에 상응하는 직관을 아프리오리하게 제시하는 수학적 인식이 있다. 그런데 "수학적 인식은, 일단 학습되면, 주관적으로도 이성의 인식으로 인정된다. [···] 반면 철학은 결코 학습될 수 없다. 철학에서는 이성에 관해 단지 철학을 하는 것만 가르칠 수 있을 뿐이다. [···] 우리는 학문의 가능한 이념에 불과한 철학에 접근하려고 애쓸 때까지 철학을 학습할 수 없다. [···] 다만 철학을 하는 것만 배울 뿐이다"(『순수이성비판』, B 865/866).

4. 하지만 나는 철학이 불완전한 학문이라고 주장하려는 것이 아니다. 단지 철학은 아직 학문이 아니며, 학문으로서 출발조차 못했다는 점을 주장할 뿐이다. […] 모든 학문은 불완전하며, 심지어 매우 경탄할 만한 정밀한 과학조차 불완전하다. 더구나 모든 학문은 충분치 않다. 한편으로 인식하려는 충동을 결코 잠재울 수 없는 개방된 문제의 무한한 지평이 앞에 놓여 있고, 다른 한편으로 이미 형성된 학설내용에 수많은 결함이 있기 때문이다. […]

8. […] 우리가 열망하는 '체계'(System)는 무엇을 뜻하는가? 전통적 의미에서 철학의 '체계', 즉 창조적 천재의 두뇌에서 완성되고 무장된 채 갑자기 튀어나오는, 그래서 훗날 역사의 고요한 박물관에서 미네르바(Minerva)[4]들 옆에 보존되기 위한 하나의 미네르바인가? 아니면 철학의 학설체계, 즉 여러 세대에 걸쳐 막대한 준비작업을 거치면서, 또 의심의 과정을 거치면서 확실하게 된 기초와 더불어 아래에서부터(von unten her) 실제로 시작한, 마치 벽돌 위에 벽돌을 차근차근 쌓아 올림으로써 모든 견고한 건축물이 높이 솟아오르듯이, 주도적 통찰에 따라 확고한 것을 확고하게 덧붙여 세운 건축물인가? 이러한 물음에서 [학문을 대하는] 정신과 방법이 나뉠 수밖에 없다.

9. […] 철학을 근본적으로 새롭게 형성하기 위해 엄밀한 학문을 완전히 깨달으려는 의지는 소크라테스-플라톤이 이룩한 전환을 지배하고, 똑같이 근대 초기의 스콜라철학에 대한 학문적 반동, 특히 데카르트가 이룩한 전환을 지배한다. 그 충격은 17세기와 18세기 위대한 철학으로 이행하고, 칸트의 이성비판으로 가장 철저한 위력을 얻어 혁신되며, 피히테의 철학을 하는 것까지 지배한다. […]

---

4 미네르바는 그리스신화의 아테네와 같은 로마신화의 여신으로, 제우스의 머리에서 무장한 채 태어나며, 기술·지식·무예를 상징한다.

10. 그런데 낭만주의 철학에서 비로소 변화가 일어난다. 비록 헤겔이 자신의 방법과 학설이 절대적으로 타당하다고 완강하게 주장하지만, 무엇보다 철학의 학문적 성격을 가능케 하는 이성비판이 그의 체계에는 결여되었다. 이와 관련해 낭만주의 철학 일반처럼 헤겔의 철학이, 엄밀한 철학의 학문을 구성하려는 충동을 약화하거나 왜곡하는 의미에서,[5] 다음 시대에 영향을 끼쳤다는 것은 분명하다.

11. 엄밀한 철학의 학문을 구성하려는 충동을 왜곡하는 경향에서 […] 헤겔의 사상에는 정밀한 과학이 강화됨으로써 반발이 일어났다. 그 결과 18세기 자연주의는 압도적 추진력을 얻었고, 타당성의 절대적 이념성과 객관성을 모두 포기하는 자신의 회의주의와 더불어 최근의 세계관과 철학을 유력한 방식으로 규정했다.

12. 다른 한편 엄밀한 철학의 학문을 구성하려는 충동을 약화하는 경향에서 헤겔의 철학은, 각각의 철학은 그 자신의 시대에 상대적으로 정당성을 갖는다는 학설로 그 후에도 영향력을 발휘했다. […] 헤겔의 형이상학적 역사철학이 하나의 회의적 역사주의로 급변함으로써 새로운 '세계관철학'이 본질적으로 등장했다. 이 철학은 바로 우리 시대에 신속하게 확장되는 것처럼 보인다. 더 나아가 논의 대부분이 반(反)-자연주의적이고 경우에 따라서는 심지어 반-역사주의적이기까지 하지만, 결코 회의적이 되려 하지는 않는다. […]

13. […] 우리 시대에 철학의 전환이 당연히 권리를 가져야만 한다면, 어떤 경우에도 엄밀한 학문의 의미에서 철학을 새롭게 정초한다

---

[5] 엄밀한 학문의 의지를 자연주의는 '왜곡'하고 역사주의와 세계관철학은 '약화'했다는 주장은 '길을 잘못 들어선 합리주의'인 전자는 전혀 다른 길로 가면서도 제 길로 간다고 생각하기 때문에 '왜곡'했다고 보고, 후자는 어떤 지점에서 만족하고 대충 마무리하려는 어중간한 태도 때문에 '약화'했다고 본다.

는 의도로 생명력을 불어넣어야 한다. 이러한 의도는 현대에 결코 생소하지 않다. 오히려 바로 현대를 지배하는 자연주의 안에 완전히 살아 있다. 자연주의는 출발한 이래 철학을 엄밀하게 학문적으로 개조하려는 이념에 매우 단호하게 착수했고, 더구나 […] 언제나 그 이념을 이미 실현시켰다고 믿는다. 그러나 원리적으로 고찰해보면, 이 모든 것은 이론의 측면에서 철저하게 엇갈린 형식으로 수행되고, 그만큼 이 형식은 실천의 측면에서 우리 문화에 중대하는 위험을 뜻한다. 따라서 자연주의 철학을 철저히 비판하는 것은 오늘날 중요한 일이다. 그것은 결론에 입각해 단순히 반박하는 비판에 전적으로 대립되는, 기초와 방법에 대한 적극적 비판이 특히 필요하다. […]

자연주의 철학

14. 자연주의는 자연(Natur)을 발견한 결과로 나타났다. 이때 '자연'은 정밀한 자연법칙을 따르는 공간적 시간적 존재의 통일체라는 의미의 자연이다. […] 이와 매우 유사하게 역사주의는 '역사를 발견한' 결과로, 또 항상 새로운 정신과학을 정초한 결과로 나타났고, 자연주의보다 뒤늦게 생겼다. 각자 이렇게 지배하고 파악하는 관습에 따라 자연과학자는 모든 것을 바로 자연으로, 정신과학자는 모든 것을 정신이나 역사적 형성물로 간주하는 경향이 있고, 그래서 그렇게 간주될 수 없는 것을 오해하는 경향이 있다.

그래서 자연주의자는 […] 물리적 자연 이외의 어떤 것도 인정하지 않는다. 존재하는 모든 것은 물리적 자연의 통일적 연관에 속하는 그 자체로 물리적인 것이거나 심리적인 것이지만 어쨌든 물리적인 것에 종속된 단순히 가변적인 것, 즉 기껏해야 2차적인 것으로 [물리적인 것에] '평행해 수반되는 사태'일 뿐이다. 모든 존재자는 심리물리적 자연이고, 확고한 법칙성에 따라 일의적으로 규정된다. 실증주의적 의미에서 (자연주의적으로 해석된 칸트[6]에게 의존하든, 흄을 개혁한 결과로 발전한 것[7]에 의존하든) 물리적 자연이 감각의 복합체 속에서 음·색·압력 등 감각론으로 해체되고, 이와 똑같이 심리적인 것이 이 '감각' 또는 다른 '감각'을 보충하는 복합체로 해체되더라도, 이러한 파악에서 본질적인 것은 전혀 변화되지 않는다.

15. 통속적 유물론[8]에서부터 최근의 감각일원론과 에너지론[9]까지 극단적이며 일관된 모든 자연주의는 한편으로 지향적-내재적으로 의식에 주어진 모든 것을 포함하는 의식을 자연화(自然化)하고, 다른 한편으로 이념을 자연화하는 특징이 있다. 이것은 동시에 모든 절대적 이상과 규범을 자연화하는 것이다.

16. 이념을 자연화하는 점에서 자연주의는 이러한 사실을 깨닫지 못한 채 스스로 폐기된다. 우리가 형식논리학을 모든 이념성의 범례적 지표로 간주하면, 자연주의는 […] 사유법칙을 사고작용의 자연법칙으로 해석한다. 이것이 엄격한 의미에서 모든 회의적 이론의 특성을 규정하는 모순을 수반한다는 사실은 다른 곳[『논리연구』 제1권]에서 상세하게 제시했다.

[…] 자연주의자는 관념론자(Idealist)이며, 객관주의자(Objektivist)

---

[6] 이것은 칸트를 해석하며 경험론에 입각해 관념적 요소를 배척한 실증주의적 신칸트학파 라스(Ernst Laas), 바이힝거(Hans Vaihinger)의 관점을 뜻한다.
[7] 실재세계는 감각적 경험의 요소이며, 물질과 정신은 그 특수한 복합일 뿐이라는 마흐·아베나리우스의 실증적 감각일원론을 뜻한다.
[8] 모든 것을 자연과학적 인과법칙, 특히 생물학으로 설명한 포크트(Karl Vogt), 뷔히너(Ludwig Büchner), 몰레쇼트(Jakob Moleschott)의 기계론적 유물론을 뜻한다.
[9] 모든 자연법칙을 에너지의 양적 불변과 질적 변화라는 형식으로 귀착시켜 물질의 화학적 성질을 구축하려는 오스트발트 등의 관점을 뜻한다.

로서 행동한다. […] 그는 '자연과학의' 진(眞)·선(善)·미(美)에 대한 교사와 실천적 개혁가로서 정면에 등장한다. 하지만 이론을 구축하든 가치나 실천적 규범을 가장 아름답고 동시에 최상으로 정초하고 추천하든, 그는 자신의 관념적 행동으로 전제한 것을 바로 부정하는 이론을 제기하고 추정적으로 정초하는 관념론자다. 어쨌든 자연주의자가 이론화하는 한, 즉 일반적으로 그가 평가하는 작용이 상응해야만 할 가치뿐만 아니라 모든 사람이 원하고 행동해야 할 실천적 규칙까지 객관적으로 세우는 한, 그는 자신이 전제하는 것을 부정한다. 이처럼 자연주의자는 가르치고 설교하며 교화하고 개혁한다.[10] […] 그는, 고대의 회의론에서 '유일하게 이성적인 것은 이성 — 이론적 이성뿐만 아니라 가치론적·실천적 이성 — 을 부정하는 것'이듯, 설교하지 않을 뿐이다. 오히려 그는 이러한 설교를 단호히 배척하려고까지 할 것이다. 결국 그에게는 이와 같이 이치에 어긋난 점이 명백히 드러나지 않고, 그가 이성을 자연화하는 가운데 자기 자신 속에 은폐되어 있다.

17. 이러한 관점에서, 실증주의와 또 상대주의라는 점에서 실증주의를 능가하는 실용주의(Pragmatismus)가 더욱 고조되더라도, 자연화하는 이치에 어긋난 논쟁은 사실에 입각해 판정되었다. […] 철학을 엄밀한 학문의 토대 위에 세우고 엄밀한 학문으로서 형성하고자 했던 자연주의가 완전히 믿을 수 없는 것으로 나타나기 때문에, 그 방법적 목표도 믿을 수 없게 되었다.

[…] 근대의 삶 전반에 걸쳐 학문의 이념보다 더 강력하고 세차게 몰아치는 이념은 없다. 아무것도 학문이 구가하는 승리의 행진을 방해할 수 없다. […] 학문은, 이상적으로 완성된 수준에서 보면, 자신과 동등하거나 자신을 넘어서는 어떤 권위도 가질 수 없는 이성 자체.

---

10 이 경우 그 대표적 사례로 헤켈과 오스트발트를 들 수 있다.

따라서 자연주의가 이성을 경험론으로 고쳐 해석하기 때문에 왜곡하는 이론적·가치론적·실천적 이상(理想)도 모두 확실히 엄밀한 학문의 영역에 속한다.

18. […] 엄밀한 학문으로서의 철학의 이념이 무력하게 주저앉지 않으려면, 철학의 이념을 명백하게 실현할 수 있어야 한다. 철학의 이념을 실현하는 것은 그 문제의 고유한 본질이기 때문에 문제를 해명함으로써, 또한 문제의 순수한 의미를 깊이 파고들어감으로써 그 문제에 적합한 방법을 완전히 통찰할 수 있도록 재촉해야만 한다. […]

19. 물론 우리는 철학을 하는 자연탐구자의 더욱 통속적인 반성을 비판적으로 분석하기보다 실제로 학문적으로 무장한 전문적 철학에 전념한다. […] 그 철학은 스스로 정밀한(exakt) 학문의 지위에 올랐다고 확신해 그 밖의 모든 철학을 하는 것(Philosophieren)을 경멸한다. 즉 철학을 하는 다른 모든 것과 그들이 정밀하게 학문적으로 철학을 하는 것의 관계는 마치 르네상스 시대의 모호한 자연철학과 갈릴레이의 참신하고 정밀한 역학, 연금술과 라부아지에(Antoine-Laurent de Lavoisier)의 정밀한 화학의 관계와 같다.

그런데 정밀한 역학과 비슷하게 정밀하지만 아직 제한적으로 구축된 철학을 심문하면, 누구도 엄밀한 학문의 지위를 부정할 수 없는 심리-물리적 심리학, 특히 **실험심리학**을 지적하게 된다. 이 실험심리학은 매우 오랫동안 추구된 것이지만 이제야 비로소 실행하게 된 정밀한 학문적 심리학이라고 한다. 또한 논리학·인식론·미학·윤리학·교육학은 결국 실험심리학을 통해 그 학문적 기초를 획득했고, 이미 실험적 분과로 개조하는 작업이 완전히 진행 중이라고 한다. 그 밖에 엄밀한 심리학은 자명하게 모든 정신과학과 심지어 형이상학의 근본적 토대라고 한다. […]

21. […] 우리는 자연의 사물을 지각하고 단적인 경험적 판단으로

기술한다. 객관적으로 타당하게 또 엄밀한 학문의 방식으로 이렇게 자명하게 주어진 것을 인식하는 것이 곧 자연과학의 목표다. 이것은 확장된 심리물리적인 의미의 자연 또는 이 자연을 탐구하는 학문들, 특히 심리학에도 비슷하게 적용된다.

한편 심리적인 것(Psychisches)은 그 자체만의 세계가 아니라 (…) 자아의 체험으로 주어지며, '신체'(Leib)라는 물리적 사물과 경험적으로 결합되어 나타난다. […] 그러므로 자명하게 현존하는 심리물리적 자연의 상관관계 속에서 심리적인 것이 형성되거나 변형되는 법칙성, 생성되거나 소멸되는 법칙성을 발견하는 것이 곧 심리학의 과제다. 모든 심리학적 규정은 언제나 물리적 함축을 갖는다는 가장 넓은 의미(…)에서 심리물리적 규정이다. […]

23. […] 물론 자연과학도 자신의 방식에 매우 비판적이다. 아무리 축적되었더라도 단순히 개별화된 경험은 자연과학에 별로 중요하지 않다. 자연과학이 타당한 경험과 부당한 경험을 구별하고, 각 경험이 각 단계에 타당성의 가치를 간직하고, 그래서 일반적으로 객관적인 타당한 인식, 곧 자연을 인식하는 것은 바로 경험을 방법적으로 정리하고 결부시키는 것, 즉 논리적으로 확고한 자신의 규칙을 갖는 경험과 사유의 상호작용 속에서다.

그러나 […] 우리가 자연과학 속에 있고 자연과학적 태도에서 사고하는 한, 총체적 경험 일반과 경험과학적 사고를 동시에 문제 삼는 전혀 다른 경험에 대한 비판은 여전히 가능하고 또 불가피하다.

24. 어떻게 의식으로서의 경험이 대상을 부여하거나 대상과 맞아떨어질 수 있는가? 어떻게 경험이 [다른] 경험을 통해 단지 주관적으로 폐기되거나 강화되지 않고, 서로 권리를 보증해주거나 잘못을 교정해줄 수 있는가? 어떻게 '경험의 논리적(erfahrungslogisch) 의식활동이 객관적으로 타당한 것[…]을 의미할 수 있는가? 왜 의식의 활동규

칙은 사물에 무관하지 않은가? […]

이러한 문제는, 진지하게 숙고하자마자, 모두 수수께끼가 된다. 잘 알듯이 인식론은 이 문제에 답변하는 분과다. 그렇지만 가장 위대한 탐구자가 그 문제에 힘을 기울여 사유했는데도 이제까지 학문적으로 명확하게, 즉 모든 사람이 일치해 결정지어 답변하지 못했다.

25. '자연과학적 인식론'의 이치에 어긋난 점, 따라서 모든 심리학주의적 인식론의 이치에 어긋난 점을 통찰하는 데는 엄밀한 일관성 (…)만 필요하다. 일반적으로 어떤 수수께끼가 자연과학에 원리적으로 내재하면, 전제와 결론에 따라 그 수수께끼를 해결하는 것은 자명하게 자연과학을 원리적으로 초월한다. 자연과학 자체에 부착된 […] 모든 문제의 해결을 자연과학 자체에 기대하거나 심지어 자연과학이 그러한 문제의 해결에 어떤 전제를 제공할 수 있다는 생각은 곧 이치에 어긋난 순환에 빠진 것이다.

27. 그런데도 인식론이 의식과 존재의 관계에 대한 문제를 탐구하려면, 인식론은 의식의 상관자(Correlatum)인 존재만 명백하게 가질 수 있다. […] 그렇다면 이러한 탐구는 의식의 본질에 따라 의식이 '존재하는' 것을 향해야 한다. 동시에 의식이 대상적인 것을 생각하는 다른 방식[…]뿐만 아니라 의식이 '의미하는' 것, 의식이 때에 따라 대상적인 것을 '타당하게' 그리고 '실제로' 존재하는 것으로 '증명하는' 것을 향해야 한다.

29. 대상성이 존재하는 것, 대상성 자신이 존재하는 것, 더구나 인식에 적합하게 존재하는 것으로 증명한다는 것은 의식 자체에서부터 바로 순수하게 명증적이어야만 하고, 따라서 남김없이 이해될 수 있어야만 한다. 그렇기 위해서는 의식 전체를 연구할 필요가 있다. 의식은 그 모든 형태에 따라 가능한 인식의 기능 속에 나타나기 때문이다. 그러나 모든 의식이 '무엇에 대한(von) 의식'인 한, 의식의 본질에

관한 연구는 의식의 의미와 그 대상성 자체의 본질에 관한 연구도 포함한다. […] 의식의 본질에 대한 분석은 의식과 대상의 상관관계를 탐구하는 인식론적 분석에 더욱 필수불가결하다. 그래서 '현상학적'이라는 명칭은 그와 같은 모든 연구를 포괄한다.

30. 그래서 […] 의식에 관한 학문이지만 어쨌든 심리학은 아닌 학문에 마주친다. 그것은 의식에 관한 어떠한 자연과학에도 대립된 의식의 현상학이다. 물론 여기에서는 우연적으로 유사한 용어가 중요하지 않기 때문에 현상학과 심리학은, 서로 다른 방식으로 다른 '태도'를 취해도 모두 의식을 다루는 한, 매우 밀접하게 관계되어 있다. 따라서 심리학은 '경험적 의식'을 자연과의 관련 속에 존재하는 사실로서 경험적 태도에서 다루지만, 반면 현상학은 '순수'의식을, 즉 현상학적 태도에서 의식을 다룬다고 표현할 수 있다.

35. […] 실험적 방법은 어떠한 실험도 수행할 수 없는 것, 즉 의식 자체를 분석할 것을 전제한다.

36. 슈툼프, 립스 등 […] 심리학자는 실험적 방법이 전혀 실험할 수 없는 의식 자체의 분석을 전제하는 실험심리학의 결함을 인식했기 때문에, 중대한 의미에서 브렌타노가 제기한 획기적 이론의 참된 가치를 인정할 수 있었다. […] 그런데 내재적인 것을 본질에 대한 분석이라는 유일하게 가능하게 탐구하는 처음이자 가장 새로운 시도가 스콜라[사변]철학자라고 비난되고 또 무시될 수 있었다는 점은 미래 세대에게 매우 놀랄 만한 일일 것이다. […]

확실히 스콜라철학의 존재론도 언어에 좌우되었다(모든 스콜라철학의 탐구가 존재론적 탐구라고 주장하는 것은 아니다). 스콜라철학은 단어의 의미에서 분석적 판단을 이끌어낼 수 있고, 그렇게 함으로써 사실에 관한 인식을 획득할 수 있다는 생각에 몰두했다. 반면 현상학적 분석자는 단어의 개념 일반에서 어떤 판단도 이끌어내지 않는다. 오히려 관련된 단어를 통해 언어가 관심을 불러일으키는 현상으로 파고들어가 직관하거나 […] 완전히 직관적으로 실현하는 작용을 형성하는 현상을 직시한다. 그런데도 바로 이 때문에 현상학적 분석자가 스콜라[사변]철학자로 낙인찍혀도 되는가?

38. 스콜라철학에 강렬하게 반발했던 시기의 구호는 '공허한 단어의 분석을 버려라!'였다. 우리는 사태 자체(Sachen selbst)를 심문해야만 한다.[11] 우리가 사용하는 단어에 의미와 이성적 권리를 유일하게 부여할 수 있는 경험과 직관으로 되돌아가자. 이러한 주장은 얼마나 적절한가! 그러나 도대체 사태란 무엇인가? […] 실험심리학은 소박한 경험에서부터 (…) 학문적 의미의 경험이 되기 위해서는 의식을 분석하는 일이 선행되어야 한다는 특수한 성격을 간과했다. […]

40. […] 의식의 '역사'(Geschichte)[12] 속에서 단어들이 어떻게 주어졌는지 모르는 통속적 의미로, 즉 모호하고 완전히 혼동된 의미로 단어를 사용하는 것은 충분한가? 단어들이 어떻게 주어졌는지 알아도, 그 역사가 우리에게 무슨 소용인가? […] 학문적으로 확정하거나 방법적으로 정교하게 다듬는 작업 없이도 그 객체들을 **규정하는** 개념을 그대로 방치해두는 심리학이 과연 '정밀성'에 대한 권리를 주장할 수 있는가? […] 현대심리학은 더 이상 '영혼'(Seele)에 관한 학문이 아니라, '심리적 현상'에 관한 학문이 되려고 한다.[13] 그런데 현대심리학

---

11 현상학의 슬로건 '사태 자체로!'(zur Sachen selbst!)는 하이데거가 『존재와 시간』(27, 34쪽)에서 이 구절을 간명하게 인용함으로써 널리 퍼지게 되었다.
12 후설은 '의식의 역사(성)'에 접근할 발생적 분석의 틀을 이미 1904~1905년 강의 『시간의식』에서 상세히 밝혔다. 그 후에는 특히 『성찰』에서 습득성의 기체인 선험적 자아가 구성되는 역사성을, 『위기』에서 주관이 형성한 의미의 침전물로서 미리 주어진 토대인 생활세계가 구성되는 역사성을 분석한다.
13 후설은 의식을 자연화하고 물질을 심리현상의 원인으로 간주한 자연주의 실험심리학은 규범의 담지자인 인격적 주체를 망각했기 때문에 "영혼, 즉 심리

이 심리적 현상에 관한 학문이 되려면, 엄밀한 개념으로 심리적 현상을 기술하고 규정할 수 있어야만 한다. 또한 현대심리학은 방법적 연구에 필요한 엄밀한 개념을 획득했어야만 한다. 그렇다면 이 방법적 연구는 '정밀한' 심리학의 어디에서 수행되었는가? 이것을 목표로 방대한 문헌을 찾아보았으나, 실패했을 뿐이다.

41. […] 외적 자연을 인식할 경우 소박한 경험에서 학문적 경험으로, 모호한 일상적 개념에서 완전히 명확한 학문적 경험으로 결정적으로 진전한 일은, 잘 알려져 있듯이, 갈릴레이가 비로소 이루었다. 그런데 심리적인 것에 대한 인식, 즉 의식의 영역에 관해 우리는 스스로 정밀한 자연과학과 완전히 대등하다고 간주하는 '실험적-정밀한' 심리학을 갖지만, 이 심리학이, 그 주안점에서 보면, 갈릴레이 시기 이전의 상태에 있음을 거의 깨닫지 못한다.

43. […] '실험심리학은 본질적으로 심리학적 판단에 속한 개념이 어떻게 또 어떤 방법으로 혼란된 상태에서 명료하고 객관적으로 타당하게 될 수 있는지'의 문제를 더 깊게 추구하는 데 소홀했다. 더구나 […] 심리적인 것에 고유하고 모든 심리-물리학 이전에 엄밀하고도 매우 충전적으로 탐구될 수 있는 '본질'을 어디까지 갖는지 숙고하는 데 소홀했다. 그리고 심리학적 경험의 '의미' 속에 무엇이 놓여 있는지 또한 심리적인 것의 의미에서 존재가 그 자신에게서부터 방법에 어떤 '요구'를 제기하는지 숙고하지 않았다.

44. 이미 18세기 경험적 심리학이 출발한 이래 끊임없이 혼란을 거듭한 것이 바로 물리학적-화학적 방법의 본보기에 따르는 자연과학적 방법의 환영이다. […] 모든 경험과학의 방법은 동일하며, 따라서

(Psyche)가 빠진 심리학(Psychologie)"(『이념들』 제1권, 175쪽)이며, 영혼뿐만 아니라 정신(Geist)에 접근할 수 없다고 비판한다.

물리적 자연과학과 심리학의 방법은 동일하다는 확고한 신념에 사로잡혀 있다.

그런데 형이상학이 때로는 기하학적 방법을, 때로는 물리학적 방법을 잘못 모방해 앓아왔다면, 심리학에서도 동일한 과정이 반복된다. 정밀한 실험심리학의 창시자들이 생리학자와 물리학자였다는 점은 중요하다. 참된 방법은 탐구되어야 할 사태의 본성을 추구하는 것이지, 선입견이나 본보기를 추구하는 것이 아니다. [⋯]

45. [⋯] 자연과학의 본보기를 따르는 것은 거의 불가피하게 의식을 사물화(事物化)하고, 처음부터 이치에 어긋나게 한다. 이것에서 항상 새롭게 이치에 어긋난 문제설정과 그릇된 탐구방향을 이끄는 경향이 발생한다. [⋯]

46. [⋯] 자연과학은 사물 자체가 경험된 것으로 존재한다고 스스로 일컫는 것의 의미만 일관되게 추구하고, 이것을 '제2성질을 배제하는 것'이나 '남아 있는 제1성질을 견지하는' 가운데 '현상에서 단지 주관적인 것(Subjektives)을 배제하는 것'이라고 매우 애매하게 부른다. 그러나 이것은 애매한 표현일 뿐이며, 자연과학의 참된 수행절차에 대한 조잡하고 나쁜 이론이다.

48. [⋯] 심리적인 것은 (형이상학이 아니라 비유적으로) 어떤 창(窓)도 없고, 오직 감정이입을 통해 교류하는 모나드(Monade)들로 나누어졌다. 심리적 존재, '현상'인 존재는 원리적으로 여러 가지로 분리된 지각, 심지어 동일한 주체의 지각 속에 개체적으로 동일하게 경험할 수 있는 통일체는 아니다. 즉 심리적 영역에는 나타남(Erscheinung)과 존재(Sein)의 구별이 전혀 없다. [⋯] 심리학의 가장 넓은 의미에서 '심리적 현상'이라고 부르는 모든 것은 현상(Phänomen)이지 자연(Natur)은 아니다.

49. 그러므로 현상은 결코 '실체적' 통일체가 아니고, 어떠한 '실재

적 속성'도 없으며, 어떠한 실재적 부분이나 변화 또는 어떠한 인과관계도 알지 못한다. 이 모든 단어는 자연과학적 의미에서 이해된 것이다. 자연을 현상에 전가하고, 현상을 실재적으로 규정하는 요소들과 인과적 연관으로 탐구하는 것은 우리가 수(數)에 대한 인과적 속성과 인과적 연관 등을 심문하려는 경우보다 전혀 나을 것이 없는 순수하게 이치에 어긋난 것이다. 이것은 그 본질이 자연인 존재를 배제하는 자연화하는 이치에도 어긋난다. […]

50. […] 의식의 '모나드적' 통일체는 그 자체로 자연·시간과 공간·실체성·인과성과 전혀 무관하고, 완전히 독자적 '형식'을 갖는다. 모든 심리적인 것은 하나의 일관된 지향적 계열인, 양극(兩極) 모두에서 한정되지 않은 현상의 흐름이다. 이것은 비유컨대 모든 것을 관통하는 통일체의 지표(Index), 즉 시작도 끝도 없이 내재적이며 어떤 정밀한 시계도 측정할 수 없는 '시간'의 계열이다.

53. […] 심리적인 것의 영역에서 수행되어야 할 연구가 일치할지 이치에 어긋날지는 결국 '현상학적' 태도의 일관성과 순수성에 달려 있다. 그런데 우리는 자연주의적 태도 속에서 살고 생각하며, 그래서 심리적인 것을 자연주의적으로 왜곡하는 뿌리 깊은 습관을 쉽게 극복하지 못한다. […]

54. […] 현상 자체가 어떠한 **자연**도 아니라면, 현상은 직접적 직관작용으로 파악할 수 있고 더구나 충전적으로 파악할 수 있는 **본질**을 갖는다. 직접적 개념을 통해 현상을 기술하는 모든 언표는, 타당한 언표인 한, 본질의 개념을 통해, 따라서 본질직관 속에 충실하게 이행되어야만 할 개념적인 단어의 의미를 통해 현상을 기술해야만 한다.

55. […] 자연주의적 태도의 마력은 완전한 학문적 심리학의 근본조건이자 진정한 이성비판의 영역인 위대한 학문의 길을 차단했다. […] 뿌리 깊은 자연주의의 마력은 '본질'과 '이념'을 파악하기 매우 어렵

게 만들었다. 그러나 본질직관은 지각보다 더 많은 어려움이나 '신비적' 비밀을 간직하지 않는다. 만약 '색깔'을 완전한 명석성, 즉 완전하게 주어진 것으로 이끌어 직관하면, [이때] 주어지는 것은 곧 '본질'이다. [⋯] 직관(Intuition), 즉 직관적으로 의식하는 그만큼, 그에 상응하는 '이념화작용'(Ideation)—『논리연구』에서 줄곧 주장했듯—또는 '본질직관'의 가능성에 도달한다. [⋯]

57. [⋯] 흄의 감각론이 '무엇에 대한 의식'이라는 지향성의 영역 전체에 눈멀지 않았다면, 즉 그 영역 전체의 본질을 탐구했다면, 그는 위대한 회의론자가 아니라 참된 '실증적' 이성에 대한 이론을 정초한 자가 되었을 것이다.[14] 흄이 『인성론』(*A Treatise of Human Nature*)에서 그의 마음을 매우 격렬하게 계속 혼란시킨 문제, 그의 처지에서 결코 적절하고 말끔하게 정식화할 수 없던 모든 문제는 전적으로 현상학이 지배하는 영역에 있다. [⋯]

58. [⋯] 모든 것은 흄과 같은 혼동을 경계하고, 따라서 현상학적 직관을 '내성[자기관찰]', 내적 경험, 즉 본질에 상응하는 개체적 개별성들을 정립하는 작용과 혼동하지 않는 데 달려 있다.[15]

---

14 후설의 이러한 평가는, 흄이 로크의 연상심리학과 인식론에 영향을 받아 존재하는 것은 끊임없이 일어나는 '지각의 다발'일 뿐이라고 모든 실체를 부정하는 회의론에 빠짐으로써 이 현상 속에서 본질과 의미를 해명하는 의식의 지향성과 순수자아를 보지 못하고 단순한 현상론으로 전락했기 때문이다. 따라서 그는 흄의 회의론이 결국 독아론(Solipsismus)으로 귀착되고 모든 객관주의가 뿌리째 동요되므로 "경험론의 발전과 형이상학의 해체를 객관적 인식이 파산되는 동일한 사건"(『위기』, 89~93쪽 참조)으로 간주해 비판한다.
15 체계적 현상학에 대한 단편들 속에 맨 처음 여기에서 특성을 부여한 의미의 본질에 대한 분석을 수행한 『논리연구』는 줄곧 내성의 방법을 부활하려는 시도로 오해받았다. 이 점에 대해서는 물론 『논리연구』 제2권 제1연구의 「서론」에서 현상학을 심리학으로 묘사한 그 방법상 결함에 책임이 있다. 그러나 이에 대한 해명은 『체계적 철학총서』 제9권(1903), 397~400쪽에 게재한 내 논문

59. 순수현상학은 […] 오직 본질(Wesen)에 대한 탐구이지 결코 현존재(Dasein)에 대한 탐구일 수 없다. […] 개체는 본질이 아니지만, 개체는 그것을 통해 명증적으로 타당하게 진술될 수 있는 본질을 '갖기' 때문이다. […] 개별자는 순수현상학에서 영원한 비한정자(apeiron)다. […] 순수현상학만 모든 형식-논리적이고 자연-논리적이며 그 밖의 주도적 '원리'의 근원 그리고 이 주도적 원리와 밀접하게 관련된 '존재'(자연의 존재, 가치의 존재 등)와 '의식'의 상관관계에 관한 모든 문제의 '근원'을 해명할 수 있다. […]

65. […] 자연주의를 원리적으로 잘못된 철학이라고 인식하는 것이 엄밀한 학문적 철학의 이념, 즉 '아래에서부터의(von unten) 철학'의 이념을 포기하는 것은 결코 아니다. 심리학적 방법과 현상학적 방법을 비판적으로 구별하는 것은 결국 현상학적 방법에서 이성의 학문적 이론과 충분한 심리학에 이르는 참된 길을 제시해 준다. […]

역사주의와 세계관 철학

66. 역사주의는 […] 경험적 정신생활을 바로 자연화하지 않고도 절대적으로 정립하기 때문에 (…) 자연주의적 심리학주의와 밀접한 유사성을 띠며, 따라서 유비적으로 회의적 어려움에 휩쓸리는 상대주의가 생겨난다. […]

67. […] 모든 정신의 형태가 유기적으로 생성되는 구조와 유형에 고정된 종(種)은 없다. 외관상 고정된 것으로 보이는 모든 것은 발전의 흐름뿐이다. 내적 직관을 통해 정신생활의 통일체에 정통하면, 우

「1895년부터 1899년까지 독일에서 논리학 저술들에 관한 세 번째 보고」에서 이미 수행했다—후설의 주.

리는 정신생활을 지배하는 동기부여들을 추후 느낄(nachfühlen) 수 있고, 그래서 정신적 통일과 발전의 동기에 종속된 그때그때 정신의 형태가 지닌 본질과 그 발전도 '이해'(verstehen)할 수 있다. 이러한 방식으로 모든 역사적인 것은 그 '존재'의 특성상 우리에게 '이해되고 설명된다. 또한 그것은 바로 '정신적 존재'이고, 내적으로 요구되는 의미의 계기들이 통일된 것이며, 내적인 동기부여에 따라 의미 있게 형성되고 발전되는 통일체다.

[…] 예술·종교·도덕과 세계관의 연관된 발전, 그 형태학적 구조와 유형을 철저히 탐구하고 역사적으로 이해하려는 관점에서 어떻게 의미심장하고 사실상 경탄할 만한 가치 있는 연구가 수행될 수 있었는지는 딜타이의 저술들, 특히 최근에 발표된 세계관의 유형에 관한 논문이 알려준다.[16]

69. […] 일관되게 전개된 역사주의는 극단적 회의적 주관주의로 넘어간다. 그렇다면 진리·이론·학문의 이념은, 모든 이념과 마찬가지로, 그 절대적 타당성을 상실한다. […] 역사나 경험적 정신과학 일반은 '과연 문화의 형태인 종교와 이념 — 즉 타당한 종교 — 인 종교, 문화의 형태인 예술과 타당한 예술, 역사적 법률과 타당한 법률, 끝으로 역사적 철학과 타당한 철학이 구별되어야 하는지'에 대해 긍정하든 부정하든 그 자신으로부터는 아무것도 결정할 수 없다. 더구나 […] 타당성 자체와 그 이상적 규범의 원리들을 학문적으로 결정하는 것은 결코 경험과학이 다룰 사항이 아니다. 물론 수학자는 수학적 이론의 진리에 대한 가르침을 얻기 위해 역사에 의지하지 않는다. 수학자는 수학적 표상과 판단의 역사적 발전을 진리의 문제와 관련짓는 일을 꿈에서조차 생각하지 않는다. […]

---

16 딜타이 외, 『세계관, 철학 그리고 종교』(1911) 참조—후설의 주.

일정한 체계를 부정하고 더구나 철학적 체계 일반의 이상적 가능성을 부정하는 사람은 그렇게 부정하는 근거를 반드시 제시해야만 한다. […] 사실로 이념을 정초하거나 논박하려는 것은, 칸트가 "부석(浮石)에서 물을 구하는 일(ex pumice aquam)"[17]이라 했듯이, 이치에 어긋날 뿐이다.[18,19]

70. […] 이제까지 학문적 철학이 전혀 없었다는 역사학의 주장마저 역사학으로는 결코 정초할 수 없다. 역사학은 철학적 인식의 원천에 입각해서만 그러한 주장을 정초할 수 있다. […] 정당하고 핵심을 깊이 파고들어가는 모든 비판은 자신에게 이미 진보의 수단을 제공하며, 이상적으로 말해 정당한 목표와 방법, 따라서 객관적으로 타당한 학문을 지시한다. […]

---

17 "나무 위에서 고기를 구한다"(緣木求魚)는 뜻으로 원천적으로 불가능한 시도를 가리킨다.
18 딜타이도 앞에서 인용한 책에서 역사주의적 회의론을 배척한다. 그러나 나는 어떻게 그가 세계관의 구조와 유형을 매우 유익하게 분석한 것에서 회의론에 반대되는 결정적 근거를 획득했다고 믿는지 이해할 수 없다. 왜냐하면 본문에 상론했듯이, 객관적 타당성을 요구하는 것에 대해 반대하든 '찬성하든' 어쨌든 정신과학 더구나 경험적 정신과학은 논증할 수 없기 때문이다. 경험적 이해로 향한 경험적 태도가 현상학의 본질적 태도로 대체될 경우, 사정은 완전히 달라진다. 이것은 딜타이사상을 내적으로 동요시킬 것이다—후설의 주.
19 이러한 비판에 딜타이는 서신(1911. 6. 29.)으로 "내 입장은 역사주의로 특징지을 수 없다. 회의주의가 인식 일반의 가능성을 부정하는 것이라면, 나는 회의주의자로 간주될 수 없고, 어떤 유형의 회의론과도 관련 없다"고 항변했다. 후설은 그 답신(1911. 7. 5~6.)에서 역사주의비판이 딜타이와 상관없다 면서도 존재와 의식의 상관관계를 해명하는 자신의 '형이상학(제일철학)'은 다르다고 밝힌다. 즉 딜타이도 역사주의적 회의론을 배척하지만, 상대주의에서 회의론으로 빠지지 않는다는 방법상 결정적 근거를 제시하지 못했고, 그래서 후설은 "딜타이는 천재적 직관을 지녔지만, 궁극적 근원을 해명하는 엄밀한 학문적 이론화가 결여되었다"(『이념들』 제2권, 173쪽; 『심리학』, 16쪽)고 비판한다.

71. […] 우리는 오늘날 고등학생도 쉽게 처리할 수 있을 과학의 문제를 성공적으로 해결한 것을 커다란 성과로 평가할 수도 있다. […] 그러한 상대적 평가의 원리 역시 이념적 영역 속에 놓여 있다. 단순한 [역사]발전을 이해하려 하지 않고 가치를 평가하는 역사가가 이 원리를 전제할 수는 있지만, 정초할 수는 없다. […]

72. […] 본질학문인 현상학의 영역은 개인적 정신에서 일반적 정신의 전체 영역으로 곧바로 확대된다. 만약 딜타이가 심리물리적인 심리학은 '정신과학의 토대'로 이바지할 수 있는 것이 아니라는 점을 감명 깊게 관철시켰다면, 나는 정신의 철학을 정초할 수 있는 것은 오직 현상학적 본질학문뿐이라고 주장했을 것이다.

73. […] 세계관철학은 역사주의적 회의론이 낳은 자손이다. […] 세계관철학이 모든 것을 포괄하고 이해하는 인식에 대한 욕구를 가능한 한 충족시키려는 목표를 총체적 개별과학들 속에서 발견하는 한, 세계관철학은 모든 개별과학을 자신의 근본으로 간주한다. 그래서 세계관철학은 종종 스스로를 '학문적 철학', 곧 '확고한 과학 위에 세워진 철학'이라고 부른다. […] 그런데도 세계관철학자가 세계[에 관한]학문이기보다 세계관이기를 더 원하는 세계관철학을 높게 평가할수록, 곧바로 역사주의의 영향 아래 엄밀한 철학적 세계[에 관한]학문을 추구하는 의도에 대립해 더욱더 회의적이 된다. […]

78. […] 세계관철학은 거대한 체계 속에서 인생과 세계의 수수께끼에 대해 상대적으로 가장 완전한 대답을 준다. 즉 경험과 지혜 또 단순한 세계관과 인생관이 단지 불완전하게만 극복될 수 있을 뿐인 삶의 이론·가치론·실천에서 불일치를 가능한 한 최선의 방식으로 해결하고 만족스럽게 해명한다. 그러나 인류의 정신 삶은 항상 새로운 교양·정신투쟁·경험·가치평가와 목적설정이 풍부해짐으로써 계속 진보한다.

79. […] 모든 사람은 가능한 한 모든 측면에서 숙달된 인격을 갖추도록 노력해야 하듯이, 가능한 한 '현명하게' 그래서 가능한 한 '지혜를 사랑하면서' 모든 방향에서 가능한 한 '경험해야 한다.' 이러한 이념에 따라 노력하는 모든 인간은 곧 가장 근원적인 말의 의미상 필연적으로 '철학자'(Philosoph)다.

81. 역사상의 철학들은, 지혜를 추구하는 충동으로서 그 창조자를 지배했던 한, 확실히 세계관철학이었다. 하지만 역사상의 철학들은, 엄밀한 학문의 목표가 그들의 철학 속에 생생했던 한, 바로 그만큼 학문적 철학이기도 했다. 이 두 가지 목표는 전혀 구별되지 않았거나, 구별되더라도 확연히 구별되지 않았다. 실천적 노력 속에 이 두 가지 목표는 융합되었다. […]

물론 세계관도 하나의 '이념'이지만, 유한한 목적의 이념으로서, 목적에 부단히 접근하는 방식으로 개인의 삶 속에 원리적으로 실현한다. […] 세계관의 '이념'은 각 시대마다 다르다. 반면 학문의 이념은 어떤 시대의 정신에도 제한되지 않는 초시간적(überzeitlich)이다. […] 일반적으로 우리 삶의 목표에는 두 가지가 있는데, 하나는 [자신의] 시대에 관한 것이고, 다른 하나는 영원에 관한 것이다. 전자는 우리 자신과 동시대인이 완성하는 것에 봉사하고, 후자는 아득히 먼 세대에 이르기까지 후손들이 완성하는 것에 봉사한다. 학문은 절대적으로 무시간적(zeitlos) 가치에 대한 명칭이다. 이러한 모든 가치는 일단 발견되면, 그 후로는 미래의 모든 인류의 가치보고(價値寶庫)에 속하며, 교양·지혜·세계관의 이념이 갖는 실질적 내용뿐만 아니라 세계관철학의 실질적 내용도 곧바로 규정한다.

82. 세계관철학과 학문적 철학은 어떤 방식으로 서로 관련되지만, 혼동될 수 없는 두 가지 이념으로 확연히 구별된다. 더구나 세계관철학은 학문적 철학이 그 시대에 불완전하게 실현된 것이 아니다. 왜냐

하면 […] 이제까지 학문적 철학의 이념은 결코 실현된 적이 없었고, 엄밀한 학문으로서 실제로 실현된 철학도 전혀 없었으며, 비록 불완전한 '학설의 체계'라도, 우리 시대의 연구공동체의 통일적 정신 속에서 객관적으로 세워진 적이 전혀 없기 때문이다. 다른 한편 이미 수천 년 전부터 세계관철학들이 있었다. 그렇지만 우리가 학문의 무한성을 '무한히 멀리 떨어져 있는 하나의 점'이라고 허구로 상상하고자 원하면, 이 두 가지 이념의 실현(…)은 무한한 것 속에서 서로 점진적으로 접근하면서 [결국] 일치된다. […]

83. […] 세계관을 획득하려는 노력에 대항해 완전히 다르게 탐구하는 노력은, 학문이 결코 어느 한 개인이 완성한 창조물일 수 없다는 점을 충분히 깨닫게 하고, 견해가 동일한 사람들과의 공동작업 속에서 학문적 철학을 출현시키고 점진적으로 발전시키게 최대의 에너지를 쏟게 한다. […]

84. 이러저러하게 철학을 하는 [어떤] 개인이 철학을 하는 것에 대한 보편타당한 실천적 결정을 내릴 수 없다는 사실을 처음부터 인정하자. […] 실천적 동기가 강력하게 대두되는 바로 그런 시대에는 이론적 본성을 지닌 사람도 자신의 이론적 사명이 허용하는 한도 이상으로 더 맹렬하게 실천적 동기의 힘에 굴복할 수 있다. 특히 우리 시대의 철학에 이러한 위험이 심각하게 놓여 있다.

88. […] 학문적으로 엄밀한 학설의 단초가 형성된 적이 전혀 없는 철학을 지지하는 역사적으로 전승된 철학은 물론이고 지금 생생하게 발전하는 철학도 기껏해야 학문의 반제품(半製品) 또는 세계관과 이론적 인식이 구별되지 않은 혼합물일 뿐이다. […] 실증과학들에서 과학적으로 '설명된' 엄청난 양의 사실은 어떤 수수께끼의 차원을 수반한다. […] 일반적으로 이 수수께끼를 해명하는 것이 자연과학의 기능인데, 단지 그 기능이 아직 충분히 발휘되지 못했을 뿐이라고 믿는

다. 하지만 '자연과학이 원리적으로 이 수수께끼를 해명할 수 있다'는 견해는 더 깊이 통찰하는 사람에게 일종의 미신이다. […] 로체가 말하듯이, "세계의 경과를 계산하는 것이 그것을 이해하는 것을 뜻하지 않는다." 이러한 점에서 정신과학이 자연과학보다 더 유리하지도 않다. 인간성의 정신 삶을 '이해하는' 것은 확실히 위대하고 아름다운 일이다. 그렇지만 유감스럽게도 이러한 이해조차 우리를 도와줄 수 없다. 그리고 이러한 이해가 우리에게 세계와 삶의 수수께끼[20]를 해명해야 할 철학적 이해와 결코 혼동되어서는 안 된다.

엄밀한 철학의 출발점은 사태 그 자체

89. 우리 시대의 정신적 급박함(Not)은 사실상 견디기 어렵게 되었다. 우리의 안정을 방해하는 것이 단순히 자연과학과 정신과학에서 탐구하는 '실제성'의 의미[…]에서의 이론적 불명료함뿐이라면 얼마나 좋겠는가. 오히려 이것은 우리가 시달리는 가장 철저한 삶의 급박함이고, 우리 삶의 어떤 지점에서도 멈출 수 없는 급박함이다. 모든 인생사는 태도를 취하는 것이고, 그것은 절대적 타당성을 요구하는 규범에 따라 타당성이나 부당성에 대해 판결하는 것, 즉 당위에 속한다. […] 자연주의자와 역사주의자는 세계관에 관해 고심한다. 그러나 이들은 서로 다른 측면에서 이념을 사실로 바꾸어 해석하고, 모든 실제성, 즉 모든 삶을 이해할 수 없는, 이념이 없는 '사실들'

---

20 후설은 인간의 삶과 세계에서 최고의 수수께끼는 선험적 자아가 '세계 속의 객체로 존재하는 동시에 세계에 대해 주체로 존재하는 이중 역설'로 파악하고, 이들의 보편적인 지향적 상관관계의 아프리오리를 체계적으로 해명한다.

(Tatsachen)[21]의 혼합물로 변형시킨다. 결국 사실에 대한 미신은 이 둘 모두에게 공통적이다.

91. […] 시대를 위해 영원을 희생할 필요가 없다. 급박함을 완화시키기 위해 근절될 수 없는 해악인 급박함을 잇달아 가중시키는 폐단을 후손에게 물려줘서도 안 된다. 이때 급박함은 학문에서 유래한다. 학문에서 유래한 급박함은 오직 학문으로만 궁극적으로 극복할 수 있다.[22] 자연주의자와 역사주의자의 회의적 비판이 당위의 모든 영역에서 진정한 객관적 타당성을 이치에 어긋나게 해체시키면, […] 이 모든 해악에는 오직 하나의 치료법이 존재할 뿐이다. 이것은 바로 학문적 비판과 동시에 아래에서부터(von unten) 착수해 확실한 기초를 정초하고 가장 엄밀한 방법에 따라 전진해가는 근본적 학문이다. 이것이 바로 우리가 여기에서 시작하는 학문적 철학이다. […]

93. […] 세계관철학과 학문적 철학 사이에 절충은 없다. 세계관을 형성하려는 충동이 가장 유력한 충동이 되고 게다가 그 학문적 형식으로 이론적 본성을 가장해도, 우리는 이론적 성과를 더 이상 기대해서는 안 된다. […] 목표를 유한한 것 속에 세우고 자신의 체계를 가지려 하며 그 체계에 따라 적당히 살아갈 수 있기를 바라는 세계관철학자는 결코 학문적 철학을 촉진해 궁극적으로 정초할 자격이 없다. 그가 할 수 있는 일은 오직 하나, 즉 세계관철학은 스스로 학문이 되고자 하는 요구를 정직하게 완전히 포기하고, 동시에 […] 학문적 철학의 진보를 방해하지 않는 것뿐이다.

---

21 이 말의 어원인 라틴어 'facio'는 '있는 그대로'가 아니라, '만들어진 것', 즉 '사실이라고 규정된 사실'이라는 의미를 함축한다.
22 '묶은 자가 푼다'(結者解之)는 관점은 『위기』에서 '길을 잘못 들어선 합리주의는 인간성의 진정한 이성을 해명하고 실현함으로써 자기 자신을 형성해가는 철학을 통해서만 극복할 수 있다'(같은 책, 337쪽)는 주장으로 이어진다.

94. […] 세계관은 우리 시대에 지나치게 확장되었다. '과학적으로 정밀하게' 증명되지 않은 모든 것을 '비-학문'이라 경멸하는 과학의 맹신주의에 현혹되면 안 된다. 과학은 동등한 권리를 갖는 가치들 가운데 하나일 뿐이다. […] 세계관은 개별적 인격의 습관과 작업수행으로 평가될 수 있다. 하지만 학문은 여러 세대에 걸친 학자들이 공동으로 연구한 작업수행으로 평가된다. 그리고 세계관철학과 학문적 철학은 가치의 근원이 다르듯이 기능도 다르며, 영향을 주고 또 가르치는 방식도 다르다. 세계관철학은 지혜가 가르치는 그대로 가르친다. 즉 인격은 [다른] 인격에 의지한다. […] 그러나 학문은 비-인격적이다. 그래서 학문의 공동연구자는 지혜가 아니라 이론적 재능이 필요하다. […]

95. […] 심원함(Tiefsinn)은 지혜의 일이고, 개념적 명석함과 판명함은 엄밀한 이론의 일이다. 심원함의 예견을 명백한 합리적 형태로 개조하는 것은 엄밀한 학문을 새롭게 구성하는 본질적 과정이다. [물론] 정밀한 과학도 심원함에 잠겼던 기나긴 시기가 있었다. 그래서 정밀한 과학이 르네상스 시대에 투쟁으로 관철했듯이, 철학도 현대에 투쟁으로 심원함의 단계에서 학문적 명석함의 단계로 관철될 것이라고 나는 감히 희망한다. 여기에는 올바른 목표에 대한 확신, 충분히 자각하면서 목표를 향하는 위대한 의지, […] 모든 학문적 에너지를 다 바치는 의지(Willen)[23]가 필요할 뿐이다.

현대를 데카당스[24] 시대라고 한다. 그러나 나는 이러한 비난이 정

---

[23] 후설현상학을 이성을 강조한 주지주의로 해석하는 일반적 경향은 단지 표층적 모습일 뿐이다. 후설현상학은 보편적 이성과 정상적 신체를 근거로 새로운 철학의 실천적 가능성을 열어가는 의지의 결단과 행위도 부단히 역설한다.

[24] 'Decadence'는 19세기 말 프랑스를 중심으로 유럽 전역에 유행한 풍조로, 이성에 대한 신뢰를 상실하고 퇴폐적 문화에서 미적 동기를 구하는 관능주의인

당하다고 간주할 수 없다. 우리는 역사상 이러한 연구력의 총체가 가동되고 그 성과로 작업이 이루어지는 [현대와 같은] 시대를 거의 발견하지 못했다. […] 우리 시대는 위대한 시대인데, 단지 해명되지 않은 옛 이상을 붕괴시킨 회의주의 때문에 병들었다고 생각한다. 바로 그 때문에 회의적 부정주의(否定主義)—이것은 스스로를 '실증주의'(Positivismus)라고 부른다—를 참된 실증주의(實證主義)로 극복하기에는 철학이 아직 충분히 진전되지 않아 […] 고생하고 있다. 우리 시대는 오직 '실재성'(Realität)만 믿으려 한다. 그런데 현대의 가장 강력한 실재성은 곧 학문이고, 따라서 우리 시대가 가장 필요로 하는 것은 곧 학문적 철학이다.

96. […] 우리 시대의 위대한 목표에 도달할 수 있는 길은 오직 하나뿐이다. 즉 우리가 진정한 철학적 학문의 본질에 속하는 근본주의(Radikalismus)로 미리 주어진 어떠한 것도 받아들이지 않고,[25] 전해 내려오는 어떠한 것도 출발점으로 삼지 않으며, 아무리 위대한 대가(大家)라도 그 명성에 현혹되지 않고, 오히려 문제 자체와 이 문제에서 나오는 요구에만 자유롭게 몰두하는 가운데 탐구의 실마리를 찾으려고 노력해야만 한다.

97. 확실히 우리는 역사도 필요하다. 물론 위대한 철학들이 성장된 역사적 발전과의 연관 속에서 우리 자신을 잃어버린 역사가의 방식

데, 그 이후 상징주의 등 다양한 모더니즘으로 발전했다. 이것은 낡은 전통이나 권위를 무시하고, 근대인의 비정상적 자극을 욕망하는 표현이지만, 봉건적 문화의 붕괴를 촉진하며 새로운 발전의 능력을 낳기도 한다.

25 '무전제성(無前提性)의 원리'는 언어나 논리학까지 배격해 절대적 무(無)에서 출발하는 것이 아니라, 직관에 주어지지 않은 형이상학적 문제나 자연과학적 설명에서 단순한 가설적 개념을 배제함으로써 모든 편견에서 해방되어 의식에 직접 주어지는 사태 그 자체를 직관하려는 것이다.

이 아니라, 위대한 철학들 자체가 그 독특한 정신의 내용에 따라 우리를 고무하면서 영향을 미칠 수 있는 방식으로 역사가 필요하다. 만약 이 역사적 철학들 속으로 들어가 응시하고 그 언어와 이론의 정수를 파헤쳐 이해하면, 이 역사적 철학들에서 아주 풍부하고 생생한 동기부여를 지닌 힘찬 철학적 **생명력**이 솟아날 것이다. 하지만 철학을 통해 철학자가 되지는 않는다. 역사적인 것에 매달린 채 역사적-비판적 활동을 하며 역사적인 것에 종사하고, 절충해 정교하게 만드는 것이나 시대착오적인 르네상스로 철학적 학문에 도달하려는 것은 모두 아무 희망 없는 시도일 뿐이다. 철학이 아니라 사태와 문제 자체에서 탐구의 추진력이 출발해야만 한다.

그런데 철학은 그 본성상 참된 근원, 즉 '만물의 뿌리'(rizomata panton)에 관한 학문이다. 근본적인 것(Radikales)에 관한 학문은 수행 절차도 철저해야 하며, 모든 관점에서 철저해야 한다. 무엇보다 철학은 절대적으로 명석한 자신의 출발점, 즉 절대적으로 명석한 문제와 이 문제의 고유한 의미로 미리 지시된 방법과 가장 아래 절대적으로 명석하게 주어진 사태를 연구할 수 있는 영역을 획득할 때까지 결코 쉬면 안 된다. 어디에서도 철저하게 '편견이 없음'을 포기하면 안 되며, 가령 처음부터 이 '사태'(Sache)를 경험적 '사실'(Tatsache)과 동일시해도 안 되고, 이렇게 중요한 의미에서 직접적 직관 속에 절대적으로 주어진 이념(Idee)에 대해 맹목적 태도를 취해도 안 된다.

우리는 아직도 르네상스에서 유래하는 편견의 마력에 구속되어 있다. 하지만 참으로 편견이 없는 사람은 어떤 확정이 칸트나 아퀴나스, 다윈이나 아리스토텔레스, 또는 헬름홀츠나 파라셀수스(A.T.B. Paracelsus)에게서 유래하더라도 중요하지 않다. 요구되는 것은 자신의 눈으로 보는 것이 아니라, 보인 것을 편견이 강요하는 대로 해석해 버리지 않는 것이다. 근대의 가장 감명 깊은 과학인 수학적-물리학적

과학의 작업 대부분이 겉으로 보기에는 간접적 방법에 따라 일어나기 때문에, 간접적 방법을 지나치게 과대평가하고 직접적 파악의 가치를 오인하는 경향이 있다. 그렇지만 철학이 자신의 궁극적 근원으로 되돌아가야 하는 한, 철학의 학문적 연구가 직접적 직관의 영역 속에 진행되어야 한다는 것은 곧 철학의 본질이다.

그러므로 우리 시대가 성취해야 할 가장 위대한 발걸음은 올바른 의미에서 철학적 직관으로 현상학적 본질을 파악하는 무한한 연구의 영역을 열고, 간접적인 기호화(記號化)나 수학화(數學化)의 방법뿐만 아니라 추론과 논증의 장치를 전혀 사용하지 않은 채 가장 엄밀하며 장래의 모든 철학에 결정적으로 풍부한 인식을 획득하는 학문의 길을 여는 것임을 깨닫는 것이다.[26]

---

26 '사태 그 자체로' 부단히 접근하려는 현상학의 철저한 직관주의에서 '보는 것'은 '아는 것'의 궁극적 기초이자 자아를 실현하는 첫걸음이다. 이러한 후설의 관점은 유가가 모든 근본을 격물치지에 둔 것이나, 불가가 팔정도의 첫 항목을 정견 또는 지관으로 삼은 것, 도가가 도통의 첫 단계를 관조로 삼은 것과 동일한 맥락으로 모두 '봄'이 '이론적 앎'과 '실천적 삶'의 기본임을 강조한다.

III 선험적 현상학을 향해 출발함
6 『이념들』 제1권

후설은 현상학의 참모습을 체계적으로 밝히고자 1913년 『철학과 현상학 탐구연보』 창간호에 『이념들』 제1권을 발표했다. '순수현상학의 일반적 입문'이라는 부제가 달린 이 저술은 본래 총 3부로 계획된 동일한 제목과 주제의 글 가운데 제1부에 해당한다.

현상학의 최고원리는 '원본적으로 부여하는 모든 직관이 인식의 권리원천'이라는 것이다. 이때 규범은 '의식 자체에서 본질적으로 통찰할 수 있는 명증성만 요구할 것'을 의미하고, 문제영역은 '이성'(순수 의식, 선험적 자아)의 본질구조를 지향적으로 분석하는 인식비판을 말한다.

그리고 현상학을 추구하는 방법으로는 소박한 자연적 태도로 정립된 실재세계의 타당성을 괄호 속에 묶어 일단 배제하는 '판단중지', 개별적 사실에서 자유로운 상상 속에 본질을 직관하는 '형상적 환원', 의식의 작용들과 대상들에 통일성을 부여하고 그 동일한 의미를 구성하는 원천인 선험적 자아와 그 대상영역을 드러내는 '선험적 환원'이 있다.

이러한 핵심사항을 처음으로 또 구체적으로 제시한 이 책은 그 후에 후설이 일관되게 추구해나간 선험적 현상학 전체를 가늠할 수 있는 얼개다.

그러나 이렇게 순수 의식의 본질구조를 해명한 선험적 현상학은 '주관적(절대적) 관념론', 즉 독아론으로 오해받았다. 더구나 물질적 자연뿐만 아니라 정신적 세계의 발생과 구성을 분석해 '경험적 실재론'으로 평가받는 제2권—본래 계획상 제2부의 전편(前篇)—은 이미 1912년 초고가 완성되었지만 수정을 거듭하다 40년이 지난 1952년이 되어서야 출간되었다. 그래서 제1권과 제2권의 긴밀한 관계는 완전히 단절되었다.

> Ideen zu einer reinen
> Phänomenologie und
> phänomenologischen
> Philosophie
>
> von
>
> Edmund Husserl
>
> Erstes Buch
> Allgemeine Einführung in die reine Phänomenologie
>
> Sonderdruck aus: „Jahrbuch für Philosophie und phänomenologische Forschung", Bd. I
> herausgegeben von E. Husserl-Göttingen
>
> Halle a. d. S.
> Verlag von Max Niemeyer
> 1913

『이념들』 제1권

『이념들』 제1권은 선험적 현상학을 본격적이고도 체계적으로 제시한 책이다. 후설은 이 책에서 '판단중지' '형상적 환원' '선험적 환원'의 현상학적 방법을 구체적으로 소개한다.

본질과 본질의식

서론

[…] 순수현상학은 '현상'(Phänomen)에 관한 학문이다. 그래서 심리학은 심리적 '나타남'(Erscheinung) 또는 현상에 관한 학문, 자연과학은 물리적 '나타남' 또는 현상에 관한 학문이다. […] 현상학적 태도를 수행하는 것은 우리가 완전히 충족시켜야만 할 첫 번째, 그러나 결코 쉽지 않은 과제다.

지난 10년간 독일의 철학과 심리학에서 현상학은 매우 많이 논의되었다. 『논리연구』에 대한 [잘못] 추정된 합의로 사람들은 현상학을 경험적 심리학의 하부단계로, 심리적 체험을 '내재적으로' 기술하는 분야로 간주한다. 이러한 파악에 대해 내가 항의한 것[1]은 별 소용이 없었던 것으로 보이며, 첨부된 상론은 이해되지 못했거나 부주의하게 간과된 것 같다. […]

내가 심리학적 방법을 비판한 것은 현대심리학의 가치를 부정하거나 뛰어난 학자들이 수행한 실험적 작업을 비난하기 위함이 결코 아니며, 오히려 방법론의 근본적 결함을 밝히기 위해서였다. 심리학을 더 높은 단계의 학문으로 고양하고 심리학이 작업하는 장(場)을 특별하게 확장하는 것은 이러한 결함을 제거하는 데 달려 있다. […] 여기에서 이 논쟁을 언급하는 이유는 지배적이고 극도로 만연한 오해에 맞서 우리가 이 책에서 그 입구를 개척하려는 **순수현상학**—이것은

---

1 『로고스』 제1권(『엄밀한 학문』), 316~318쪽에서의 항의(특히 경험의 개념에 관한 316쪽 상론을 주목). 『체계적 철학총서』 제9권(1903), 397~400쪽의 내 논문 「1895~99년 독일의 논리학저술에 관한 보고」에서 이미 현상학과 기술심리학의 관계에 상론한 것 참조. […]—후설의 주.

『논리연구』에서 최초로 출현했고, 지난 10년간 계속된 작업은 그 의미를 더욱더 깊고 풍부하게 밝혔다—은 심리학이 아니라는 사실, 현상학을 심리학으로 간주하는 것은 […] 원리적 근거를 배제하는 것이라는 사실을 처음부터 날카롭게 강조하기 위해서다.

[…] 우리는 자연적 관점에서의 심리학적 경험 속에 나타나는 그 의식에서 시작해, 이 의식의 본질적 전제를 밝힐 것이다. 그런 다음 '현상학적 환원'의 방법을 고안해낼 것이다. 이 방법에 따라 자연을 탐구하는 모든 방식의 본질에 속하는 인식의 한계를 제거할 수 있고, 이 한계에 독특한 일면적 시선의 방향을 전환할 수 있다. 그래서 결국 우리는 '선험적으로' 순화된 현상의 자유로운 지평과 […] 현상학의 분야를 획득한다.

[…] 심리학은 경험과학이다. '경험'이라는 말의 통상적 의미는 이중이다.

① 심리학은 **사실**(Tatsache), 즉 흄의 의미에서 사실(matters of fact)에 관한 학문이다.

② 심리학은 **실재성**(Realität)에 관한 학문이다. 심리학이 심리학적 '현상학'으로서 다루는 '현상'은 실재적 사건이다. […]

[첫째] 이에 반해 순수 또는 선험적 현상학은 사실과학이 아니라 본질학문('형상적' 학문)으로 **정초될** 것이다. 즉 결코 '사실'이 아니라 오직 '본질인식'을 밝히는 학문으로 정초될 것이다. 이에 속한 환원, 즉 심리학적 현상에서 순수한 '본질'로 이행하려는 또는 판단하는 사유 속의 사실적('경험적') 일반성에서 본질적 일반성으로 이행하려는 환원은 **형상적 환원**이다.

둘째, 선험적 현상학의 현상은 비–실재적인 것으로 특징지어질 것이다. 다른 환원, 특히 선험적 환원은 심리학적 현상에 실재성을 부여하고 그래서 실재적 '세계' 속에 자리 잡는 것에서 심리학적 현상을 '순수화한다.' 현상학은 실재적 현상의 본질학이 아니라, 선험적으로 환원된 현상의 본질학이어야 한다.

[…] 학문을 통상 그러하듯 실재적 학문과 이념적 학문(또는 경험적 학문과 아프리오리한 학문)으로 나누는 대신, '사실'과 '본질', '실재적인 것'과 '비-실재적인 것'의 두 대립쌍에 상응해 나누어 사용한다. '실재적'과 '이념적'의 대립 대신 사용하는 이 이중 대립의 구별은 연구의 후반부(게다가 이 책 제2권)에서 상세하게 정당화될 것이다. […] 선험적으로 순수화된 모든 '체험'은 '실재적 세계' 속에 자리 잡는 모든 것이 배제된 '비-실재성'이다. 현상학은 이 비-실재성을 탐구하지만, 개별적 개체성이 아니라 '본질' 속에서 탐구한다. […]

이 책 제1권은 선험적으로 순수화된 의식과 그 본질의 상관자들을 보고 접근할 수 있게 하는 현상학적 환원의 일반적 학설을 다룰 뿐만 아니라, 이 순수의식의 가장 일반적인 구조를 일정하게 구상하고 이렇게 함으로써 새로운 학문의 가장 일반적인 문제들과 연구의 방향 그리고 방법론을 일정하게 구상할 것이다.

제2권에서 체계적으로 정식화하고 유형별로 해결하려는 몇 가지 문제는 [한편으로] 현상학과 물리적 자연과학, 심리학 그리고 정신과학, 다른 한편으로 현상학과 총체적인 아프리오리한 학문의 까다로운 관계를 실제로 명백하게 할 수 있는 전제조건이다. 여기에서 입안된 현상학적 스케치는 동시에 제1권에서 획득한 현상학을 더 깊게 이해시키고, 현상학의 거대한 문제범위를 훨씬 더 풍부하게 알 수 있게 하는 환영할 만한 수단을 준다.[2]

---

2 이처럼 『이념들』 제1권 「머리말」에서 제2권(최종적으로 출판된 형태에서는 제2권과 제3권)과의 긴밀한 보완관계를 명백하게 밝히듯이, '제1권을 선험적 관념론'으로 '제2권을 경험적 실재론'으로 해석하는 것은 근거 없는 왜곡이다.

결론인 제3권³은 철학의 이념에 전념한다. 절대적 인식의 이념을 실현하는 진정한 철학은 순수현상학 속에 뿌리를 내린다는 통찰을 일깨울 것이다. 이것은 모든 철학의 최초인 이 철학을 체계적으로 엄밀하게 정초하고 상론하는 것이 모든 형이상학과 ― '학문으로 등장할 수 있는' ― 그 밖의 철학에 대한 끊임없는 전제조건이라는 중대한 의미에서 그러하다.

[…] 아마 '이념'(Idee)과 '이념적'(Ideal)이라는 표현은 혼란을 일으키는 모호함이 아주 나쁜 정도는 아니지만, 『논리연구』에서 자주 일어난 오해가 나에게 큰 상처를 주었듯이, 내 논의에서는 전체적으로 매우 좋지 않았다. '이념'이라는 매우 중요한 칸트의 개념을 (형식적 또는 질료적) '본질'이라는 일반적 개념과 순수하게 분리시켜 유지할 필요도 있었다. 그래서 용어상 손상되지 않은 그리스어 '형상'(Eidos)을 사용하고, 위험하지는 않지만 때때로 짜증나게 모호한 독일어 '본질'(Wesen)을 사용한다. […]

제1절 사실과 본질

1 자연적 인식과 경험

자연적 인식은 경험과 함께 시작하고, 경험 속에 남아 있다. 따라서 '자연적' 태도라는 이론적 태도에서 가능한 탐구의 전체 지평은 '그것은 세계다'라고 간단히 표시된다. 그래서 이러한 근원적⁴ 태도의

---

3 『이념들』 제3권은 본래 계획상 제2권의 일부다. 제3권 '현상학적 철학의 이념'은 1920년대 이후 후설의 일관된 연구과제였다.
4 여기에서는 어떤 역사도 이야기되지 않는다. 심리학적-인과적인 발생이나 진화사(進化史)의 발생도 필요 없다. 근원성에 관한 논의에서도 생각하면 안 된다. […] 그러나 경험적-구체적인 사실에 대한 인식이 다른 모든 인식 ― 예를 들어 모든 수학적-이념적인 인식 ― 에 앞서 미리 존재한다는 것은 결코 객관적

학문은 모두 세계에 관한 학문이다. 그리고 이 태도가 전적으로 지배하는 한, '참된 존재'·'실제적 존재', 즉 실재적 존재와 '세계 속의 존재'(Sein in der Welt)는 ─ 모든 실재적인 것은 세계의 통일성에 결합되기 때문에 ─ 합치된다.

[…] 최초의 '자연적' 인식의 분야와 그 모든 학문을 부여하는 직관은 자연적 경험이고, 원본적으로 부여하는 경험은, 일상적 의미에서 이해된 말로, 지각이다. 어떤 실재적인 것을 원본적으로 부여하는 것과 그것을 단적으로 직관하면서 '알아채고' '지각하는 것'은 같은 말이다. 우리는 '외적 지각'에서 물리적 사물을 원본적으로 경험하지만, 기억이나 예견하는 기대에서 그렇게 경험하지 못한다. 내적 지각이나 자기[에 대한]지각에서 우리 자신과 우리의 의식상태에 관한 원본적 경험을 갖지만, 타자에 관한 그리고 '감정이입'에서 타자의 체험에 관한 원본적 경험을 갖지 못한다. 우리는 타자가 신체적으로 의사를 표명한 것에 대한 지각에 근거해 '타자의 그 체험을 바라본다.' 감정이입의 이 바라봄(Ansehen)은 직관하는 작용, [대상을] 부여하는 작용이지만, 원본적으로 부여하는 작용은 아니다. […]

2 사실. 사실과 본질은 분리될 수 없다

[…] 어떤 본질과 따라서 순수하게 파악할 수 있는 어떤 형상을 갖는 것은 모두 우연적인 것의 의미에 속하며, 이 형상은 각각 단계가 다른 보편성의 본질─진리에 지배된다. 개체적 대상은 결코 단순히 개별적인 것, '여기에 있는 이것'(Dies da!), 일회적(一回的)인 것이 아니라 '그 자체로' 이러저러한 성질을 지닌 것으로서 자신의 독자성을 갖는다. […]

개체의 본질에 속한 모든 것은 다른 개체도 가질 수 있고, […] 최상의

인 시간적 의미를 가져선 안 된다 ─ 후설의 주.

본질의 일반성은 개체들에 관한 '영역' 또는 '범주'[5]를 한정한다.

3 본질통찰과 개별적 직관

무엇보다 '본질'은 어떤 개체가 그 자체의 고유한 존재 속에서 자신의 그것(Was)으로 발견되는 것을 뜻한다. 경험하는 직관 또는 개별적 직관은 본질직관(이념화작용)으로 변화될 수 있다. 이 가능성 자체는 경험적 가능성이 아니라, 본질의 가능성으로 이해되어야만 한다. 이 경우 직시된 것은 […] 그에 상응하는 순수본질 또는 형상이다.

이러한 본질을 원본적으로 부여하는 통찰은 […] 충전적 통찰일 수 있다. 그러나 이것 역시 다소간에 불완전한 '비-충전적' 통찰일 수 있다. […] 어떤 본질의 범주에 속한 본질은 단지 '일면적으로'만 주어질 수 있고, 잇달아 일어나는 경우 '다면적으로' 주어질 수 있지만, 결코 '전면적으로' 주어질 수 없다는 사실은 그 본질의 범주의 고유한 본성에 속한다. […]

개별적 직관은, 충전적이든 아니든, 본질직관으로 전환될 수 있다. 그리고 본질직관은, 그에 상응해 충전적이든 아니든, [대상을] 부여하는 작용의 특성을 띤다. […] 본질(형상)은 새로운 종류의 대상이다. 개별적 또는 경험하는 직관에 주어진 것이 개별적 대상이듯이, 본질직관에 주어진 것은 순수본질이다.

[…] 직관하는 의식으로서의 '경험은 그 개별적 대상을 주어지게 하고', 지각으로서의 경험은 그 대상을 '원본적으로', 즉 자신의 '생생한' 자체성(Selbstheit)에서 파악하는 의식으로 원본적으로 주어지게

---

[5] '영역'(Region)은 가장 보편적인 내용적 본질을 뜻하며, '범주'(Kategorie)는 어떤 영역에 대한 형식적 본질을 뜻한다. 후설은 이 영역 일반과 이에 속한 보편적 본질들의 의미를 밝히는 존재론을 '영역적 존재론'이라 부른다.

한다. [⋯] 따라서 본질통찰은 본질을 자신의 '생생한' 자체성에서 파악하며 원본적으로 [대상을] 부여하는 직관이다.⁶ 그러나 이 직관은 원리적으로 고유하고 새로운 직관, 다른 범주의 대상성에 상관적으로 속한, [⋯] 즉 개별적 직관에 대립된 직관이다.

[⋯] '상응하는' 개체적인 것으로 시선을 전환하고 범례적 의식을 형성할 자유로운 가능성 없이 본질직관은 불가능하다. 반대로 이념화작용을 수행하고 이 작용을 통해 개별적으로 볼 수 있게 예시된 상응하는 본질에 시선을 향할 자유로운 가능성 없이 개별적 직관도 불가능하다. 그러나 이것이 두 가지 직관이 원리적으로 구별된다는 사실을 결코 변경하지는 않는다. '실존'(Existenz)(⋯)과 '본질'(Essenz), 사실과 형상의 본질적 관련은 직관의 본질적 차이에 대응한다. [⋯] 그래서 특히 형상(이념)이나 본질이라는 개념들에 부착된—부분적으로 신비주의적인—모든 사고는 순수하게 배제된 채 남겨진다.⁷

4 본질통찰과 상상. 모든 사실인식에 독립적인 본질인식

형상, 즉 순수본질은 지각이나 기억 등의 경험이 주어지는 것을 통해 직관적으로 예시될 수 있다. 이와 똑같이 단순한 상상(Phantasie)이 주어지는 것을 통해서도 직관적으로 예시될 수 있다. [⋯]

본질에 관한 정립, 우선 직관하는 파악은 어떤 개별적 현존재의 정립도 전혀 함축하지 않는다. 순수본질의 진리는 사실에 관한 주장도 결코 포함하

---

6 나는 『논리연구』에서 원본적으로 부여하는 본질통찰, 대부분 충전적인 본질통찰에 대해 '이념화작용'이라는 말을 사용하곤 했다. 어쨌든 단적이고 직접적으로 어떤 본질을 향하는, 이 본질을 파악하고 정립하는 모든 의식을, 그중에서도 '희미하며' 따라서 더 이상 직관적이지 않은 의식을 포함하는 더 자유로운 개념이 분명히 필요하다—후설의 주.
7 『로고스』 제1권(『엄밀한 학문』), 315쪽 참조—후설의 주.

지 않는다. 따라서 단지 본질의 진리에서는 어떤 사실의 진리도 추론될 수 없다. […]

제2절 자연주의의 오해

19 경험과 원본적으로 부여하는 작용을 경험론적으로 동일화하는 것

[…] 경험론적 자연주의는 모든 '우상'에 맞서, 전통과 미신의 위력 또 거칠거나 세련된 모든 편견의 위력에 맞서 진리에 관한 물음에 대해 유일한 권위인 자율적 이성의 권리를 타당하게 하려는 인식-실천적 근본주의다. […] 모든 학문이 경험에서 출발해야만 하고 학문의 간접적 인식은 직접적 경험에 근거해야만 한다. 따라서 경험론자는 진정한 학문과 경험적 학문을 동일한 것으로 간주한다. 사실에 대립된 '이념'이나 '본질', 이것들은 스콜라철학의 실체나 형이상학적 유령과 무엇이 다른가? 이러한 망령에서 인류를 구제한 것이 바로 근대자연과학의 주된 공적일 것이다. […]

경험론적 논증의 원리적 오류는 '사태 자체'로 되돌아가야 한다는 근본적 요구와 모든 인식의 정초는 경험을 통해야 한다는 요구를 동일시하거나 혼동하는 데 있다. 경험론자는 인식할 수 있는 '사태'의 테두리를 이해할 수 있는 자연주의로 제한하면서 경험을 유일하게 사태 자체를 부여하는 작용으로 간주한다. 그러나 사태가 곧 자연의 사태는 아니고, 일상적 의미에서 실제성은 곧 실제성 일반이 아니다. 우리가 경험이라고 하는 원본적으로 부여하는 작용은 오직 자연의 실제성에만 관련된다. […]

직접적 '봄'(Sehen) — 단순히 감각적으로 경험하는 봄이 아니라, 어떤 종류이든 원본적으로 부여하는 의식인 봄 일반 — 은 모든 이성적 주장의 궁극적 권리원천이다. […] 만약 어떤 대상을 완전히 명석하게 보면 그리고 순수한 봄에 근거하고 또 실제로도 보고 있는 파악된 것의

테두리 속에서 해명하고 개념적으로 파악하면, 이것을 충실하게 표현하는 진술은 자신의 권리를 갖는다. […]

20 회의주의인 경험론

[…] 경험론자가 진정한 관점[에 따른]철학자로서 또 편견에서 자유롭다는 원리와의 명백한 모순 속에서 해명되지도 정초되지도 않은 사념에서 출발한 반면, 우리는 직관적으로 게다가 이론화하는 모든 사유작용에 앞서 그 자체로 주어진 것 전체에서, 직접 보고 파악할 수 있는 모든 것에서 출발한다. '실증주의'(Poitivismus)가 모든 학문을 절대적으로 편견에서 해방시켜 '실증적인 것', 즉 원본적으로 파악할 수 있는 것에 정초하는 것을 뜻한다면, 우리야말로 진정한 실증주의자다.[8] […]

22 플라톤적 실재론에 대한 비난. 본질과 개념

우리가 '플라톤과 같은 실재론자'로서 이념 또는 본질을 대상으로 내세우고 다른 대상들처럼 이것에 대해 실제적 (참된) 존재를 인정하며 […] 직관으로 파악할 수 있다고 인정한 것이 줄곧 특별하게 공격받았다. 저자와 아주 거리가 먼 그들의 고유한 개념을 저자의 탓으로 돌리고 그런 다음 저자의 서술에서 불합리한 점을 쉽게 끄집어 읽어내는 피상적 독자─유감스럽게도 이런 독자가 너무 흔하다─는 우리의 논의에서 제외될 것이다.[9] 만약 대상과 실재적인 것, 실제성과 실재

---

8 후설은 "스스로를 실증주의라 부르는 과학적 자연주의는 곧 회의적 부정주의(Negativismus)이며, […] 철학이 아니라 사태와 문제 자체에서부터 탐구의 추진력이 출발해야 한다"(『엄밀한 학문』, 340~341)고 역설한다.
9 『논리연구』와 『로고스』에 게재한 논문[『엄밀한 학문』]에 대한 논박은, 심지어 호의적 논박조차, 유감스럽게도 대부분 이러한 수준에서 이루어졌다─후설의 주.

적 실제성이 하나의 동일한 것을 뜻한다면, 이념을 대상과 실제성으로 파악하는 것은 물론 뒤집어진 '플라톤식 실체화'다.

[⋯] 이념에 대한 맹목성은 영혼에 대한 맹목성이며, 우리는 여러 편견 때문에 직관의 장(場)에서 가진 것을 판단의 장으로 끌어갈 수 없다. 실로 모든 사람은 '이념'과 '본질'을 보며, 언제나 보고, 이것들로 사유작용을 조작하고, 본질판단—단지 그들이 자신들의 인식론적 '관점'에서 이 본질판단을 [잘못] 해석하지만—도 실행한다. [⋯] 이념이나 본질은 단지 개념이며 따라서 심리적 형성물이라는 논의는 이 경우 분명히 난센스다. 따라서 비-시간적 존재를 심리적 형성물이라 하는 것은 이치에 어긋난다. [⋯]

23 이념화작용의 자발성, 본질과 허구

[⋯] '피리 부는 켄타우로스(Kentaur)'[10] 자체는 '무'(無)이며, 철두철미하게 '상상'이다. 즉 상상의 체험은 어떤 켄타우로스를 상상하는 것이다. 이러한 한에서 '사념된 켄타우로스' '상상된 켄타우로스'는 체험 자체에 속한다. 그러나 바로 이 상상의 체험과 이 속에서 상상된 것 그 자체를 혼동해서는 안 된다. 그래서 자발적 추상화를 통해 산출된 것은 본질이 아니라, 본질에 관한 의식이다. [⋯] 따라서 본질[에 관한]의식과 본질 자체의 동일화를 요구할, 그래서 본질 자체의 심리학화(心理學化)를 요구할 혼동을 발견할 동기는 전혀 없다. [⋯]

24 모든 원리 가운데 원리

[⋯] 모든 원리 가운데 원리에서, 즉 원본적으로 부여하는 모든 직관은

---

10 그리스신화에 나오는 괴물로 상체는 남자, 하체는 말이다. 의술이 뛰어나고 용맹해 그가 죽자 제우스가 하늘에 별자리(궁수자리)로 만들어주었다 한다.

인식의 권리원천이라는 원리에서, '직관'을 통해 원본적으로 (그 생생한 실제성에서) 제시되는 모든 것은 그것이 주어진 대로—그러나 그것이 거기에 주어진 제한 속에서만—단순히 받아들여야만 한다는 원리에서 생각해낼 수 있는 어떠한 이론도 오류를 일으킬 수는 없다. [⋯]

25 실천에서 자연과학의 실증주의자, 반성에서 실증주의의 자연과학자

실증주의자는 그가 '철학적으로' 반성하고 경험론 철학자들의 궤변에 기만당할 때만 본질의 인식을 거부하지, 자연과학자로서 정상적인 자연과학적 태도로 사유하거나 [이 사유를] 정초할 때는 본질의 인식을 거부하지 않는다. 이때 그는 명백히 매우 광범위하게 본질통찰에 영향을 받기 때문이다. 순수수학의 분과—기하학이나 운동학 같은 실질적 분과뿐만 아니라 산술과 해석학 등 형식적 (순수논리적) 분과—는 자연과학이 이론화(理論化)하는 근본적 수단이다. 이 분과는 명백하게 경험적으로 수행되지 않고 경험된 도형·운동 등에 관해 관찰과 실험으로 정초되지 않는다. [⋯]

26 독단적 태도의 학문과 철학적 태도의 학문

[⋯] 독단적 태도의 학문은 자신이 다루는 사태가 원본적으로 주어진 데서 시작하고(⋯), 그 사태가 직접 주어진 것은 무엇이고, 그것에 근거해 무엇이 추론될 수 있는지를 때때로 심문한다. 반면 인식론적 태도, 특히 **철학적 태도**의 학문적 탐구는 인식가능성의 회의적 문제를 우선 원리적 일반성으로 해결하고, 그런 다음 획득된 해결책을 적용해 독단적 학문이 거둔 성과의 궁극적 의미와 인식의 가치를 판정하는 것에 관한 결론을 이끌어내기 위해 추구한다. [⋯]

현상학의 근본적 고찰

제1절 자연적 태도의 정립과 이것을 배제하는 것

27 자연적 태도의 세계: 자아와 나의 환경세계

[…] 보고 만지며 듣는 등 감각적 지각의 여러 방식으로 어떤 공간을 차지하는 물체적 사물은 나에 대해 단순히 거기에(einfach da)—단어적 의미나 비유적 의미에서 '현존해'(vorhanden)—있다. […]

그러나 현실적 지각 장의 부단한 주변고리를 형성하는 […] '함께 현재하는 것'(Mitgegenwärtiges)의 영역과 더불어 모든 깨어 있는 순간에도 나에 대해 의식에 적합하게 '현존하는' 세계가 전부 드러나는 것은 아니다. 오히려 세계는 어떤 확고한 존재질서 속에서 한정되지 않은 상태에 이른다. [아직] 규정되지 않은 실제성이 희미하게 의식된 지평은 현실적으로 지각된 것, 다소간에 명석하게 '함께 현재하는 것'과 규정된 것(또는 웬만큼 규정된 것)을 부분적으로 침투하고, 부분적으로 에워싸고 있다. […] 세계에서 공간적 현재의 존재질서는 시간이 연속되는 존재질서와 아주 똑같다. 지금 그리고 명백히 모든 깨어 있는 '지금' 속에 나에 대해 현존하는 이 세계는 두 가지 측면의 무한한 시간적 지평—[이미] 알려지거나 [아직] 알려지지 않은 지평, 직접 생생하거나 생생하지 않은 과거와 미래—을 갖는다. […]

28 사유주체(cogito). 나의 자연적 환경세계와 이념적 환경세계

다양하게 변화하는 내 의식의 자발성(Spontaneität)의 복합체는 이 세계, 내가 나 자신을 발견하는 세계 또한 동시에 나의 환경세계인 세계에 관련된다. […] '나에-대해-거기에-존재하는 것'(Für-mich-da-sein)은 거기에 존재하는 것(Daseiendes) 자체와 명백히 다르다. 산술의 세계는, 내가 산술적으로 태도를 취할 때만 또 그러한 한에서만, 나에 대해 거기에 있다. 그러나 **자연적 세계**는 내가 자연적으로 [그럭저럭] 살아가는 한, 언제나 나에 대해 거기에 있다. […]

31 자연적 정립의 철저한 변경. '배제하는 것'과 '괄호치는 것'

[…] 일반정립(Generalthesis) 때문에 실재적 환경세계는 항상 일반적으로 파악에 적합하게 의식되지 않고, 단순히 거기에 존재하는 '실제성'으로 의식된다. 일반정립은 태도가 지속되는 동안, 즉 자연적으로 깨어 [그럭저럭] 살아가는 동안 지속하면서 존립한다. […]

명확한 정립뿐만 아니라 잠재적이고 명확하지 않은 정립에 대해서도 언제나 가능한 태도를 취하는 것은 가령 데카르트가 완전히 다른 목적, 즉 절대적으로 의심할 수 없는 존재의 영역을 수립하려는 목적으로 기획한 것과 같은 보편적 의심의 시도다. […] 우리는 우리가 수행한 정립을 포기하지 않고, 새로운 판단의 동기를 끌어들이지 않는 한(…), 정립이 존재하는 그대로 그 자체 속에 남아 있는 우리의 확신을 아무것도 변경하지 않는다.

어쨌든 정립은 변양된다. 정립은 존재하는 그 자체 그대로 남아 있지만, 우리는 그 정립을 예컨대 '작용중지'시키고 '배제하고' '괄호친다'. 정립은, 괄호 속에 묶인 것처럼, 접속의 연관에서 배제된 것처럼, 여전히 계속 현존한다. […] 모든 정립의 관계에서 완전히 자유롭게 특유의 판단중지, 즉 진리에 관한 명증적 확신 때문에 흔들리지 않고 흔들릴 수 없을 확신과 양립하는 어떤 판단을 억제할 수 있다. 정립은 '작용중지'되고 괄호처진다. 정립은 '괄호처진 정립'의 변양으로 변화되고, 판단 자체는 '괄호처진 판단'으로 변화한다. […]

32 현상학적 판단중지

[…] 우리는 자연적 태도의 본질에 속한 일반정립을 작용중지시키고,

이 일반정립이 존재적 관점에서 포괄하는 모든 것을 괄호 속에 넣는다. […] 자연적 태도의 일반정립을 괄호치는 것이 나의 완전한 자유이듯이 그렇게 실행할 때 나는 마치 소피스트[11]처럼 이 '세계'를 부정하지 않고, 회의주의자처럼 세계의 현존(Dasein)을 의심하지 않는다. 대신 공간적-시간적 현존에 관한 모든 판단을 나에게서 완전히 차단하는 '현상학적' 판단중지를 한다. […]

제2절 의식과 자연적 실제성

33 현상학적 잔여인 '순수의식' 또는 '선험적 의식'에 대한 예시

[…] 의식은 현상학적으로 배제하는 것에 영향을 받지 않는 고유한 존재를 자신의 절대적인 고유한 본질 속에 갖는다. 이 존재는 '현상학적 잔여'로 남는다.

[…] '현상학적' 판단중지를 완전히 의식해 수행하는 것은 '순수'의식과 그 결과를 현상학적 영역 전체에 접근시키는 필연적 조작(Operation)이다. […] 자연적 태도에서는 자연적 세계만 보인다. 현상학적 태도의 가능성이 인식되지 않은 한, 현상학적 태도와 함께 생기는 대상성을 원본적으로 파악하는 방법이 형성되지 않은 한, 현상학적 세계는 알려지지 않은 채 남아 있다. […]

36 지향적 체험. 체험 일반

[…] '무엇에 관한 의식'은 일반적으로 모든 현실적 사유주체의 본질에 속한다. 그러나 변양된 사유작용도 그 나름대로 의식이며, 이에

---

[11] 여기서 소피스트는 "아무것도 존재하지 않는다. 무엇이 존재해도 그것을 인식할 수 없다. 인식할 수 있어도 남에게 전달할 수 없다"고 모든 존재를 부정함으로써 철저한 회의적 상대주의를 주장한 고르기아스를 뜻한다.

상응하는 변양되지 않은 사유작용처럼 동일한 것에 관한 의식이다. 따라서 변양되어 유지되는 의식에 대해 그 본질의 속성을 공통으로 갖는 모든 체험을 '지향적 체험'(『논리연구』에서 설명한 가장 넓은 의미에서의 '작용'Akt)이라고 한다. 그 체험이 무엇에 관한 의식인 한, 이것을 이 무엇에 '지향적으로 관련되었다'고 일컫는다. […]

38 작용에 대한 반성. 내재적 지각과 초월적 지각

[…] 사유주체 속에 살아가면서 우리는 사유작용(cogitatio) 자체를 지향적 객체로 의식하지 않지만, 언제든지 사유작용은 지향적 객체가 될 수 있고, 그 본질에는 '반성적'으로 시선을 전환 — […] 사유작용을 향한 새로운 사유작용의 형식으로 — 할 원리적 가능성이 있다. 즉 모든 사유작용은 '내적 지각'의 대상이 될 수 있고, 그런 다음 계속 반성적으로 평가하고 시인하거나 부인하는 등의 객체가 될 수 있다. […]

40 '제1성질'과 '제2성질'

[…] 제1성질과 제2성질의 잘 알려진 구별[12]에 따르면 특수한 감각적 성질은 '단순히 주관적'이고, 오직 기하학적-물리학적 성질만 '객관적'이다. 사물의 색깔·소리·냄새·맛 등은, '생생하게' 사물의 본질에 속하는 것으로 나타나더라도, 실제적인 것이 아니라 어떤 제1성

---

12 '제1성질'과 '제2성질'은 아리스토텔레스가 수·형태·운동·정지·크기 등 다수의 감각기관에 '공통으로 지각된 것'(aistheta koina)과 색깔·소리·맛·냄새 등 특정한 감각기관에 '독자적으로 지각된 것'(aistheta idia)을 구별한 이래, 로크에게까지 이어졌다. 버클리는 '제1성질'을 '제2성질'이 복합된 관념으로 보고 "존재는 지각되는 것"(esse est percipi)이라 주장했다. 특히 흄은 존재하는 것은 끊임없이 일어나는 "지각의 다발"일 뿐이라며 필연적 인과관계까지 우연적 선후관계로 파악했다.

질에 대한 단순한 '부호'일 뿐이다. […] 이렇게 이해하면, 낡은 버클리의 반론, 즉 물체성과 모든 제1성질의 이 본질적 핵심인 연장성(延長性)은 제2성질 없이는 생각할 수조차 없을 것이라는 주장은 옳다. 하지만 지각된 사물의 본질적 내용 전체는 '단순한 나타남'이고, '참된 사물'은 물리학적 학문의 사물이다. […]

그러므로 '참된 존재'는 철저하게 원리적으로 지각에 생생한 실제성으로 주어진 것[…]과 다르게 규정된다. 본래 경험된 사물은 단순한 '이것', 즉 수학적 규정과 그 공식의 담지자가 되는 공허한 X를 부여하며, 이것은 지각의 공간 속에 존재하지 않고 오직 상징으로만 표상할 수 있는 3차원 유클리드 다양체의 '객관적 공간' 속에 존재한다. 지각의 공간은 이 객관적 공간의 단순한 '부호'다. […]

41 지각의 내실적 존립요소와 이것의 초월적 객체

[…] 지각된 사물은, 지각되지도 심지어 잠재적으로 의식되지도 않는다(…). 대신 존재할 수 있고, 변경되지 않고도 존재할 수 있다. 그러나 지각 자체는 의식의 끊임없는 흐름 속에 있는 그대로 있으며, 그 자체가 하나의 끊임없는 흐름이다. 즉 '지금(Jetzt)의-지각'은 계속 이어지는 '방금 전에(Soeben)-지나가버린 것'의 의식으로 부단히 변화하며, 동시에 새로운 지금이 등장한다.

[…] 사유작용으로서 지각 자체의 구체적인 내실적 존립요소에 속한 것은 무엇인가? 물리학적 사물은 분명 아니다. 이것은 철저히 초월적이다. 즉 총체적인 '나타남의 세계'에 대립된 초월적이다. '나타남의 세계'가 '단순히 주관적'이더라도, 이 세계는 그 모든 개별적 사물과 사건에 속하지 않으며, 따라서 지각의 내실적 존립요소에 속하지 않고, 지각에 대립해 '초월적'이다. […]

42 의식으로서 존재와 실재성으로서 존재. 직관하는 방식의 원리적 차이

[…] **체험으로서의 존재**와 **사물로서의 존재**는 근본상 본질적 차이가 있다. 체험이 내재적 지각 속에 지각할 수 있는 것은 원리적으로 체험이라는 영역의 본질(…)에 속하지만, 공간의 사물은 그렇지 않다. […]

내재와 초재의 대립에는 주어지는 **종류**에서 원리적 **차이**가 있다. […] 우리는 사물을 그것이 주어지는 모든 경우에서 '실제로' 또 본래적으로 지각 속에서 '맞아떨어지는' 규정성에 따라 '음영이 새겨진다'는 사실로 지각한다. [그러나] 체험은 음영이 새겨지지 않는다.

[…] 공간적 존재는 어떤 '방향이 정해져야'(Orientierung)만 '나타날' 수 있고, 따라서 언제나 새로운 방향이 정해지는 것(…)에 대한 체계적 가능성이 필연적으로 미리 지시된다. […] 공간의 사물은 원리적으로 그렇게 나타나는 방식들의 통일체로서만 주어질 수 있는 지향적 통일체일 뿐이다.

43 원리적 오류의 해명

따라서 지각(지각의 방식으로는 다른 모든 사물직관)이 사물 자체에 접근하지 못한다고 생각하는 것은 원리적 오류다. 사물은 그 자체로 또한 자신의 '그 자체의 존재'(Ansich-sein)로 주어지지 않는다. 모든 존재자에는 그 존재자를 있는 그대로 단적으로 직관할 수 있고 특히 충전적 지각, 즉 어떠한 매개도 없이 '나타남'을 통해 생생한 그 자체를 부여하는 지각 속에서 지각할 수 있는 원리적 가능성이 포함된다. […]

그러나 이러한 견해는 이치에 어긋난다. 이 견해에서는 초월적인 것과 내재적인 것에 어떤 본질적 차이도 없다. […] 우리가 보고 있는 공간의 사물은 지각된 것, 즉 그 **생생함**으로 의식에 적합하게 주어진 것이다. 공간의 사물 대신 어떤 심상(心像)이나 부호가 주어진 것이 아니다. 우리는 지각작용을 부호[에 대한]의식이나 심상[에 대한]의식으로 끼워넣어서는 안 된다.

[…] 지각 속에서 '그 자체'는 더 본래적으로—기억이나 자유로운 상상 속의 '눈앞에 아른거리는', '현전화된'이라는 변양된 특성에 대립해—'생생한 것'으로 특징지어진다.[13, 14] 본질적으로 다르게 구축된 이러한 표상의 방식과 이와 상관적으로 이 표상의 방식에 상응하는 [대상이] 주어진 것을 통상적으로 혼동하면, 따라서 단적인 현전화(現前化)와 상징화(象徵化)[…]를 혼동하고 더구나 단적인 지각을 심상화하는 상징화와 기호적 상징화 모두를 혼동하면, 이치에 어긋난다. 사물에 대한 지각은, 마치 그것이 기억이나 상상 속에 있듯이, 현재하지 않는 것을 현전화하지 않는다. 사물에 대한 지각은 자신의 생생한 현재 속에 '그 자체'를 현재화하고 파악하기 때문이다. […]

44 초월적인 것의 단순한 현상적 존재와 내재적인 것의 절대적 존재

[…] 사물은 원리적으로 오직 '한 측면에서'만 주어질 수 있다. […] 사물은 필연적으로 단순한 '나타남의 방식' 속에 주어지며, 이때 '실제로 제시된 것'의 핵심은 필연적으로 비-본래적인 '함께 주어진 것'과 다소 모호한 [아직] '규정되지 않은 것'의 지평에 따라 파악에 적합

---

13 나는 괴팅겐대학교 (게다가 1904년 여름학기 이래) 강의에서 (여전히 지배적인 심리학의 견해에 매우 큰 영향을 받은) 이 단적인 직관과 기초가 된 직관의 관계에 관한 『논리연구』의 불충분한 서술을 개선해 대체했고, 계속 전개한 연구를 상세히 보고했다. 그런데 이 연구는 그동안 전문용어상 그리고 사실에 입각해 [나의 다른] 저술에 영향을 미쳤다. 나는 『철학과 현상학 탐구연보』 다음 권에 이 연구와 오랫동안 강의에서 활용한 다른 연구를 출판할 수 있기를 희망한다—후설의 주.
14 이 가운데 시간직관에 관한 부분은 후설이 원했던 『철학과 현상학 탐구연보』 제2권이 아니라, 몇 차례 수정해 1928년 『철학과 현상학 탐구연보』 제9권에 발표한 『시간의식』을 가리킨다.

하게 에워싸여 있다. 그리고 이 [아직] '규정되지 않은 것'의 의미는 또다시 사물이 지각되는 것 일반과 그 자체의 일반적 의미를 통해 또는 '사물[에 대한]지각'이라는 이 지각 유형의 일반적 본질을 통해 미리 지시된다.

  확고하게 미리 규정된 양식에서 [아직] '규정되지 않은 것'은 [앞으로] '규정할 수 있는 것'을 필연적으로 뜻한다. 그것은 지속적으로 뒤섞여 이행하면서 지각의 통일체—이 속에서 지속적으로 존속하는 사물은 언제나 새로운 일련의 음영으로 언제나 다시 새로운 (또는 되돌아가 예전의) '측면'을 가리킨다—로 결합되는 지각의 다양체들을 미리 가리킨다. 이때 비-본래적인 함께 파악된 사물의 계기들은 점차 실제적으로 제시되고, 따라서 실제적으로 주어지며, 더구나 [아직] '규정되지 않은 것'은 그 자체가 명석하게 주어진 것으로 변화되도록 더 상세하게 규정된다. [⋯] 이러한 방식으로 무한히 불완전하게 존재하는 것은 사물과 사물[에 대한]지각의 상관관계를 폐기할 수 없는 본질에 속한다. [⋯] 규정할 수 있지만 [아직] 규정되지 않은 것의 지평은 원리적으로 항상 남아 있다. 어떤 신(神)도, '1+2=3' 또는 그 밖의 어떤 본질적 진리가 존재한다는 사실을 바꿀 수 없듯이, 이것을 바꿀 수 없다.

  [⋯] 어떤 체험도 결코 완전하게 지각되지 않으며, 충전적으로 파악될 수 없다. 체험은 그 본질상 하나의 흐름이며, 그것을 향해 반성적 시선을 둠으로써 '지금'의 시점에서 그 흐름을 따라 헤엄쳐갈 수 있지만, 이미 지나간 구간은 지각에서 사라져버린다. 오직 과거지향이나 되돌아보는 회상의 형식으로만 우리는 [흘러가] 직접 격리된 것에 대한 의식을 갖는다. 결국 전체 체험의 흐름은 체험의 통일체이며, 이 통일체에 관한 완전하게 [그 흐름 속에] '함께 헤엄쳐가는' 지각[에 대한]파악은 원리적으로 불가능하다. 이 불완전성 또는 체험[에 대한]지각의 본질에 속한 '비-완벽성'은 '초월적' 지각의 본질과 원

리적으로 다르다. […]

45 지각되지 않은 체험과 지각되지 않은 실재성

[…] 체험의 존재본성은 반성의 방식으로 원리적으로 지각할 수 있는 것이다. 사물도 원리적으로 지각할 수 있는데, 지각 속에서 나의 환경세계의 사물로 파악된다. […] 가능한 '상호 의사소통'의 관련을 통해서만 나의 경험세계는 타인의 경험세계와 동일화될 수 있고, 동시에 타인의 넘치는 경험으로 풍부해질 수 있다. 따라서 일치하는 동기부여의 연관을 통해 나의 그때그때 현실적 지각의 분야와 연결되지 않는 초재는 완전히 근거 없는 가정일 것이다. 그러한 연결이 원리적으로 없는 초재는 난센스이기 때문이다. […]

46 내재적 지각의 확실성과 초월적 지각의 불확실성

[…] 모든 내재적 지각은 그 대상의 현존을 필연적으로 보증한다. 반성하는 파악작용이 나의 체험을 향하면, 나는 절대적 그 자체(Selbst)—이것이 현존하는 것은 원리적으로 부정될 수 없고 그것이 존재하지 않는다는 통찰은 원리적으로 불가능하다—를 파악한다. 그렇게 주어진 어떤 체험이 참으로 존재하지 않는다는 것을 가능하다고 간주하는 것은 이치에 어긋난다.

[…] 하나의 '우연적' 정립인 세계의 정립에 대립해, 하나의 '필연적' 정립이자 단적으로 의심할 여지없는 정립인 나의 순수자아와 자아 삶의 정립이 있다. 생생하게 주어진 모든 사물적인 것은 존재하지 않을 수 있지만, 생생하게 주어진 어떤 체험도 존재하지 않을 수는 없다. 이것은 후자의 필연성과 전자의 우연성을 정의하는 본질적 법칙이다. […]

제3절 순수의식의 영역

47 의식의 상관자인 자연적 세계

[…] 그 자체로 존재하는 대상은 의식과 의식-자아에 전혀 관련 없는 대상이 아니다. […] 경험할 수 있다는 것은 결코 공허한 논리적 가능성이 아니라, 경험의 연관으로 동기가 주어진 가능성이다. 이 경험의 연관은 항상 새로운 동기부여를 받아들여 이미 형성된 동기부여를 변형시키는 철저한 '동기부여'[15]의 연관이다. […] 중요한 문제는 오직 모든 가능성에 따라 순수한 형상적 탐구의 기초를 이루는 연관들의 본질의 형태다. 이 본질 속에는 항상 실제로 존재하지만 여전히 현실적으로 경험되지 않는 것이 주어질 수 있다는 사실, 이때 그것이 나의 그때그때 경험의 현실성에서 규정되지는 않았지만 [앞으로] 규정할 수 있는 지평에 속한다는 것을 뜻한다는 사실이 포함된다. […]

48 우리의 세계 밖에 있는 어떤 세계의 논리적 가능성

[…] 어떤 자아가 인식할 수 있는 것은 원리적으로 모든 자아가 반드시 인식할 수 있다. 예를 들어 우리가 아주 멀리 떨어진 별들의 세계에 혹시 살고 있을 정신들과 관계가 없듯이, 우리가 사실적으로 서로 '감정이입'이나 상호 이해[의사소통]의 관계에 있지 않고 또 있을 수 없더라도, 원리적으로 고찰해보면, 상호 이해를 수립할 본질적 가능성

---

15 『논리연구』에서 수행된 순수현상학의 분야를 분리함으로써 즉시 생긴 (또 초월적 실재성의 분야에 관련된 인과성의 개념에 대조되는) '동기부여'라는 이 현상학의 근본개념은 동기부여의 개념—이 개념에 따라 가령 목적의 의지가 수단의 의지를 동기 지운다고 목적의 의지에 대해 말할 수 있다—을 일반화한 것이라는 사실에 주목해야 한다. 그 밖에도 동기부여의 개념은 본질적 근거에 입각해 다른 전환을 겪는데, 이와 같은 모호함은 위험한 것이 아니라 현상학적 상태가 해명되자마자 심지어 필연적인 것으로 나타난다—후설의 주.

은 존재하고, 따라서 사실적으로 분리된 경험세계들이 현실적 경험의 연관을 통해 (…) 통일적 정신세계의 상관자인 하나의 유일한 상호주관적 세계[16]로 연결될 수도 있다. 이러한 사실을 숙고해보면, 우리의 현실적 경험을 통해 확정된 하나의 공간적-시간적 세계인 세계 밖에 있는 실재성들의 형식적-논리적 가능성은 실질적으로 이치에 어긋난 것임이 입증된다. [⋯]

49 세계를 무화(無化)하는 것의 잔여인 절대적 의식

[⋯] 어떠한 실재적 존재도 의식 자체(가장 넓은 의미에서 체험의 흐름)의 존재에 대해서는 필연적이 아니다. 따라서 내재적 존재는 그것이 원리적으로 "현존하기 위해 다른 '어떤 것'도 필요 없다"(nulla 're' indiget ad existentum)[17]는 절대적 존재의 의미에서 의심할 여지가 없다.

다른 한편 초월적인 '것'[사물]의 세계는 철저히 의식에, 게다가 논리적으로 생각해낸 의식이 아니라 현실적 의식에 의지한다.

[⋯] 의식과 실재성 사이에는 의미의 참된 심연이 놓여 있다. 실재성은 음영이 새겨진, 결코 절대적으로 주어질 수 없는 단순히 우연적이고 상대적인 존재이며, 의식은 원리적으로 음영과 나타남을 통해서는 결코 주어질 수 없는 필연적이고 절대적인 존재다.

---

16 "주관은 주관-객관(Subjekt-Objekt)이며, 함께 의사소통하는 주관은 서로에 대한 환경세계인 사회적 주관성의 세계에 속한다"(『이념들』 제2권, 195쪽). "주관성은 상호주관성 속에서만 그 본질대로, 즉 구성적으로 기능하는 자아다"(『위기』, 175쪽). 개인적 사고도 상호주관성을 전제하는 언어의 기능 없이는 생각할 수 없다. 논리적 객관성도 "상호주관성이라는 의미에서의 객관성"(『이념들』 제2권, 82쪽)이다. 따라서 선험적 주관성에 대한 해명은 독아론적 자아론(Egologie)도 절대적 관념론도 결코 아니다.
17 이 라틴어 문구는 데카르트가 『철학의 원리』(Principia philosophiae)에서 실체(substantia)를 정의하며 쓴 것을 후설이 그대로 인용한 것이다.

[…] 인간과 인간의 자아를 종속된 개별적 실재성으로 간주하는 전체의 공간적-시간적 세계는 그 의미상 단순한 지향적 존재, 즉 의식에 대해 단순한 2차적 의미, 즉 상대적 의미를 갖는 존재다. 그것은 의식이 자신의 경험 속에 정립한, 원리적으로 오직 동기가 부여된 나타남의 다양체들의 동일자(Identisches)로서만 직관할 수 있고 규정할 수 있는 존재다. 이것을 넘어서는 것은 무(無)다.

50 현상학적 태도와 현상학의 장(場)인 순수의식

[…] 자연적인 이론적 태도―그 상관자는 세계다―에 대립해 심리물리적 자연 전체를 배제해도 남아 있는 것―절대적 의식의 장(場) 전체―을 유지하는 새로운 태도는 반드시 가능하다. 그래서 경험 속에 소박하게 살아가는 대신, 즉 초월적 자연을 이론적으로 탐구하는 대신 우리는 '현상학적 환원'을 한다. […] 순수의식은 '현상학적 잔여'다. […] 우리는 엄밀히 아무것도 잃어버리지 않았지만, 올바로 이해하면, 모든 세계의 초재를 내포하고 이 초재를 그 자체로 '구성하는' 전체의 절대적 존재를 획득했다.

[…] 현상학적 태도에서는 모든 정립의 수행을 금지한다. 즉 수행된 정립을 새로운 탐구를 위해 '괄호치고' '이 정립에 참여하지 않는다.' 이 정립 속에 살고 이 정립을 수행하는 대신, 이 정립을 향해 반성을 수행하며, 이 정립 자체를 그것이 있는 그대로 절대적 존재로 파악한다. […] 이러한 작용들이 주어진 것이 절대적 체험의 절대적 장―현상학의 근본적 장―이다.

51 선험적 예비고찰의 의미

[…] 체험의 영역은 그 본질상 모든 세계의 존재, 자연의 존재에 대해 독립적이다. 자신의 현존(Existenz)에 관해서도 이 모든 존재를 필

요로 하지 않는다. 어떠한 자연의 현존도 그 자체로 의식의 상관자이기에 의식의 현존을 제한할 수 없다. 자연의 현존은, 규칙적 의식의 연관 속에 구성되는 한에서만, 존재한다.

53 동물적인 것과 심리학적 의식

[…] 한편으로 의식은 모든 초재―따라서 결국 심리물리적 세계 전체―가 구성되는 절대적인 것이고, 다른 한편으로 의식은 이 세계 안에 **종속된 하나의 실재적 사건**이다. [그렇다면] 어떻게 이 둘이 부합되는가? […] 고유한 파악 또는 경험, 고유한 '통각'은 이러한 '연결', 즉 의식을 이렇게 실재화한다.

[…] 모든 초월하는 통각처럼, 신체적인 기초가 있는 통일체에서도 **이중의 태도**가 본질적으로 실행될 수 있다. 파악하는 시선은 어떤 태도에서 예컨대 초월하는 파악을 관통해 통각이 된 대상을 향하고, 다른 태도에서 순수하게 파악하는 의식을 반성적으로 향한다. 따라서 우리는 한편으로 자연적인 태도를 취한 시선이 예컨대 인간과 동물이 체험하는 상태인 어떤 기쁨을 체험하는 것을 향하는 **심리학적 태도**도 가질 수 있고, 다른 한편으로 반성하고 초월적 정립을 배제하면서 […] 어떤 절대적 체험의 상태를 통각으로 경험하는 본질적 가능성으로 함께 얽힌 **현상학적 태도**도 가질 수 있다. […]

54 우연적·상대적·심리학적 체험과 필연적·절대적·선험적 체험

[…] 아무리 역설적으로 들려도 신체가 없는 의식, 영혼이 없는 의식, 즉 인간의 신체성에 영혼을 불어넣지 않은 의식도 생각해볼 수 있다.[18] 즉 지향적 경험의 통일체들―신체, 영혼, 경험적 자아의 주

---

18 이 문장은 '신체나 영혼이 없는 의식이 있다'는 것이 아니라 그러한 것을 '생

체―이 구성되지 않은 체험의 흐름, 이 모든 경험의 개념과 따라서 심리학적 의미에서의 체험(…)의 경험이라는 개념도 갖지 못해 어떠한 지지발판이나 타당성도 없는 체험의 흐름을 생각해볼 수 있다. […] 이 모든 것은 동일한 의미에서 초월적이며, 단순히 상대적이고 우연적이기 때문이다. […]

55 모든 실재성은 '의미부여'를 통해 존재한다. '주관적 관념론'은 아니다

[…] 모든 실재적 통일체는 '의미의 통일체'다. 의미의 통일체는 의미를 부여하는 의식을 전제한다.(…) 이 의식은 자신의 관점에서 절대적이다. 또한 그 자체는 다시 의미부여를 통해 주어지지 않는다. […] 실재성과 세계는 곧 어떤 타당한 의미의 통일체에 대한 명칭인 것이다. […]

III-6

순수현상학의 방법론, 이성과 실제성

제2절 순수의식의 보편적 구조

85 감성적 질료(hyle)와 지향적 형상(morphe)

[…] '심리적인 것'이라는 말을 지향성과 같은 값으로 사용하는 데 반대해 말하는 것은 지향성의 의미에서 '심리적인 것'과 심리학적인 것(따라서 심리학의 특유한 객체인 것)의 의미에서 '심리적인 것'을 동일하게 부르는 것이 확실히 적절치 않기 때문이다. 더구나 후자의 개념에는 '영혼(Seele)이 없는 심리학(Psychologie)'에 이르는 잘 알려진 경향의 원천인 반갑지 않은 이중 의미도 있다.

[…] 현상학적 존재의 흐름은 소재의 층(層)과 인식작용의 층을 갖는다.

각해볼 수 있다'는 점을 진술한 것이다.

특히 한편으로 소재적인 것으로 나아가는 현상학적 고찰과 분석은 **질료적-현상학적 고찰과 분석**이라고, 다른 한편으로 인식작용의 계기에 관련된 것은 **인식작용적-현상학적 고찰과 분석**이라고 할 수 있다. [그러나] 비교할 수 없을 만큼 더 중요하고 풍부한 분석은 인식작용적인 것의 측면에 놓여 있다.

86 [의식의 대상성을 구성하는] 기능적 문제

[⋯] 현상학은 모든 종류의 초재를 '배제하는' 순수한 형상적 태도로 '순수의식'이라는 고유한 토대 위에서 특수한 의미를 지닌 선험적 문제의 복합체 전체로 나아간다. 이렇기 때문에 현상학은 '선험적 현상학'이라는 이름에 걸맞다. 현상학은 [⋯] 순수하게 지향적 체험의 형상적 본질을 통해 '무엇에 대한-의식'으로 제시하는 원리적으로 고유한 문제제기를 능숙하게 장악해야만 한다.

물론 순수질료학(Hyletik)은 선험적 의식의 현상학에 속한다. 그런데 순수질료학은 그 자체로 완결된 분과의 특성을 띠며, 이러한 분과로서 자신의 가치를 지닌다. [⋯] 순수질료학은 절대적 인식의 이념이라는 관점에서 지향적으로 형성하는 것에 소재를 제공하는 어려운 문제를 다룬다. 또한 등급의 단계에 관해서는, 순수질료학은 명백히 인식작용적이고 기능적인 현상학 아래 깊이 놓여 있다(그런데 이 둘은 본래 분리될 수 없는 것이다).[19] [⋯]

---

19 이 단락은 '순수질료학'이 '인식작용학'보다 결코 가치가 낮다는 것을 뜻하지 않는다. 후설은 현상학 초보자의 혼란을 방지하고 쉽게 이해시킬 목적으로 내적 시간의식과 그 대상의 문제를 나중의 과제로 미뤘다.

제4절 인식작용적-인식대상적 구조들의 문제제기

124 '로고스'(logos)의 인식작용적-인식대상적 층. 의미작용과 의미

[…] 지극히 어려운 문제가 '의미작용'과 '의미'라는 명칭에 속한 현상에 연결되어 있다.[20] […] 표현과 의미의 문제는 일반적으로 논리적 관심에 이끌리는 철학자와 심리학자에게 가장 가까운 문제이며, 또한 우리가 진지하게 그 문제의 진상을 알려고 시도하자마자 곧 현상학적 본질을 탐구하도록 밀어붙이는 첫 번째 문제다.[21]

[…] 표현의 층이 갖는 생산성, 그 인식대상적 작업수행은 표현작용 속에서, 표현작용과 함께 새롭게 들어오는 개념적인 것의 형식 속에서 모두 길어낼 수 있다. […]

[제4장] 제3절 이성이론의 문제제기에 보편적 단계

146 가장 일반적인 문제

[…] 현상학 전체를 포괄하는 문제의 명칭은 지향성이다. 이것은 곧 의식의 근본적 속성을 표현한다. 모든 현상학적 문제는, 질료적 문제조차, 이 명칭으로 분류된다. 즉 현상학은 지향성의 문제와 더불어 시작한다. […]

147 문제의 세분화. 형식논리학과 가치론, 실천학

[…] 술어적(분석적) 종합의 순수형식에는 속견적 이성의 확실성 — 인식대상적으로 말하면, 가능한 진리 — 의 가능성이 지닌 아프리오

---

20 『논리연구』 제2권(제2-1권, 특히 제1연구)에서 알아볼 수 있듯이, 이 현상은 중요한 주제를 형성한다 — 후설의 주.
21 사실 이것이 『논리연구』가 현상학으로 파고들어가려고 노력한 길이었다. 반대의 측면, 즉 내가 1890년대 초 이래 추적했던 경험과 감각적으로 주어진 것의 측면에서의 두 번째 길은 『논리연구』에서 충분히 표현되지 못했다 — 후설의 주.

리한 조건들이 포함된다. 이 조건들을 객관적으로 명백히 제시하는 것은 가장 좁은 의미에서 형식논리학이다. 따라서 그것은 그 기초를 이 '판단들'의 형식에 관한 이론 속에서 갖추는 형식적 진술논리(Apophantik)('판단'의 형식논리학)다.

이와 유사한 것이 감정이나 의지의 분야에서 종합하는 것과 이 인식대상적 상관자들에 적용되며, 그 종합적 '명제'에 적용된다. […] 이 분야의 순수한 종합적 형식에는 가치론적이며 실천적인 '진리'의 가능성의 조건이 포함된다. 예컨대 감정의 작용에서도 수행되는 '객관화'(Objektivierung)에 힘입어, 모든 가치론적이고 실천적인[22] 이성적인 것은 우리가 이해할 수 있는 방식으로 속견적·이성적인 것으로, 인식대상적으로는 진리로, 대상적으로는 실제성[…]으로 전환된다.

[…] 현상학은 인식작용과 인식대상의 상관관계에 상응하는 이중성이 구별될 수 있다는 사실을 보여준다. 형식적 진술논리(가령 삼단논법)에서 문제가 되는 것은 인식대상적 명제인 판단과 그 '형식적 진리'다. [여기서] 태도는 철저히 인식대상적이다. 다른 한편으로 **형식적 진술논리의 인식작용학**(Noetik)에서의 태도는 인식작용적이며, 문제는 이성적인 것, 판단작용의 정당성이고, 이 정당성의 규범은 게다가 명제들의 형식과 관련해 표명된다. […]

149 영역적 존재론에 이성이론의 문제. 현상학적 구성의 문제

[…] 내가 사물의 서로 다른 측면들을 추구해갈 때 처음에는 규정되지 않고 개방된 것을 자유롭게 상상하면서 규정하고 직관적으로 만들 수 있다는 사실은 내가 지금 가진 '반인반마(半人半馬)가 나타

---

22 후설에게 '실천적'은 칸트가 "자유를 통해 가능한 모든 것은 실천적"(『순수이성비판』, B 828)이라 정의한 것과 같다. 자유가 이성의 능력이기 때문이다.

남'―반인반마의 본질을 단지 '일면적으로' 부여하는 나타남―의 본질에 속한다. 항상 더 완전하게 직관하도록 하고 더 자세하게 규정하는 이 상상의 과정에서 우리는 무척 자유롭다. 우리가 임의로 더 자세하게 규정하는 속성과 그 속성의 변화를 상상된 반인반마에 직관적으로 부여할 수 있기 때문이다. 그러나 규정할 수 있는 주체가 동일하고 또 항상 일치한 것으로 규정할 수 있도록 남아 있는 일치하는 직관들이 경과하는 의미 속에서 진행해야 하는 한, 완전히 자유롭지는 않다.[23] 우리는 예를 들어 가능한 사물 일반의 이념을 확고하게 미리 지정하는 테두리인 어떤 법칙적 공간에 구속된다. 아무리 자의로 상상된 것을 변형하더라도, 그것은 공간의 형태에서 다시 [다른] 공간의 형태로 넘어갈 뿐이다.

[…] 사물에 대한 어떠한 지각도 결국 완결된 것이 아니다. 규정되지 않은 것이 더 자세하게 규정되고 충족되지 않은 것이 [앞으로] 충족될 새로운 지각을 위한 공간이 언제나 남아 있다. 부단히 동일한 사물 X에 속하는 사물의 인식대상을 규정하는 내용은 각각 진행되면서 풍부해진다. […]

다른 한편 명증적으로 또 충전적으로 사물이라는 '이념'을 관통하는 자유로운 과정에서, 일치하는 직관들이 진행하는 것은 제한이 없는 의식으로 파악한다. 그래서 먼저 사물의 충족되지 않은 이념을 파악하고, 이 개별적 사물의 충족되지 않은 이념을 일치하는 직관이 '도달하는'―물론 이 경우 '무한히' 규정할 수 있다―바로 '거기까지' 주어진 것으로 파악한다. '그 밖의 등등'(und so weiter)[24]은 사물의 인

---

23 그래서 형상적 환원의 본질직관(이념화작용)은 임의의 대상에서 자유로운 상상(freie Phantasie)으로 모상(模像)들을 만들어가지만, 이 변경은 무한히 자유로운 것이 아니라 반드시 일정한 류(類)의 범위 안에서만 수행될 수 있다.

식대상에서 통찰할 수 있는 절대적으로 불가결한 계기다. […]

150 계속. 선험적 실마리로서의 영역인 사물

[…] **구성의 문제는** 명백히 다음과 같은 사실만 뜻한다. 즉 규칙적인 일련의 나타남 그리고 나타나는 것의 통일체에 필연적으로 함께 속한 일련의 나타남은 […] 직관적으로 개관될 수 있고 또 이론적으로 파악될 수 있다는 사실, 그 일련의 나타남은 자신의 형상적 특유성에서 분석될 수 있고 기술될 수 있다는 사실, 통일체로서 일정하게 나타나는 것과 나타남의 끝이 없는 일정한 다양체들의 상관관계에 대해 법칙적으로 작업을 수행하는 것은 완전히 통찰될 수 있고, 그래서 그 모든 수수께끼가 벗겨질 수 있다는 사실이다. […]

151 사물의 선험적 구성의 층(層)들. 보충

이 연구는 원본적으로 경험하는 의식의 테두리 속에 사물이 구성되는 여러 단계와 층을 통해 본질적으로 규정된다. 각각의 단계와 이 단계의 각각의 층은 그것이 자신의 측면에서 사물의 충만한 구성을 위한 필수적 중간고리인 어떤 독특한 통일체를 구성한다는 사실로 특징지어진다.

[…] 단적인 지각의 사물이 구성되는 단계의 층들 중 최고의 층에는 이미 특수한 의미에서 하나의 실재성이지만, 어떤 경험하는 주체 및 이 주체의 이념적인 지각의 다양체들과 구성적으로 결합된 실체적-인과적 사물이 있다.

---

24 '그 밖의 등등'은—지각을 해명하는 과정에서 친숙한 유형을 통해 미리 지시되는 것도 물론 더욱더 충족되지만—현실적으로 구성된 일련의 규정을 넘어서서 앞으로 규정될 것으로 기대되는 새로운 특성을 위해 항상 여전히 남아 있는 열린 지평, 즉 여분(plus ultra)을 뜻한다(『경험과 판단』, 258~259쪽 참조).

그렇다면 바로 다음의 더 높은 단계에는 더 높은 질서로 구성되는 통일체인 상호주관적으로 동일한 사물이 있다. 그 구성은 '의사소통'의 관계에 있는 주체 및 개방된 다수에 관련된다. 상호주관적 세계는 상호주관적 경험, 즉 '감정이입'을 통해 매개된 경험의 상관자다. […]

153 선험적 문제를 충만하게 연장하는 것. 연구의 분류

[…] 이 책의 제2권에서 '자연과학' '심리학' '정신과학'이라는 명칭으로 부르는 거대한 학문그룹의 상호관계, 특히 이 학문들과 현상학의 관계에 관해 지금 매우 가열되고 있는 논쟁은 구성의 문제를 더 가깝게 끌어들일 기회를 줄 것이다. 그러나 […] 사태에 입각한 모든 학문의 진정한 의미에서 모든 원리적인 것을 다루는 연구의 분야가 열린다.

[…] 구성적 현상학과 아프리오리한 존재론, 결국 모든 형상적 분과(…)의 밀접한 관련도 명백해진다. 형식적 본질의 이론과 질료적 본질의 이론에서의 단계의 순서는 어떤 방식으로 구성적 현상학들에서의 단계의 순서를 미리 지시하며, 구성적 현상학의 일반적 단계를 규정하고, 이 단계에 존재론적이며 질료적으로 형상적인 근본적 개념과 근본적 명제 속에 '실마리'를 제공한다. […] 현상학자는, 그가 어떤 존재론적 개념이나 명제를 구성적 본질의 연관들에 대한 지표로 인식할 때, 그가 이 개념이나 명제 속에 자신의 권리[정당성]와 타당성을 순수하게 그 자체 속에 지닌 직관적으로 제시하는 것들에 대한 어떤 실마리를 보았을 때, 존재론적으로 판단하지 않는다. […]

7 『이념들』 제2권

후설은 1912년 『이념들』을 작성할 때 총 3부로 계획했다. 그런데 제1부만 1913년 제1권으로 출간했다. 제2부 가운데 '구성에 대한 현상학적 연구'는 여러 차례 수정·보완되었지만 결국 1952년에야 『이념들』 제2권으로 출간되었다.

후설은 제1권에서 "제2권의 스케치는 제1권의 현상학을 더 깊게 이해시키고 더 풍부한 앎을 얻게 하는 수단"이라면서, 제2권에서 "감정이입과 자연의 구성을 논의한 다음 존재와 탐구의 새로운 분야, 즉 더 이상 자연이 아닌 선험적 주관성의 장(場)으로 나아가야 한다"고 역설한다. 따라서 제1권을 선험적 관념론으로, 제2권을 경험적 실재론으로 대립해 이해하는 것은 사소한 오해가 아닌 중대한 왜곡일 뿐이다.

그런데 이 책은 다음과 같은 점에서 독특한 의의가 있다.

우선 다양한 '태도'(Einstellung)의 관계를 고찰하면서 현상학적 환원을 통해 이렇게 태도를 자유롭게 변경할 가능성과 그 근거를 제시한 점,

'신체'(Leib)와 '감정이입'(Einfülung)으로 영혼(Seele)의 실재성, 정신(Geist)세계의 발생적 구성을 인식론적으로 '해명'한 점,

정신의 표현이자 그 지각의 기관인 '신체'와 '운동감각'(Kinäthesis)을 분석해 주체와 객체의 불가분의 상관관계인 '상호주관성'을 파악한 점,

침전된 역사성을 통해 의사소통할 수 있는 정신세계의 근본법칙인 '연상'(Assoziation)과 동기부여(Motivation)의 역동성을 분석한 점,

『위기』에서 본격적으로 논의한 '생활세계'(Lebenswelt)의 최초 형태 또는 1910년대 초반 구상한 원초적 형태를 추적할 수 있는 점이다.

「철학과 현상학 탐구연보」 창간호 예고문

후설은 처음 『이념들』을 작성할 때 총 3부로 계획했다.
그중 제2부 제1편에 해당하는 『이념들』 제2권은 여러 차례 수정·보완을 거치다
1952년에야 출간되었다.

정신적 세계의 구성

48 도입

[…] 이미 수십 년간 정신과학을 단순히 기술하는 자연과학으로 자명하게 여겼던 현대인은 자연주의적 해석에 강하게 반발했다. 우선 첫째 딜타이는 이러한 점에서 불후의 공적을 세웠다. 그는 최초로 본질적 차이를 알아차렸고, 영혼에 관한 자연과학인 근대심리학은 구체적 정신과학이 요구하는 학문의 근본적 토대를 제공할 수 없다는 사실을 최초로 생생하게 깨달았다. [따라서] 본질적으로 다른 새로운 '심리학', 즉 '심리물리적'이지 않고 자연과학적이지 않은 정신에 관한 일반적 학문이 필요했다. 천재적 직관은 지녔어도 엄밀한 학문적 이론화(Theoretisierung)가 없던 '딜타이는 목표를 제시하는 문제와 수행해야 할 작업의 방향을 간취했지만, 여전히 결정적인 문제의 형성과 방법적으로 확실한 해결로 파고들지 못했다.'[1] […] '자연' '신체' '영혼'의 이념과 '자아' '인격'의 이념을 구성하는 데 대한 현상학적 원천을 철저히 연구해야만 결정적으로 해명할 수 있고, 동시에 그렇게 연구하는 소중한 동기에 권리를 부여할 수 있다.

제1절 자연주의적 세계와 인격주의적 세계의 대립

49 자연주의적 태도에 대립된 인격주의적 태도

[…] 자연주의적 태도 속에 사는 한, 이 자연주의적 태도 자체는 우리가 탐구하는 영역에 결코 주어지지 않으며, 여기에서는 이러한 태

---

[1] 하이데거가 『존재와 시간』(47쪽 주 1)에서 『이념들』 제1권을 "모든 실재성의 구성에 대한 탐구의 토대로 '순수의식'의 문제제기를 다룬다"고 설명하며 그 당시 유고 상태인 이 제2권의 큰 목차(제1~3장)까지 밝힌 점은 매우 이례적이다.

도 속에서 경험되고 사고된 것만 파악된다. 그러나 현상학적 반성과 환원을 하면, 태도 자체를 주제로 삼고, 태도 속에서 탐구된 것을 태도와 관련시키며, 그런 다음 형상적 환원과 모든 초월하는 통각을 순수화한다. […] 그 밖에 모든 '배제된 것'은 괄호 속에 변양된 것으로 유지된다. 따라서 자연주의적 태도의 전체 세계는 가장 넓은 의미에서의 '자연'(Natur)[2]이다. […] 영혼적 존재는 영혼적 자아의 주체, 자연으로서의 자아의 주체를 포괄한다. […]

  a) 자연주의적 태도에 대해서도 전제인 영혼의 투영

  […] **영혼 자체는 자연과학적으로 무(無)이며, 신체에서 실재적 사건의 단순한 층이다**. […] 자연주의적 태도로 부각된 사물은 자극에 예민하거나 감정에 민감한 속성이다. 이 새로운 속성은 '장소화'(Lokalisation)의 형식으로 구성되고, 그 형식의 의미에 따라 물리적 신체성에 종속되며, 이 신체성을 통해 물리적 자연 일반에 종속된다. 더 높은 층―특히 **영혼의 층**―은, 곧 신체의 **사물들**(Leibesdinge)에서 층으로 어느 정도 '장소화되는' 한, 감각론적인 것에 관한 경험과 유사하게 경험된다. 영혼은 신체에 영혼을 불어넣고, 영혼이 깃든 신체는 공간적-시간적 세계의 통일체 안에 있는 하나의 자연의 객체다. […]

  영혼적인 것은 경험에 따라 신체와 하나 또는 실재적으로 하나인데, 그러한 한에서 그것에 구별할 수 있는 분리된 장소성(Lokalität)은 없지만 신체에 또는 신체 속에 있다. 이러한 상태를 표현하는 말로 '투영'(Introjektion)을 사용할 수도 있다. […]

---

2 이 말은 그리스어 'Physis'(어간 Phy는 '성장'을 뜻한다)에서 유래하며, 본래 직접 생성되는 실재(to on)와 근본원리(arche)를 가리킨다. 이러한 의미는 스피노자까지(가령 '만드는 자연'natura naturans과 '만들어진 자연'natura naturata) 유지되지만, 근대과학이 등장한 이후에는 오늘날의 '자연'이라는 뜻, 즉 과학적 기술을 통해 경험할 수 있는 영역에 대한 총체적 개념으로 이해되었다.

b) 영혼적인 것의 장소화(場所化)

의식 그 자체, 가령 자신과 연관된 개별적 사유작용(cogitatio)은 어떠한 자연 없이도 생각할 수 있다. 자연에 대한 통각 자체는 '여기의 이것!'(Dies da!)으로서 그 자체로 정립될 수 있다. 하지만 […] 그 통각 속에 놓여 있는 자연의 정립은 결코 증명할 수 없다는 사실, 어떠한 자연도 결코 존재하지 않는다는 사실은 생각해볼 만하다. […]

c) 영혼적인 것의 시간화(時間化)(내재적 시간과 공간의 시간)

[…] 순수의식은 '객관적' 시간과 다른 '현상학적' 시간의 장(場)이다. […] 영혼을 파악함으로써 의식 체험은 심리물리적 상태로 의미를 획득하며, 그래서 객관적 자연의 형식인 객관적 시간에 편입된다. 즉 장소화에는 시간화(Temporalisation)가 상응한다. […]

d) 방법적 숙고

[…] 현상학적 환원의 교훈은 그 환원이 우리가 태도변경에 관한 파악에 민감해지게 하는 데 있다. 이 태도변경은 자연적 태도 또는 자연스러운 태도에 필적할 만한 것이며, 그래서 상대적이며 제한된 존재의 상관자와 의미의 상관자만 구성한다. […]

우리가 지금 겨냥한 것은 바로 그러한 새로운 태도, 즉 어떤 의미에서는 매우 자연적이지만 사실 자연스럽지 않은 태도다. '자연스럽지 않다'는 것은 그 속에서 경험된 것이 자연과학의 모든 의미에서 자연이 아니라, 자연의 대립물이라는 점을 뜻한다. […] 인위적 태도로 순수의식, 즉 다른 환원의 이 잔여를 겨냥하면, 우리는 자연주의적 태도에서 인격주의적 태도로, 자연과학적 학문에서 정신과학적 학문으로 아주 손쉽게 끊임없이 미끄러진다. […] 절대적 의식과 이 속에서 추적해야 할 전체적 본질연관으로 되돌아감으로써 비로소 이러저러한 태도에 관련된 대상성의 의미에 합당한 상대성과 그 상관적 본질관련을 이해할 수 있다.

e) 자연주의적 태도와 자연적 태도

[…] 주변의 사물들을 바로 주변으로 간주한 채 자연과학에서처럼 '객관적' 자연으로 간주하지 않으면, 우리는 인격주의적 태도 속에 있다. 따라서 중요한 것은 철저하게 자연적 태도이지, 특별한 보조수단을 통해 비로소 획득되고 반드시 보증되는 인위적 태도가 아니다.

[…] 자연주의적 태도는 인격주의적 태도에 종속되고 추상이나 일종의 인격적 자아의 자기망각을 통해 독자성을 획득하며 이렇게 해서 동시에 자신의 세계, 즉 자연을 불법적으로 절대화한다.[3] […]

50 환경세계의 중심인 인격

[…] 인격(Person)으로서 나는 **환경세계의 주체로서 존재하는 그대로** (…) 존재한다. 자아와 환경세계라는 개념은 불가분하게 서로 잇달아 관련된다. 그래서 각각의 인격에는 자신의 환경세계가 속해 있는 반면, 동시에 서로 의사소통하는 다수의 인격은 하나의 공동의 환경세계를 갖는다. […] 환경세계는 세계 '그 자체'가 아니라, '나에 대한' 세계, 곧 세계의 자아 주체들의 환경세계, 자아 주체에 의해 경험되거나 의식된 세계, 즉 자신의 지향적 체험들 속에 그때그때의 의미내용과 함께 정립된 세계다. 이와 같은 환경세계는 그것에 속한 정립하고 말소하는 방식에 따라 의미를 변화시키고 항상 새롭게 의미를 형성함으로써 항상 생성되며 끊임없이 스스로를 산출한다.

---

[3] 이러한 시각은 『논리연구』 제1권에서 논리(이념)적인 것을 심리(실재)적인 것으로 해소한 심리학주의에 대한 비판, 『엄밀한 학문』에서 방법적 편견으로 의식과 이념을 자연화(사물화)하는 자연주의에 대한 비판, 『형식논리학과 선험논리학』에서 판단의 대상이 주어지고 의미가 발생하는 주관성을 망각한 형식논리학에 대한 비판 그리고 『위기』에서 구체적으로 직관할 수 있는 생활세계에 이념의 옷을 입혀 수량화한 물리학적 객관주의에 대한 비판으로 이어진다.

[…] 인격과 환경세계의 관계인 지향적 '주체-객체-관련'의 토대 위에 서면, 자극의 개념은 기본적으로 새로운 의미를 획득한다. 자연의 실재성인 사물과 인간의 인과적 관계 대신 **동기가 부여**된 인격과 사물의 관련이 등장하며, 이 사물은 그 자체로 존재하는 자연의 사물이 아니라, 경험되고 사유되거나 그 밖의 방식으로 정립되면서 사념된 사물 그 자체, 즉 인격적 의식의 지향적 대상성이다. […]

동기부여의 주체는 때에 따라 자극에 굴복하거나 저항할 수 있다. 이 모든 것은 오직 순수한 지향적 분야에서만 발견될 수 있고 기술될 수 있는 현상학적 관계다. 가장 넓은 의미에서의 인격적 태도 또는 동기부여의 태도도 실천적 태도다. 언제나 문제가 되는 것은 실행하거나 감수하는 자아, 게다가 본래 내적 의미에서 그러한 자아다.

51 인격적 연대 속의 인격

주체는 자신의 환경세계 속에서 의식에 적합하게 사물뿐만 아니라 다른 주체도 발견한다. 왜냐하면 주체는 다른 주체들을 그 환경세계 속에서 활동하고 그 대상들을 통해 규정되고 항상 새롭게 규정될 수 있는 인격으로 간주하기 때문이다. 이러한 태도에서 주체는 정신을 신체에 '삽입하는 일'에 결코 빠지지 않는다. […] 어디에서든 자연—예컨대 자연과학의 눈을 통한 자연과학적 의미에서의 자연—만 보는 사람은 정신과학의 특유한 영역인 정신의 분야에 대해 맹목적이다. 그는 어떤 인격도, 인격적 작업수행을 통해 의미를 받아들이는 객체도, 따라서 어떤 '문화'-객체도 보지 못한다. […]

우리는 다른 사람의 현존재를 함께 파악하는 경험 속에서 그를 즉시 인격적 주체로 이해하고, 그래서 우리도 그 객체성에 관련된 것으로 이해한다. […] 각기 자아는, '함께 파악하는 것'(Komprehension)이 하나의 공통적 환경세계와 관련되는 경우에만, 자신과 다른 사람에 대

해 정상적인 의미로 인격, 인격적 연대 속의 인격이 될 수 있다. […]

다른 사람을 경험하는 가운데 상호이해와 **의사소통으로 구성된 환경세계**는 '**의사소통하는 환경세계**'다. 이 세계는 본질상 인격—자기 자신을 이 세계 속에서 발견하고 이 세계를 자신의 대응물로 발견하는 인격—에 상관적이다. […] 모든 인격은, 이념적으로 말하면, 관련된 모든 의사소통과 이것에 근거하는 통각을 '추상화할' 수 있거나 분리시켜 생각할 수 있는 한, 자신과 관련된 의사소통 안에서 자신의 자아중심의(egoistisch) 환경세계를 갖는다. 그러므로 이러한 의미에서 어떤 환경세계가 다른 환경세계에 대해 '일면적으로 분리될 가능성'이 존재하고, 자아중심의 환경세계는 의사소통하는 환경세계의 본질적 핵심을 형성하며, 그래서 의사소통하는 환경세계가 부각되어야 하면, 우선 이 자아중심의 환경세계에서 추상화할 필요가 있다.[4]

이 자아중심의 환경세계는 우리가 추상화를 폐기한 다음 우리의 인격과 관련된 의사소통이 등장할 때 새로운 지향적 층(層)을 획득하며, 인격의 연대와 이 인격에 상대적인 의사소통하는 세계, 즉 그 인격의 환경세계가 구성된다. […] 사회적 연대에 속한 인격은 대상이 아니라, 대응하는(Gegen) 주체—'함께'-서로 살고 교제하며 잇달아 관련되고, 현실적으로나 가능적으로 사랑과 이에 대응하는 사랑·증오와 이에 대응하는 증오·믿음과 이에 대응하는 믿음 등으로 작용하는 주체—로서, '친지'로 서로에게 주어진다.

[…] 모든 인격적 개체에게 개방된 지평을 지닌 하나의 환경세계가 구

---

[4] 선험적 현상학은 이처럼 독아론적 자아론(Egologie)으로서만 가능한 것처럼 보이지만, 이것은 의사소통하는 환경세계, 즉 상호주관적 세계로 나아가는 하나의 방법적 통로일 뿐이다. "절대적 의식도 생성되는 것이 아니라, 다른 절대적 의식과 더불어 의사소통 속에서 드러난다"(『상호주관성』 제1권, 17쪽). 그래서 현상학적 환원은 "진정한 자기 자신과 세계를 인식하는 입구"(『위기』, 266쪽)다.

성된다. 현실적으로 수행된 경험들은 새로운 경험을 위한 가능성에 동기를 부여한다. […] 이 환경세계는 그때그때 **자신의 환경세계를 구성하는 자아**에 상대적이다. 이 자아 자체는 자기의식을 통해 또한 자기 자신을 향한 다양한 행동의 가능성을 통해 자신의 고유한 환경세계에 속한다. 즉 주체는 '**주체-객체**'(Subjekt-Objekt)다. 다른 한편 상호주관적 연대 속에서 여러 단계의 유일한 세계가 구성된다. 즉 서로 함께 의사소통하는 주체들은 더 높은 단계의 인격적 통일체를 구성하며, 그 총괄적 전체는 **사회적 주관성**의 세계를 형성한다. […]

52 주관적 나타남의 다양체들과 객관적 사물들

[…] 영혼적인 것은 시간화(時間化)와 장소화(場所化)를 겪으며, 그래서 확장된 의미의 자연이 된다. 그러나 영혼적인 것은 나와 다른 사람을 자연이 아니라 **정신으로도** 파악하고 정립하면서, 나는 나와 다른 사람을 공간적이며 시간적인 세계 속에서 발견한다.

[…] 모든 인격적 자아는 다른 모든 사물이 주변에 배열되고 방향이 정해지는 가운데 제시되는 중심적 사물로서 자신의 신체를 갖는다. 그래서 세계는 신체를 포함한 자아의 대응물이자 자아의 주변이며, 특별히 자아에 속한 나타남의 방식으로 항상 자아에 주어진다. '내가 여기에 있다'는 것은 내가 자연의 객체라는 것을 뜻하지 않는다.

자연의 객체로서 인간인 나는 신체물체(Leibkörper)이며, 신체물체는 자아중심적으로-주관적으로 고찰해보면 '여기'에 있는 나의 주변의 객체이고, 객관적으로 고찰해보면 주관적 '여기'에 제시되는 객관적 공간의 장소다. 또한 일반적으로 이 신체는 우리 각각에 대해 우선 나의 주변의 객체이고, 다른 한편으로 '객관적' 진리 속에 있는 모든 것에 대해 객관적 자연(자연과학) 속의 사물이다. […] 더 직접적으로 모든 타인은 내가 그리고 자연을 탐구하는 모든 주체가 수행한 자연과학적 태도 속에서 자연으로 파악된다. 이 자연과학적 태도에서 자연은 나의 정신적 주변에 속한다. 하지만 바로 그런 이유로 이때 나는 정신과학적(인격적) 태도 속에 있지 않다. 왜냐하면 나는 인격성과 그 환경세계를 주제로 삼는 분야를 갖지 않기 때문이다. 이러한 태도 속에서 타인은 기초가 되는 신체를 통해 자신의 공간성과 시간성을 갖는 기초가 세워진 존재로 구성된다. [⋯]

53 자연에 대한 고찰과 정신에 대한 고찰의 상호관계

[⋯] 우리는 자연이 물리적 자연으로, 신체와 영혼의 자연으로 주어지고 이것이 이론적으로 인식되는 자연주의적 (자연과학적) 태도에서 출발했다. 이 자연주의적으로 고찰된 세계는 어쨌든 그 세계가 아니다.[5] 오히려 그 세계는 일상의 세계(Alltagswelt)로 미리 주어져 있다. 이 미리 주어진 세계는 우선 그 자연을 통해 탐구된다. 그다음 차례는 동물적인 것, 특히 인간이다. 여기에서 인간을 자아주체로 탐구하는 것이 곧 첫 번째 과제다.

[⋯] 우리가 자연주의적 태도로 자연을 단적으로 정립하면, 그 물리적 신체성에 관해 어떤 잉여(Plus)를 가진 실재성으로 인간을 파악하면, 인격은 자연의 객체, 자연의 존립요소에 종속된다. 그러나 인격성의 본질을 추구하면, 자연은 인격들의 상호주관적 연대 속에서 구성되는 것으로, 따라서 이것을 전제하는 것으로 제시된다. [⋯]

자연(객관적 시간공간성에서 실재성의 세계 그리고 이 속에 등장하는 변화를 지배하는 인과성의 세계)을 상관자로 두는 태도에서 경험된 것

---

5 모든 존재를 수량화해 파악하는 객관적 자연과학이 '참된 그 자체의 세계'로 간주하는 것은, 무한한 이념이나 기하학의 도형처럼, 실제로 경험된 것이 아니라 구체적 경험에 이념과 상징의 옷을 입혀 추상화한 산물이다.

중 가장 밑에 있는 것은 물질적(물리적) 자연이며, 이 속에서도 신체의 존재와 영혼의 존재에 관한 경험이 기초다. 감각론적인 것(Aesthesiologisches)과 영혼적인 것은—확장된 의미에서 그 속에서 장소화되고, 그것을 통해 객관적 공간의 위치와 자연의 시간에 편입되는—물리적 신체의 '부속물'(Annex)[6]이다. [⋯]

정신적 세계의 근본법칙인 동기부여

54 자기관찰(inspectio sui)에서 자아

[⋯] 신체는 감각 장(場)들의 담지하는 자유로운 운동기관(Organon), 따라서 의지기관, 공간적으로 방향을 정하는 것의 중심과 근본적 방향들을 담지하는 것으로서 '주관적'이다.

[⋯] 능동적 자아에 대립해 **수동적 자아**가 있으며, 자아는 자아가 능동적인 곳에서는 언제나, 영향을 받을 뿐만 아니라 수용된다는 의미에서, 동시에 수동적이다. 확실히 '**수용성**'(Rezeptivität)은, 능동적으로 태도를 취하는 본래의 자유가 아니더라도, 그 표현의 의미상 **능동성**(Aktivität)의 가장 낮은 단계를 포함한다.[7] '수동적' 자아(⋯)도, 사물과 나타남을 통해 자극을 경험하고 마음이 끌리며 이에 단순히 굴복하는 '경향'의 자아로서, 근원적 의미에서 주관적이다. 자아의 '**상태**'[⋯]도 주관적이다. 어떤 소식을 듣고 '당황하게 되는 것'은 객체에서 나

---

6 부속물은 규칙화된 공존함(Koexistieren)을 뜻하며, 변화의 규칙화는 '인과성', 즉 귀납적 인과성이다—후설의 주.
7 자아가 주의를 기울여 대상을 파악하는 지각에는 시간흐름의 수동성인 능동성 이전의(vor) 수동성과 이것을 넘어서 대상을 대상화하는 능동성 속의(in) 수동성, 즉 변양된 능동성이 수반된다. 즉 선-술어적 지각작용의 수용성은 낮은 단계의 능동성이며, 술어적 판단작용의 자발성은 높은 단계의 능동성이다.

온 주관적인 것이다. 이에 대해 '반응하는 것'·반발하는 것·자제하는 것은 주체에서 나온 주관적인 것이다. […]

사물이 구성되는 층들을 소급해 훑어보는 가운데 결국 우리는 궁극적으로 최초의 근원적 대상인 감각자료에 도달한다. 이 감각자료는 더 이상 어떤 자아의 능동성을 통해 구성되지 않고, 가장 적확한 의미에서 모든 자아의 활동에 미리 주어진다. 이것은 '주관적'이지만, 자아의 작용이나 상태가 아니라, 자아의 최초의 '주관적 소유물(Habe)'인 자아가 소유하게 된 것이다. […]

55 환경세계에 대한 자신의 행동에서 정신적 자아

지향성의 자아는 사유주체(cogito) 속에 있는 […] 자신의 실재적 환경세계, 가령 자아가 경험하는 사물과 인간에 관련된다. 이 관련은 직접적으로 실재적 관련이 아니라, 실재적인 것에 대한 지향적 관련이다.

[…] '정신적' 주체가 맺는 풍부한 관련은 실재성으로 정립된 것과 정립하는 자아와의 관련이지만, 실재적 관련이 아니라 '주체-객체-관련'이다. 이 관련에는 주관적-객관적인 '인과성', 즉 실재적 인과성이 아니라 동기부여의 인과성이라는 완전히 고유한 의미를 갖는 인과성이 속한다.

[…] 자아는 언제나 지향성의 주체이며, 여기에는 인식대상과 인식대상적 객체가—어떤 객체를 의식하게 해—내재적으로 구성되었다('통각')는 사실이 포함된다. 특히 자신의 방식으로 의식되어 존재하는 것으로 정립된 객체는 새로운 의미의 '지향적' 관련 속에서 주체에 나타난다. 즉 주체는 객체에 관계되고, 객체는 주체를 자극하고 동기를 부여한다. 주체는 겪는 일이나 활동의 주체, 인식내용적으로 주체 앞에 놓여 있는 객체들과 관련된 수동적이거나 능동적인 주체이며, 이와 상관적으로 객체들은 주체에 '영향'을 준다. […]

56 정신적 삶의 근본적 법칙성인 동기부여

a) 이성의 동기부여

[…] 이성의 동기부여는 가장 넓은 의미에서 '참된 존재'의 영역의 상관자들과 더불어 더 높은 단계의 구성적 의식의 통일체를 수립한다. […] 나는 이성적이지만, 잘못 생각할 수 있는 한, 상대적으로 이성적이다. […] 기억이 자신의 이성을 갖는 한, 경향(Tendenz)은 완전히 맹목적인 것이 아니다. 그래서 이성적 주체의 행동을 대상으로 갖는 가장 넓은 의미에서 윤리학의 근본적 물음에 도달한다. […]

b) 동기부여로서의 연상

연상과 습관의 전체 영역은 하나의 자아의식 안에서 이전의 의식과 이후의 의식 사이에 건립된 관련이다. 하지만 동기부여는 '지금의' 의식 속에서, 즉 현실적인 시간의식(원본적 의식)으로 특징지어진 의식의 흐름의 통일체 속에서 경과한다. […] 어쨌든 동기부여는 대부분 의식 속에 실제로 현존하지만, 부각되지 않으며 주목되지 않거나 주목할 수 없다('의식되지 않는다').

[…] 의식의 흐름에 어떤 연관이 등장하면, 이전의 연관과 어떤 부분에서 유사한 연관이 새롭게 등장해 유사성의 의미에서 계속되고 이전의 연관과 유사한 어떤 연관을 보충하려 애쓰는 경향이 동일한 [의식의] 흐름 속에 발생한다. […] 이것이 **동기부여의 법칙**이며, 현존의 **정립**에 관련된다. 그 요구는 '근원적 요구', 즉 이성의 요구다. […]

c) 연상과 경험의 동기부여

[…] 매 순간 나는 '나눌 수 있는' 질료와 질료를 거쳐 확장된 통일적 성질, 따라서 동기부여의 요소들과 공존하는 동기부여의 그물망, '어떤 사태에' '함께 속한' 통일체를 갖는다. 이에 반해 '유사한 것은 유사한 상황에서 유사한 것의 동기를 부여한다.' 요컨대 (정립하는 의식 속에) 유사한 것이 주어지는 것은 [다른] 유사한 것이 주어지는 동

기를 부여한다. […]

d) 인식작용적 측면과 인식대상적 측면에서 동기부여

[…] 정적으로(statisch) '함께 속한 것'은 체험의 변화를 통해 동적으로(dynamisch) '함께 속한 것'으로 이행한다. […] 내적 시간의식의 형식은 절대적으로 확고한 것, 즉 '지금'·'이전' 등의 주관적 형식이다. 나는 이것에서 아무것도 변경시킬 수 없다. 그런데도 여기에는 '함께 속한 것'의 통일체가 존재하고, 이것으로 '지금은 이것이 있다'는 판단의 정립이 '그 어떤 것이 있게 된다'는 미래의 정립을 조건 지우며, '지금 나는 어떤 것을 체험한다'가 '그것은 이전에 있던 체험이다'를 조건 지운다. 여기에서 우리는 다른 판단으로 동기가 부여된 판단을 갖지만, 그 판단에 앞서 시간형식 자체가 서로 뒤섞임으로써도 동기가 부여된다.[8]

e) 다른 인격의 동기부여를 이해하는 다른 인격 속으로 감정이입

[…] 우리는—자연의 객체로서 또 인격으로서—이중으로 가능한 파악이 '인간'[에 대한]통각 속에 함축되어 있음을 자기[에 대한]경험에서 이미 안다. […] '함께 파악하는 것'을 통해 동료 인간이 주어지는 것은 두 가지 측면에서 공통적이지만 또 서로 다르게 기능한다. '함께 파악된 것'은 어떤 때는 자연이고, 다른 때는 정신이다. 즉 어떤 때는 타인의 자아·체험·의식이 투영을 통해 정립되고, 물질적 자연을 근본적으로 파악하고 정립한 것 위에 구축되며, 이것들에 기능적으로 종속하는 것으로, 이것들에 결부된 것으로 파악된다. 다른 때는

---

8 내적 시간의식 속의 객체인 판단은 의식흐름 속에서 근원적으로 정립하는 계기들이 등장하는 지속적 판단정립의 끊임없는 통일체다. 따라서 "판단이 가능하려면 과거지향이 필수적"(『시간의식』, 133쪽)이다. 그리고 과거지향은 시간의식의 흐름 속에서 끊임없이 자기 자신과 합치하며 통일되는 수직과 수평의 다양한 지향성들이 서로 뒤섞여 동기가 부여된다.

자아가 인격으로 '단적으로' 정립되고, 따라서 자신의 인격적 주변과 사물적 주변의 주체로, 이해와 의사소통을 통해 다른 인격성에 관련된 것으로, 어떤 사회적 연관의 동료로 정립된다. […]

f) 자연의 인과성과 동기부여

동기부여 '~때문에 ~그러하다'(Weil-So)는 자연적 의미의 인과작용과 전혀 다른 의미를 갖는다. […] 모든 정신의 행동방식은 동기부여라는 관련을 통해 '인과적으로' 결합되어 있다. 예를 들어 나는 'B, C …가 있다'는 사실을 알기 때문에 'A일 것이다'라고 추측한다. 나는 어떤 사자가 탈출했다고 들었고, 사자는 피에 굶주린 동물이라고 알고 있으며, 그렇기 때문에 나는 길에 나가길 두려워한다.

[…] 비록 주목되지 않았거나 암묵적이더라도 나의 체험에 지향적으로 포함되지 않은 것은 […] 무의식적으로라도 나에게 동기를 부여하지 않는다.

g) 인과성과 동기부여의 관점에서 주체들과 사물들의 관련

[…] 동기부여라는 관련에서 한편으로 추론하는 것은 전제-판단을 통해, 욕구하는 것은 봄·들음·평가함 등을 통해 인식작용적으로 동기가 부여된다. 다른 한편으로 이러한 **작용의 동기부여**의 본질에는 **작용의 상관자와 작용의 또 다른 상관자 자체**─이것들도 그 '원인'과 '결과'를 갖는다─간의 관련도 존재한다.

[…] 인격적이거나 상호인격적인 소박한 경험을 파악하는 의미에서 가령 직관적 사물의 배후에는 '물리학적' 사물이 없고, 직관적 성질의 배후에도 다른 비-직관적('1차') 성질이 없다. 이 성질은 직관적 성질의 단순한 '표시', 단순한 '주관적 나타남'이다. 사회적 공통의 세계─대화와 실천의 세계─의 사물들은 바로 우리가 이것들을 실제로 (최고로 적합하게) 본다는 성질을 갖는다. […]

h) '함께 파악하는' 통일체인 신체와 정신. '정신이 깃든' 객체

[…] 첫 번째 객체성인 물리적으로 나타나는 것과 바로 물리적인 것에 '영혼을 불어 넣은' 의미인 두 번째 객체성은 **결합되어** 있다.

[…] 인격 속에 감정이입을 하는 것은 곧 의미를 이해하는, 즉 신체를 그 의미와 그 의미의 통일체로 포착하는 파악일 뿐이다. 그것은 객관적 정신을 포착하는 것, 어떤 인간을 보는 것을 뜻한다. […]

우리가 정신적 삶의 표현으로 파악하는 신체는 동시에 일반적 인과라는 연관에 편입된 자연의 한 부분이며, 신체적 표현을 관통해 포착하고 그 동기연관 속에 이해하는 정신적 삶은 자연의 경과를 통해 조건이 정해지고 자연을 지닌 것으로 통각이 되는 신체 자체에 연결됨으로써 나타난다. 신체와 정신의 통일체는 이중적이며, 이와 상관적으로 통일적 인간[에 대한]통각에는 이중적 파악(인격주의의 파악과 자연주의의 파악)이 포함된다.

57 순수자아와 반성적 자기통각의 객체인 인격적 자아

인격적 자아를 [자기]관찰(inspectio) 속에서 발견한 것처럼 (따라서 감정이입으로 우리에게 주어진 표현하는 신체와 그 통일체를 고려하지 않고) 받아들이면, 이것은 우선 순수자아와 구별되지 않는 것처럼 보인다. 이때 신체는 내 소유물이고, 그래서 가장 넓은 의미에서 내 주변의 사물과 유사하게 미리 주어진 모든 것, 자아에 생소한 모든 것처럼 나에게 대응해 있다. […] 자기지각은 하나의 반성(순수자아의 자기반성)이며, 그 본질상 반성되지 않은 의식을 전제한다.

본질적으로 각 사유주체에 속한 순수자아에 대한 반성인 순수한 자아의 반성과 생겨난 경험의 통각에 근거한 반성적인 주제의 경험은 구별된다. 반성적인 주제의 경험에 대한 지향적 대상은 인격적 자아(따라서 이 자아가 그 동기를 부여하는 상황에서 수행하는 작용과 관련해)가 그 '인격적 특유성' 또는 특성적 속성에 따라 입증되는 경험과 연관된 인격

적 자아의 자기경험인 경험적 지향성의 자아다. […]

인격적 자아인 나는, 사물[에 대한]통각이 발전하면서 사물이 나에게 주어지듯이, 경험적 자아[에 대한]통각이 발전하면서 나에게 미리 주어진다. […] 나는 나의 순수한 자아의 작용들이 규칙화되는 경과에 따라 자아-인격이라는 '표상', 즉 경험적 자아[에 대한]통각도 **필연적으로** 발전하며 반드시 중단 없이 계속 발전한다는 사실, 따라서 체험의 경과에 따라 반성하면 인격적 자아로 구성된 나 자신을 반드시 발견한다는 사실을 **형상적으로** 통찰하거나 통찰할 수 있다. […]

58 반성 이전에 인격적 자아의 구성

반성하면서 나는 나 자신을 언제나 인격적 자아로 발견한다. 근원적으로 이 자아는 체험의 흐름을 완전히 지배하는 발생 속에 구성된다. 여기서 중요한 문제는 '인격적 자아가 자아[에 대한]반성에 근거해, 따라서 아주 근원적으로 순수한 자기[에 대한]지각과 자기[에 대한]경험에 근거해 **구성되는가?**'이다. […]

확실히 '연상'은, 주목되지 않은 감각이나 사물의 '배경'에서처럼, '전향적 지시'(Hinweise)와 '소급적 지시'(Rückweise)가 발전되면서 형성된다. […] 이것은 '해명'에 대한 전제, '완전히 의식하면서' '만약 ~'과 '그러면 ~'을 명백히 제시하기 위한 전제, 그 속에서 자아가 인격적-실재적 통일체로 '본래' 구성되는 자아에 속한 상황과 관련해 자아의 동일화를 이루기 위한 전제다(…).

[…] 우리는 주체의 측면에서 '내가 존재하는 자아'와 나에 대한 객체―존재하는 '내가 존재한다'(Ich-bin) 속에 구성되거나 사념된 것인 '나를'(Mich)―인 '내가 존재하는 자아'를 구별해야 한다. 여기에서 사념된 것은 자기 자신(Selbst)으로 의식된 자아인 나에 대해 구성된 '인격'이다. […]

59 능력의 주체인 자아

통일체인 자아는 '나는 할 수 있다'(Ich kann)의 체계다. 이 경우 신체적인 것과 신체적으로 매개된 것인 물리적인 '나는 할 수 있다'와 정신적인 '나는 할 수 있다'를 구별해야 한다. [⋯] 나는 피아노를 연주할 수 있다. 하지만 이것이 항상 지속되지는 않는다. 내가 피아노 연주를 잊어버리면, 연습을 통해 만회한다. 나는 내 신체를 행사한다. 나는 일반적으로 연습을 통해 가장 공통적인 활동을 잊지 않는다. 하지만 내가 오랜 기간 병상에 누워 있다면, 나는 신속하게 회복하더라도 걷는 것을 다시 배워야만 한다. 나는 신경질환을 앓을 수도 있고, [그렇게 되면] 내 손발에 대한 지배력을 상실해, '나는 할 수 없다.' 이러한 점에서 나는 다른 사람이 된다. [⋯]

인격적 자아는 근원적 발생 속에서 처음부터 또 줄곧 근원적 '본능'으로 추진되고 본능에 수동적으로 복종하는 **충동적으로 규정된 인격성**으로 구성될 뿐만 아니라, **자율적 자아**, **자유롭게 활동하는 자아**, 특히 [⋯] 이성의 동기로 이끌린 더 높은 자아로도 구성된다. 습관은 근원적으로 본능적 행동(그래서 습관적 충동의 힘이 본능적 충동과 결합된)뿐만 아니라 자유로운 행동으로도 반드시 형성된다. [⋯] 여기에서 습관과 자유로운 동기부여가 서로 얽혀 있다. 만약 내가 다시 자유롭게 활동하면 습관을 따르겠지만, 자유롭게 결정해 동기에 복종하고 이성에 복종하는 한, 나는 자유롭다.⁹

---

9 현상학적으로 '습관에 적합한 것' 또는 '경험에 적합한 것'은 상황과 지향적으로 관련된다. 이것이 실재화되면, 이것에 속한 예상된 것으로서 경험에 적합한 것이 등장한다. 본능적 충동은, 우리가 경험을 예상하는 한, 틀림없이 상황에 관련될 것이다. 하지만 이 예상은 습관의 경우 유사한 기억의 지평을 함축적으로 갖는다. '굴복함 자체의 증가하는 힘과 성장하는 경향을 지닌 굴복함의 예상은 사정이 어떠한가?' 하는 물음이 여전히 제기되어야 한다—후설의 주.

[…] 인격적 주체가 주관적 상황에 있을 때 자아가 능동성과 수동성 속에 행동하는 방식의 규칙에는 어떤 속견적 습관, 즉 그때그때 자아의 행동에 대해 [이미] '알려진 것'—의식의 흐름 속에 그때그때 행동이 나타남과 관련된 어떤 가능한 예상의 경향—이 상응한다. 이 행동은 배경의식 속의 어떤 예상이 아니라, 미래에 등장하는 것을 향한 미래지향(Protention)[10]이다. 이것은 자아의 시선을 전향함으로써 예상될 수 있다. 더구나 어떤 대상성, 곧 행동하는 방식의 주체도 구성된다. 왜냐하면 인과적 동기부여로 변화될 미래지향과 얽혀 있는 체계는 새로운 지향적 통일체 또는 이와 상관적으로 새로운 통각을 산출하기 때문이다. […]

60 '자유로운 자아'로서, 이성의 작용들의 주체로서 인격

무엇보다 '인격'은 이성의 관점에서 판단할 수 있는 작용들의 주체, '스스로 책임을 지는' 주체다. […]

a) 논리적 가능성, 실천적 가능성, 실천작용의 중립성 변양[11]

[…] 모든 직관은 직관된 '대상'을 가능한 것으로 정립하고 원본적으로 주어진 것 속에서 '경험하는' 작용으로 전환될 수 있다. 또한 직관 없이 어떤 가능성을 정립하는 것은 그 의미상 어떤 직관 속에서 또는 가능성의 정립을 '본래의' 형식으로 제공하는 직관을 전환하는 것

---

10 후설은 곧 다가올 미래에 대한 예상인 '미래지향'을 이미 알고 있는 것을 토대로 미리 알려져 있음의 유형에 따라 가까운 미래를 직관적으로 선취(先取)하는 "예언가적 의식"(『시간의식』, 56쪽)이라고도 한다.
11 립스(『심리학』 제2판, 24쪽 이하)는 이에 대한 최초의 기초적 논의를 제시했다. 그는 '내가 갖는다', 즉 소유물이라는 가장 근원적인 개념이 생긴다는 사실과 '나는 나의 신체마디를 갖는다', 즉 나는 이것에 대한 지배력을 갖는다는 사실도 언급했다—후설의 주.

속에서 충족[시킴]을 발견하는 지향이다. […]

그래서 매우 많은 것이 『논리연구』에서 다룬 속견적 태도를 취하는 본래성과 비-본래성의 구별에 의존한다. 나는 '2×2=5'라고 직관적으로 표상할 수 없다. 즉 나는 '2×2=5'라고 판단하면서 본래 직관적으로, 즉 명증성으로 판단하는 것을 직관적으로 표상할 수는 없다. 하지만 나는 내가 '2×2=5'일 것이라고, 즉 비-본래적으로 '모호하게' '혼돈된' 주제를 수행하면서 표상할 수는 있다. […]

유사한 것이 이성의 작용(본래의 능동적 작용)과 모든 분야, 심지어 감정이나 의지가 종합적으로 형성되는 분야 전체에 적용된다. […]

b) 자신의 인격을 아는 동기부여 '나는 할 수 있다'

[…] 자아는 자신의 (능동적) 태도를 취하는 것으로 또 자신의 습관과 능력으로 구성된 통일체이며, 그런 다음 외적 통각의 통일체다. 이것의 핵심은 순수자아다. 그런 까닭에 '나는 존재한다'(Ich bin)는 명증성이다.

[…] 나는 동일한 상황에 동일하게 반응하는 사물이 아니다. 사물은 원리적으로 동일한 인과적 상황에 동일한 것으로 작용할 수 있다. 이전에 나는 그렇게 동기가 부여되었지만, 지금은 다른 방식으로 동기가 부여된다. 게다가 내가 그동안 다른 사람이 되었기에 그렇다. 유효한 동기인 동기부여는 동일할지 모르지만, 다른 동기의 힘은 다르다. 가령 모든 인간에게서 젊은 시절 감성의 힘은 노년기의 그것과 매우 다르다. 감각적 토대, 특히 감각적 충동의 토대는 다르다. 노인은 신중하고 자기중심적이며, 젊은이는 성급하고 고상한 감동에 쉽게 몰입한다. 노인은 (다양한 경험을 통해) 자제하고 결과를 숙고하는 데 익숙하기 때문이다. 젊은이의 삶의 속도는 처음부터 더 빠르고, 상상은 더 활발하지만, 경험은 덜 겪었다. 젊은이는 나쁜 결과를 알지 못하고, 위험을 모르며, 아직 경험하지 못한 감명·체험·모험 등 새로

운 것에 대한 신선한 근원적 기쁨을 여전히 갖기 때문이다.

따라서 동기부여의 토대, 방향과 동기의 힘은 다르다. […] 정신적 자아인 나는 발전하면서 더 강해질 수 있고, 약한 의지는 강한 의지가 될 수 있다. […] '만약 내가 어떤 유혹에 굴복하면, 나는 굴복하는 주체인 나를 반드시 경멸할 것'이라는 점을 완전히 이해함으로써 자유의 힘도 강화할 수 있다. 나의 저항력은 이것을 통해 증대된다.

[…] 동기로 영향을 미치는 것에는 모든 인식작용적 규범처럼 동기부여의 타당성의 법칙―동기부여의 힘과 인격적 가치의 법칙도 포함해―인 기본적인 형식적 법칙들의 원천이 있다. 습관적으로 진정한·참된·타당한·자유로운 결심에 최고의 동기부여의 힘을 부여하는 인격은 최고의 가치를 대표한다.

c) 타인의 영향과 인격의 자유

인격성의 발전은 다른 사람의 영향, 즉 타인의 사상·암시된 느낌·타인의 명령으로 규정된다. […] 동일한 사상은 '동일한' 상황에서 다른 인격들에 다르게 영향을 미친다. […] 하지만 때에 따라 나는 자발적으로 그것을 습득해, 그것은 내 소유물이 된다. [그러면] 이제 그것은 내가 굴복하고, 외부에서 나 자신을 규정하는 강요의 단순한 특성을 더 이상 갖지 못한다. […]

그러므로 이성의 **자율성**, 즉 인격적 주체의 '자유'는 내가 타인의 영향에 수동적으로 굴복하지 않고 나 스스로 결정하는 데 있다. 더구나 내가 나 자신을 그 밖의 취향과 충동에 '끌리도록' 내버려두지 않고, 자유롭게 활동하며 이성의 방식으로 그렇게 하는 데 있다. […]

d) 인격을 이해하는 일반적 유형과 개별적 유형

[…] 모든 인간은 자신의 특성, 이러저러한 상황을 통해 동기가 부여될 수 있는 방식에 대한 감정과 작용 속에서 자신의 '삶의 양식(Stil)'을 갖는다. 그리고 인간은 이제까지 이 삶의 양식을 단순히 가지

기만 한 것이 아니다. 오히려 그 양식은 적어도 삶의 기간 속에 상대적으로 지속한 것, 그런 다음 일반적으로 다시 특징적으로 변화된 것, 그래서 변화한 결과 다시 통일된 양식으로 입증되는 것이다.

그래서 어떤 인간을 그의 인격성, 그의 양식에서 올바로 통각을 했을 때, 그가 경우에 따라 어떻게 처신하는지 웬만큼 예상할 수 있다. 이 예상은 일반적으로 명백하지 않고, 한정하는 지향적 테두리 안에서 [아직] 규정되지 않은 [앞으로] '규정할 수 있는 것'이라는 자신이 통각을 하는 지평을 갖는다. 예상하는 것은 곧 양식에 상응하는 행동방식을 예상하는 것이다. […]

61 정신적 자아와 그 토대

[…] 인격적 자아를 그 발전의 연관 속에 받아들이면, 우리는 경우에 따라 분리될 수 있는 두 가지 단계(예컨대 '순수한' 동물성으로 하부단계)인 이중적 '주관성'을 발견한다. 즉 더 높은 단계는 특수한 정신적 단계, '능동적 지성'(intellectus agens)[12]의 층, 모든 본래의 […] 이성적 작용의 자아인 자유로운 자아의 층이다. 여기에는 자유롭지 않은 자아도 속하는데, '자유롭지 않다'는 그가 곧 '나는 나 자신을 감각에 이끌리게 허용한다'는 실제적 자아에 적용된다는 의미로 그렇다. 이 특수한 정신적 자아는 정신작용의 주체이며, [한편으로] 기질과 근원적이거나 은폐된 성향의 희미한 토대에 종속적이고, 다른 한편으로 자연에 종속적인 것으로 발견된 인격성이다.

---

12 아퀴나스는 "먼저 감각 속에 없던 것은 지성 속에도 없다"는 아리스토텔레스적 전통에 따라, 수동적 지성이 감각을 통해 받아들인 경험을 능동적 지성이 정리하고 추상함으로써 대상의 보편적 본질을 인식할 수 있다고 보아 영혼은 육체와 결합되어야만 육체의 형상인 자신의 본성을 완성할 수 있다고 주장했다.

여기에서 우리는 아주 오래 전부터 끈질기게 달라붙던 이성과 감성의 옛 구별을 다시 맞닥뜨린다. 감성도 일치와 불일치를 자신이 이해할 수 있는 규칙이며, 이것은 […] 은폐된 이성의 한 층(層)¹³이다. 왜냐하면 모든 '만약 ~, 그러면 ~'의 복잡한 관계, 즉 모든 인과성은 이론적—따라서 정신적—설명의 실마리, 즉 '경험의 일치에는 지각의 [주관적] 속견(Doxa)'으로 확증되고, 그 불일치에는 정립된 존재나 '그렇게 존재함[본질](Sosein)'이 폐기된다'는 형식으로 해명의 실마리가 될 수 있기 때문이다. […]

제3절 자연주의적 세계보다 존재론적으로 우위인 정신적 세계
64 자연의 상대성과 정신의 절대성

[…] 정신적 의미에서의 개체성은 자연의 개체성과 전혀 다르다. 사물은 '여기 그리고 지금' 있는 것으로서 자신의 개체적 본질(Wesen)을 갖는다. 하지만 이 모든 본질(Was) 자체는 '일반적인 것'이다. 이것은 각각의 사물이 일반성의 범례(Exemplar)라는 사실을 뜻한다.¹⁴ […] 두 가지 동일한 사물을 구별하는 것은 '여기'(Hier)와 '지금'(Jetzt)을 전제하는 실재적-인과적 연관이다. 이와 함께 우리는 개별적이든 상호주관적이든 개체적 주관성을 필연적으로 소급해 지시한다. 이 주

---

13 후설은 선험적 현상학을 '은폐된 보편적 이성(선험적 주관성)을 드러내 밝히는 인식비판과 자기이해의 철학'으로 규정한다. 이것은 이론·실천·가치평가의 영역뿐만 아니라, 지각·기억·느낌·의지 등 다양한 선-술어적 경험을 포괄하는 의식흐름 전체에 대한 현상학적 이성비판이다.
14 후설현상학은, 지향적 의식체험의 표층인 '표상'(지각과 판단), '정서', '의지'의 영역 모두에 대해 공통적인 표상작용을 근본으로 간주해 집중적으로 분석한 것에서 그리고 이념적 대상성들이 학문적 전통으로 전승되고 발전되는 역사성을 해명하면서 기하학의 공리나 원리를 우선적으로 다룬 것 등에서 알 수 있듯이, 언제나 그 유형의 대표적인 범례를 분석하는 특징을 지닌다.

관성과 관련해 장소가 정립되고 시간이 정립되는 규정성만이 구성된다. [결국] 어떠한 사물도 그 자체 속에 자신의 개체성을 갖지 않는다.

[…] 정신은 자신만의 동기를 부여하는 방식을 가지며, 사물과 다르게 그 자체 속에 자신의 동기부여를 갖는다. 정신은 세계 속의 일정한 장소에 존재한다는 사실을 통해 비로소 개체성이 되지는 않는다. 그 자체로 절대적으로 개체적인 것인 그때그때 사유작용의 순수자아는 이미 절대적으로 개체화(Individuation)된다. 어쨌든 자아는 공허한 극(Pol)이 아니라, 자신의 습득성(Habitualität)을 담지하는 것이며, 이 속에는 자아가 자신의 개체적 역사를 갖는다는 사실이 포함된다. […]

정신은 곧 나타남들의 통일체가 아니라, 자아의 통일체다. […] 만약 나타남들이 상호주관적으로 구성되면, 우리는 곧 서로 의사소통할 수 있는 다수의 인격으로 소급된다. 상관자 그 자체는 인격들과 그 체험들에서 발판을 가지며, 그 절대적 존재는 나타남들의 상대적 존재에 선행한다. 후자의 모든 개체화는 전자의 절대적 개체화에 의존하고, 모든 자연의 현존은 절대적 정신의 현존에 의존한다. […]

8 『이념들』 제3권

『이념들』 제3권은 후설이 『이념들』을 작성할 때 총 3부로 계획했던 제2부의 후편(後篇)이다. 이 저술은 실재성의 다른 영역들을 고찰함으로써 또 독단적(자연적/자연주의적) 태도와 반성적(현상학적) 태도를 대조함으로써 심리학과 현상학의 관계뿐만 아니라 현상학과 존재론의 관계를 해명해 학문의 기초를 정초하고자 한다.

그런데 본문보다 더 주목을 끄는 것이 있는데 바로 「『이념들』 제1권의 후기(後記)」다. 이 글은 후설이 1922년 런던대학교에서 강연한 '현상학적 방법과 현상학적 철학'에 깊은 영향을 받은 깁슨(W.R.B. Gibson)이 번역한 『이념들』 제1권 영역본(1931)의 '서문'으로 작성되었다. 후설은 여기서 『이념들』 제1권에 대한 일반적 오해를 또다시 해명한다. 선험적 현상학에 대해 회의를 품어 전환한 흔적은 전혀 없다.

오직 제1권만 출간된 『이념들』은 순수현상학 또는 선험적 현상학이라는 명칭으로 '선험적 주관성'의 경험의 장(場)에 관한 새로운 학문의 정초를 시도한다. […] 이 책은 쉽게 접근할 수 있는 분야로만 제한해 기술되었다. 내재적 시간분야의 시간화(Zeitigung)에 대한 문제제기(1904~1905년 내적 시간의식에 관한 강의)가 제외되기 때문이다. 자아, 인격성, '감정이입'의 선험적 문제는 제2권을 위해 남겨두었다.

따라서 『이념들』 제1권을 '선험적 관념론'으로, 그 제2권과 제3권을 '경험적 실재론'으로 해석하는 것은 근거가 전혀 없다. 이 책들은 모두 '선험적 현상학'의 테두리 안에 있는 일련의 저술일 뿐이다.

괴팅겐대학교 연구실에서 작업 중인 후설과 괴팅겐학파의 학자들
『이념들』 제3권에서 후설은 선험적 상호주관성을 다룬
괴팅겐대학교의 1910~11년 강의를 언급하며 『이념들』 제1권과 제2, 3권이
'선험적 관념론 대 경험적 실재론'으로 대립하지 않음을 분명히 밝힌다.

현상학과 존재론의 관계

13 현상학적 탐구의 장(場)

[…] 선험적 경험작용에서는, 정상적인 의미에서 참된 존재로 이해된 모든 '초월적 존재'는 배제되고 '괄호쳐진다.' 유일하게 홀로 남아야 할 것은 그 고유한 본질 속에 있는 '의식 자체'이고, [의식에] 초월적인 존재의 관점에서는 초월적인 것에 대해 '사념된 것'과 따라서 모든 종류의 [의식의] 상관자(Korrelat)·사념된 것·인식대상이 된 것(Noemata)이다. […]

15 현상학을 존재론적으로 확정하는 의미와 태도의 차이

[…] 현상학은 선험적으로 순수화된 의식의 본질학이기 때문에, 그 탐구의 객체, 즉 순수화된 체험과 이 체험에 속한 모든 사건도 '현상학적'이라고 한다. 그렇다면 저절로 독단적 인식을 직접적으로 간취하는 것에서뿐만 아니라 간접적으로 해석하는 것에서 밝혀낼 수 있는—절대적 의식의 분야에서 사실적이거나 형상적인 사건들의—연관도 '현상학적'으로 특징지어진다.

사물에 관한 의식의 현상학에서 물을 수 있는 것은 '사물이 도대체 어떻게 존재하는가?' '사물 그 자체에 참으로 속하는 것은 무엇인가?'가 아니라, '사물에 대한 의식의 성질은 어떻게 부여되는가?' '사물에 관한 의식의 종류는 어떻게 구별될 수 있는가?' '어떤 방식으로 또 어떤 상관자와 더불어 어떤 사물 그 자체가 의식에 적합하게 제시되고 드러나는가?'이다. […]

의식의 작용에 대한 현상학적 탐구에서는 끊임없이 의식 자체와 의식의 상관자, 인식작용과 인식대상이라는 두 측면이 고찰된다. […] 상관자로서의 '사물'은 결코 사물이 아니며, 그렇기 때문에 [단

지] 인용부호일 뿐이다. [⋯]

16 인식대상과 본질

인식대상(상관자)과 본질을 결코 혼동하면 안 된다. 심지어 명석한 사물[에 대한]직관의 인식대상 또는 하나의 동일한 사물을 향해 연속해 일치하는 직관의 연관에서조차 인식대상은 사물의 본질이 아니며, 사물의 본질을 포함하지도 않는다. 인식대상의 파악은, 여기에서 그때그때 상응하는 존재의 본질을 파악하는 것으로 이행할 수 있는 태도와 파악의 방향을 변경하는 것이 본질적으로 가능하더라도, 사물의 본질을 파악하는 것이 아니다. [⋯]

우선 인식대상을 존재하는 것으로 정립하는 것이 인식대상에 '상응하는' 대상성을 정립하는 것을 뜻하지 않는다. [⋯] 인식대상 속의 대상성은 다른 인식대상이 된 것들을 '동일한 것'으로 가질 수 있는 [⋯] 통일체의 계기로 등장한다. 논리적 의미의 경우 사고된 것 그 자체(인식대상적 의미에서의 논리적 의미)는 '이치에 어긋난 것'일 수 있으며, 어쨌든 '논리적 의미', 더 일반적으로 말하면, '인식대상'이라는 존재의 범주 안에서 '존재하는' 사고된 것 그 자체는 예를 들어 '둥근 사각형'이라는 사고의 의미 같은 자신의 실제적 존재를 갖는다.[1] 또한 의미된 것 그 자체(⋯)가 의미와 다르듯이, 의미된 것의 본질 역시 의미와 다르다. '둥근 사각형'이라는 본질은 존재하지 않지만, 이것을 판단할 수 있기 위해서는 '둥근 사각형'이 이러한 통일체 속에 존재하는 의미라는 점이 전제되어 있어야 하기 때문이다.

---

1 '둥근 사각형'은 논리적으로 모순되지만, 그 의미지향이 충분히 가능하기 때문에 유의미한 표현이다. 물론 그 대상성을 현실적 경험으로 직관할 수 없기에 그 의미충족은 원리적으로 또는 아프리오리하게 불가능하다.

더 나아가 직관의 영역과 사고의 영역은 사정이 결코 다를 수 없지만, 단지 직관의 영역에는 직관의 인식대상과 직관된 것의 본질 사이에 중요한 본질적 관계가 존재한다는 점, 즉 직관의 인식대상이 파악될 수 있는 곳에서는 직관된 것의 본질도 파악되며 그 반대도 마찬가지라는 점은 분명하다. 이러한 점은, 직관이 사물에 대한 직관인 경우 필연적이듯이, 불완전한 직관, 즉 [아직] 규정되지 않았지만 [앞으로] '규정할 수 있는 것'이 부착된 단지 일면적인 직관이더라도, 일반적으로 타당하다. 그렇다면 본질직관도 정확하게 이에 상응하는 충전적이지 않은 직관이다. 본질직관은 결코 즉시 충전적인 직관을 뜻하는 것이 아니라는 사실을 간과해서는 안 된다. […]

17 심리학에 대한 존재론의 개념들의 의미

[…] 초월적 대상성의 단적인 직관은 필연적으로 공허하지만 충족될 수 있는 지향을 포함하며, 이 지향에는 일련의 직관으로 이행할 수 있는 본질적 가능성이 속한다. 이 일련의 직관에서 그 공허한 지향은 충족되며, 직관된 것 그 자체는 일치하게 견지된다. 일치하지 않는 것은 일치하지 않는 개념이 적용된 것을 발견하는 사실을 통해 또는 가령 빨간 것으로 파악된 것이 종합적으로 첨부된 것을 통해 동시에 녹색으로 덧붙여지듯이 종합적으로 첨부된 것을 통해 개념적으로 포착하는 경우에만 가능하다. 그래서 이러한 것을 배제하면, 실제로 단적인 직관에 머물면, 우리는 이 직관에서 그때그때 적합한 시선의 방향을 통해 또 직관적으로 본질을 이끌어낼 수 있다. […]

직관이 그 범주적 유형 안에서 원리적으로 더 완전한 것이 될 수 있듯이, 본질은 그 범주적 유형 속에서 더 완전한 것이 될 수 있다. 결국 모든 직관은 자신을 형성해감으로써, 가령 '사물'(비록 '이념'이라도)이 완전하게 파악되고 그래서 이 본질을 설명하는 공리들이 모든 명증성 속에서 실행될 정도로 일치된다는 의미에서 범주적 본질에 도달할 수 있는 가능성을 원리적으로 그 자체로 보증한다. […] 존재론의 명제는 절대적으로 타당하다고 또는 완전히 충분한 직관에서 길어냈다고 요구하면서 등장하기 때문에, 방법론에서 존재론의 명제로 되돌아가는 것은 대체로 신뢰할 수 있는 방법이 아니다. 그렇다고 이렇게 되돌아가는 것을 완전히 거부할 수도 없다. 존재론의 자명성에 호소하는 것은 직관적 탐구의 길에 일정한 방향을 제시하지만, 직관만 실제로 [올바른 길을] 결정하는 법정이다.[2] […]

『이념들』 제1권의 후기

머리말

[…] 철학은 그 이념상 보편적이며 또 철저한 의미에서 '엄밀한' 학문이다. 그래서 궁극적으로 정초하는 것에 입각한 학문, 즉 궁극적으로 스스로 책임을 지는 것에 입각한 학문이다. […] 그것은 단지 상대적인 잠정적 타당성에서만 또 무한한 역사적 과정에서만 실현될 수 있는 이념이다.

[…] 나는 엄밀한 학문으로서의 철학의 거대한 계획을 일반적으로 당장 불신하도록 위협하는 회의(懷疑)에 성급하게 굴복하는 대신, 철학이라는 이 이념의 진정한 의미를 지향적으로 해석하고 또 그 이념을 실현할 가능성을 증명하기 위해 철저하게 숙고하는 것이 우리 시대의 올바른 과제, 더구나 중요한 과제라고 여긴다. 이러한 일

---

[2] 후설이 『철학과 현상학 탐구연보』 창간호 「머리말」에 현상학의 신조가 '직접적 직관'과 '본질통찰'의 방법이라고 천명했듯이, 후설현상학은 '사태 그 자체로' 되돌아가 의식에 직접 주어진 그 사태를 직관하려는 직관주의다.

은 오직 궁극적으로 생각해낼 수 있는 인식의 전제를 되돌아가 묻는
(Rückfrage) 방법을 체계화함으로써만 결정적으로 또 성공적으로 이
루어진다. 되돌아가 묻는 것은 우선 이론화(理論化)하는 모든 것 속에
이미 학문 이전에 전제된 보편적인 주체적 존재와 삶으로 이끌고, 가
장 결정적인 단계인 이것에서 모든 의미를 부여하고 존재를 확증하는
근원지인 (…) '선험적 주관성'으로 이끈다. […] 나의 방법적 조치가
추상적 일면성에 삽입된 주지주의(主知主義)라는 반론, 일반적으로
또 원리적으로 근원적인-구체적 주관성에 ―즉 실천적인-활동적 주
관성 그리고 이른바 '실존'의 문제뿐만 아니라 형이상학의 문제에 ―
접근하지 않는 주지주의라는 반론은 모두 오해에서 비롯되었으며,
'현상학적 환원'의 원리적으로 새로운 점을 이해하지 못한 결과 세속
적(mundan) 주관성(인간)에서 '선험적 주관성'으로 상승하는 것도 결
코 이해하지 못한 이들의 오해에서 비롯되었다. […]

『이념들』[제1권]이 알려준 것은, 아직도 항상 확신하듯이, 내가 그
동안 끊임없이 진척시키려고 애쓴 작업이 출발하는 부분이다. 아마
내년 초 출판될 책[3]이 […] 선험적 현상학은 실제로 철학의 보편적 문
제의 지평을 포괄하며 그 방법학(Methodik)을 준비했다는 사실을 입
증하기를 희망한다. […]

1

제1권만 출판된 『이념들』은 '순수현상학' 또는 '선험적 현상학'이라
는 명칭으로, 데카르트 이래 철학이 발전해나간 전체를 통해 준비된

---

[3] 이 책은 1931년 콜린(A. Colin)이 프랑스어로 번역해 출간한 『데카르트적 성찰』
을 뜻한다. 그리고 이 '파리강연'의 초고는 1950년 슈트라서(S. Strasser)가 편집
해 『후설전집』 제1권으로 출간되었다.

학문, 오직 그 학문에 고유한 새로운 **경험의 장**(場), 즉 '선험적 주관성'의 경험의 장에 관련된 새로운 학문의 정초를 시도한다. 여기에서 선험적 주관성은 사변적으로 구축한 산물이 아니며, […] 자신의 선험적 체험·능력·작업수행을 지닌 직접적 경험의 절대적으로 독자적인 영역이다. 이론적 의도 또 우선은 기술하는 의도에서 선험적 경험[4]은 그 속에 자연적 경험, 즉 세속적 경험이 경과하는 태도의 철저한 변경을 통해서만 비로소 가능하며, 이 태도변경은 선험적-현상학적 분야에 접근할 방법인 '현상학적 환원'을 뜻한다.

이 책에서 선험적 현상학은 이러한 경험의 장에서의 경험적-사실에 대한 경험적 학문으로 정초되지 않는다. 그때그때 제공되는 사실은 단지 범례(Exempel)로만—가장 일반적인 것에 대해서만 경험적 범례가 수학자에게 이바지하듯이—이바지한다. […] '선험적인 것'으로의 환원과 형상(Eidos)으로 계속되는 환원이 새로운 학문을 연구할 장에 접근하는 방법이다. […]

형상적 현상학은 이 책에서 단순히 형상적으로 '기술하는' 영역, 즉 선험적 주관성이 직접 통찰할 수 있는 본질적 구조의 영역으로 제한된다. 이 영역은 이미 그 자체로 체계적으로 완결된 무한한 본질적 특성을 형성하기 때문이다. 따라서 이 영역은 논리적 연역을 통해 획득할 수 있는 선험적 인식을 체계적으로 실행하는 것을 포기한다. 어쨌든 기술하는 영역도 쉽게 접근할 수 있는 수준으로 제한한다. 내재적 시간의 영역에서 시간화(Zeitigung)라는 문제제기가 제외되기 때

---

[4] '선험적 경험'은 의식에 직접 제시되는 대상의 핵심을 넘어서 함께 간접적으로 제시되는 것을 통각을 할 가능성과 과거에 근원적으로 건설한 습득성을 언제나 생생하게 복원할 수 있는 침전된 소유물과 관련된 자기 자신에 대한 경험을 뜻한다.

문이다.[5] 자아·인격성·'감정이입'의 선험적 문제는 [『이념들』] 제 2권을 위해 남겨두었다. […]

2

[…] 가장 엄밀한 의미에서 사실과학, 즉 참된 이성적 자연과학은 자연의 순수수학을 자립적으로 형성하는 데 입각해서야 비로소 가능해진다. 어디에서나 마찬가지로 순수가능성에 관한 학문은 사실적 실제성에 관한 학문에 선행해야만 하며, 사실적 실제성에 관한 학문은 구체적인 논리학으로서 주도적 역할을 해야만 한다. […]

3

[…] 선험적-현상학적 환원을 실행하면, 심리학적 주관성은 소박하게 경험적으로 미리 주어진 세계 속에 실재적인 것으로 타당성을 자신에게 부여하는 것을 곧바로 상실하고, 미리 주어진 공간-시간적 자연 속에 현존하는 어떤 신체의 영혼이라는 존재의 의미를 상실한다. 왜냐하면 신체와 영혼을 지닌 자연, 즉 소박하게 단적으로 나에 대해 존재하는 것의 전부인 세계 일반은 현상학적 판단중지를 통해 그 존재의 타당성을 상실하기 때문이다.

[…] 선험적 현상의 장(場) 안에서 나는 더 이상 이론적으로 타당한 인간-자아가 아니며, 나에게 존재하는 것으로 간주된 세계 안에서 더 이상 실재적 객체가 아니다. 오히려 나는 이 세계에 대한 주체로 정립되어 있고, 이 세계 자체는 나에게 이러저러하게 의식된 것으로 정립되어 있다.

---

[5] 『철학과 현상학 탐구연보』 제9권의 '1905년 내적 시간의식 강의' 참조—후설의 주.

[…] 철학은 오직 선험적-현상학적 태도로서만 학문으로 시작할 수 있다. […] 바로 그렇기 때문에 기술하는 아프리오리한 현상학(이것은 『이념들』에서 실제로 채택한 작업이다)은 선험적 토대를 직접 검토한 것으로서 그 자체로 '제일철학', 즉 출발의 [문제에 관한] 철학이다. […] 순수 내면심리학에서 선험적 현상학으로 넘어갈 때 무엇보다 특이하게 나타나는 '미묘한 차이'는 '철저한 학문적 성격에서 궁극적으로 스스로 책임을 지는 것에 입각해 정초되어야만 할 자신의 특유한 의미가 무엇을 요구하는지, 어떤 토대와 방법을 요구하는지' 아는 철학의 존재와 비-존재를 결정한다. [그리고] 그와 같이 스스로를 이해하는 것에서 비로소 철학을 인간학이나 심리학, 인간 또는 인간의 영혼 삶에 관한 실증적 학문의 근거로 놓으려는 […] 선험적 심리학주의[6]인 심리학주의의 본래적이고 근본적인 가장 깊은 의미가 드러난다. […]

4

나는 여러 해에 걸쳐 숙고한 끝에 삶과 학문의 자연적 실증성을 몰아세우는 그와 같은 동기부여와 형상학적 환원을 필연적으로 만드는 선험적 전환(轉換)을 절대적으로 투명하게 또 강제적으로 명백하게 제시하기 위해 서로 다르지만 동등하게 가능한 길들을 천착해왔다. 따라서 이것은 반성적으로 깨닫는 가운데 곰곰이 생각되어야만 하고 그래서―스스로를 숙고하는 초보자만 출발할 수 있는 한―본래 그 자체로 출발에 함께 속하는 진정한 철학을 출발하는 길이다. 자

---

6 '선험적 심리학주의'는 자연적이거나 자연과학적 태도의 심리학주의는 아니지만 여전히 인격적 태도로 심리적 현상을 기술하는 심리학을 뜻하며, 그 고유한 본질구조를 해명하는 선험적 현상학에 아직 이르지 못한 것이다.

명하게도 이 모든 길의 필연적 출구는 '자명하게' 미리 주어진 '존재의 토대'로 (결코 이 존재에 관해 심문된 적이 없는) 경험의 세계를 갖는 자연적-소박한 태도에서 나가는 출구다. […] 출발은 우선 순수한 내면 심리학에서 직관의 영역으로 유지되는 스스로를 숙고하는 것 또는 일상적인 심리학적 의미에서 '현상학적으로' 스스로를 숙고하는 것이다. 이러한 출발은 자아론(自我論)과 같이 경과한다.[7] […]

5

[…] 선험적-현상학적 관념론의 정초에 관한 서술에는, 선험적 독아론의 문제 또는 선험적 주관성, 즉 나에게 타당한 객관적 세계가 나에게 타당한 다른 사람들과 본질적으로 관련되는 문제에 대해 명시적으로 태도를 취하는 것이 없다. 내가 그때 즉시 출판할 수 있기를 간절히 희망한―제1권과 동시에 계획한―제2권은 보충되어야만 했다.[8] 이 관념론과 이것을 잘못 이해해 독아론으로 대하는 사람들의 불쾌한 기분은 […] 이 저술을 수용하기 매우 어렵게 만들었다.

[…] 독아론에 대한 반론은, 내가 서술한 것을 더 깊게 이해하면, 결코 현상학적 관념론이 아니라 불완전한 내 서술에 대한 반론으로만 제기되어야 한다. 어쨌든 이 책에서 개척해야만할 '철학을 하는 것'(Philosophieren)의 근본적 본질을 간과하면 안 된다. 즉 세계와 학문

---

7 선험적 현상학은 자아론으로 출발하지만 결코 독아론으로 귀결되는 것이 아니라 의사소통적 환경세계, 즉 상호주관적 세계로 나가는 방법적 통로다.
8 최초의 계획에서 나는 감정이입에 대한 또는 세계에 서로 함께 있는 인간적 현존재를 선험적 상호주관성으로 환원하는 것에 대한 선험적 이론을 이미 1910~11년 괴팅겐대학교의 강의에서 밝혔다. 곧 출간될 [프랑스어판]『성찰』「제5성찰」의 상세한 기술을 참조. 그 진행의 간략하지만 정밀한 사항은 『형식논리학과 선험논리학』(1929, 『철학과 현상학 탐구연보』 제10권과 별쇄본), [제2장 제6절] 96항이 제공한다―후설의 주.

그리고 학문적 전통 전체에서 유래하는 수많은 방법적 사유의 습관을 전제하는 전제들의 풍부한 사유에 대립해, 인식을 자율적으로 추구하는 근본주의가 작동한다.

[…] 이 모든 것은 선험적 자아를 현상학적으로 드러내 밝히는 일이 선험적 자아에 포함된 동료 주체들의 경험이 이 동료 주체들의 선험적 경험으로 환원을 획득하는 데까지 이끌 때 비로소 자신의 완전한 의미를 획득한다. […] 그러므로 선험적 상호주관성은 그 속에서 실재적 세계가 객관적인 것으로, 즉 '모든 사람'에 대해 존재하는 것으로 구성된다. […]

단지 심리학적 주관성만 알고 이 주관성을 절대적으로 정립하며 세계를 이 주관성의 단순한 상관자로 설명하려는 심리학적 관념론은 이치에 어긋난다. […] 물론 진정한 선험적 주관성에 이르는 통로를 이미 획득한 사람, 즉 한편으로 버클리와 흄, 다른 한편으로 라이프니츠라는 18세기 초 위대한 관념론자는 본래 자연적-실재적 의미에서 심리학의 영역을 넘어섰다. 그러나 이들에게서는 심리학적 주관성과 선험적 주관성을 대조시키는 문제가 해명되지 않은 채 남았고, [현재] 지배적인 영국의 감각론 또는 자연주의는 실재적인 것의 구성을 선험적 주관성에 대해 의미와 참된 존재를 형성하는 지향적 작업수행으로 이해시킬 수 없었다. 그래서 다음 시대에 자연적 토대에서 이루어진 관념론과 실재론은 성과가 없었고 비-철학적인 논쟁만 진행되었고, 위대한 관념론자들이 […] 본래 의도했던 의미에 접근하기 어려운 해석만 지배적으로 남았다.

그런데 내가 최근에 시작한 (『이념들』이래 처음인) 출판은 이미 『논리연구』와 그다음 『이념들』에서 시작한 것을 광범위하게 계속 해명하고 보충한 것이다. 그래서 '학문으로 등장할 수 있는' 철학을 필연적으로 출발시켜야 한다는 요구를 다분히 자기기만으로 간주하면 안

된다. […]

6

[…] 현상학적 심리학은, 명칭을 제외하면, 자연스럽게 로크와 밀에 이르는 학파로 소급된다. 그렇다면 흄의 『인성론』은, 비록 형상적 현상학은 아니더라도, 순수현상학을 최초로 체계적으로 구상한 작업이다. 특히 인식의 완결된 현상학에 대한 최초의 구상은 그 책 제1권[9]에 있다. […] 흄은 통상적 의미에서의 심리학자가 결코 아니라는 사실, 그의 『인성론』은, 비록 감각주의에 따라 전도되었더라도, 실제로는 '선험적' 현상학이라는 사실이 은폐되었다. 그의 위대한 선임자인 버클리처럼, 그는 단순히 심리학자로 간주되었고 또 [심리학자로] 영향을 미쳤다. 그래서 모든 선험적 물음을 제외한 채 이 '현상학적' 학파 전체는 여기에서만 문제를 제기한다. […] 형태심리학 같은 원자론적 심리학은 (…) 심리학적 '자연주의'—이것은 '내적 감각'에 관한 논의를 고려해보면 '감각주의'라고 할 수 있다—와 동일한 원리적 의미에만 머문다. 분명히 브렌타노의 지향성의 심리학도, 보편적으로 기술하는 것의 근본적 개념으로서 지향성의 개념을 심리학에 도입했던 점에서 개혁적이지만, 이 상속된 자연주의에 속한다. […]

『논리연구』에서 『이념들』에 이르는 길은 자연주의의 편견에 현혹되지 않은 채 심문하고 […] 그 편견의 고유한 본질에서 해석하는 의식의 주관성 자체다. [따라서] 필연적으로 출발은 심리학자인 나 자

---

[9] 흄의 『인성론』은 제1권과 제2권(1739) 및 제3권(1740)이 미완성이고, 후에 『인간 오성론』(*Enquiry concerning Human Understanding*, 1748)과 『도덕의 원리론』(*Enquiry concerning the Principles of Morals*, 1751)으로 나누어 출간되었다. 따라서 여기서 '제1권'은 내용상 『인성론』의 제1권이 아니라, 그 제2권을 포함하는 것 즉 『인간 오성론』에서 다룬 주제를 가리킨다.

신의 의식에 대한 자기[에 대한]심문이며, 게다가 이 심문은 불가피하게 일종의 '실마리'로서 대상적 의미에서 […] 다른 단계의 주어지는 방식들로 나아간다. 어쨌든 『이념들』 제1권은 특수한 자아성(Ichlichkeit)을 여전히 심문하지 않았다.

[…] 자연적-심리학적 태도로 이행하는 데서 지향적 심리학은 로크의 전통, 어쨌든 브렌타노학파와 완전히 다른 의미를 갖는다. 마이농도, 『논리연구』 이후 출간된 [그의] 저술에서 [주장한] 학설이 나와 일치하더라도, 여기에서 결코 제외될 수 없으며, 브렌타노의 근본적 파악에 결합되어 있고 […] 로크의 전통을 따르는 심리학적 자연주의에도 결합되어 있다.

7

[…] 나는 적어도 노년이 되어야 [비로소] 실제로 출발하는 자로 불릴 수 있다고 완전히 확신하게 되었다. 나는—메투잘렘(Methusalem)[10] 나이만큼 살면—여전히 철학자가 될 수 있기를 거의 희망해도 좋을 것이다. 나는 기술적 현상학의 출발(출발의 출발)에서 시작하는 문제를 언제나 계속 추적해왔고, (나 자신에게) 교훈적인 부분에서 구체적으로 실행할 수 있다. 현상학적 철학의 보편적 연구의 지평은 본질적인 문제의 층(層)과 본질에 적합한 접근방법이 해명되는 이른바 지리학적으로 중요한 구조에 따라 밝혀졌다. 나는 […] 내 앞에 전개된, '약속의 땅'인 참된 철학의 무한히 열려 있는 땅을 보았다. […] 나는 후배들이 이 [현상학의] 출발을 받아들이고 부단히 더욱 진전시키면서, 그 많은 부족한 점도 개선하기를 기꺼이 희망한다. 불완전한 점은 학

---

10 '메투살렘'은 '므두셀라'(Methuselah)의 독일어 표현인데, 노아(Noah)의 할아버지로 969세까지 장수했다고 한다. 『창세기』, 5장 27절 참조.

문이 출발할 경우 실로 피할 수 없는 것이다.

  이 책은 […] 이미 출발하는 자로서 철학이 대혼란을 겪는 가운데 선택을 강요받았지만—어떤 철학도 진정한 무전제성을 고려하지 않았고 철학이 요구하는 자율적으로 스스로 책임을 지는 근본주의에서 나오지 않았기 때문에—어떠한 선택도 할 수 없다고 절망적으로 깨닫는 불행을 겪는 [나와 같은] 사람에게는 전혀 도움이 될 수 없을 것이다. 이러한 점에서 현대에 무엇이 [과연] 변경되었는가?

  통상적 의미에서 경험의 풍성한 감성(Pathos)이나 정밀한 학문의 '보증된 성과' 또는 실험적이거나 생리학적 심리학이나 언제든 개선된 논리학과 수학 등을 증거로 삼아 그 속에 철학의 전제를 획득할 수 있다고 믿는 자는 이 책에서 감응받을 것이 별로 없을 것이다. 하물며 현대의 학문에 대한 회의(懷疑)에 사로잡히면, 엄밀한 학문으로서의 철학의 목표를 일반적으로 부정한다. 그는 [이러한 철학에] 강렬한 관심을 쏟을 수 없고, 그와 같은 출발을 추후 이해하는 것이 요구하는 중대한 노력과 시간을 충분히 사용했다고 간주할 수 없다. 오직 철학의 출발을 위해 스스로 투쟁하는 자만이 이것에 대해 다른 태도를 취할 것이다. 그는 '네가 체험한 것이 소중하다'(tua res agitur)[11]고 스스로에게 말해야만 하기 때문이다.

---

[11] 이 말은 로마의 계관시인이자 에피쿠로스학파의 철학자인 호라티우스(F.Q. Horatius, 기원전 65~기원후 8)의 『편지』(*Epistola*) 제1권(18. 84)에서 유래한다. 그의 문구는 '오늘을 즐겨라!'(carpe diem), '지혜로운 생각에 힘써라!'(sapere aude)처럼 간명하고 함축적이라 자주 인용되는데, 이 말은 직역하면 '네 것이 행해지다!'이다.

Ⅳ 선험적 현상학의 다양한 길을 모색함

9 『수동적 종합』

후설은 1920~21년 겨울학기에 '선험논리학'을, 1923년 여름학기에 '선별한 현상학 문제'를, 1925~26년 겨울학기에 '논리학의 근본문제'를 강의했다. 『수동적 종합』은 유사한 문제의식을 다룬 이 세 강의의 초안과 관련 자료를 편집한 것인데, 그 주제는 대상이 생생하게 스스로 주어지는 현실성, 즉 근원적으로 지각되는 수용성의 보편적 구조를 해명하는 것이다.

배경에서 자아에 촉발되는 모든 대상은 수동적 속견(passsive Doxa), 즉 모호한 형태를 띠지만 이미 일정하게 구성된 [이미] '알려진 것'이다. 따라서 지각된 대상은 단순한 감각자료가 아니라 내적 시간의식 속에서 수동적으로 미리 구성된 복잡한 구조를 갖는다. 즉 지각에는 자아의 어떤 능동적 관여도 없이 대상(성)을 근원적으로 미리 구성하는 시간흐름의 수동성인 '능동성 이전의(vor) 수동성'과 이것을 넘어서서 자아의 중심에서 발산하는 시선이 대상을 객체화하는 '능동성 속의(in) 수동성'이라는 변양된 능동성이 수반된다.

'연상'(Assoziation)은 시간적으로 변양된 표상이 새롭게 주어진 표상과 끊임없이 결합하는 내재적 발생(Genesis)의 짝짓기(Paarung)다. 감각된 것들의 동질성과 이질성에 따른 연상적인 일깨움에 근거해서만 분리된 기억들은 서로 관련을 맺고, 하나의 시간적 상관관계 속에서 직관적으로 질서를 세운다. 즉 시간의식 속에서 구성된 모든 지각의 생생한 상관관계를 만들고 통일체를 확립하는 연상 작용은 가장 낮은 단계에서부터 계층을 이루며 올라간 '수동적 종합'(passive Synthesis)의 출발점이다. 따라서 시간의식의 통일은 모든 시간객체를 직관할 수 있는 통일의 가능조건이다.

Prof. Husserl legt dem Besucher die Vorzüge der Phänomenologie als wissenschaftlicher Philosophie dar

현상학을 강의하는 후설과 『수동적 종합』
후설은 1916년 프라이부르크대학교에 취임했다.
이후 '선험논리학' '선별한 현상학 문제' '논리학의 근본문제'를 주제로 한
일련의 강의를 정리해 『수동적 종합』을 펴냈다.

지각에서 대상이 스스로를 부여함과 그 양상화

1 원본적 의식과 공간적 대상들의 원근법적 음영

[…] 모든 공간적 대상은 필연적으로 나타나는 원근법적 음영(陰影)인 시각(Aspekt) 때문에 항상 오직 한 측면으로만 나타난다. 우리가 어떤 사물을 아무리 완전하게 지각하더라도, 그 사물에 속하고 그 사물을 감각적 사물로 형성하는 특성들의 모든 측면이 결코 지각되지 않는다. […] 요컨대 지각된 것을 그 감각적 사물의 내용까지 남김없이 길어내는 외적 지각은 생각조차 할 수 없으며, 가장 엄밀한 의미에서 […] 그 사물을 감각적으로 직관할 수 있는 징표들 전체가 주어질 수 있는 지각의 대상이란 생각조차 할 수 없다.

그러므로 본래 지각된 것과 본래 지각되지 않은 것의 이러한 근본적 구별은 외적 지각과 물체적 '대상'이 맺는 상관관계의 근원적 본질에 속한다. 책상을 보면, 우리는 그 책상을 어떤 측면에서 보며, 이때 이 측면은 본래 '보인 것'이다. 그렇지만 그 책상은 여전히 다른 측면, 즉 보이지 않는 뒷면과 보이지 않는 내면을 가지며, 이것은 본래 가능하게 '볼 수 있는 것'의 다양한 복합체에 대한 명칭이다. […]

지각은, 아주 일반적으로 말하면, 원본적 의식이다. […] 원본적 의식은 [첫째] 실제적으로 또 본래 원본적으로 측면을 의식하는 형식으로만 그리고 [둘째] 바로 원본적으로 현존하지 않는 다른 측면을 함께 의식하는 형식으로만 가능하다. '함께 의식해'라는 것은 보이지 않는 측면도 어쨌든 의식에 어떤 방식으로든 '함께 현재하는 것'으로 '함께 사념되어' 현존하기 때문이다. 그렇지만 보이지 않는 측면은 본래 나타나지 않는다. 가령 보이지 않는 측면을 제시하는 직관으로서의 재생산적 시각은 거기에 없고, 우리는 언제나 그러한 직관적 현전화만 복원시킬 수 있다. 우리는 책상의 앞면을 보면서 직관적 표상의 과정, 즉 그 표상을 함으로써 사물의 보이지 않는 측면까지 표상할 지도 모를 시각을 재생산하는 과정을 연출할 수 있다.

[…] 지각작용은, 인식작용의 측면에서 말하면, [한편으로] 원본적으로 제시된 것을 직관적으로 만드는 실제로 '제시하는 것'과 [다른 한편으로] 가능한 새로운 지각을 지시하는 공허하게 '지적하는 것'의 혼합물이다. 인식대상의 관점에서 지각된 것은 그때그때 주어진 측면이 동일한 대상으로 주어지지 않은 다른 것을 지시하는 방식으로 음영을 띠고 주어진다. […]

모든 지각―인식대상의 측면에서 말하면, 대상의 각 개별적 조망―은 그 자체로 가능한 새로운 지각의 다양한 연속체를 지시한다. […] 나타나는 방식에서 지각된 것은 지각작용의 각 순간 그 연속체가 근거하는 나타남의 핵심과 더불어 지시하는 체계로 존재하며, 이렇게 지시하는 것 속에서 지각된 것은 어떤 의미에서 다음과 같이 큰 소리로 말한다.

> 여기에 여전히 주시할 것이 더 있다. 어쨌든 모든 측면으로 따라 나를 회전시켜라. 이때 시선은 나를 훑어보며, 더 가깝게 다가가, 나 자신을 열어 제치고, 나 자신을 쪼개라. 항상 새롭게 둘러보고 모든 측면으로 시선을 전환하라. 그러면 너는 나의 본질 모든 것에 관해, 즉 나의 모든 표면적 속성, 나의 내면적 감각의 속성 등에 관해 나를 [직접] 알게 될 것이다.[1]

---

[1] '주체-객체-상관관계'는 인식대상의 측면에서 보면 '객체-주체-상관관계'다. 따라서 우리말로는 생소하지만, 이 인용문처럼 사물이 의인화되어 주어로 등장하거나 때로는 수동형의 문장이 오히려 자연스러울 수 있다.

[…] 각 순간의 대상적 의미는 사념된 대상인 대상 그 자체에 대해 동일한 것이며, 순간적 나타남이 연속으로 경과하는 가운데 합치한다. 그러므로 가령 이 책상은 여기에 있다. 그러나 이 동일한 것(Identisches)은 끊임없는 X이며, 실제로 나타나는 책상-계기들의 끊임없는 기체이지만, 아직 나타나지 않은 책상-계기들도 앞서 지시하는 기체다. 이 '앞서 지시하는 것'은 동시에 주어지지 않은 나타남들을 통해 계속 추진하는 앞서 지시하는 경향이다. 이것은 개별적이 아니라 전체적으로 '앞서 지시하는' 체계, 즉 그에 상응하는 다양한 나타남의 체계를 가리키는 '앞서 지시하는' 발산체계(發散體系)다. 현실화되지 않은 나타남은 실제의 나타남이나 현전화된 나타남으로 의식되지 않기 때문에, 그 나타남은 공허함을 가리키는 지침이다. 즉 본래 나타나는 모든 것은 지향적인 '공허한 지평'으로 엮이고 나타남에 따른 공허한 마당(Hof)으로 에워싸여 있다.[2] 그것은 무(無)가 아니라 충족시킬 수 있는 공허함, 즉 규정할 수 있지만 [아직] '규정되지 않은 것'이다. 왜냐하면 지향적 지평은 임의로 충족될 수 없기 때문이다. […] 이 의식의 마당은 공허하지만 새롭게 현실화하는 나타남으로 이행하는 규칙을 '미리 지시하는' 자신의 의미를 갖는다.

[…] 흐르는 지각작용에서 지각의 각 국면, 즉 새로운 각 나타남은 지향적 지평이 변화되고 그 위치가 바뀔 뿐이지 언제든 동일한 것이 타당하다. […] 실제로 보인 측면에서도 다음과 같은 외침이 울린다.

---

2 개별적 대상은 아직 주목하지 않아도 장차 현실태(Entelechie)로 인식될 가능태(Dynamis)로 지각의 영역에 미리 놓여 있다. 그래서 아직 알려지지 않은 것 속에는 언제나 본질에서 함축적이지만 명백하게 해명될 수 있는 명증적 앎이 있다. 이 '미리 지시해 아는 것'은 항상 불완전하고 내용상 규정되어 있지 않지만, 앞으로 상세하게 규정될 수 있는 지평구조를 갖는다.

더 가깝게 항상 더 가깝게 들어와라. 그러면 네 위치, 네 눈의 자세 등을 변화시키다가 고정시키며 나를 주시하게 되고, 너는 나 자신에게서 여전히 많은 것을 새롭게 볼 수 있을 것이며, 언제나 새로운 부분적 색깔 등, 즉 단지 이전에는 규정되지 않은 채 일반적으로 보인 목재(木材) 등 이전까지 보이지 않았던 구조들을 새롭게 볼 수 있을 것이다.

그러므로 이미 보인 것도 앞서 파악할 수 있는 지향에 함께 부착되어 있다. 그것은 언제나 새로운 것을 미리 지시하는 테두리, 즉 더 상세하게 규정하기 위한 X다. 이러한 사실은 항상 선취되고, 앞서 파악된다.

그러나 이러한 내적 지평 이외에도 여전히 외적 지평[3][…]을 미리 지시하는 것이 있다.

2 지각의 과정에서 충만함과 공허함의 관계 그리고 앎

[…] 지각이 연속되는 가운데, 모든 지각의 경우에서처럼, 새롭게 등장하는 것—근원적 인상의 '지금'이라는 형식으로 등장하는 것—속에 끊임없이 충족되는 미래지향이 있다. […] 외적 지각작용이 진행되는 어디에서나 미래지향은 충족되면서 부단히 앞서 예상하는 형태를 취한다. 즉 지평의 앞서 지시하는 체계에서 어떤 일련의 앞서 지시하는 것은 더 상세하게 규정하는 시각 속에 부단히 충족되는 예상으로서 연속적으로 현실화된다.

---

3 자아가 대상을 지각하는 경향은 대상을 객체화하는 '단적인 파악', 대상의 내적 지평으로 침투해 상세하게 규정하는 '해명', 주제적 대상의 외적 지평 속에 함께 현재하는 대상들의 다양한 관계를 포착하는 '관계관찰'의 단계가 있다.

[…] 지각의 각 순간의 국면은 그 자체로 부분적으로 충만한 지향과 공허한 지향의 구조망(構造網)이다. 왜냐하면 각 국면에서 갖는 본래의 나타남은 충족된 지향이지만 [완전히] '충족되지 않은 것'과 여전히 규정할 수 있는 [아직] '규정되지 않은 것'의 내적 지평이 현존하므로, 어쨌든 단계적으로만 충족된 지향이기 때문이다. 그 밖에도 각 국면은 충족시키는 경향과 그에 따라 일정한 방향으로 이행하는 가운데 공허하게 앞서 예상하는 방식으로 충족시킴에 도달하는 완전히 공허한 외적 지평을 포함한다.

그렇지만 더 정확하게 주시해보면, 충족시킴과 상세하게 규정하는 것은 여전히 (…) 구별되며, 이제 지각의 과정을 앎의 과정으로 기술해야 한다. 지각이 진행하는 가운데 공허한 지평, 즉 그 외적 지평과 내적 지평이 그것을 가장 가깝게 충족시킨다는 점에서, 이 충족시킴 [의 본질]은 공허하게 의식된 의미를 미리 지시하는 것이 단지 직관적으로 '추후에 지시한다'는 점에만 있지 않다. 이른바 다가올 것에 대한 예감인 공허하게 '앞서 해석하는 것'의 본질에는 [아직] '규정되지 않은 것'이 포함된다. 규정할 수 있는 [아직] '규정되지 않은 것'은 일반성의 근원적 형식인데, 이 일반성의 본질은 오직 '특수화'를 통해서만 의미가 합치되는 가운데 충족될 수 있다.

[…] 연속해 진행되는 충족시킴은 동시에 연속해 진행되는 공동화(空洞化)다. 왜냐하면 어떤 새로운 측면이 보이자마자 방금 전에 보인 측면은 점차 보이지 않게 되어, 결국 전혀 보이지 않기 때문이다. 그렇지만 보이지 않게 된 것이 우리의 앎에서 상실되지는 않는다. 주제로 실행되는 지각작용이 의도하는 것은—마치 예전의 것이 관심을 파지하지 않아도 되듯이—각 순간마다 단순히 대상의 항상 새로운 측면을 직관적으로 갖지 않고, 관통하는 가운데 원본적 앎의 통일체를 만들어내는 것이다. 이 통일체를 통해 그 대상은 자신의 일정한 내

용에 따라 근원적 획득물이 되고 이 획득물을 통해 지속하는 앎의 소유물이 될 것이다.[4]

[…] 충족시킴으로써 상세하게 규정하는 것은 새로운 지각으로 진행하는 가운데 본래의 지각 장(場)에서 사라지지만, 과거지향으로 유지되는 특정한 의미의 계기를 새롭게 알려준다(이 일은 실로 주제가 되기 이전에, 이미 배경의 지각작용 속에 생긴다. 주제의 지각작용에서 과거지향은 '파지해-있다'Im-Griff-Bleiben는 주제의 특성을 띤다). 따라서 새로운 것이 과거지향을 통해 지금 그 속으로 들어오는 공허한 지평은 지각의 구간이 원본적으로 등장했던 그 공허한 지평과는 다른 특성을 띤다. 내가 [아직] 알려지지 않은 어떤 대상의 뒷면을 일단 보고 지각하면서 앞면으로 되돌아가면, 뒷면을 공허하게 '앞서 해석하는 것'은 이전에 없었던 것을 일정하게 미리 지시한다. 즉 지각하는 과정에서 [아직] 알려지지 않은 대상은 [이미] 알려진 대상으로 변화된다. 결국 나는 출발에서와 정확하게 똑같이 일면적 나타남만 갖지만, 그 객체가 지각 장에서 완전히 사라지면, 대체로 그 객체에 관해 완전히 공허한 과거지향을 갖는다. 그렇지만 우리는 여전히 전체적 앎을 획득하고, 주제적 지각작용의 경우 여전히 파지한다. […]

3 알게 됨을 자유롭게 처리할 가능성

지각은 근원적으로 앎을 획득하는 동시에, 획득된 것이 지속해 남아 있는 재산, 즉 항상 자유롭게 처리할 수 있는 [앎의] 소유물도 획득한다. 이 자유롭게 처리할 수 있는 것[의 본질]은 어디에 있는가?

---

[4] 변화되지 않은 사물의 모든 내용은 지각을 통해 언제나 다시 도달될 수 있고, 나는 [그 사물의] 표면의 주변을 둘러볼 수 있고, 이념적으로 그 사물은 분할될 수 있으며, 언제든 다시 모든 표면적 측면에서 관찰될 수 있다 등등―후설의 주.

뒤에 남겨진 공허한 과거지향이 항상 자유롭게 충족될 수 있는 한, 공허하게 생성된 것이 다시-인식되는 특성으로 다시-지각됨으로써 항상 현실화될 수 있더라도, 이미 알려진 이것을 자유롭게 처리할 수 있다. 이미 알려진 모든 측면은 지각될 준비가 되어 있는데, 그 주위를 살피고, 더 가까이 다가가며, 손으로 더듬어보는 등 나는 이미 알려진 모든 측면을 다시 볼 수 있고, 다시 경험할 수 있다. 이와 동일한 것은 다가올 미래에도 적용된다.

[…] 우리가 어떤 사물을 알게 되고, 본래 보인 측면에 따라 이전의 측면 또 이미 알려진 측면과 일치하는 두 번째 사물이 시야에 들어오면, 의식의 어떤 본질적 법칙에 따라('유사함의 연상'을 통해 일깨워진 이전의 것과 내적으로 합치되어) 이전의 것은 새로운 사물에 대한 전체적 앎을 미리 지시하게 된다. 그것은 예전의 것과 동일한 보이지 않는 속성들과 함께 통각이 된다. 그리고 우리는 이 미리 지시하는 것, 내적 전통(Tradition)을 이렇게 획득하는 것을 현실화하는 지각의 형식으로 자유롭게 처리할 수 있다.

[…] 각각의 지각은 지각 전체의 체계를 '함축적으로' 수반하며, 지각에 등장하는 각각의 나타남은 나타남 전체의 체계를, 즉 지향적인 내적 지평과 외적 지평의 형식으로 '함축적으로' 수반한다. 그 때문에 생각해낼 수 있는 어떠한 나타나는 방식도 나타나는 대상을 완벽하게 부여하지 못하며, […] 그 대상을 완벽하게 길어내는 자기 자신(Selbst)을 끌어오는 궁극적 생생함이 될 수 없다. 각각의 나타남은 공허한 지평 속에 '그 이상의 것'(plus ultra)을 수반한다. […] 각각의 지각이 '주어진 것'은 특유한 방식으로 [이미] '알려진 것'과 [아직] '알려지지 않은 것'—이것은 [이미] '알려진 것'으로 이끌어갈 새로운 가능한 지각을 지시한다—의 부단한 혼합물이다. […]

이제 나타남이 이행하는 가운데 가령 더 가까이 다가감·주위를 살핌·눈의 운동에서 합치되는 통일체가 그 의미에 따라 어떻게 보이는지 주시하자. 이렇게 활발하게 이행하는 것의 근본적 관계는 지향하는 것과 충족시키는 것의 관계다. 공허하게 '앞서 지시하는 것'은 그에 상응하는 충만함을 얻는다. 이것은 다소 간에 풍부한 '미리 지시하는 것'에 상응하지만 그 본질을 규정할 수 있는 [아직] '규정되지 않은 것'이므로, 충족시키는 것과 일치해 상세하게 규정하게 된다. 따라서 그것으로써 새로운 '근원적 건설', 즉 […] 근원적 인상이 실행된다. 왜냐하면 근원적 원본성의 계기가 등장하기 때문이다. 이미 근원적 인상으로 의식된 것은 자신의 마당을 통해 부분적으로는 입증된 것으로, 부분적으로는 상세하게 규정하는 것으로 등장하는 새로운 방식의 나타남들을 앞서 지시한다. […]

이때 이미 대상에서 나타났던 것도 나타남이 주어진 것에서 멀어지는 가운데 부분적으로 다시 상실되고, 볼 수 있는 것도 다시 볼 수 없게 된다. 그러나 볼 수 있는 것이 상실되지는 않는다. 그것은 과거지향으로 의식되어 남아 있고, 곧바로 현실적이 될 나타남의 공허한 지평이 이미 이전에 주어졌던 것을 함께 현재하는 것으로 규정해 새롭게 미리 지시하는 것을 유지하는 형식으로 남아 있다. 내가 [그 나타남의] 뒷면을 본 다음 앞면으로 되돌아가면, 지각의 대상은 공허함에서도 이전에 보인 것을 지시하는 어떤 의미를 나에게 규정하게 된다. [그리고] 이것은 대상에 부여되어 남아 있다. 지각의 과정은 앎 속에 받아들인 것을 의미로 견지하고, 그래서 항상 새롭게 변화되며 또 항상 더 풍부해진 의미를 만들어내는 끊임없는 앎의 과정이다. 이 의미는 지각의 과정이 지속되는 동안 추정적으로 생생하게 파악된 대상 자체에 부가된다. […]

나타남을 형성하는 매우 복잡하고 기묘한 이 지향하는 것과 충족시키는 것의 체계 속에서 언제나 새롭게, 언제나 다르게 나타나는 대상이 동일한 것으로 구성된다. 그러나 그 대상은 완성된 것도 확고하게 완결된 것도 결코 아니다.

　이때 지각의 대상이 객체화되는 데 본질이 되는 인식대상적 구성의 측면을, 운동감각의 동기부여의 측면을 앞서 지시해야만 한다. 더구나 나타남의 경과는 신체가 연출하는 운동과 제휴해간다. […] 신체는 지각의 기관으로서 끊임없이 함께 기능하는데, 그 자체로 다시 연속적으로 이어져 조정된 지각 기관들의 전체 체계다. 신체는 그 자체에서 지각의 신체로 특징지어진다. […] 이러한 관점에서 신체는 지각된 공간의 사물로 고찰되지 않고, 눈·머리 등의 운동 속에서 지각이 경과하는 가운데 이른바 '운동감각'의 체계로 고찰된다. […]

4 내재적 지각과 초월적 지각에서 '존재하는 것'과 '지각된 것'의 관련

　[…] 시간적으로 확장된 지속(Dauer)은 시간적으로 방향이 정해지는 나타남의 방식에 따라 주어지는 방식의 끊임없는 변화를 요구한다. 그래서 시간적 대상도 공간의 대상이고, 따라서 동일한 것이 공간의 대상에도 적용된다. 그러나 시간의 대상은 여전히 2차적인, 나타나는 특별한 방식을 갖는다. 어쨌든 우리가 시간의 충만함, 특히 근원적 인상의 국면에 주목하면, 초월적 대상과 내재적 대상이 나타나는 것에 근본적 차이가 드러난다.

　[…] '내재적' 대상성은 통각으로 의식되지 않는다. 이 대상성에서 '원본적으로 의식되는 것'과 '존재하는 것'은 '지각된 것'(percipi)과 '존재하는 것'(esse)이 각각의 '지금'에서 합류하기 때문이다. 반면 더 넓은 범위에서 이것은 통각을 하는 기능을 지닌 것이며, 더구나 이 기능을 통해 또 이 기능 속에 '내재적이 아닌 것'이 제시된다. '지금'(초월적 대상에 대해) '존재하는 것'은 '지각된 것'에서 원리적으로 분리된다. 우리는 외적 지각 각각의 '지금' 속에 원본적 의식을 갖지만, 그

래도 이 '지금' 속에 본래 지각하는 것에서 (지각의 대상이 지나간 국면들에 대한 단순한 과거지향의 의식은 아닌) 근원적 인상은 '원본적으로' 음영이 새겨지는 것을 '의식해 갖는다'(Bewußthaben).[5]

그것은 그 속에 '의식해 갖는 것'과 '존재하는 것'이 합치되는 대상을 단적으로 갖는 것(Haben)이 아니다. 그것은, 오직 하나의 통각만 직접 갖는 한, 하나의 간접적 의식이며, 운동감각적 자료에 관련된 감각자료의 존립요소이자, 제시하는 나타남이 구성되는 통각에 따른 파악이다. 그래서 초월적 대상은 이 존립요소와 통각에 따른 파악을 관통해 원본적으로 음영이 새겨지거나 제시되는 것으로 의식된다.

[…] 지각의 어떤 국면에서도 공허한 지평 없이는, 즉 통각에 따른 음영 없이는 또 통각과 더불어 동시에 본래 제시된 것을 '넘어서 해석하는 것' 없이는, 대상을 주어진 것으로 생각해볼 수 없다. 본래 제시하는 것 자체는 그것의 '존재하는 것이 곧 지각된 것'(esse=percipi)과 더불어 내재의 본성에 따라 단적으로 갖지 않고, 부분적으로 충족된 지향하는 것이다. 따라서 이 지향하는 것은 충족되지 않은 '넘어서 제시하는 것'을 포함한다.

[…] 지각의 각 국면은, 원본적으로 제시하는 것을 규정하는 방식으로 또 지평의 방식으로 대상을 부여하는 한, 그 자신의 의미를 갖는다. 이 의미는 유동적이며, 각각의 국면에서 새로운 것이다. 그러나 이 유동적 의미를 통해, 즉 '규정하는 방식에서의 대상'에 관한 모든 양상을 통해 부단히 합치되는 가운데 견지되고 항상 더 풍부하게 규

---

[5] 지각은 어떤 개별적 대상, 어떤 시간적 대상에 대한 원본적 의식이다. 우리는 모든 '지금'에 대해 지각 속에 그 근원적 인상을 가지며, 이 근원적 인상에서 대상은 '지금' 속에, 즉 그 순간적 원본성의 시점 속에 원본적으로 파악된다. 그러나 원본적 음영은 필연적으로 '간접적으로 제시하는 것'(Appräsentation)과 함께 제휴해나간다는 사실이 분명하게 밝혀져야만 한다—후설의 주.

정되는 기체 X의 통일체 그리고 지각과 계속 가능한 모든 지각의 과정이 그 대상을 규정하고 또 규정할 모든 것으로서 대상 자체의 통일체가 생긴다. 그러므로 각각의 외적 지각에는 무한하게 놓여 있는 이념이 내포된다. […] 그것은 대상의 절대적인 '자기 자신'이라는 이념, 절대적이고 완벽하게 규정된 것이라는 이념, 절대적인 개별적 본질이라는 이념이다. 이렇게 이끌어내 직시할 수 있지만 그 자체로 결코 실현될 수 없는 무한한 이념과의 관계에서 각 지각의 대상은 앎의 과정을 통해 유동적으로 접근하는 것이다. […]

(물론 내재적 대상의 경우 사정은 완전히 다르다. 지각은 내재적 대상을 구성하고, 이 대상을 그 절대적 본질과 더불어 자신의 것으로 만든다. 내재적 대상은 접근하는 의미에서 끊임없이 의미가 변화됨으로써 구성되지 않고, 그 대상이 미래 속으로 들어오는 한에서만, 미래지향과 미래지향적으로 [아직] '규정되지 않은 것'을 지닌다. 그러나 현재인 '지금' 속에 구성된 것은 [아직] 알려지지 않은 측면이 전혀 없는 절대적인 '자기 자신'이다.)

[…] 어떤 대상이 지각되고 또 지각되는 과정에서 전진하는 앎이 되면, 우리는 [한편으로] 경과하는 과정을 통해 미리 지시되고 이 '미리 지시하는 것'과 더불어 순간적인 지각의 국면을 연결하는 그때그때의 공허한 지평과 [다른 한편으로] '미리 지시하는 것'이 없는 공허한 가능성의 지평을 구별해야 한다. '미리 지시하는 것'은 자신의 일반적 의미의 테두리를 수반하는 공허한 지향이 거기에 있다는 사실을 뜻한다. 그와 같이 미리 지시하는 지향함의 본질에는 적절하게 어울리는 지각의 방향을 선택해감으로써 충족시키는 '상세하게 규정하는 것', 또는 우리가 그 반대의 것으로 곧 논의할 실망함, 의미를 폐기함이나 말소함이 반드시 등장한다는 사실이 포함된다.

[…] 구성적 분석의 주제가 지각의 고유한 지향적 구성에서 체험 자체의 내실적 존립요소들에 따라, 즉 지향적 인식대상과 의미에 따

라 '어떻게 지각이 자신의 의미를 부여하는지'와 '어떻게 공허하게 사념된 모든 것을 관통해 대상이 언제나 상대적으로만 제시되는 '최적의 상태'(Optima)[6]에서 나타남의 의미로 구성되는지'의 방식을 이해하게 하는 것이라면, 발생적 분석의 주제는 '결국 외적 세계가 의식과 자아에 나타날 수 있는 그 복잡한 지향적 체계들이 어떻게 각기 의식흐름의 본질에 속하는 발전—이것은 동시에 자아의 발전이다—속에 전개되는지'를 이해하게 하는 것이다.

[제1장] 제1절 부정의 양상
5 충족시킴의 종합에 대립된 사건인 실망함

[…] 자극된 지향들이 연속적으로 통일되는 지각이 경과하는 과정은 확장되는 앎을 획득하는 끊임없는 과정이었다. 이러한 확장은 지각이 끊어졌다 이어지는 종합을 통해 이전의 지각에서 실로 어느 정도 [이미] 알려진 사물이 이전의 지각을 동시에 회상함으로써 또는 단적으로 재-인식하는 작용 속에 때때로 다시 지각되는 방식으로 계속된다. 새로운 앎[의 획득]은 새로운 측면에 따라 예전에 획득한 앎을 쉽게 이해할 수 있는 방식으로 계속된다. 그러나 충족시킴에 대립된 사건인 실망함, 즉 '상세하게 규정하는 것'에 대립된 사건인 '다르게 규정하는 것'이 있다. 앎[의 획득]은, 유지되고 또 계속 풍부해지는 대신, 의문이 제기될 수 있고 폐기될 수 있기 때문이다. […]

지각이 정상적인 경우 등장하는 지향적 체계들, 인식작용적으로

---

[6] 선-술어적 경험의 지향적 지평구조는 정상으로 기능하는 신체와 이성을 전제하며, 그 '최적의 상태'는 이상적 한계경우인 '함께 파악하고'(comprehensio) 서로 '의사소통'을 함으로써 그것에 부단히 접근해가는 선험적 상호주관성으로 수행된다.

말하면, 그때그때 복합된 감각을 통각을 하는 파악은 현실적이거나 잠재적으로 예상하는 특성을 띤다. 즉 내가 지각하면서 운동감각의 계열, 가령 일정한 머리 운동을 진행시키면, 그 나타남은 동기가 부여된 결과로 예상에 따라 진행해간다. 따라서 진행되는 모든 충족시킴은 정상적인 경우 예상을 충족시킨다. 그것은 체계화된 예상이며, 충족되면서 또한 풍부해지는, 즉 공허한 의미가 의미를 미리 지시하는 것 속에 삽입되는 의미로 풍부해지는 예상이 발산되는 체계다.

그러나 모든 예상은 실망하게 될 수 있고, 실망함은 본질상 부분적으로 충족시키는 것을 전제한다. 지각이 진행되는 가운데 어느 정도 통일성이 견지되지 않으면, 지향적 체험의 통일체가 붕괴되기 때문이다. 어쨌든 이 지속하는 통일적 의미의 내용과 지각하는 과정의 통일성이 존재하는데도 끊어지며, '다른 것'에 대한 체험이 생긴다. [그런데] 끊어지지 않아도 '다른 것'에 대한 체험이 생긴다. […] 현상학적 분석에서 변경은 끊임없이 '다르게 생성되는 것', 그렇지만 대상의 통일체를 견지하는 '다르게 생성되는 것'이다. […]

어쨌든 통일적 대상은 변경되든 않든 우선 근원적 경험의 연속성 속에 '일치하게' 견지되고, 항상 더 잘 '알게 된다'. 그렇지만 이때 갑자기 또 모든 예상에 어긋나게 이제 보이는 뒷면에서 빨강 대신 녹색이, 앞면이 예고한 것에 따라 공의 형태 대신 오목한 형태나 각진 형태 등이 보인다. [이미] 일어난 뒷면에 대한 지각에 앞서 지각은 생생하게 경과되면서 지향적으로 '미리 지시한다', 즉 빨강과 공의 모양을 일정하게 향해 '앞서 제시한다.' 그래서 이러한 의미 속에서 충족되고 그 결과 확증되는 대신, 예상은 스스로를 실망시킨다. 즉 일반적 의미의 테두리는 유지되고 충족되며, 이러한 관점에서만, 이러한 지향에 따라서만 '다른 것'이 등장하고, [한편으로] 여전히 생생한 지향 그리고 [다른 한편으로] 직관적으로 새롭게 건설되는 의미의 내용과 다소간에 충만한 그 지향 사이에 충돌이 생긴다. 이 새로운 지향이 예전의 테두리에 일치되는 일이 회복되는 한, 우리는 이제 다시 연속적으로 일치되는 체계를 갖는다. […]

[제1장] 제3절 가능성의 양상

10 지향적으로 '미리 지시하는 것'의 규정되지 않은 개방된 가능성

[…] 지각이 통각을 하는 지평 속에 지향적으로 미리 지시된 것은 가능한 것이 아니라 확실한 것이며, 어쨌든 그와 같이 '미리 지시함'에는 항상 가능성, 실로 다양한 범위의 가능성이 포함되어 있다.

어떤 사물에 대한 지각에서 앞면에서는 보이지 않는 측면에 주어진 '미리 지시하는 것'은, 우리가 알고 있듯이, [아직] 규정되지 않은 일반적인 것이다. 이 일반성은 공허하게 앞서 지시하는 의식의 인식작용적 특성이며, 이와 상관적으로 미리 지시된 것에 대한 의미의 특성이다. 그래서 예를 들어 사물 뒷면의 색깔은, 그 사물이 우리에게 아직 알려지지 않았고 우리가 그 사물의 다른 측면을 미리 정확하게 주시하지 않으면, 완전히 규정된 색깔로 미리 지시되지 않는다. 그런데도 '어떤 색깔'이 미리 지시된다. 어쩌면 그 이상일 것이다. 앞면에 무늬가 그려졌다면 우리는 뒷면에서도 이어지는 무늬를 예상할 것이고, 그것이 갖가지 반점을 지닌 균등한 색깔이라면 아마 뒷면에도 반점이 있을 거라고 예상할 것이다. 그렇지만 [아직] '규정되지 않은 것'도 거기에 남아 있다. '앞서 제시하는 것'은 이제, 정상적 지각에서 그 밖의 모든 지향과 마찬가지로, 소박한 확실성의 양상을 띠지만, 그것은 바로 그것이 의식해 만든 것에 따라 또 그것이 의식해 만든 의미와 더불어 이러한 양상을 띤다. 따라서 어떤 색깔 일반 또는 '반점에 의해 단절된 색깔 일반' 등 같은 [아직] 규정되지 않은 일반성은 확실하다. […]

그래서 단순히 직관하게 하는 모든 현전화는 실제로 앎을 받아들이기 전에 유사하게-규정하는 내용에 관해 양상화된 확실성의 특성을 반드시 지닌다. 그러나 이 불확실성은 그 속에 우연히 주어진 색깔이 그것을 대신한다는 임의적인 것이 아니라 다른 모든 **색깔**이 들어갈 수 있을 우연한 것이라는 특성이다. 즉 일반적인 [아직] '규정되지 않은 것'은 자유롭게 변경할 수 있는 범위를 갖는다.[7] 이 범위에 들어오는 것, 그것은 동등한 방식으로 '함축적으로' 함께 포괄되고, 어쨌든 적극적으로 동기가 부여되지 않으며, 적극적으로 미리 지시되지 않는다. 그것은 테두리에 끼워 넣을 수 있고 이 테두리를 넘어서는 완전히 불확실한 '상세하게 규정하는 것'의 개방된 범위의 한 항(Glied)이다. 이 항이 개방된 가능성이라는 개념을 형성한다.

---

[7] 이 범위는 의식의 작용과 대상 모두를 순수가능성(이념적 대상성)의 영역으로 이끄는 형상적 환원, 즉 본질을 직관하는 이념화작용(Ideation)에서 더욱 분명하게 밝혀진다. 즉 상상을 통한 자유로운 변경(freie Variation)으로 모상들을 형성하는 것은 의도적 조작이 아니라 임의적 형태를 취하지만, 일정한 류(類)의 범위 안에서만 수행될 수 있다. 가령 어떤 색깔의 모상들을 형성하는 중에 음(音)의 모상을 형성할 수는 없다.

10 『경험과 판단』

『경험과 판단』은 후설이 1919~20년 겨울학기에 강의한 '발생적 논리학'을 중심으로 정리해 1939년 프라하에서 출간한 저술이다. 술어적 판단이 형성되기 전에 선(先)-술어적 경험인 지각이 수용되고 해명되는 보편적 구조를 분석한 이 저술은 『논리연구』에서부터 『형식논리학과 선험논리학』에 이르기까지의 '논리적인 것'(Logisches)을 정당화하고 정초하는 일관된 문제의식을 지닐 뿐만 아니라 『위기』의 '생활세계'(Lebenswelt)의 문제를 미리 제기한다.

모든 개별적 대상은 감각자료처럼 그 자체로 고립된 것이 아니라 유형적으로 '미리 알려진' 선-술어적 경험의 지향적 지평구조 속에서만 주어진다. 그리고 자아가 감각에 주목하는 낮은 단계의 능동성에는 선-술어적 지각, 즉 지각의 수용성(Rezeptivität)이 있고, 더 높은 단계의 능동성에는 술어적 판단의 자발성(Spontaneität)이 있다.

인식하는 자아가 대상을 구체적으로 파악하는 지각의 경향은 '단적인 파악' '해명' '관계관찰'의 세 단계로 이루어진다.

'단적인 파악'은 대상을 객관화해 인식하는 최초의 활동으로, 그 대상은 단순한 감각자료가 아니라 시간의식 속에 구성된 복잡한 구조를 띤다.

'해명'은 지각의 관심방향을 대상의 내적 지평으로 침투해 포착하는 능동적 활동으로, 그 대상은 예측을 상세하게 규정하거나 수정하는 것이다.

'관계관찰'은 관계를 파악하려는 관심이 외적 지평 속에 함께 현전하는 대상들을 주제로 삼아 지각대상을 고찰하는 것이다. 이때 배경 속에 함께 주어진 것은 수동성의 영역을 지배하는 법칙에 따라 시간적으로 구성된 대상성의 통일이다.

1920년대 프라이부르크대학교 전경. 그리고 후설(가운데)과 제자들
프라이부르크대학교에 취임한 이후 1919~20년 겨울학기에 강의한
'발생적 논리학'을 중심으로 정리한 책이 바로 『경험과 판단』이다.

논리적 주제제기의 양면성과 선험적 문제제기

2 술어적 판단을 전통적으로 규정한 것과 그 우위성 그리고 그 문제

[…] 아리스토텔레스가 논리적 전통을 수립한 이래 처음부터 확립된 것은 '기체', 즉 이것에 대해 진술된 것과 이것을 통해 '진술된 것' 그리고 다른 방향에서 보면, 그 문법적 형식에 따라 명사와 동사, 두 가지 분류가 술어적 판단에서 매우 보편적으로 특징지어진다. 모든 진술명제는 이 두 가지 항(項)으로 이루어져 있다.[1] 이것은 '모든 판단작용은 어떤 대상이 앞에 놓여 있으며, 우리에게 미리 주어져 있고, 그것에 대해 진술되었다는 점을 전제한다'는 사실을 함축한다. […]

아리스토텔레스 이래 판단의 기본도식은 'S는 P다'라는 기본형식으로 환원될 수 있는 계사(繫辭)에 따른 판단을 확실한 것으로 간주해왔다. 그 밖에 연결하는 형식을 지닌 모든 판단, 예를 들면 동사를 술어로 갖는 형식은 이 견해에 따르면 논리적 의미가 변화되지 않고도 계사의 결합형식으로 치환될 수 있다. 가령 '인간이 걸어간다'(der Mensch geht)는 '인간이 걸어가고 있다'(der Mensch ist gehend)와 논리적으로 같은 값을 갖는다. [계사] '있다'(ist)는 시제가 함께 표시된 '동사'의 한 부분으로 존재하며, 이 속에서는 동사와 마찬가지다.[2]

그러므로 우리는 '사실상 이렇게 치환하는 가능성이 정당한지, 또 그 차이가 논리적 의미의 작업수행에서 차이를 결코 지시하지 않는 언어적 형식의 단순한 차이인지' 하는 물음에 대해 어떤 태도를 정하기 전에 '이렇게 계사를 통한 결합 속에 무엇이 일어났는지, 또 계사를 통해 결합된 술어적 판단의 본질과 근원은 어떠한 종류인지'를 더

---

1 아리스토텔레스, *De Interpretatione*, 16a 19와 17a 9를 참조—후설의 주.
2 같은 곳과 21b 9를 참조—후설의 주.

정확하게 통찰할 필요가 있다. […]

그렇다면 'S는 P다'라는 계사의 형식은 실제로 전통적인 판단의 기본도식을 표현하는가? 더구나 이 도식의 근원적 성격에 관한 물음도 '주어가 그 도식에서는 자명하게 3인칭 형식으로 정해진다'는 사실에 대한 문제이어야만 한다. 그 사실에는 1인칭이나 2인칭, 즉 '나는 …'이나 '너는 …'이라는 형식의 판단이 '그것은 …'이라는 기본도식으로 표현된 의미의 작업수행을 벗어난 어떠한 논리적 의미의 작업수행도 표현하지 않는다는 전제가 포함되어 있다. 이러한 전제도 우선적으로 검토해야 하며, 'S는 P다'라는 전통적 기본도식의 근원적 성격에 관한 물음도 다시 새롭게 밝혀야 한다.[3]

3 논리적 주제제기의 양면성. 주관적으로 향한 문제설정의 출발

[…] 논리학자가 포괄적인 진정한 의미에서 논리학에 주목하면, 그의 관심은 판단들이 형식을 갖추는 법칙인 형식논리학의 원리와 규칙으로 향할 것이다. 이것들은 단순히 유희규칙(Spielregel)이 아니라, [판단들이] 형식을 갖추는 데 반드시 만족시켜야 할 법칙이다. 이렇게 형식을 갖춰야 비로소 인식 일반이 가능하다.[4] 이 법칙은 판단의 대상, 즉 판단의 기체로서 공허한 형식 속에 삽입된 것의 실질적 내용은 완전히 도외시하더라도, 그 형식상 판단에는 순수하게 적용된다.

---

[3] 형식논리학에는 계사를 통한 결합이 과연 근원적으로 판단의 기본적 형식인가 하는 문제 이외에도 3인칭으로 진술되는 판단으로는 1인칭이나 2인칭 주어의 감정이나 의지가 표현될 수 없는 문제 그리고 진술된 어떤 대상(주어)이 미리 주어진 존재론적 해석을 전제해 판단의 규칙만을 다루기 때문에 진술하는 시제(時制)의 차이가 전혀 드러나지 않는 문제 등이 있다.

[4] 진리의 논리학과 유희규칙의 분석론의 차이에 대해서는 『형식논리학과 선험논리학』, 33항 66쪽 이하를 참조—후설의 주.

그러므로 그 법칙은 곧 가능한 진리의 단지 소극적인 조건을 포함한다. 이 조건에서 벗어난 판단작용은 결코 진리에, 주관적으로 말하면, 명증성에 도달할 수 없다. […]

그러나 이러한 법칙의 요구를 만족시키더라도, 자신의 목표인 진리에 도달할 수 없다. 이와 같은 통찰은, 인식활동이 그 목표에 도달하려면, 가능한 진리의 형식적 조건을 넘어서 여전히 첨부되어야 할 것을 심문하도록 강제한다. 추가된 이 조건은 주관적 측면에 놓여 있으며, 통찰력이나 명증성의 주관적 성격 그리고 그 목적을 달성하는 주관적 조건에 관계한다. […] 스스로를 [참된] 인식이라고 위장하는 많은 판단이 나중에 허위로 판명된다는 사실과 그래서 판단의 진리를 비판해야 한다는 필연성 때문에 논리학이 지닌 문제제기의 두 가지 측면은 처음부터 논리학에 미리 지시된다. 물론 전통논리학은 이러한 측면의 더 깊은 의미를 결코 파악하지 못했다. 즉 그 두 가지 측면은 한편으로 [판단의] 형식을 갖추는 것과 그 법칙성에 관한 물음이고, 다른 한편으로 명증성을 획득하는 주관적 조건에 관한 물음이다. 후자에서는 주관의 활동인 판단작용과 그 주관적 경과가 문제시된다.

[…] 전통논리학은 논리적 형성물이 발생하는 판단작용에 관한 문제의 영역을 심리학에 떠맡길 수 있다고 믿었다. 그 결과 '판단작용과 '논리적인 것'(Logisches) 일반에 관련된 근원에 관한 물음이 발생적 심리학의 양식에서 주관적으로 '되돌아가 묻는 것' 이외에 다른 의미를 가질 수 없다'는 사실은 전통논리학을 통해 미리 지시된 것처럼 보인다. 우리가 발생적 문제제기를 '심리학적인 것'으로 특징짓기를 거부하면, 더구나 그 문제제기를 일상적 의미에서의 심리학적 근원에 관한 물음과 명백하게 대립시키면, 여기에서 분석해야 할 근원의 특성을 부각시킬 특별한 정당성이 필요하다.

[…] 전통[논리학]은 논리적 형성물과 관련해 주관적으로 되돌아

가 묻거나, 모든 자연적 출발점을 부여하는 명증성의 문제를 진지하게 이해하지도 검토하지도 않았다. 처음부터 명증성이 무엇인지 알고 있다고 믿었으며, 모든 인식을 절대적이고 필증적으로 확실한 인식의 이상(理想)으로 측정할 수 있다고 믿었다. 인식의 이러한 이상과 더불어 논리학자 자신의 인식을 정당화하는 것과 근원을 정초하는 것이 그 자체로 필증성을 요구한다는 점도 전혀 의심하지 않았다.

그래서 심리학적 노력은 결코 **명증성** 자체에 적용되지 못했다. 곧 판단하는 사람의 명증성에도, 판단작용의 형식적 법칙성에 관한 (필증적) 명증성에도 적용되지 못했다. 명증성 자체를 문제 삼은 것이 아니라 사고의 명석함과 판명함을 통해 오류를 방지하는 **명증성**을 수반하는 것에만 관심을 두었다. 그래서 논리학은 '심리학적으로 규정된 올바른 사유에 관한 기술학'[5]으로 자주 각인되었다. [따라서] 주관적으로 되돌아가 묻는 모든 것이 그러한 노선으로 이끌린 점은 결코 단순한 우연이 아니라는 사실, 본래의 진정한 명증성의 문제는 더 깊은 근거 때문에 원리적으로 심리학적 문제제기의 지평 속에 결코 나타날 수 없다는 사실을 밝혀야 한다. […]

8 경험의 지평구조. 모든 개별적 대상이 유형적으로 미리 알려져 있음

[…] 모든 경험, 즉 본래적 의미에서 그것 자체가 시선 속으로 받아들여진 것으로 경험되는 모든 것은 여전히 시선 속으로 받아들이지 못한 그 사물의 그와 같은 특유한 것에 관해 '어떤 아는 것'(ein Wissen)과 '부수적으로 아는 것'(Mitwissen)을 당연히 또 필연적으로 갖는다. 이 '미리 아는 것'(Vorwissen)은 내용적으로 [아직] 규정되지

---

5 심리학주의는 이와 같이 논리학을 '심리학적으로 규정된 올바른 사유에 관한 기술학'으로 정의하고 논리학의 근거를 심리학에서 찾는다.

않았거나 불완전하게 규정되었지만, 그렇다고 완전히 공허하지는 않다. 만약 '미리 아는 것'이 함께 타당하지 않으면, 경험은 결코 이러저러한 사물에 관한 경험일 수 없을 것이다.

모든 경험은 자신의 **경험의 지평**을 갖는다. 모든 경험이 실제로 규정된 지식의 핵심을, 직접 스스로 주어진 규정성에서의 내용을 갖기 때문이다. 그러나 경험은 규정된 '그렇게 존재하는 것'(Sosein)의 핵심을 넘어서, 본래 '스스로 거기에' 주어진 것을 넘어서 자신의 지평을 갖는다. 이러한 점은 모든 경험이 최초로 주시하는 가운데 주어진 것, 즉 본래 스스로 주어진 것에 따라 주어진 사물을 점차 해명할 뿐만 아니라 동일한 사물의 새로운 규정들을 경험하면서 계속 획득하는 가능성(Möglichkeit)을 지시한다는 사실을 함축한다. 이 가능성은 자아의 관점에서 보면, 하나의 능력(Ver-möglichkeit)이다.

[…] 어떠한 규정도 최종적인 것이 아니며, 실제로 경험된 것은 동일한 것을 경험할 수 있는 무한한 지평을 갖는다. [아직] 규정되지 않은 이 지평은 가능성들이 활동하는 공간으로서, 그 밖의 다른 가능성에 대립해 특정한 가능성을 실현하면서 실제적 경험을 통해 특정한 가능성의 처지에서 결정하는 더 상세하게 규정하는 경과를 지시하는 것으로서, 처음부터 '함께 타당한 것'(Mitgeltung) 속에 있다. 그래서 개별적 사물에 관한 모든 경험은 자신의 **내적 지평**을 갖는다. 여기에서 '지평'은 본질적으로 모든 경험에 속하며, 모든 경험 자체와 불가분한 **귀납추리**(Induktion)[6]를 뜻한다. '귀납추리'라는 말은 일상적 의미에서의 추론방식(말 그대로 '귀납추리')을 미리 지시할 뿐만 아니라,

---

6 여기서 귀납추리는 개별적 사실이나 자료에서부터 일반적 법칙을 이끌어내는 원리적 측면보다 이미 알고 있는 것들에서부터 경험의 지향적 지평구조에 따라 아직 알려져 있지 않은 것들을 예측해가는 방법적 측면을 뜻한다.

그것을 실제로 이해하는 해명에서 결국 원본적으로 근원적 예측을 통해 소급한다는 점을 미리 지시하기 때문에 편리하다. […]

이러한 근원적 귀납추리나 예측은 근원적으로 건립하는 인식의 활동이 변화하는 양상으로 입증된다. 이 변화의 양상은 활동이나 근원적 지향이 변화하는 양상, 따라서 '지향성'의 양상, 곧 주어진 것의 핵심을 넘어서 생각하고 예측하는 지향성이다. 그러나 '넘어서 생각하는 것'은 이렇게 경험된 대상에서 밝혀질 것으로 지금 기대되는 규정을 예측하는 방식이자, 그다음 미래에 규정될 자신의 예측된 모든 가능성을 통해 그 사물을 넘어서 생각하며, 비록 처음에는 배경 속에 의식된 객체일 지라도 그 객체와 더불어 다른 객체들을 넘어서 생각한다. 즉 경험된 모든 사물은 내적 지평뿐만 아니라, **부수적 객체들**(Mitobjekte)에 관한 개방된 무한한 **외적 지평**(…)도 갖는다. […]

그러므로 세계[에 대한]의식(Weltbewußtsein)의 기본구조, 이와 상관적으로 경험할 수 있는 모든 개별적·실재적인 것의 지평인 세계의 기본구조는 [이미] '알려진 것'(Bekanntheit)과 [아직] '알려지지 않은 것'(Unbekanntheit)의 구조다. 이 구조는 철저한 상대성으로 또한 마찬가지로 [아직] 규정되지 않은 일반성과 [이미] 규정된 특수성 사이의 철저한 상대적 구별로 특징지어진다. 지평으로 의식된 세계는 자신의 끊임없는 존재타당성 속에서 일반적으로 [이미] 알려진, 그렇지만 개별적 특수성에서 [아직] 알려지지 않은, 존재자의 지평인 '일반적으로 친숙한 것'이라는 주관적 성격을 지닌다. […] [아직] '알려지지 않은 것'은 언제나 동시에 [이미] '알려진 것'의 한 양상이다. 우리를 촉발하는 것은 그것이 일반적으로 규정들을 지닌 한, 적어도 처음부터 알려져 있다. 왜냐하면 그것은 **규정할 수 있는 것**의 공허한 형식으로 의식되며, 따라서 ('어떤' [아직] 규정되지 않은, [아직] 알려지지 않은) 규정들의 공허한 지평으로 구비되어 있기 때문이다. […]

9 모든 가능한 판단의 기체의 지평인 세계. 전통논리학의 성격

아무리 형식논리학에서 'S'나 'P' 등 판단의 명사를 형식화해 생각해도, 이 주어나 술어의 공허한 위치에 삽입될 수 있는 것[…]을 교환하는 데는 한계가 있다. 여기에 삽입될 수 있는 것은 자유로운 임의의 것이 아니며, 결코 명백하게 형성되지 않은 전제가 남아 있다. 즉 삽입된 것은 사실적 경험뿐만 아니라 상상에서 가능한 모든 경험이 통일되는 **존재자**라는 전제다. […] 그래서 [판단의] 핵심을 자유롭게 변경할 수 있는 것에는 한계가 설정되어 있다. 그리고 논리학이 이 한계를 명백히 표현하거나 기본적 전제로 분명히 제시하지 않았더라도, 논리학은 세계의 **논리학**, 즉 세계 속에 있는 존재자의 **논리학**이 된다.[7] 따라서 술어적 명증성을 선-술어적 명증성으로 소급하고 술어적 판단이 선-술어적 세계의 경험에서 발생하는 것을 증명하는 일은 […] 보편적으로 소급하는 일의 범례적 가치가 문제시되는 제한을 뜻하지 않는다. 오히려 우리는 전통적으로 미리 주어진 것의 발생(Genesis)을 심문하기 때문에, 사실상 그것의 발생을 보편적 일반성에서 제시한다.

[…] 술어적 명증성이 선-술어적 명증성에 기초한다는 것을 밝히는 일은 특정한 술어화작용과 술어적 명증성의 발생론뿐만 아니라 근본적 부분에서 논리학 자체의 발생론도 제시한다. 왜냐하면 모든 명증성, 심지어 논리학자 자신의 명증성은 판단작용의 궁극적인 기체를 명증적으로 만들 수 있게 지배하는 조건 속에서 의미의 기초를 갖기 때문이다.

---

7 형식논리학에서 판단의 주어(S)나 술어(P)에 들어올 수 있는 것은 아무 제한도 없는 임의적인 것이 아니라, 사실적이든 상상적이든 경험할 수 있는 세계의 총체, 즉 세계의 총체적 지평 속에 있는 '세계-내-존재자'다. 그래야만 논리학은 사유의 형식을 다룰 뿐만 아니라 세계 속에 있는 존재자에 대한 논리학인 참된 철학적 논리학이 된다.

10 생활세계로 되돌아가는 것. 생활세계를 은폐하는 이념화의 해제

모든 술어적 명증성은 궁극적으로 경험의 명증성으로 기초되어야 한다. 술어적 판단의 근원을 해명하는 과제, 술어적 판단의 기초를 놓는 관계를 증명하고 경험의 명증성에서 선-술어적 명증성이 발생하도록 추구하는 과제는 이제부터 경험의 본질을 해명함에 따라 개별적인 모든 경험의 토대로서, 경험세계로서, 모든 논리적 작업수행에 앞서 직접 미리 주어진 것으로서 세계로 되돌아가는 과제로 입증된다. 경험세계로 되돌아가는 것은 '생활세계'로 되돌아가는 것이다. 그 세계는 우리가 언제나 그 속에서 살아가는 세계, 모든 인식의 작업수행과 모든 학문적 규정에 토대를 부여하는 세계다. [⋯]

우리가 살아가고 인식하며-판단하며 활동하는 세계는 논리적 작업수행의 침전물이 주입된 것으로 언제나 우리에게 미리 주어져 있다. 이 세계에서 가능한 판단의 기체가 되는 모든 것이 우리를 촉발한다. 왜냐하면 그 세계는 우리나 다른 사람이 이미 논리적으로 판단하고 인식하며 활동해왔던 세계로만 주어질 수 있기 때문이다. 우리는 이들이 경험한 성과를 전달·학습·전통을 통해 이어받는다. [⋯] 우리에게 미리 주어진 세계에 대해 우리는 '일반적으로 존재자의 무한한 전체성(Allheit)은 그 자체로 보편적 학문을 통해 상관적으로, 게다가 남김없이 지배될 수 있다는 합리적 전체의 통일성(Alleinheit)' 이념을 근대에 이룩된 전통에 기초해 자명하게 받아들였다. [⋯] 따라서 우리 세계의 공간 그리고 존재자가 경험되고 우리 자신의 경험 자체가 존재하는 시간은 수학적-물리학적 자연과학의 과제인 그 자체로 존재하는 것으로 정밀하게 파악할 수 있는 바로 그 공간과 그 시간이라는 사실이 자명하게 전제되어 있다. 마찬가지로 경험 속에 주어지는 존재자의 인과적 관계는 바로 정밀한 인과적 법칙이 관련된 것으로서 객관적 과학을 통해 정밀하고 객관적으로 규정될 수 있다는 사실이 자명하게 전제되어 있다.

그러므로 우리의 경험세계는 처음부터 이념화(Idealisierung)의 도움을 받아 해석된다. 그러나 기하학의 정밀한 공간, 물리학의 정밀한 시간, 정밀한 인과법칙으로 이끌고 우리의 경험세계를 그 자체로 그렇게 규정된 것으로 파악하게 하는 이념화가 곧 우리의 직접적 경험에 미리 주어진 것에 기초한 인식하는 방법의 작업수행이라는 사실은 전혀 파악되지 않았다. 이 직접적 경험은 정밀한 공간도, 객관적 시간과 인과성도 전혀 알지 못한다. […]

자연의 수학화(Mathematisierung)—이것은 이념적 형태로 유클리드기하학이 창조됨으로써 미리 준비되고 갈릴레이 이래 자연 일반을 탐구하는 데 전형이 되었다—는 너무나 자명한 사실이 되어, 정밀한 세계를 갈릴레이가 구축할 때부터 이미 그것은 처음부터 우리의 경험세계로 대체되었고, 사람들은 근원적으로 의미를 부여하는 작업수행을 되돌아가 묻는 일을 전적으로 소홀히 했다. […] 이 이념화의 방법은 결국 경험 속에 예상될 수 있는 것이 무한히 확대된 예측만 수행한다는 사실을 간과했다. 또한 이 우주는 […] 직접적 직관과 경험세계, 즉 생활세계에 입혀진 '이념의 옷'(ein Kleid von Ideen)[8]일 뿐이며, 그래서 모든 학문의 성과는 이 직접적 경험과 경험세계에 자신의 의미기반이 있고 또 그 의미기반으로 소급된다는 사실을 언제나 간과했다. 이 이념의 옷은 '하나의 방법'(eine Methode)에 불과한 것을 '참

IV-10

---

[8] 갈릴레이가 '자연을 수학화'한 것, '생활세계에 입혀진 하나의 방법에 불과한 이념의 옷' 등의 용어와 주장은 『위기』, 특히 제2부의 8~9항을 압축한 것이다. 이것은 이 책의 편집자 란트그레베가 「편집자 서문」에서 밝혔듯이, 「서론. 연구의 의미와 범위」가 부분적으로는 이미 발표된 『형식논리학과 선험논리학』과 『위기』의 내용을 이용하고 부분적으로는 1919년부터 1934년까지의 수기원고를 바탕으로 후설과 토론한 것에 근거하기 때문이다.

된 존재'(wahres Sein)로 간주하게 한다. 이러한 사실은 우리의 경험세계를 언제나 그것에 입혀진 이념의 옷이라는 의미에서 마치 그것이 '그 자체로' 그렇게 존재하는 것처럼 이해하게 한다. […]

그러므로 우리가 추구한 궁극적인 근원적 의미의 경험으로 되돌아가려면, 그것은 여전히 이 이념화에 관해 아무것도 모르는, 오히려 이 이념화의 필연적 기반인 근원적 생활세계의 경험일 수밖에 없다. 이 근원적 생활세계로 되돌아가는 것은 우리에게 주어진 그대로 경험세계를 단순하게 받아들이는 것이 아니라, 그 속에 이미 침전된 역사성을 그 근원에까지 소급해 추구하는 것이다. 이 역사성 속에서 객관적으로 규정할 수 있는 '그 자체로' 존재하는 세계의 의미가 근원적 직관과 경험에 기초해 비로소 세계에 생긴다. 논리학자는 이념화 때문에 근원적 경험세계가 이렇게 중첩된 것의 배후를 되돌아가 묻지 않고 경험의 근원적 성격은 언제나 즉시 복원될 수 있다는 견해를 갖는다. 따라서 그 역시 정밀한 '객관적' 앎인 객관적 인식(Episteme), 정밀성의 이상(理想)으로 인식을 측정한다. 반면 선-술어적 경험으로 되돌아가고, 선-술어적 경험의 가장 깊고도 궁극적인 근원적 층들의 본질을 통찰하는 것은 여전히 정밀하지 않으며 수학적-물리학적으로 이념화되지 않은 궁극적인 근원적 명증성의 영역으로서 주관적 속견(Doxa)을 정당화하는 것을 뜻한다. 그래서 주관적 속견의 이 영역은 객관적 지식, 즉 판단하는 인식작용이나 그 침전물의 명증성보다 더 낮은 단계의 명증성의 영역이 아니라, 곧 정밀한 인식이 그 의미에 따라 되돌아가는 궁극적 근원성의 영역이라는 사실이 입증된다. 정밀한 인식은 '그 자체의 존재'(An-sich)를 전달하는 인식의 길이 아니라, 단지 하나의 방법일 뿐이라는 특성이 통찰되어야 한다.

이러한 주장은 정밀한 인식의 가치나 논리학자 자신의 필증적 명증성의 가치를 결코 손상하지 않는다. 그것은 더 높은 단계의 명증성에 도달할 수 있고, 이 명증성이 근거하는 은폐된 전제, 즉 그 의미를 규정하고 한정하는 전제에 도달할 수 있는 길을 밝힐 뿐이다. […] 오히려 인식은 더 높은 단계의 명증성 속에서 확증되고, 인식의 길은 본질적으로 주관적 속견에서 객관적 인식으로 상승하는 것이다. 이것은 곧 궁극적 목표에 관해서도 낮은 단계의 기원과 고유한 권리가 망각되어서는 안 된다는 사실을 뜻한다.

11 판단의 근원을 해명하는 선험적 문제제기에서 논리학의 발생론

[…] 이 이념화를 해체하고 가장 근원적인 경험에서 은폐된 그 의미의 기반을 파헤치는 것은, 아무리 광범위하고 순수하게 수행되어도, 심리학이 제기할 수 있는 문제가 결코 아니다. 왜냐하면 내적으로 지각해 접근할 수 있을 체험을 심리학적으로 반성하는 것은 세계에 입혀진 이 이념의 옷이 근원적으로 생활세계의 경험에서 발생한다는 사실을 이끌 수 없기 때문이다. […] 심리학자는 술어적 경험에 앞서 개별적 작용의 선-술어적 경험이 지닌 우선권을 확립할 수 있을지 모르지만, 더 근원적인 것으로 되돌아가는 것 자체의 본래적 의미를 그 자신에게서부터 밝힐 수는 없다. 심리학자가 연구하는 체험의 상관자인 이 세계는 그가 아주 자명하게 마주치며 언제나 함께 존재하는 그 체험에 속한다. 그러나 그가 이러한 체험에서부터 이 세계 자체의 근원으로 되돌아갈 길은 없다.

[…] 지향성의 작업수행은 반성의 시선에 개방되어 있지 않고, 그것을 시사하는 침전물 속에 단지 **함축적으로** 있다. 그러므로 이 지향적 함축과 심리학의 주관이 이미 완성된 것으로 만나는 세계 자체의 역사를 드러내 밝히는 것도 주관적인 것(Subjektives)으로 되돌아가는 것을 뜻한다. 이 주관적인 것의 지향적 작업수행을 통해 세계는 이러한 형태를 획득한다. 그러나 그것은 은폐된 주관성으로 되돌아가는 것

이다. 그것은 자신의 지향적 작업수행을 통한 반성으로 실제로 제시될 수 없고, 미리 주어진 세계 속에 이 작업수행의 침전물을 통해 단지 지시되기 때문에 은폐되어 있다. 따라서 가장 근원적인 명증성으로 되돌아가 묻는 것도 주관적인 것이지만, 일찍이 심리학이 문제 삼았던 것보다 더 근본적인 의미에서 주관적인 것을 되돌아가 묻는 것이다. 그것은 현재 우리의 경험세계 속 의미의 침전물에 포함된 모든 것을 해체하는 것이며, 이 의미의 침전물로 그것이 형성된 주관적 원천을 되돌아가 묻고, 따라서 작업을 수행하는 주관성을 되돌아가 묻는 것이다. 이 주관성은 심리학적으로 숙고하면서 이미 완전하게 형성한 이 세계에 대면하는 주관들의 주관성이 아니다. 오히려 그것은 그 의미를 밝히는 작업수행을 통해 우리에게 미리 주어진 그대로의 세계, 즉 우리의 세계가 우리에 대해 존재하게 되는 그 주관성이다.

[…] 그러면 우리는 우리 자신을 단순한 심리학적 반성을 통해 이미 완성된 세계 속에서 만나는 것이 아니라, 이 세계를 형성하는 모든 작업수행을 가능한 상태로 갖추고 실행하는 주관성으로 이해한다. 즉 우리는 지향적 함축을 이렇게 드러냄으로써 또 지향적 작업수행에서 생기는 세계의 의미의 침전물의 근원을 심문함으로써 우리 자신을 선험적 주관성으로 이해한다.

이때 '선험적'이라는 말은 데카르트가 연 독창적 동기, 즉 모든 인식이 형성되는 궁극적 원천을 되돌아가 묻고, 목적에 합당하게 생기고 획득물로 보존되는 자기 자신에게 타당한 모든 학문적 형성물을 자유롭게 처리할 수 있으며 또 실제로 그렇게 처리하는 자기 자신과 자신의 인식하는 삶을 인식하는 자가 깨닫는 동기(Motiv)를 뜻할 뿐이다. 더 정확하게 말하면, 미리 주어진 이 세계를 구성하는 선험적 주관성으로 되돌아가는 것은 다음의 두 단계로 실행된다.[9]

1) 자신의 모든 의미침전물과 학문이나 학문적 규정들을 지닌 미리

주어진 세계에서 근원적 생활세계로 되돌아가는(Rückgang) 단계
2) 생활세계가 발생하는 주관적 작업수행으로 되돌아가 묻는(Rückfrage) 단계

왜냐하면 생활세계는 단순히 미리 주어진 것이 아니고, 그것이 구성되어 형성된 방식에 대해 심문할 수 있는 형성물이기 때문이다. 물론 여기에서 논리적 의미의 작업수행은 언제나 '그 자체의 존재'와 '그 자체로 규정된 것'의 이념화를 근본토대로 갖는 전통논리학의 의미가 아니라, 무엇보다 생활세계의 경험으로 제한된 상대적 지평을 통해 규정하거나 인식작용을 향한 근원적인 논리적 작업을 수행한다는 의미에서 '논리적'이다. 그러나 논리적 의미의 작업수행은 우리의 경험세계를 구축하는 데 참여하는 단순한 한 부분이다. 실천적 경험이나 심정의 경험 그리고 실제적 교제나 가치평가 등의 친숙한 형태로 자신의 지평을 제공하는 의지·평가·손쉬운 행동을 통한 경험작용도 이것에 속한다. […]

논리적인 것과 논리적 이성(즉 세계를 구축하는 데 논리적 의미의 형성, 논리적 작업수행의 참여로 이해될 수 있는 모든 것)의 영역이 어디까지 도달하는가, 그래서 이성(Logos)과 논리적인 것 자체의 개념은 어디까지 파악될 수 있는가―이 모든 것은 물론 구성적 문제제기의 전체 테두리 속에서만 확정될 수 있다. […] 선험논리학의 과제는 한편으로 구성적 현상학 전체의 과제와 구별되고, 다른 한편으로 발생적 논리학, 즉 전통적 형식논리학의 근원을 분석하고 주관적으로 정초하는 과제와 구분된다. 그런데 술어적 판단의 근원을 해명하려는 기초론에서는 오직 후자

---

9 이처럼 후설이 '생활세계로 되돌아가는 단계'와 '선험적 주관성으로 되돌아가 묻는 단계'를 명확하게 구분했듯이, 생활세계는 후설현상학에서 하나의 통과점이지 결코 새로운 도달점일 수 없다.

[발생적 논리학의 과제]만 추구된다.

12 가장 단적인 경험으로 되돌아갈 필연성

이와 같은 설명은 술어적 명증성에서 선-술어적·대상적 명증성으로 되돌아가는 것, 즉 생활세계의 경험의 명증성으로 되돌아가는 것의 의미를 이해하는 데 충분하다. 이제 문제가 되는 것은 […] 생활세계의 경험의 영역 전체에서 이 선-술어적 명증성을 추구하는 일이다. 이 선-술어적 명증성 속에 술어적 판단의 근원이 명시될 수 있다.

[…] 판단의 기체가 미리 주어진 것을 의식하는 수동적 존재[에 대한]신념의 영역, 즉 세계[에 대한]신념의 토대로 제시될 신념의 토대를 통해 모든 개별적 경험은 세계의 지평 속에 있는 경험이 된다. 그러나 세계의 이 지평은 '인식의 실천'(Erkenntnispraxis)에서 유래하는 존재자의 친숙함으로 규정될 뿐만 아니라, 착수하는 행위인 일상적 삶의 실천(Lebenspraxis)에서 유래하는 친숙함으로도 규정된다. […]

그래서 수동적인 주관적 속견(Doxa), 수동적인 존재[에 대한]신념 (Seinsglauben), 이 신념의 토대(Glaubensboden)의 영역은 모든 개별적 인식작용, 모든 인식에 주의를 기울임, 존재자의 판단의 기초일 뿐만 아니라 존재자의 모든 개별적 가치평가와 실천적 행동의 기초다. 따라서 이것은 구체적인 의미에서 모든 '경험'(Erfahrung)과 '경험작용' (Erfahren)의 기초다. […] 그러므로 명증적으로 주어진 것, 미리 주어진 것, 무엇보다 개체적 대상들에 관한 수동적으로 미리 주어진 것인 이러한 경험의 개념은 그것을 통해 **모든 경험의 근본적 구조가 구체적인 의미로 표시된다**는 현저한 특징을 갖는다. 수동적인 주관적 속견에서 존재자는 그것에 관여할 수 있는 가능한 인식의 작업수행을 위한 기체로서 미리 주어져 있을 뿐만 아니라, 모든 가치평가·실천적 목적 설정·행동의 기체로서 미리 주어져 있다.

[…] 우리가 동물이나 인간 또 문화의 대상(일용품·예술작품 등)과 마주칠 때는 언제나 단순한 자연이 아니라 정신적 존재의미로서의 표현을 갖는다. 그러므로 우리는 단적으로 감각적으로 경험할 수 있는 것의 영역을 넘어서게 된다. 순수한 감각적 지각으로서의 지각은 단적으로 곧바로 단순한 물체성을 향해 있다. 이에 반해 어떤 목적으로 도구를 만들고 또 이것을 규정해야 할 사람들을 지시하는 '기억' 속에 그 도구를 이해하는 것과 같이, 표현에 대한 이해를 통해서만 지각할 수 있는 것의 지각이 있다. 그런 다음 직접 [다른] 어떤 사람의 신체와 같이 물체적 신체의 표현이 있다. […]

13 판단과 대상의 일반적 개념. 확정으로서의 판단

[…] 단적인 신념[에 대한]의식의 토대인 궁극적인 근원적 속견 (Urdoxa)의 영역은 단적으로 파악할 수 있는 기체인 대상들을 단지 수동적으로 미리 부여하는 의식이다. 동일성의 통일체인 존재자는 이 영역 속에 미리 주어져 있다. 주관적 속견의 영역은 흘러가버리는 것의 영역이다. 수동적으로 미리 주어진 동일성의 통일체는 아직 그 자체로 파악되고 유지된 대상적 동일성이 아니다. 오히려 파악작용, 예를 들어 미리 주어진 감각적 기체를 지각하는 관찰작용은 이미 하나의 능동성이며, 인식의 작업수행 중 가장 낮은 단계다. 그래서 우리는 단순한 지각작용 속에서 미리 주어진 촉발하는 대상에 대한 시선을 이리저리 변화시킬 수 있다. 이 경우 대상은 '서로 다른 측면에서 동일한 대상'으로 나타나고, 반성을 통해 대상이 원근법, 음영 속에서 우리의 시선에 주어진다는 사실이 드러난다. 이 음영을 통해 대상은 우리가 주의하는 동일한 하나의 대상으로 나타난다. 이것을 통해 미리 주어진 기체를 단순히 지각하는 관찰작용도 우리의 **작업수행**으로 입증된다. 즉 작업수행은 하나의 행위로 입증되는 것이지, 인상들을

단순히 감수하는 것으로 입증되는 것은 아니다.

[…] 지향적으로 일치해 통일체로 구성되는 모든 것은 '그것이 일치한다'는 존재[에 대한]확신을 갖는다. 이러한 한에서 우리는 이미 존재자—주관적으로 말하면, 신념—를 가지며, 이 일치가 파괴되는 경우 불일치한 것을 갖는다. 즉 신념은 양상화된다. 이러한 한에서 모든 수동적 의식은 이미 '대상을 구성하는 것'이다. 더 정확하게 말하면, '미리 구성하는 것'이다. 그러나 대상화하는 능동성과 인식작용의 능동성 그리고 단지 수동적 속견만은 아닌, 더 낮거나 높은 단계의 자아의 능동성만 인식의 대상과 판단의 대상을 제공한다.

그러므로 대상화하는 것은 언제나 자아의 **능동적 작업수행**이며, 의식된 어떤 것을 능동적으로 믿어서 의식해 갖는 것이다. 이것은 의식의 지속 속에 연속으로 확장됨으로써 나온 하나의 것, 연속적 **동일자**다. 그것은 종합으로 형성될 특정한 작용 속에 있고, 동일화된 것으로, 즉 종합적 동일자로 의식된다. 또한 자유롭게 반복할 수 있는 회상이나 자유롭게 산출할 수 있는 지각(그것에 다가가 다시 그것을 주시하면)을 통해 언제나 다시 동일자로 인식할 수 있는 가운데 의식된다. […]

11 『심리학』

『심리학』은 옛 스승 브렌타노나 동료 딜타이를 비판하면서 현상학이 형성되는 생생한 과정을 강의한 1925년 여름학기 강연을 엮은 것이다. 부록으로 실린 「현상학」은 후설이 『브리태니커백과사전』(Encyclopaedia Britannica)에 게재하기 위해 1927년 후반 하이데거와 함께 집필을 시작했으나 두 차례 수정작업을 거치면서 견해 차이로 결별하게 된 원고로, 후설현상학의 특징을 정확하게 파악할 수 있다.

이 저술에서 언급되는 심리학과 관련된 학문들은 다음과 같이 정리할 수 있다.

'경험적 심리학'은 실증적 자연과학의 객관적 방법으로 의식을 자연화(사물화)하는 인위적인 자연주의적 태도로 심리적 현상을 탐구한다.

'현상학적 심리학'은 인격적 주관으로 되돌아가지만, 여전히 세계가 미리 주어진 것을 소박하게 전제하는 자연적 태도로 심리적 현상을 기술한다.

'선험적 현상학'은 세계가 미리 주어진 토대 자체를 되돌아가 물음으로써 심리적 현상의 고유한 본질적 구조로 선험적 주관성을 해명한다.

이 학문들의 정초관계를 분명하게 해명해야만 소박한 심리학주의뿐만 아니라 선험적 심리학주의에도 빠지지 않을 수 있고, 주관과 객관이 철저하게 분리된 이원론적 사고를 근본적으로 극복할 수 있다.

후설은 객관적 실험심리학의 한계를 극복하기 위한 현상학적 심리학을 선험적 현상학에 이르기 위한 예비단계로 파악한다. 그러면서 선험적 현상학에 관해서는 상호주관성을 순수주관적으로 고찰해 더 깊게 탐구해야 할 과제라고 설정한다.

딜타이와 『브리태니커백과사전』 '현상학' 항목의 두 번째 초고
후설은 1925년 여름학기에 옛 스승 브렌타노와 동료 딜타이를 비판하며
현상학과 심리학의 관계를 생생하게 강의했다.
이것을 정리한 『현상학적 심리학』에는 하이데거와 함께 집필하다가
학문적·인간적으로 결별하게 된 『브리태니커백과사전』의 '현상학' 항목이 부록으로 들어 있다.

현대심리학의 문제

1 현대심리학의 발전. 딜타이의 결정적 비판과 그의 개혁안

[…] 자연과학의 설명은 정신과학의 이해와 대비된다. 그러나 이 이해는 구체적 연관들을 추후 체험하는 단순한 통일적 직관을 회복함으로써 수행되지 않는다. […] 딜타이에게 설명이란 정신적으로 생성된 것이자 정신적으로 유래하는 내적 필연성을 정신적 근거에 입각해 부각시키는 의미일 뿐이다. [그런데] 정신성은 순수하게 그 자체 속에 일종의 인과성인 동기부여의 인과성을 지닌다. 이 인과성은 바로 그 자체가 체험의 존립요소에 속하며, 따라서 단적인 직관과 기술에 직접 접근할 수 있다. 어떤 예술작품의 생성을 정신과학적으로 이해하는 것은 심리물리학을 추구하는 것이 아니며, 따라서 예술가의 영혼 삶과 물리적 자연 사이에 경과하는 인과성, 즉 심리물리적인 인과성을 심문하는 것이 아니라, 예술가의 삶과 노력 속에 스스로 들어가고 이에 상응해 그 삶과 노력을 완전히 생생하게 직관하며, 목적을 설정하고 실현하는 행위의 체계를 그의 동기를 바탕으로 이해하는 것을 뜻한다. […]

3 『논리연구』의 과제와 의의

[…] 『논리연구』는 논리적 의식, 즉 논리적 사유작용의 체험의 연관 속에 실행되는 의미의 부여 또는 인식의 작업수행으로 되돌아감으로써 논리학의 순수이념을 해명하려 한 10년간에 걸친 노력의 성과로 출간되었다. […] 사고하는 자는 자신의 사고하는 체험에 관해 아무것도 모르며, 오히려 자신의 사유작용이 연속적으로 산출하는 생각에 관해서만 알 뿐이다. […]

a) 심리학주의 비판. 비-실재적(이념적) 대상과 진리의 본질

『논리연구』에서 선행된 중요한 예비작업은 이렇게 각인된 의미의 형태 자체를 순수하게 파악하는 일과 사고하는 행위의 심리학적 내용을 논리적 개념 및 명제 자체와 혼합시키려는 모든 경험주의 또는 심리학주의와 투쟁하는 일이었다. 예컨대 논리적 사유작용으로 획득된 성과인 표현된 명제는, 수를 셈하는 체험작용 속에서 셈해진 수가 그 의미의 내용 속에 셈하는 작용의 심리적 행위를 전혀 포함하지 않듯이, 의미의 형성물로서 자신의 의미 자체 속에 사유작용을 조금도 포함하지 않는다. 수·명제·진리·증명은 그 이념적 객체성에서 그 자체로 완결된 대상들의 영역을 형성한다. [⋯]

b) 반성적 태도에서 이념적 대상과 심리적 체험작용의 상관관계

『논리연구』의 가장 중요한 주제는 제1권을 언제나 순수논리학으로만 한정해 밝혀내는 일이 아니라, 논리학이나 수학에서 모든 종류의 대상과 어떤 방식으로 불가분하게 관련된 심리적 체험을 기술하는 연구[제2권]다.[1] 즉 이념적 대상들의 의미 속에 포함되는 관계와 필연적 범위의 관계[⋯]를 제외하더라도, 이념적 대상들은 필연적으로 가능한 실재성, 곧 심리적 주체와 활동의 다른 관계를 맺는다. 이 관계는 곧 논리학에서 심리학주의에 대항해 투쟁하는 데 주된 역할을 한다. 순수수학에 평행하는 순수형식논리학을 획득하기 위해 또한 이념성을 파멸시켜 오염시키기 때문에 이 [심리학주의와의] 투쟁에서 제거되어야만 할 것은 [『논리연구』의] 주된 주제가 되어야 했고 또 반드시 되어야만 했다. 그것은 곧 인식심리학의 주제였다.

[⋯] 이념적 대상들이 의식 속에 형성되는데도 그 자신의 존재, 즉

---

[1] 이러한 후설의 진술에서도 확인할 수 있듯이, 『논리연구』 제1권을 심리학주의를 비판한 객관주의로, 제2권을 의식체험을 분석한 주관적 관념론 또는 심리학주의로 후퇴했다는 것은 후설현상학을 단편적 도식으로 왜곡한 오해일 뿐이다.

'그 자체로 존재하는 것'을 갖는다는 사실은 분명해졌지만, 어쨌든 여기에 결코 진지하게 파악되지 않았고 착수되지도 않았던 커다란 과제가 있다. 그 과제는 [한편으로] 순수논리적 영역의 이념적 대상들과 [다른 한편으로] 형성하는 행위인 주관적으로 심리적인 체험작용의 특유한 상관관계를 탐구의 주제로 삼는 것이다. […]

d) 내적 경험의 선구적 탐구자인 브렌타노와 지향성

[…] 브렌타노의 '지향성' 때문에 모든 심리적 삶의 근본적 본질, 즉 '무엇에 관해 의식해 갖는 것'(Bewußthaben von etwas)인 의식이 처음 관심의 초점으로 제기되었다. 게다가 그는 지향성을 내적 경험의 명증성에서 직접 길어낼 수 있는 심리적 삶의 가장 일반적인 본질적 특성으로 기술해 명백하게 제시했다.

이미 스콜라철학에서 지향성은 [한편으로] 그 자체만으로 존재하는 대상인 참된 실제적 대상과 [다른 한편으로] 사념작용에서 사념된 대상, 경험작용에서 경험된 대상, 판단작용으로 판단된 대상인 단순한 지향적 대상을 구별한 것이었다. 따라서 의식으로서의 심리적 삶은 그 자체로 대상성에 관계되는 특성을 띤다. 그러나 브렌타노가 예전 스콜라철학의 학설을 단지 재발견했다는 것은 근본적으로 전도된 일이다. 그는 자연주의적 태도에서 자연과학의 본성으로 설명하는 심리학의 근본토대로 여전히 간주된 기술심리학의 이념에 이끌려 물리적인 것과 심리적인 것을 구별해 기술하는 원리를 추구했고, 그렇게 함으로써 지향성이 독특한 심리적인 것을 기술해 파악할 수 있는 본질적 특성이라는 점을 최초로 밝혀냈다. 이것이 그의 위대한 발견이자 참된 독창성이다. 외관상 그것은 지향성에 관한 스콜라철학의 학설을 약간 변화시킨 것이다. 그러나 이처럼 외관상 약간 변화시킨 것이 역사를 새로 쓰고 학문의 운명을 결정한다. […]

e) 『논리연구』에서 지향성에 관한 생각을 계속 발전시킴

[…] 브렌타노는 지향적 체험, 즉 의식의 본성을 외면적으로 분류하고-기술하는 고찰을 넘어서지 못했다. 그는 의식, 특히 인식하는 의식의 가능한 대상인 대상의 근본적 범주에서 그러한 대상성이 우리에게 의식되고 원리적으로 의식될 수 있는 의식의 다양한 방식들 전체를 되돌아가 묻고, 이 의식의 방식들이 이성이 종합하는 진리의 작업수행에 대해 갖는 목적론적 기능을 해명하는 중대한 과제를 결코 파악하지 못했고 착수하지도 않았다. 어쨌든 이러한 문제설정(이 문제설정은 『논리연구』 자체에서도 아직 매우 불완전하다)을 통해 비로소 의식과 의식의 작업수행을 깊이 파고드는 통찰이 가능할 것이다.

[…] 브렌타노뿐만 아니라 딜타이도 전통적 경험론과 인식비판적 심리학주의가 파괴할 수 없는 권리의 핵심을 포함한다는 사실, 즉 인식론은 철저하게 인식작용의 직관적 분석에 근거해야 하며, 마찬가지로 윤리적 이성이론은 윤리적 의식 삶의 직관적 분석에, 따라서 기술심리학에 근거해야 한다는 사실을 이미 알았다. 그러나 이러한 분석을 경험적 분석으로 생각하는 한, '객관적 이성이 작업을 수행할 가능성을 이해시킬 아프리오리한 원리에 관한 학문인 인식론이 도대체 어떻게 일종의 경험적 학문인 심리학을 정초할 수 있는가' 하는 반(反)-심리학주의자의 반론에 직면할 수밖에 없었다. […]

f) 『논리연구』의 문제설정을 일관되게 확장하고 심화시킴

[…] 어떤 심리학도 그 자체만으로는 이성비판으로 해명하고 주관적으로 정초하는 인식론의 문제를 제기하는 동시에 해결할 수 있을 만큼 자립적이지 않다. 오히려 이 심리학과 궁극적으로 모든 이성이론적 탐구가 되돌아갈 주관적인 것에 관한 아프리오리한 학문인 특수한 선험적 심리학[2](그러나 이것에 대해 심리학이라는 역사적 단어는 더

---

2 다소 생소한 표현인 '선험적 심리학'은 여전히 소박한 자연적 태도에서 심리적

이상 잘 어울리지 않는다)은 구별되어야 한다. 즉 선험적 주관성과 심리학적 주관성은 구별되어야 하고, 따라서 [한편으로] 객관적 학문과 연대하는 심리학과 [다른 한편으로] 전적으로 연대하지 않는 선험적 현상학은 구별되어야 한다. [⋯]

선험적 주관성에 관한 보편적 학문을 방법적으로 정초하는 것, 더구나 현상학적 방법으로, 따라서 순수한 본질직관과 지향적 분석에 근거한 순수한 기술(記述)로 정초하는 것은 1913년 『이념들』[제1권]에서 기획되었고, 그 주요한 부분은 이미 실행되었다. 이 책에서는 곧 철학, 즉 가장 엄밀한 학문인 철학을 근본적으로 정초하는 것이 중요한 문제였기 때문에, 이 현상학이 자연적으로 이해된 아프리오리한 심리학과 결코 동일하지 않다는 사실을 뚜렷하게 강조했다. 그런데 현상학과 이 아프리오리한 심리학은 동일하다고 종종 오해되었다. [⋯] 선험적인 것(Transzendentales)이 비로소 주제가 되는 철저한 태도 변경을 하지 않으면, 이 선험적인 것과 관련된 방법적 의도나 정상적인 자연스러운 학문들을 완전히 벗어나는 철학적으로 궁극적인 문제 설정을 함께 실행하지 않으면, 본질적으로 동일한 종류인 하나의 현상학적 방법이 처음부터 자연적인-객관적인 아프리오리한 심리학을 정초할 수 있다는 사실은 보지 못하고 놓쳐버린다. [⋯]

심리학의 주제인 순수주관성

6 학문 이전의 경험세계가 주어지는 경험작용으로 되돌아갈 필연성

[⋯] 우리는 모든 학문과 그 이론적 의도에 앞서 놓여 있는 세계,

현상을 단순히 기술하는 '현상학적 심리학'보다 더 깊은 철저한 선험적 태도에서 심리적인 것(선험적 주관성)을 해명하는 '선험적 현상학'을 가리킨다.

즉 세계를 경험하고 세계를 이론화하는 삶을 포괄하는 바로 현실적 삶의 세계인 이론 이전의 직관세계로 되돌아간다.[3]

[…] 이론이나 실천의 활동에서 유래하는 우리의 의견도 이러한 경험에 옷을 입히거나 새로운 의미의 층(層)으로 경험의 의미에 옷을 입힌다. 왜냐하면 단순한 얼핏 봄에서 보인 것, 들린 것, 그 어떤 방식으로 경험되어 주어진 것은, 더 자세하게 숙고해보면, 이전 정신활동의 그러한 침전물을 내포하기 때문이다. […]

7 경험세계로 되돌아감에서 학문들을 분류함. 공허한 지평의 의미

[…] 그 전체가 통일적으로 간주된 세계가 그 자체로 우연적 부분들이나 개별성들이 아니라 바로 전체의 특성을 띠는 한, 그 특성은 우리가 그때그때 공허한 지평을 직관적으로 만들 수 있을 때만 명백하게 드러날 수 있다. […] 경험은 곧 모든 경험[에 대한]사고(Erfahrungsdenken)에 선행하고, 그래서 경험세계를 일반적 의미의 규정에서 순수하게 경험된 세계로 제시하는 것은 필연적으로 세계에 관한 모든 학문의 기초로 이바지한다. […]

9 아프리오리를 파악할 진정한 방법인 본질직관

a) 상상으로 사실적인 것에서 벗어날 변경. 변경할 수 없는 형상

[…] '임의의' 양상으로 실행되고 언제든 계속할 수 있는 자의적 변경[작용]에서도 필연적으로 불변하는 본질은 플라톤적 의미에서의

---

[3] 이 직관세계는 『위기』에서 분석한 '생활세계'에 '미리 주어진 토대(Boden)'의 측면, 즉 '학문 이전에 그 유형을 통해 이미 친숙하게 잘 알려진 감각적 경험의 세계' '단순히 주관에 상대적인 직관인 속견(Doxa)의 세계' '객관적 학문과 자연과학이 망각한 그 의미의 기반이자 권리의 원천'을 뜻한다.

'이데아'(idea)인 형상(Eidos)인데, 모든 형이상학적 해석에서 벗어나 자유롭게 파악된 형상, 따라서 그와 같은 변경에서 발생한 '이념을 직시하는' 가운데 우리에게 직접 직관으로 주어지는 것과 정확하게 똑같이 받아들인 형상이다. […]

가령 어떤 음(音)에서 출발해 이러한 절차를 거치면, 그 음을 실제로 듣든 '상상 속에 아른거리든', 그 음을 '임의로' 변경한 변화에서 파악된 형상인 음을 여기에서 필연적으로 공통적인 것으로 획득한다. 그러나 이 다른 음의 현상을 임의로 변경된 것으로 생각하면, 이 새로운 '범례'(Exempel)에서 다른 형상인 음을 파악하는 것이 아니라, 새로운 음과 이전의 음을 개관하면서 그것이 동일한 것이라는 사실, 양쪽의 변경된 것과 변경[작용]은 하나의 유일한 변경[작용]으로 수렴된다는 사실을 알게 된다. […]

b) 변경과 변화

[…] 변경[작용](Variation)과 변경된 것들, 변화(Veränderung)와 변화의 국면들—이 두 개념은, 몇 가지 연관이 있는데도 본질적으로 구별된다. 변화는 시간적으로 존재하는 것, 지속하는 것, 지속을 관통해 존속하는 것이고 아주 일반적으로 파악된 실재적인 것의 변화다. […] 다양체들의 흐름을 관통해 계속 지속하는 동일자(Identisches)인 통일체는, 예컨대 개별적 시간의 국면들이 변경된 것이 아니듯, 일반적인 개별적 시간의 국면들이 아니다. 이 통일체는 곧 하나의 개체(Individuum)다. 다른 한편 국면들도 (비록 변화된 태도에서라도) 변경된 것으로 다루어질 수 있다는 사실은 변화에 속한다. 그렇다면 모든 변화의 국면은 류(類)에 적합하도록 함께 하나의 전체를 이루어야만 한다. 어떤 색깔은 오직 어떤 [다른] 색깔로 변화될 수 있을 뿐이지, 이를테면 어떤 음으로 변화될 수 없다. 그렇다면 모든 가능한 변화는 그것이 결코 넘어설 수 없는 최상의 류 안에서 일어난다. […]

c) 범례에서 출발하는 이념화작용의 계기

모든 것이 그것에 의존하는 근본적 작업수행은 경험되거나 상상된 그 어떤 대상성을 하나의 변경된 것으로 형성하는 것, 즉 임의의 범례(Exempel)와 동시에 [이 범례를] 주도하는 '전형'—곧 변경된 것들의 개방된 무한한 다양체, 요컨대 변경[작용]의 출발항—의 형식으로 변경된 것을 형성하는 것이다. 물론 이 개방된 무한함은 […] 가능한 모든 변경된 것을 실제로 산출하라는 무의미한 요구가 아니다. 오히려 변경된 것을 형성하는 과정 자체인 변경은 임의성의 형태를 취하며, 그 과정은 변경된 것들이 임의로 계속 형성되는 의식 속에서 실행된다. […] 따라서 본질적으로 모든 변경의 다양체(Mannigfaltigkeit)에는 주목할 만한 그래서 극히 중요한 '임의로 선택하는 것에 따라 등등'이라는 의식이 속한다.

[…] 다양체가 그 자체로 정신적 파악에서 벗어나면 이념적으로 동일한 형상, 즉 바로 '하나[一]와 여럿[多]의 관계'(hen epi pollōn)로만 존재하는 형상을 획득하지 못한다. 예를 들어 단순히 어떤 사물을 변조하는 데 또는 어떤 도형을 임의로 새로운 도형으로 변조하는 데 몰두하면, 우리는 언제나 새로운 것, 언제나 단지 기껏해야 최종적으로 날조한 것만 갖는다. […]

d) 경험적 일반화와 이념화작용의 구분

[…] 무한한 변경은 그 불가분의 상관자인 형상에 속하는 '순수한 개념적 본질'의 범위를 제공하고, 그 본질에 속한다. 또한 그 본질이 '각기 흩어진 것'이자—플라톤적으로 말하면—그 본질에 참여하고 개별자로서 그 본질인 형상에 관련된 무한히 가능한 개별자를 제공한다. 마찬가지로 모든 개별자 일반이 본질과 그 본질의 계기에 참여한다는 사실도 제공한다. […]

f) 본질직관을 요약하는 특성의 묘사

[…] 형상은 종(種)인 빨간색 또는 더 높은 류(類)인 색깔 일반처럼 일반자이지만 순수한 일반자·초(超)-경험적인 것·현존의 모든 사실성을 넘어서는 것이며, 이것이 획득되면 사실성의 모든 전제는 이것을 통해 폐기된다. […] 간취하는 것은 여기에서 그 자체로 경험되고 그 자체로 보인 사태를 갖는 것, 이 '그 자체로 봄'(Selbstsehen)에 근거해 유사함을 바로 눈앞에 둔다는 것, 즉 이것에 입각해 공통적인 것, 빨간색, 도형 '자체'가 드러나고 심지어 파악되고 간취되는 그것이 정신적으로 중첩되는 것을 뜻한다. 이것은 물론 감각적 봄(Sehen)이 결코 아니다. 우리는 개별적 개체의 빨간색을 보듯이 일반적 빨간색을 볼 수 없다. […]

25 보편적 자연과학의 이념. 자연주의적 편견의 위험

[…] 모든 실재성을 보편적인 공간-시간적 세계의 형식이라는 테두리에 실재적-인과적으로 결부시키는 하나의 유일한 세계인 모든 것을 포괄하는 통일체로 파악하는 이념에 공간세계 전체는 사실상 정확하게 '물리적 자연'이라는 의미에서의 자연이라는 편견, 이와 극히 밀접하게 연관된 것으로 감각주의가 영혼 삶을 해석하는 데 취하는 편견이 끼어든다. 감각주의는 영혼 삶을 그 변화의 귀납적 규칙으로만 심리적-실재적 연관 역시 형성하는 요소들의 고유한 영역으로 해석하며, 이 심리적-실재적 연관 역시 나름대로 물리적 자연이나 신체성과 함께 다시 단순히 귀납적 자연의 인과성의 방식으로 실재적-인과적 통일체에 연루된다고 해석한다. […] 그러나 구체적이고 충만한 세계(Welt)는 자연(Natur)이라는 단순한 양식을 취하지 않는다.

[…] 자연적 세계를 원리적으로 이해하지 못하고 또 무의미하게 막연히 돌아가는 하나의 기계로 만드는 결정론은 이러한 편견에서만 생긴다. 그것은 동시에 자연주의자가 인격의 정신성과 문화에 관한

역사적이고 보편화하는 학문 전체의 특유한 작업수행에 대해 맹목적으로 만드는 편견이다.

26 객관적 주제인 세계 속의 주관적인 것

[…] 물리학적 자연과학이 각각의 모든 주관적인 것, 심지어 **영혼**으로 물체[구체]화된 것을 배제하는 바로 그 이유 때문에, 물리학적 자연과학에는 그와 같이 배제하는 것에 특별한 어려움이 전혀 없다. 그러나 일종의 주관적인 것이 객관적 주제가 될 때는 언제나 […] 주관적인 것을 배제하는 데 즉시 어려움이 생긴다.[4]

[…] 우리의 전체 주관성 그 자체는 이른바 익명으로 남아 있다. 그 주관성은 반성을 통해, 어쩌면 경험된 사물과 그 규정에서 이 사물이 주관적으로 나타나는 양상으로, 그런 다음 이 주관적인 것을 발견하는 나 자신의 자아[…]로 다양하게 시선을 전환함으로써 이 익명성을 상실한다.

27 모든 주관적인 것 자체가 세계에 속하는 어려운 문제

[…] 심리학에서 모든 주관적인 것은 순수한 객체성을 위해 배제되어야 하지만 그러면서도 명백히 심리적 주체의 영역에 속해야 한다. 그래서 우리는 주관적인 것이 그 자체로 그러한 객체적인 것─심리의 영역─속에 자신도 자리 잡아야 하는 주관적인 것을 배제함으로써 어떻게 객체적으로 될 것인가 하는 불명료하고 불편한 상황에 놓

---

[4] '순수심리학'의 경우 우리는 자연과학의 경우가 전도된 상황에 놓일 것이다. 즉 모든 '객관적으로 물리적인 것'은 순수심리학에서 배제될 것이다. 그러나 이 객관적으로 물리적인 것이 심리적인 것 속에, 즉 상호주관적으로 심리적 확증의 연관 속에 어쨌든 다시 이념으로서 끼워진 것은 아닌가?─후설의 주.

인다.[5] […]

28 주관적인 것으로 반성적 시선을 전환하는 것

[…] 나는 사물 '자체'를 단도직입적으로 향하는 태도가 주어지는 다양한 방식(Wie)에 관해서는 아무것도 알지 못한다. 반성을 통해 비로소 나는 이제 새로운 나의 시선의 방향으로 그 다양한 것을 획득한다. 또한 이 경우 나는 이 다양한 것의 연속성을 관통하는 통일체를 파악한다. […] 따라서 반성은 반성 이전에 주관적 양상이 있던 것과 체험하는 영역 속에 지각하는 주체가 있던 것을 드러내 밝히며, 이때 우리는 객체적인 것과 이것이 변화하는 주관적 양상은 분리될 수 없다는 것을 언제나 인식할 수 있다. […]

38 외적 지각으로부터 순수주관성으로 들어감

[…] 나타나는 모든 객체성의 '모체'(母體)를 보는 정신(Geist)의 눈을 밝히려면 완전히 새로운 태도, 총체적으로 변경된 지각과 사고방식이 필요하다는 사실을 먼저 배워야 한다. '보는 눈을'이라고 한 것은 […] 필연적으로 직관적 원천에 입각해 심리학을 형상적 학문으로 실현시키려고 하기 때문이다.

[…] 모든 직관은 지각의 단순한 양상적 변화다. 심리학은 우선 은폐된 자신의 정신 존재와 정신 삶에 대해 현상학적으로 순수화된 원본적으로 '스스로를 간취하는' 형식을 취한, 그런 다음 이러한 경험

---

[5] 인간 또는 인격은 한편으로 미리 주어진 생활세계의 객체이며, 다른 한편으로 공동체 속에 의미를 근원적으로 건설하는 주체라는 이중성을 지닌다. 따라서 주관성은 "세계 속의 객체로 존재하는 동시에 세계에 대한 주체로 존재하는 역설"(『위기』, 182쪽)을 지닌다.

에 근거한 엄밀한 학문의 형식을 취한, 정신의 자기인식이다. […] 순수하게 객체화하는 주관성은 현상학적 환원과 이 환원을 통해 가능해진 순수심리학으로만 밝혀진다.

[…] 주관적 작업수행에서는 오직 대상적 작업수행만 볼 수 있고 내적 행위인 주관적 행동에서는 오직 객관적 행동의 과정만 볼 수 있기 때문에 일반적으로 순수한 내면성을 볼 수 있으려면 먼저 순수한 반성이라는 기술하는 방법이 필요하다. […] 이 순수한 내면성은 완전히 생소한 것이다. 왜냐하면 [우리의] 눈은 오직 객체적인 것에 대해서만 훈련되었기 때문이다. […]

41 자아극의 보편적 종합. 활동성과 습득성의 극인 자아

[…] 내재적 체험 자체의 흐름은 근원적 시간이 대상적으로 구성되는 현상과 관련된 하나의 극 체계(Polsystem)이며, 결국 내재적 삶 전체는 그 자체에 대해 극 체계로 구성된다. […] 자아는 모든 체험의 주체이며, 자아의 지향성의 통일체 극인 자아의 모든 대상에 대한 주체다. 그러나 자아는 그 자체로 하나의 체험이 아니다. […] 나는 [자아의] 절대적 동일성을 반성으로 인식한다. 나의 모든 체험은 동일한 자아인 나에게 [직접] 관련되지만, 나의 체험 속에서 대상의 극으로 구성된 모든 대상도 나의 체험을 통해 [간접적으로] 나에게 관련된다. 물론 내가 나 자신에게 관계하는 모든 반성과 나 자신을 동일한 것으로 발견하는 모든 반성의 종합은 그 자체로 체험이며, 나 자신을 대상—나에 대한 대상[6, 7]—으로 만든다.

---

6 칸트의 선험적 자아—후설의 주.
7 칸트의 경우 선험적 자아 또는 '나는 생각한다'(Ich denke)의 자기인식은 아직 자기인식이 아니다. 나는 나의 생각함(Denken), 즉 규정함(Bestimmen)의 자발

[…] 순수자아―칸트가 선험적 통각의 자아에 관해 이야기할 때 분명히 염두에 두었던 자아―는 생기 없는 동일성의 극이 아니다. 그것은 [수동적] 촉발과 [능동적] 작용의 자아, 한편으로 […] 체험의 지향적 대상성을 향하고 이 대상성에 몰두하기 때문에, 다른 한편으로 이 대상성에서 자극을 받고 느끼며 이 대상성을 통해 행동의 동기가 부여되기 때문에, 체험의 흐름 속에 '깨어 있는' 자아다.

[…] 자아는 단순히 미리 주어진 능동성들의 교차점으로 규정된 공허한 이념의 극점(Polpunkt)이 아니다. 그것은 이것과 하나가 된 그에 상응하는 습득성의 극(極)이다. 그러나 습득성은, 지각에 따라 주어지고 제시할 수 있는 사실적 속성들이 어떤 사실적 대상에 있듯이, 자아에 있지 않다. 오히려 발생, 즉 자아가 그때그때 [작용을] '행사'했다는 사실 때문에 자아에 속하고 이 능동성에 의지해서만 역사적으로(historisch)[8] 자아에 속하는 성질이다. […] 자아는 역사(Geschichte)[9]를 가지며, 자신의 역사에서 자아에 습득적인 것 그리고 동일한 자아로 계속 남아 있는 것을 만들어낸다. […]

IV-11

성만 표상할 뿐이고, 나의 현존재(Dasein)는 언제나 단지 감각적으로, 즉 나타남의 현존재로 규정할 수 있는 것으로 남아 있기 때문이다(『순수이성비판』, B 158~159 참조).
8 'Historie'나 'Historizität'는 개인이 겪었거나 사회에서 일어난 사건 또는 그 흥망의 역사적 사실이나 과정에 대한 총체적 기록을 뜻하며, 'Geschichtlichkeit'는 그 역사적 사실이나 과정 속에 함축된 의미의 연관에 대한 성찰과 해명을 뜻한다. 그러나 후설은 종종 이들을 엄밀하게 구별해 사용하지 않는다.
9 물질적 사물은 역사가 없는 실재성이지만, 영혼의 실재성인 자아는 자신의 역사를 가지며, 그 역사의 주체로 존재한다. 구체적으로 세계의 구성에 참여하는 모든 의사소통적 공동체는 자신의 '수동적' 역사와 '능동적' 역사를 갖고, 이 역사 속에서만 자기동일성 아래 존재할 수 있다.

43 모나드인 주체의 통일체. 모나드에 대한 정적 연구와 발생적 연구

[…] 순수주관성은 구체적인 순수주관성 또는 '모나드'라고 할 수 있는 것을 형성한다. 따라서 이 경우 모나드는 결코 형이상학적 개념이 아니라, 현상학적 환원 속의 주관적인 것의 통일체다.

이것을 분석하는 연구는 우선 정적(statisch)이다. 이것은 그때그때 상대적으로 완결되고 부각시킬 수 있는 연관을 분석하며, 모든 본질의 상관관계에 따라 내재적인 내실적인 것과 이념적인 것 모두를 추구한다. 그러나 그런 다음에는 발생적(genetisch) 연구, 즉 수동적 발생뿐만 아니라 능동적 발생을 포함한 발생에 대한 탐구가 필수불가결하다.[10] 이러한 발생 속에서 모나드는 전개되고 발전하며, 모나드 속의 모나드적 자아는 이 발생에서 자신의 인격적 통일성을 획득하고 부분적으로 자신에게 수동적으로 미리 주어지고 부분적으로 그 자신이 능동적으로 형성한 환경세계의 주체가 되며, 그래서 맨 위에는 역사의 주체가 된다.

[…] 현상학적 환원에서의 연구는 우선 탐구자가 최초의 근원성에서 발견한 순수주관성에 대한 연구다. 그러나 현상학적 환원은 이 '독아론적 자아'(solus ipse)의 영역을 넘어서 연장될 수 있거나 탐구하는 자아인 나에게 외적 경험으로 나타나는 (…) 타자의 주체로 연장될 수 있다. 결국 상호주관성의 순수현상학이 생기고, 순수한 자기경험으로 주어지는 나의 모나드 속에서 감정이입을 통해 드러나는 모나드들 전체로 연장된다. […]

---

10 이렇듯 '정적' 분석과 '발생적' 분석은, 어떤 건물에 대한 평면적 파악과 입체적 조망처럼, 서로 보완하는 관계다. '정적' 분석이 선행하는 것은 '발생적' 분석에는 자아의 자발성이 발휘되는 능동적 발생뿐만 아니라 감각자료(질료)가 수용되는 수동적 발생까지 포괄되어 매우 복잡하기 때문이다.

44 심리에 대한 자연적 탐구와 인격적 학문의 기초인 현상학적 심리학

[…] 순수주관성에 관한 심리학은 모든 인식작용을 제공하는 가장 광대한 학문이다.[11] 물론 이때 귀납적인 것을 경시하면 안 된다. 귀납적인 것은 외부에서 물체성에 따라 지시된 영혼의 연관을 실천적으로 판정하는 규칙을 얻는 인식을 준다. 그러나 귀납적 인식은 영혼적인 것과 물리적-신체적인 것을 경험적으로 조정하는 관계에 대한 규칙을 인식하게도 해준다.

[…] 환경세계(Umwelt)는 인격적 의미를 함축하고, 자연은 모든 인격적 의미를 배제한다. [그런데] 이 두 개념은 이론적 태도가 한계를 설정한 주제적 내용에 관한 개념이다. 나 자신을 향한 인격적 시선의 방향에서 나는 경험하고 이러저러하게 나타나도록 하는 자이다. […]

물론 **로크**의 심리학은 내면심리학을 향한 시도였지만, 그 본질을 구별할 수 없었기 때문에, 게다가 지향성 일반의 본질과 문제를 보지 못했기 때문에, 실패했다. 그러나 바로 이것이 주안점이다. 지향성의 본질적인 것과 지향성에 속한 특별한 방법학(Methodik)의 본질을 보지 못하는 자는 인격성과 인격적 작업수행의 본질도 보지 못한다.

[…] 선험적-철학적 환원을 실행함으로써 보편적으로 세계를 고찰하는 것으로 한 걸음 더 나아가 모든 자연적 세계를 고찰하는 것을 포함해 우리를 선험적 정신성으로 이끄는 궁극적 관점에서 세계 일반을 주제로 삼는다. 이제 근본적 학문은 선험적 현상학, 즉 모든 이

---

11 그렇지만 심리적인 것 자체에서 개념을 형성하려는 심리학자들의 전도된 시도는 지향성을 그 고유한 특색에서 본다는 데 있다. 하지만 지향성은 이 특색에 따라 다룰 수 없다. 의식의 연관은 지향적 연관이며, 의식의 통일체는 논리적 귀납에서 모든 귀납적 통각의 전제다. 그래서 의식의 통일체는 이 귀납에 앞서 그 통일체 속에서 또 통일체를 만들어내는 내적 법칙성으로 연구되어야 한다―후설의 주.

성비판과 모든 진정한 철학의 문제를 자체 속에 포함하는 가장 높고 또 새로운 의미의 심리학이 된다.

『브리태니커백과사전』의 현상학

'현상학'은 19세기말 철학에서 나타난 새로운 종류의 기술하는 방법과 이 방법에 입각해 출현한 아프리오리한 학문을 일컫는다. 이 학문의 목적은 엄밀한 학문적 철학을 위한 원리적 도구(Organon)를 제공하고, 이것을 일관되게 실행함으로써 모든 학문을 방법적으로 개혁(Reform)[12]할 수 있게 규정하는 것이다. 동시에 이 철학적 현상학[13]과 더불어 […] 원리적으로 방법적 기초가 되려는 개혁적 요구를 제기하는 아프리오리하게 순수한 심리학 또는 '현상학적 심리학'이 생겼는데, 이 방법에 기초해서만 학문적으로 엄밀한 경험적 심리학이 정초될 수 있다. 자연적 사유에 더 밀접한 이 심리학적 현상학을 바꿔 말하는 것은 철학적 현상학에 대한 이해를 증진시키기 위한 예비적 초보단계로서 매우 적절할 것이다.

---

12 후설이 "내가 파악한 것을 안내하고 제시하며 기술할 뿐이지, 가르치려고 하지는 않겠다"(『위기』, 17쪽; 이 책, 474쪽)고 하면서도, "오늘날 말로만 매우 급진적 태도를 취하는 사람들보다 [자신이] 훨씬 더 급진적이고 훨씬 더 혁명적"(같은 책, 337쪽; 이 책, 495~496쪽)이라고 주장하는 근거는 선험적 주관성을 해명함으로써 인간성의 진정한 삶을 현상학으로 개혁할 수 있다고 확신했기 때문이다.
13 '철학적 현상학'은 여전히 자연적인 심리학적 태도에 있는 '심리학적 현상학'과 대비시킨 용어로 '현상학적 철학', 즉 '선험철학'을 뜻한다.

I 순수심리학, 그 경험의 장(場)과 방법 그리고 기능

1 순수자연과학과 순수심리학

근대심리학은 시간 공간적 실재성이 맺는 구체적 연관 속의 '심리적인 것'에 관한 학문이다. 따라서 그 심리학은 (…) 심리적 체험작용으로서, 능력이나 습관으로서, 그것에 분리될 수 없게 속한 모든 것과 더불어 자연 속에서 이른바 '자아의 성질을 지니고' 일어나는 사건에 관한 학문이다. 경험은 심리적인 것을 인간이나 동물에게 단순한 존재의 층(層)으로 제공한다. 그래서 심리학은 더 구체적인 인간학 또는 동물학의 한 분과다. […]

2 지향적 체험에 대한 보편적 기술

[…] 경험하는 시선을 '심리적인 것'으로 향하는 태도는 다른 것으로 향했던 시선을 전환하는 반성을 통해 수행된다. […] 반성을 통해 사태 자체·가치·목적·유용성 자체에 상응하는 주관적 체험을 파악하는데, 이 체험 속에서 그것들은 우리에게 '의식되며', 가장 넓은 의미에서 우리에게 '나타난다.'

그러므로 이 모든 것이 '현상'(Phänomen)이며, 가장 일반적인 본질적 특성은 '무엇에 관한 의식', 즉 '무엇에 관한 나타남'(Erscheinung)으로 존재하는 것이다. […] '현상의 이러한 영역에 관한 특성'의 묘사는 '현상학적 심리학'으로 이해된다. '무엇에 관한 의식', 즉 '무엇에 관한 나타남'인 존재의 근본적 성격을 스콜라철학에서 유래하는 전문용어로 표현하면, '지향성'이다. […] 현상학적 시선의 전환은 어떤 대상을 '향해 있는 것'이 이와 관련된 체험에 내재적인 본질적 특성이기 때문이고 이 체험은 '지향적' 체험이다. […]

3 순수심리적인 것이 완결된 장. 현상학적 환원과 진정한 내적 경험

[…] '현상학적 환원'의 방법은 순수심리학의 근본적 방법이며, 순수심리학의 특수한 모든 이론적 방법의 전제다. 궁극적으로 모든 어려움은 심리학자의 자기경험이 도처에서 외적 경험, 즉 심리 외적인 실재적인 것에 관한 경험과 함께 얽혀 있는 방식에서 기인한다. […] 따라서 현상학자가 자신의 의식을 순수현상으로 획득하려면 철저한 판단중지(epoché)가 필요하다. 즉 현상학적 반성을 수행하는 현상학자는 반성되지 않은 의식 속에서 이루어진 객관적으로 정립한 것(Setzung)이 함께 수행되는 모든 것을 억제해야 하며, 동시에 자신에 대해 단도직입적으로 '현존하는' 세계를 판단의 형식으로 끌어들이는 모든 것을 억제해야 한다. […] 체험으로 의식된 것 자체를 함께 기술하지 않은 채 지향적 체험을 기술하는 것은 불가능하다. 의식되는 세계에 관한 보편적 판단중지(그 세계를 '괄호 속에 묶는 것')는 관련된 주체에 대해 단적으로 존재하는 세계를 현상학의 장에서 배제한다. 그 대신 이러저러하게 의식된 (…) 세계가 '그 자체로', '괄호 속에 있는 세계'로 등장한다. 즉 세계에 또는 개별적으로 세계에 있는 것 대신, 다른 양상들로 그때그때 의식(지각, 기억 등)의 의미가 등장한다.

[…] 따라서 (순수 '현상', 즉 순수심리적인 것으로의) 현상학적 환원의 방법은 다음과 같이 이루어진다.

① […] 영혼의 영역에 나타나는 모든 것을 객관적으로 정립하는 경우 방법적으로 또 엄밀하게 일관된 '판단중지'를 하는 것.

② 그 대상적 통일체의 다양한 '나타남'에서 […] 의미의 존립요소들의 통일체 자체를 방법적으로 실행해 파악하고 기술하는 것.

그러므로 현상학이 기술하는 데 이중의 방향, 즉 '인식작용'의 방향과 '인식대상'의 방향이 제시된다. […] 환원적 방법은 다른 사람의 현전화된 삶 속에서 그에 상응하는 괄호로 묶는 것과 기술하는 것이 주

관적 방식으로 나타남과 나타나는 것('인식작용'과 '인식대상')에 따라 수행될 수 있는 한, 자기[에 대한]경험에서 타자[에 대한]경험으로 이행된다. 더 나아가 이렇게 경험된 공동체는 영혼적으로 개별화된 지향적 장(場)뿐만 아니라, 현상학적 순수성에서 이 장 모두를 결합하는 상호주관적 공동체 삶의 통일체로 환원된다(상호주관적 환원). 따라서 '내적 경험'에 관한 진정한 심리학적 개념이 완전히 확장된다.

'객관적으로' 향한, 지향적 삶과 분리될 수 없는 모든 의미의 통일체를 지닌 다양한 **지향적 삶**의 통일성만 모든 영혼에 속하지 않는다. 모든 특별한 지향성을 집중시키는 동일한 '**자아 극**'으로서 또한 이러한 삶에 입각해 자신에게 생긴 습득성을 지닌 자로서 지향적 삶 속에서 체험하는 **자아-주체**는 이 지향적 삶과 분리될 수 없다. 그러므로 […] 환원된 상호주관성도 상호주관적인 순수한 의식 삶 속에서 활동하는 순수한 개인들의 공동체다.

4 형상적 환원과 형상적 학문인 현상학적 심리학

[…] 심리학적 현상학은 의심할 여지없이 '**형상적 현상학**'으로서 정초되어야 하며, 이때 이것은 오직 불변하는 본질의 형식을 향한다. 예를 들어 물체에 대한 지각의 현상학은 사실적으로 일어나는 또는 앞으로 예상되는 지각을 보고하는 것이 아니라, 불변하는 구조의 체계를 드러내 밝히는 것이다. 그런데 이러한 체계가 없다면, 어떤 물체에 대한 지각이나 동일한 하나의 물체에 대한 지각 자체에 관한 종합적으로 일치하는 다양체는 생각해볼 수 없을 것이다. 현상학적 환원이 가능한 내적 경험의 '현상'에 접근할 통로를 열었다면, 그 경험의 기초가 된 '**형상적 환원**'의 방법은 순수한 영혼의 영역 전체에 대해 불변하는 본질의 형태에 접근할 통로를 제공해준다.

5 정밀한 경험적 심리학에 대한 순수현상학적 심리학의 원리적 기능

[…] 현상학적 순수심리학을 체계적으로 구축하는 데는 다음 사항이 요구된다.

① 지향적 체험 일반의 본질에 속한 특이성을 기술하는 것. […]
② 영혼에서 일반적으로 본질적 필연성으로 등장하거나 등장할 수 있는 지향적 체험의 개별적 형태를 탐구하는 것. […]
③ […] 보편적 '의식의 흐름'이 지닌 본질적 방식을 기술하는 것.
④ '자아'(…)에 속한 '습득성'의 본질적 형식과 관련해 새로운 연구의 방향을 지시하는 것. 따라서 자아는 지속하는 '확신'(존재의 확신·가치의 확신·의지의 결단 등)의 주체로서, 습관·교양 있는 지식·특성적 속성의 인격적 주체로서 자아다.

결국 언제나 이 '정적' 본질을 기술하는 것은 […] 형상적 법칙에 따라 삶 전체와 인격적 자아의 발전을 철저히 지배하는 보편적 발생의 문제로 이끈다. 그러므로 역동적 또는 발생적 현상학은 더 높은 단계에서 최초의 '정적' 현상학 위에 세워진다. 발생적 현상학은 최초로 기초를 놓는 발생으로 수동성의 발생을 다루는데, 이 수동성 속에서 자아는 능동적 자아로서 아무것도 관여하지 않는다. 여기에 **흄**이 일찍이 이룩한 위대한 발견을 복권시킨 '연상'(聯想)이라는 보편적인 형상적 현상학의 새로운 과제가 놓여 있다. 연상은 영혼에 대해 실재적 공간의 세계가 습관적 타당성 속에서 구성되는 아프리오리한 발생을 입증한다. 이 연상의 형상적 현상학에 이어 개인적 습득성의 발전에 관한 본질학이 뒤따르는데, 여기에서는 불변하는 구조의 형식 안에서 순수한 영혼의 자아가 인격적 자아로 존재하며, 줄곧 계속 형성되는 존재로서 습득적인 지속적 타당성 속에서 자신을 의식한다. [따라서] 특별히 관련된 더 높은 단계의 연구 층은 먼저 이성(Vernunft)의 '정적 현상학'을, 그다음 '발생적 현상학'을 형성한다.

II 현상학적 심리학과 선험적 현상학

6 데카르트의 선험적 전회와 로크의 심리학주의

[…] 선험적 현상학의 역사는 로크의 기억할 만한 기초작업으로 소급되며, 그런 다음 버클리와 흄을 통해 추진력을 얻어 나아간 의미심장한 성과로 소급된다. 그러나 이미 로크는 심리학 외적인 관심으로 순수한 '주관적인 것'에 연구를 한정했다. [그래서] 심리학은 데카르트가 일깨운 선험적 문제에 이바지했다. […] 데카르트의 회의적 방법은 '선험적 주관성'을 드러내 밝히는 최초의 방법이었고, 그의 '생각하는 자아'(ego cogito)는 최초로 선험적 주관성을 개념적으로 파악했다. 로크에게서 데카르트의 선험적으로 순수한 마음(mens)은 순수한 영혼(인간의 마음)으로 변화되는데, 로크는 선험철학의 관심에서 내적 경험으로 이것을 체계적으로 탐구함으로써 내적 경험에 입각한 심리학으로 선험철학뿐만 아니라 심리학주의를 정초했다.[14] […]

7 선험적 문제

[…] 선험적 문제의 보편적 본질은 '자연적 태도'를 일반적으로 전환함으로써 생기는데, 일상적 삶 전체와 마찬가지로 실증과학도 이러한 태도에 머물러 있다. 이 자연적 태도에서 세계는 우리에게 자명하게 존재하는 실재성의 우주이며, 의심의 여지없이 현존하는 것으로 끊임없이 미리 주어져 있다. […] 이론적 관심이 이 자연적 태도를 포기하고 일반적 시선을 전환함으로써 의식 삶(이 의식 삶에서 우리에

---

14 후설은 『위기』에서 데카르트가 객관주의에 심취해 판단중지를 통해 획득한 순수자아에서 신체(Leib)를 배제함으로써 자아(ego)를 '마음=혼=지성'으로 왜곡해 심리학적으로 규정했다고 비판한다. 또한 내성(內省)뿐만 아니라 생리학과 심리물리적 방법으로 영혼의 내적 경험을 설명하려는 로크의 연상심리학도 이러한 데카르트의 의도에 충실한 것으로 파악한다.

대한 세계는 우리에 대해 현존하는 바로 '그' 세계다)으로 향하자마자, 우리는 새로운 인식의 상태에 놓인다.

[…] 자유로운 상상(freie Phantasie)을 통해 사실적 세계를 임의로 생각해볼 수 있는 세계로 옮김으로써 사실적 세계를 변경시키면, 우리는 우리(세계는 우리의 환경세계다)를 변경시키고, 따라서 불가피하게 우리를 다 함께 하나의 가능한 주관성으로 변화시킨다.

8 선험적 순환론인 심리학주의적 해결

[…] 현상학적 심리학은 존재와 의식의 상관관계에 대한 탐구 전체를 처음부터 원리적(곧 형상적) 일반성 그 자체로 파악하고, 그래서 모든 선험적 해명의 터전이다. 반면 심리학은 경험적이거나 형상적인 모든 분과에서 '실증과학'이며, 단적으로 현존하는 세계가 주제의 토대인 자연적 태도로 수행된 학문이다. […] 심리학자는 가능한 '영혼들'(자아의 주체들)을 현존하는 것으로, […] 그 자체로 단적으로 생각된 가능한 공간적 세계의 인간이나 동물로 간주한다. 그러나 자연적-세속적 관심 대신 선험적 관심을 이론으로 정당하게 다루면, 심리학 전체는 '선험적으로 문제되는 것'으로 낙인찍히며, 따라서 심리학 전체는 선험철학에 전제를 결코 제시할 수 없다.

[…] 선험적 물음에서 확실한 존재의 토대(Boden)는 가능한 세계 일반이 현존하는 것으로 구성되는 의식 삶의 주관성이다. 다른 한편 이 토대가 선험적 물음이 그 보편성에서 문제 삼는 것과 혼동되지 않는다는 점은 이성적 방법의 자명한 요구다. 이 의심스러운 영역은 선험적 소박함[15]의 전체 영역이며, 따라서 가능한 모든 세계를 자연적

---

15 '선험적 소박함'은 모든 인식이 형성되는 궁극적 근원을 밝히려는 선험적 동기를 지녔지만, 여전히 '세계가 미리 주어져 있음'을 문제 삼지 않고 소박하게

태도 속에 단적으로 요구된 세계로서 포함한다. […] 그래서 선험적 물음에 대한 답변을 심리학에서 근거로 삼는 것은 일종의 선험적 순환론이다. […]

9 선험적–현상학의 환원과 중복되는 것의 선험적 가상

그렇다면 '우리'는 심리학적으로는 세계 속에 현존함으로써 영혼 삶의 주체이고, 동시에 선험적으로는 선험적으로 세계를 구성하는 주체로서 중복되는가? […] 우리는 선험적 경험을 통해 의식 삶의 주체로서 통각이 되는 선험적 주관성에 직접 이르는 통로를 마련한다.

[…] 심리학자가 그에게 자연적으로 타당한 세계 안에서 발생하는 주관성을 순수한 영혼의 주관성으로 환원하는 반면, 선험적 현상학자는 절대적인 보편적 판단중지를 통해 심리학적으로 순수한 이 주관성을 선험적으로 순수한 주관성으로 환원한다. […] 따라서 선험적 자아는 자연적 자아와 명증적으로 '구분된다.' 그러나 선험적 자아는 결코 제2의 자아로서 자연적 자아에서 분리된 자아가 아니다. 선험적 자아는 언제나 **태도를 단순히 변경함으로써** 심리학적 자기[에 대한]경험으로 변화될 수 있는 선험적 자기[에 대한]경험의 (…) 장이다. 이렇게 이행하는 가운데 자아의 동일성은 필연적으로 수립된다. 즉 그러한 이행에 대한 선험적 반성을 통해 심리학적으로 객관화하는 것은 선험적 자아가 '스스로를 객관화하는 것'으로서 명백해진다. […]

[그래서] 선험적 경험의 영역과 심리학적 경험의 영역이 평행하다는 이론을 단순한 태도변경에 근거해 그 존재의미가 서로 뒤섞인 동일성으로 이해할 수 있다면, 여기에서 비롯된 결과인 동일한 평행론 그리고 선험적 현상학과 심리학적 현상학이 서로 뒤섞인 가운데 **함축**

전제하는 관점을 뜻한다.

적으로 포함된다는 점(이것의 완전한 주제가 곧 이중의 의미를 지닌 순수한 상호주관성이다)도 이해할 수 있다. 이때 순수한-영혼의 상호주관성도 선험적 판단중지 아래 놓이자마자 이것과 평행하는 것인 '선험적 상호주관성'으로 이끈다. [⋯]

10 선험적 현상학에 이르는 예비학문인 순수심리학

[⋯] 새로운 현상학으로 깊이 파고들어가는 데는 이성적 사실과학인 '정밀한' 심리학을 가능케 하는 '내적 경험'의 진정한 방법을 이해해야 하는 어려움 그리고 선험적 물음을 제기하는 것과 그 방법의 고유한 특유성을 이해해야 하는 어려움이라는 두 가지 단계의 근본적 어려움이 있다. [⋯]

III 선험적 현상학과 절대적으로 정초하는 가운데 보편적 학문인 철학

11 존재론으로서의 선험적 현상학

[⋯] 선험적 현상학은 생각해볼 수 있는 모든 아프리오리한 학문의 체계적 통일체로서, 선험적 현상학의 방법을 통해 '독단론'을 극복하고 새롭게 정초하는 것에서 **보편적 존재론**'이라는 라이프니츠의 이념을 실현한다. [⋯] 현상학은 단순히 객관적으로 존재하는 것과 자연적 실증성의 태도에서의 존재자 전체에 관한 학문이 아니라, 자신의 존재의미와 자신의 타당성을 상관관계의 '지향적 구성'으로 길어내는, 완전히 구체화된 존재자 일반에 관한 학문이다. 이것은 선험적 주관성 자체의 존재도 포함한다. [⋯]

13 사실과학을 현상학적으로 정초하는 것과 경험적 현상학

[⋯] 사실성에 관한 보편적 학문의 진정한 형태는 현상학의 형태이며, 가능한 선험적 주관성 일반에 관한 학문인 형상적 현상학의 방법

적 토대 위에 있는 사실적인 선험적 상호주관성에 관한 보편적 학문이다. 따라서 형상적 현상학에 뒤따른 **경험적 현상학**의 이념이 이해되고 정당화된다. […]

14 보편적 철학인 완벽한 현상학

[…] 모든 진정한 인식을 포괄하는 철학은 형상적 현상학(보편적 존재론)인 '제1철학'과 사실 모두를 포괄하는 선험적 상호주관성의 우주에 관한 학문인 '제2철학'으로 나뉜다. '제1철학'은 '제2철학'을 위한 방법의 우주이며, '제2철학'을 방법적으로 정초함으로써 자기 자신으로 소급해 관련된다.

15 현상학적 문제인 '최고의 궁극적' 문제

[…] 현상학은 가능한 선험적 인류의 삶에서 이끌어내 직시할 수 있는 절대적 규범을 그 근원적 목적론의-경향을 띤 구조와 또 이러한 규범과 이것이 실천적으로 의식된 영향을 밝히는 방향으로 인식한다. 그런 다음 인간성, 즉 보편적 '이성의 실천'(Vernunftpraxis)에 이바지하고 […] 진정으로 존재하고 살려는 무한히 멀리 떨어진 '인간성'(Menschheit)이라는 이념의 방향에서 [규범과 영향을] 밝혀 자유롭게 되려는 노력에 이바지하는 (선험적) 인간성은 보편적으로 스스로를 성찰하는 기능으로서 스스로를 인식한다.[16] […]

---

16 결국 선험적 현상학은 정상적으로 기능하는 보편적 이성과 신체에 근거해서 자기 자신과 세계를 진정으로 이해하고 학문과 인간성의 이념을 완성시켜가는 철저한 자기성찰과 자기책임을 강조한 '선험철학'이다.

16 모든 철학적 대립은 현상학적으로 해소된다

직관적으로 주어진 것에서 추상적으로 높은 것으로 전진해가는 현상학의 체계적 작업을 통해 고대에서부터 전승된 철학적 관점들이 다의적으로 대립된 명제, 즉 합리론(플라톤주의)과 경험론, 상대주의와 절대주의, 주관주의와 객관주의, 존재론주의와 선험주의, 심리학주의와 반(反)-심리학주의, 실증주의와 형이상학, 목적론적 세계[에 대한]파악과 인과론적 세계[에 대한]파악 같은 대립된 명제는 저절로 그리고 논리적 변증법의 기술(技術) 없이도 또 허약한 노력이나 타협 없이도 해소된다. 이것들에는 어디에나 정당화된 동기가 있지만, 어디까지나 그것은 단지 상대적이고 추상적으로 정당화된 일면성의 불충분한 것이거나 허용되지 않은 절대화된 것이다.

주관주의는 가장 보편적이고 극히 시종일관된 (선험적) 주관주의로만 극복될 수 있다. 이러한 주관주의는, 일치하는 경험으로 입증될 수 있는 모든 객관성의 권리를 대변하는 한, 동시에 객관주의다. […]

상대주의는 가장 보편적인 상대주의를 통해서만 극복될 수 있다. 이것은 모든 '객관적' 존재의 상대성을 선험적으로 구성된 것으로 이해하게 하지만, 선험적 주관성의 가장 철저한 상대성도 그러한 것으로 이해하게 하는 선험적 현상학의 가장 보편적인 상대주의다. […]

또한 경험론은 가장 보편적이며 극히 시종일관된 경험론을 통해서만 극복될 수 있다. 경험론은 경험론자의 제한된 '경험'에 원본적으로 [대상을] 부여하는 직관이라는 필연적으로 확장된 개념을 정립한다. […]

다른 한편 형상학(Eidetik)인 현상학은 합리론적이다. 그러나 현상학은 제한된 독단적 합리론을 선험적 주관성, 자아, 의식과 의식된 대상성에 통일적으로 관련된 본질에 관한 탐구의 가장 보편적인 합리론을 통해 극복한다.

그 밖의 함께 얽혀 있는 대립된 명제에 관해서도 마찬가지다.[17]

모든 존재를 선험적 주관성과 이것의 구성적인 지향적 작업수행으로 환원하는 것은, 여전히 **목적론적 세계**[에 대한]고찰만 허용한다.

그리고 현상학은 **자연주의**(또는 감각주의)에 진리의 어떤 핵심이 있다고 인정한다. 즉 현상학은 연상(聯想)을 지향적 현상으로, 더구나 선험적이고 순수하게 수동적인 발생(Genesis)의 본질법칙을 지닌 수동적인 지향적 종합의 형태에 관한 전체적 유형학으로 명백하게 밝히는 가운데, **흄**의 허구주의 […] 속에서 앞서 발견된 것을 불합리한 이론으로 은폐시켰다는 점을 입증한다.

현상학적 철학은 그 방법 전체를 통해 스스로를 이미 그리스철학이 출발한 이래 추구한 방법적 의도의 순수한 영향으로 간주한다. 그러나 그 의도는 무엇보다 합리론과 경험론이라는 두 계열에서 **데카르트**에게서부터 **칸트**와 독일의 관념론을 거쳐 혼란된 현재에 이르기까지 여전히 생생한 의도다. […] 따라서 현상학은 현상학자에게 그 자신을 위한 철학적 체계의 이상(理想)을 단념하고, '**영원의 철학**' (philosophia perennis)[18]을 위해 다른 사람들과 더불어 공동체 속에 겸허하게 연구하는 자로 살아갈 것을 요구한다.

IV-11

---

17 요컨대 후설이 '선험적 관념론'이라고도 부른 선험적 현상학은 전통적 의미의 주관적 관념론이나 객관적 실재론과 전혀 관련이 없다. 현상학의 일관된 과제가 대상과 이 대상이 의식에 주어지는 방식들 사이의 보편적 상관관계의 본질을 분석하는 작업이기 때문이다.
18 '영원의 철학'은 몇 가지 형이상학의 근본명제는 결코 의심받지 않고 언제나 타당하다고 주장하는 전통적 스콜라철학의 입장을 나타내는 용어다.

V 선험적 현상학의 이념을 계속 추구함
12 『형식논리학과 선험논리학』

후설은 『형식논리학과 선험논리학』에서 1900년에 출간한 『논리연구』 이래 '논리적인 것'(Logisches)의 문제를 논리와 학문 이전에 구체적으로 경험할 수 있는 '생활세계'(Lebenswelt)와 관련해 다루면서 형식논리학을 선험논리학으로 정초된 보편수학(mathesis universalis)으로, 즉 학문이론으로 새롭게 정립하고자 한다.

진리를 판단의 형식적인 무모순성에서 찾는 형식논리학의 법칙은 주어(S)나 술어(P)의 공허한 형식 속에서 등장하는, 대상의 실질적 내용은 문제 삼지 않는다. 그런데 판단이 본래 목표한 참된 인식에 도달하려면, 판단의 형식적 조건에만 머물지 말고 명증성을 획득하는 주관적인 측면까지 함께 고찰해야 한다. 따라서 선험논리학은 곧바로 경험되고 직접 해명될 수 있는 궁극적인 구체적 개체, 즉 대상이 스스로를 부여하는 생생한 경험까지 파고들어가야 한다. 이처럼 술어적 판단의 명증성이 선-술어적 경험(지각)의 명증성에 기초하므로 형식논리학은 궁극적인 선험논리학으로 정초되어야만 참된 존재자(세계)에 관한 논리학이 될 수 있다.

요컨대 형식논리학은 하나의 개별과학으로 전락했기 때문에 참된 존재를 탐구하는 진정한 방법의 선구자로서 본연의 역할을 하지 못했고, 그 결과 학문의 위기가 발생했다. 또한 인식의 행위가 실천의 행위 및 가치설정의 행위와 서로 밀접하게 관련되어 있음을 문제 삼지 않은 결과 이론(Theorie)과 실천(Praxis)이 단절되었다. 따라서 이론과 방법에 몰두하면서 이 작업을 수행하는 삶 자체를 주제로 삼지 못하는 이론가(理論家)의 자기망각(自己忘却)을 극복해야만 한다.

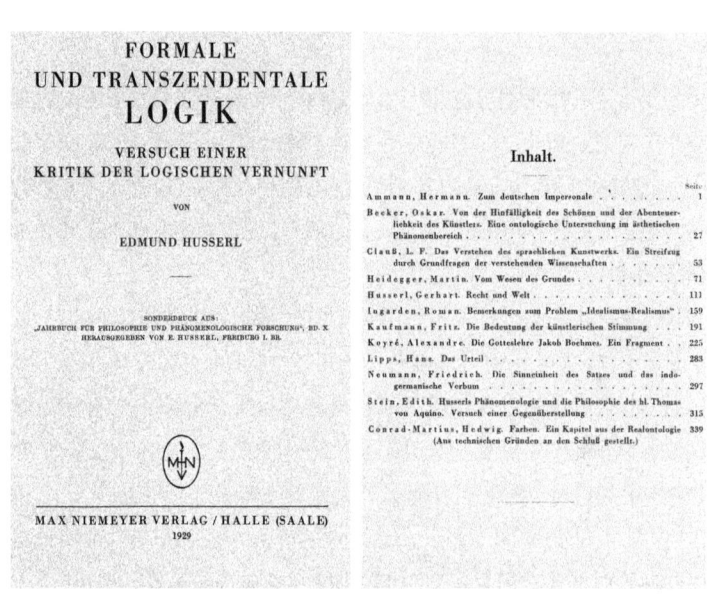

『형식논리학과 선험논리학』과 『철학과 현상학 탐구연보』

후설은 은퇴한 다음 해인 1929년 『형식논리학과 선험논리학』을 출간했다. 그해 출간된 『철학과 현상학 탐구연보』 제10권은 후설 탄생 70주년을 기념해 별도의 부록을 꾸몄다.

궁극적 학문이론으로서의 선험논리학

머리말

[…] 플라톤의 논리학은 소피스트의 회의¹가 보편적 학문을 부정하는 데 대한 반작용으로 발생했다. 만약 회의주의가 '철학', 즉 학문 일반의 원리적 가능성을 부정했다면, 플라톤은 곧 그 원리적 가능성을 숙고하고 비판적으로 정초해야만 했다. […] 사실적 학문으로 확인하는 것이 아니라, 순수한 규범을 형성하는 순수이념적인 플라톤의 변증술(Dialektik)²은 실로 사실적 학문을 가능케 하고 실천적으로 이끌어가야 할 소명을 지녔다. […]

하지만 논리학과 학문의 근원적 관계는 근대에 이르러 크게 뒤집어졌다. 학문들은 [논리학에서] 독립했고, 비판적으로 스스로를 정당화하는 정신을 완전히 충족시킬 수 없을 정도로 극히 세분화된 방법을 형성했으며, 이 방법의 유용성을 실천을 통해 확신했지만, 그 작업수행을 궁극적으로 통찰하지는 못했기 때문이다. […] 근원적으로 방

---

1 소피스트들은 객관적 진리와 절대적 가치를 부정하고 웅변술이나 수사학 등 논쟁술(eristike)로 상대방의 의견을 제압하는 것이 곧 진리라고 간주해 "정의란 강자의 이익"이라고 했다. 소크라테스의 논박술(elenchos), 플라톤의 변증술을 거쳐 아리스토텔레스에 이르러 형식논리학이 완성된 것도 소피스트의 궤변과 회의주의를 극복해야 진리를 추구할 참된 방법을 확보할 수 있기 때문이다.
2 플라톤의 '선분의 비유'(*Politeia*, 509d~511e)와 '동굴의 비유'(514a~519d)에서 이 용어는 참된 존재의 보임새인 형상(eidos, idea)을 인식하는 단계와 훈련을 포함한 명칭, 즉 감각(aisthesis)에만 의존하는 버릇을 정화(katharsis)하고 주관적 속견(doxa)을 논박함으로써 혼(psyche) 속에 은폐된 지성(nous)을 통해 알려질 참된 지식(episteme)을 확보하는 방법을 가리킨다. '변증술에 능숙한 자'는 어떤 형상들이 서로 결합할 수 있는지, 어떤 경우에 그 가능성이 높은지를 올바로 아는 포괄적 봄(synopsis)을 갖는 사람이다(537c 참조).

법[3]의 '횃불을 든 자'였고 가능한 인식과 학문의 순수한 원리론이 되려고 요구했던 논리학은 이러한 역사적 소명을 상실하고, 그래서 거의 발전하지 못했다. 17세기에 일어난 자연과학의 거대한 개편은 자연에 관한 진정한 인식의 본질과 [권리]요구에 대한 반성, 즉 그러한 인식의 원리적 목표와 방법에 대한 논리적 반성이었다. 이 반성은 그 자체로 새로운 참된 논리학을 정초하려는 그 시대의 특징적 노력과 연관된다. 여기에는 갈릴레이뿐만 아니라 […] 데카르트도 포함된다. 『방법서설』(Discours de la Méthode)이라는 제목이 이미 그러한 특징을 나타내며, 『제일철학에 관한 성찰』(Meditationes de prima philosophia)에서 '제일철학' 자체는 완전히 철저한 보편적 학문이론에 대한 표현이다.

[…] 현대학문은 플라톤 이래 학문 속에서 생생하게 작용하던 진정한 학문의 이상을 포기했고, 실천에서 학문적으로 스스로 책임을 지는 근본주의(Radikalismus)를 포기했다. 따라서 '근원적으로 최초의 원리와 동시에 완벽하게 통찰할 수 있는 원리에 입각해 답변될 수 없는 앎은 결코 타당한 것으로 받아들이지 말라'고 부단히 요구하는 근본주의는 가장 내적인 추동력을 완전히 상실했다. […] 논리학은 자신의 역사적 소명을 확고하게 주목하고 또 순수한 보편적 학문이론으로서 역할을 하는 대신, 스스로 특수한 개별과학의 일원이 되었다. […]

학문이론의 문제는 우리 시대 철학의 주된 주제다. 그러므로 동시대인들의 철학적 시도를 비판하는 형식으로 성찰해가는 것은 당연하다. 그러나 그것은 철학적 문헌이 엄청나게 쏟아지지만 방법의 통일성이 거의 없기 때문에 철학자의 수만큼이나 많은 철학이 존재하는

---

3 그리스어의 '방법'(methodos)은 'meta'(무엇을 위해, 어디로 향해)와 'hodos'(길)의 합성어로, 단순한 수단에 그치지 않고 올바른 목적과 그것에 이르는 과정 및 절차까지 제시한다.

우리의 철학이 처한 그릇된 상황에서는 완전히 희망 없는 시도이다. 사실 우리의 학문적 상황은 데카르트가 청년시절에 마주쳤던 상황과 비슷하므로, [우리는] 보편적 성찰을 통해 데카르트가 성찰한 대담한 길을 시도할 수 있다.[4] […]

그러나 주목되지 않은 편견이 데카르트의 성찰을 지배했기 때문에, 전체적으로 보면, 그 성찰은 그의 동시대인에게조차 설득력이 없었다. 따라서 '나는 생각한다'[사유하는 자아](ego cogito)로 그가 되돌아간 것이 근대철학 전체에 강력하게 영향을 미쳤더라도, 절대적으로 인식하는 주관성에서 학문을 그 전체의 통일성 속에 절대적으로 정초하려고 시도하는 […] 성찰의 양식은—선험적 현상학에 이르기까지[5]—결코 다시 수용되지 않았다.

[…] 형식논리학은 그 의미상 보편적 학문이론, 즉 가능한 학문 일반의 본질적 조건에 관련된 이론을 역사적으로 처음 기획했다.

[…] 제1부에서는 우선 『논리연구』에서 아직 완전히 인식되지 않았던 형식적-논리적 근본의 개념성, 따라서 논리적 분과의 세 가지 층(層)에 대해 논할 것이다. […] 인식작용적(noesis) 지향성으로 되돌아가서 정초하는 연구는 필연적으로 주관적으로 방향이 정해진다. […]

그러나 이 세 가지 층과 연관된 더 큰 문제는 형식논리학과 형식적 수학의 관계를 철저히 해명하고, 이 둘이 형식적 '보편수학'의 이념 속에서 불가분하게 통일되는 더 깊은 (이미 『논리연구』에서 그 첫 번째 단계가 수행된) 정당화에 있다. […] 순수형식적 수학은 진리개념이 주제 밖

---

4 후설은 이 책을 출판하고 프랑스학술원의 주관으로 2월 23일과 25일 파리 소르본대학교 데카르트기념관에서 '선험적 현상학 입문'이라는 주제를 강연했다.
5 『이념들』[제1권]과 더불어, 금년(1929년) 가을 출판될 『데카르트적 성찰: 선험적 현상학 입문』(Halle, M. Niemeyer)을 참조—후설의 주.

에 남아 있는 무모순성의 순수분석론을 통해 의미를 갖는다. […]

제2부에서는 주관적–논리적인 것(Subjektiv-Logisches)이, 특히 항상 학문이론으로서 형식논리학에 관한 계속된 성찰과 연관해 주요주제가 될 것이다. 그리고 형식논리학에서 선험논리학에 이르는 자연스러운 길이 묘사될 것이다. [그래서] 심리학주의의 유령이 출발부터 곧바로 나타날 것이며,『논리연구』제1권에서 심리학주의를 많이 언급한 논박의 특별한 의미와 '선험적 심리학주의'에 대한 해명이 동시에 준비될 것이다.

따라서 논리적 주제제기가 소급해 지시하는 일련의 논리적 인식의 전제를 밝히면, 학문과 논리학에서 문제 되고 또 문제 되어야 할 주관적으로 향한 모든 의미의 문제는 자연적 인간 주관성의 문제가 아니라, 즉 심리학적 문제가 아니라 선험적 주관성의 문제이자 (…) 선험적 현상학의 의미에서 선험적 주관성의 문제라는 통찰이 점차 일깨워진다. […] 진정한 학문 일반의 본질적 가능성을 모든 측면에서 해명해 진정한 학문을 생성시킬 수 있는 학문이론인 실제적인 철학적 논리학은 선험적 현상학과의 연관으로만 생길 수 있다. 소박하게 단도직입적으로 명증적 진리를 길어내려는 방법으로 소박한 실증성 속에 역사적으로 존재하는 논리학은 철학으로는 일종의 유아(幼兒)단계다. 독립적으로 형성된, 이념적 의미의 형성물로 이루어진 논리학은 실증과학 일반과 마찬가지로 비–철학적이다. 왜냐하면 그 논리학은 궁극적으로 스스로를 이해하고 정당화할 수 있는 근원적 진정성이 없기 때문이다. […]

근대의 객관적 학문이론은 그 자체로 속에 객관적 의미를 구성하는 의식의 보편성에 입각해 진정한 학문(이와 함께 그 자체로 참된 객관성 자체)의 가능성을 가장 깊게 해명하고 정초하는 일을 한 번도 과제로 이해하지 않았고, 하물며 그 해결의 방법을 형성하거나 그 방법을 추구해갈 수도 없었다.

[…] 우리는 이론적 작업을 수행할 때 사태, 이론과 방법에 몰두하면서도 자신의 작업수행이 지닌 내면성에 관해 아무것도 모르고, 그 속에 살면서도 이 작업을 수행하는 삶 자체를 주제의 시선 속에 갖지 못하는 이론가의 자기망각을 극복해야 한다. 인식과 이론을 수행하는 선험적 내면성의 심층으로 파고들어가는 원리적 해명을 통해서만 진정한 이론과 학문으로 수행된 것을 이해할 수 있다. […] 따라서 현상학적 의미에서 선험적으로 해명되고 정당화된 학문만 궁극적 학문일 수 있고, 선험적–현상학적으로 해명된 세계만 궁극적으로 이해된 세계일 수 있으며, 선험논리학만 궁극적 학문이론, 즉 모든 학문의 궁극적이며 가장 깊고 가장 보편적인 원리론과 규범론일 수 있다.

[…] 모든 학문이론의 문제와 분과를 포괄할 참된 논리학은 선험논리학으로서 인식의 가장 깊은 자기인식을 통해 학문에 길을 밝혀주고, 모든 실행에서 학문을 이해할 수 있게 하는 논리학이다. 따라서 이 논리학은 단순히 순수한 형식논리학, 즉 가장 넓게 파악해보면 라이프니츠의 의미에서 '보편수학'이려고 하지 않는다. 이것은 이념에 관한 논리적 학문이지만, 어쨌든 하나의 '실증'과학일 뿐이다. […] 실천적으로는 최고로 유익한 정신의 작업수행에 대해 단순히 경험적 기술학, 즉 실천의 성과에 따라 경험적으로 방향이 정해지는 하나의 기술학이려는 것은 더욱더 아니다. 오히려 그 논리학은 영향을 미치는 순수한 이론적 관심의 최상의 기능으로서 학문에 진정한 학문으로서의 가능한 의미를 부여하는 선험적 원리의 체계를 명백히 제시하려고 한다.

Ⅴ–12

형식논리학에서 선험논리학으로

[제2부] 제1장 심리학주의 및 논리학의 선험적 정초

56 주관적으로 방향이 정해진 고찰에 대한 심리학주의의 비난

[…] 주관적으로 방향이 정해진 논리적 탐구의 요구에 맞서 사람들은 ('순수논리학 서설'이라는 독특한 명칭을 지닌)『논리연구』제1권을 원용하면서 이 책이 처음에는 전통논리학의, 그다음에는 완전한 '보편수학'으로 확장된 논리학의 주제에서 모든 심리적인 것을 말소하는 작업수행이라고 반론을 제기한다. (역사적 유래로 보면 반反-플라톤주의인) 강력해진 경험론은 모든 이념적 형성물의 고유한 객체성을 보지 못했다. 도처에서 경험론은 이 객체성을 그때그때의 심리적 활동성과 습득성이라고 심리학주의적으로 바꾸어 해석하기 때문이다. […] 논리학이 그 법칙들에서 논하는 판단은 판단의 체험(판단작용)이 아니며, 진리는 명증성의 체험이 아니고, 증명은 주관적-심리적 증명작용이 아니다 등등. […]

이미『논리연구』제1권이 출간된 즉시 순수논리적 근본개념을 '해명하기' 위해 요구된 현상학적 연구, 즉 제2권이 확장된 상론으로 부각시키려고 했던 연구는 심리학주의로 후퇴한 것을 뜻한다고 비난받았다.

이상하게 사람들은『논리연구』제1권이 […] 논리학의 주제인 비-실재적인 의미의 형성물을 심리학화(心理學化)하는 것에 관한 논의라는 사실은 주목하지 않은 채 심리학주의를 단적으로 극복한 것으로 간주했다. 나 자신은 선험철학 전체(여기에는 이른바 인식론도 포함된다)의 원리적 의미와 관련된 인식론적 심리학주의의 그 문제에 대한 불명확함을—그 제2권의 '현상학적' 연구가 바로, 선험적 현상학에 이르는 길을 개척했던 한, 동시에 선험적 심리학주의의 문제를 밝히고

철저히 극복하는 데 필수적인 문을 열었더라도—당시에는 아직 완전히 극복하지 못했다. […]

57 논리적 심리학주의와 논리적 관념론

a) 이 심리학주의가 움직인 근거

[…] 영국경험론에 잘못 이끌린 사람은 판단하는 체험작용과 '이 속에서' 항(項)의 방식으로 형태가 정해진 형성물 자체를 전혀 구별하지 못한다. […]

b) 비-실재적인 것으로 등장하는 논리적 형성물의 이념성

[…] **수적으로 동일한** 하나의 판단·추론은 각기 다른 모습으로 의식의 영역에 '등장한다.' 그 사유의 과정은 […] 객관적-시간적으로 서로의 외부에 그때그때 형성되고 개별적으로 다르며 또 분리된다. 그러나 사유함 속에 생각된 사고는 의식 속에서 '외부의 것'으로 등장하지 않는다. 이것은 실재적 대상, 즉 공간의 대상이 아니라 비-실재적 정신의 형성물로서, 그 고유한 본질은 공간적 연장(延長)·근원적 장소성과 움직임을 배제한다. […]

58 개별적 대상의 명증성과 유사한 이념적 대상의 명증성

[…] 반복된 경험 속에서 그 종합을 통해 동일한 것에 관한 의식이 특히 이 동일성의 '경험'으로 실현된다. […] 경험의 모든 대상의 의미에 본질적 상관자로 속하는 '동일화할 수 있는 것'은 개별적 (내재적 또는 실재적) 자료에 대해 **명증적으로** '스스로를 파악하는 것' (Selbsterfassung)과 '스스로를 갖는 것'(Selbsthabe)으로 규정되는 의미다.

마찬가지로 비-실재적 대상의 의미에는 '스스로를 파악하는 것'과 '스스로를 갖는 것'이라는 그 대상의 고유한 방식에 근거해 그 대상에 소속된 동일화할 수 있는 것이 속한다. 그래서 비-실재적 대상은

곧 그 대상에 근원적으로 소속된 시간성에서 개별화되지 않는다.[6] […]

59 스스로를 부여하는 것인 명증성에 대한 일반적 사항

[…] 명증성은 스스로를 부여하는 것의 지향적 작업수행을 뜻한다. […] 이 지향성 속에서 지향적으로 의식된 대상적인 것은 '스스로 파악된 것' '스스로 보인 것' '의식에 따라 그 자신 곁에 있는 것'의 방식으로 의식된다. 스스로를 부여하는 것의 근원적 양상은 지각이다. […] 지향적으로 변경되고 복잡하게 구축된 스스로를 부여하는 양상은 공허하게 떠오르는 것이 아니라, '스스로'를 다시-현실화하는 기억, 즉 명석한 회상이다. 이 명석한 회상은 그 자체로 '재생산적' 의식, 나의 과거의 대상인 대상 자체에 관한 의식이다. […]

이것이 혼란스러울 수 있기 때문에,[7] 여기에서 지각과 회상으로서 스스로를 부여하는 변경이 실재적 대상성과 이념적 대상성에 대해 매우 다른 역할을 한다는 점을 주목해야 한다. 이것은 이념적 대상성이 이것을 개별화해 결합하는 시간의 위치를 전혀 갖지 않는다는 점과 관련된다. 이념적 종(種)에 대한 모든 명석한 명시적 회상은, 본질적으로 가능한 단순한 태도변경을 통해, 시간적으로 개별화된 대상에서 자연스럽게 배제된 지각으로 이행한다.

[…] 오직 보면서 나는 '봄'(Sehen) 속에 본래 앞에 놓여 있는 것을 밝힐 수 있으며, 그러한 봄의 고유한 본질을 보면서 해석해야만 한다. […]

---

6 비-실재적 대상성은, 본질 외적으로 공간에 관련된 것이나 실재화(Realisierung)와 마찬가지로, 본질 외적으로 시간에 관련된 것을 매우 잘 받아들일 수 있다―후설의 주.
7 이것은 『논리연구』 시절 나 자신을 혼란시켰던 것과 같다―후설의 주.

60 지향성의 근본적 법칙성과 명증성의 보편적 기능

[…] 지향성 일반 — 어떤 것을 의식해 갖는 체험 — 과 명증성, 스스로를 부여하는 지향성은 본질적으로 함께 하나의 전체를 이루는 개념이다. […] 명증성은 의식 삶 전체와 관련된 지향성의 보편적 방식이며, 명증성을 통해 의식 삶은 보편적인 목적론적 구조를 갖는다. 이 구조는 '이성'을 겨냥하고, 이성을 관통하는 경향, 따라서 정당성을 입증하는 것(그런 다음 정당성을 습득적으로 획득하는 것)과 부당성을 말소하는 것(이것 때문에 부당성은 획득된 소유물로서 타당하기를 그친다)을 겨냥한다.

[…] 순수한 '내적' 경험의 '내재적' 영역에서 어떤 심리 외적의 초월적인 것을 추론하는 모든 선험적-실재론적 이론은 스스로를 부여하는 작업수행인 '외적' 경험의 특성에 대한 맹목성에서 기인한다.

사람들은 최초로 『논리연구』(제2권)에서 시행되고 『이념들』[제1권]에서 심화된 명증성에 대한 해명과 단순한 '지향' 및 '충족'에 완전히 속한 관계를 충분히 주목한 것 같지 않다. […] 나는 현상학을 통해 비로소 현상학에 생긴 명증성의 본질과 고유한 문제제기를 통찰함으로써 진지한 학문적 선험철학('이성비판')이 가능케 되었고, 결국 진지한 학문적 심리학, 즉 (브렌타노가 발견했듯이) **지향성 속에 놓여 있는 심리적인 것의 고유한 본질에 관한 학문**으로 요약된 심리학도 가능케 되었다고 굳게 확신한다. […]

62 구성하는 의식에 대립된 모든 종류의 대상성의 이념성

경험할 수 있는 모든 대상의 의미에는, 또한 물리적 대상의 의미에는 — 내재적인 시간적 개체화(Individuation)를 통해 분리된 다양한 '심리적' 과정(…)에 대립해 — 어떤 이념성이 놓여 있다. 이것은 그 과정을 구성하는 다양체에 대립한 모든 지향적 통일체의 일반적 이념성이다.

[…] 논리적 비-실재성과 그 밖의 모든 비-실재성(…)을 심리학주의가

해석하는 것과 정확하게 비슷한 잘 알려진 **실증주의**의 유형은 마흐의 철학이나 '마치(Als ob)의 철학'[8]으로 대표된다. 물론 이것은 문제제기의 근원성과 깊이에서 **흄**에 훨씬 떨어지는 방식이다. 이러한 실증주의에서 사물들은 경험적으로 규칙화된 심리적 자료('감각')의 복합체로 환원되고, 이 자료의 동일성과 그 전체의 존재의미는 단순한 허구(虛構)가 된다. 이것은 현상학적 본질의 존립요소에 대해 완전히 맹목적인 거짓된 학설일 뿐만 아니라, 심지어 허구가 어떻게 자신의 존재본성[…]을 갖는지도 보지 못하며 그래서 이러한 방식으로 탈(脫)이론화될 수밖에 없을 동일한 문제를 어떻게 수반하는지조차 보지 못한다는 사실에서도 이치에 어긋난다.

63 논리적 형성물이 스스로를 부여하는 근원적으로 산출하는 활동성

[…] 명증성은 그 지향적 대상성을 원본적인 '그것 자체'의 양상으로 제공하는 의식의 방식이다. 명증적으로 만드는 이 의식의 활동[…]은 논리적인 이념적 대상성을 근원적으로 건설하는 구성이다.

66 심리학주의적 관념론과 현상학적 관념론

[…] 심리학주의는, 버클리의 관념론이나 **흄**의 관념론[9]처럼, 모든 조악한 '관념론'(이것은 얼마나 역설적 설명인가!)의 근본적 특성이다. 심리

---

8 신칸트학파 가운데 실증적 경향의 바이힝거에 따르면, 인간은 세계의 실재를 직접 관찰하거나 실제로 인식할 수 없다. 다만 사유의 체계를 구축한 결과를 통해 '마치' 이 세계가 이러한 모델에 어울리는 것처럼 행동할 뿐이다.
9 흄은 시간적 선후관계인 '이것 다음에'(post hoc)를 논리적 필연관계인 '이것을 통해서'(propter hoc)로 파악하는 것은 허구라 지적하고, 인과관계는 연상의 습관에 따른 주관적 신념일 뿐이라 했다. 그런데 후설은 흄의 현상론마저 주관적 체험들을 심리학화하는 관념론이라고 독특하게 해석해 비판한다.

학주의는 통상적 개념의 관념론을 훨씬 넘어선다. 그것은 이 개념이 확장된 **플라톤적** 영역의 진정한 이념성을 흔히 고려하지 않기 때문이다(물론 이 경우 **흄**의 개념은 제외될 수밖에 없다). 그러나 내 저술을 피상적으로 읽는 독자(…)가 줄곧 그러하듯이, 이 관념론과 내가 만든—명증성에 대한 현상학적 해명에 근거해 그 심리학주의를 철저히 비판함으로써 근본적으로 다른 새로운 의미를 유지한—현상학적 관념론을 혼동하면 안 된다.

[…] 모든 '봄'(Sehen) 또는 '명증성' 속에 동일화된 모든 것은 자신의 고유한 권리를 갖는다. 마찬가지로 자체 속에 완결된 가능한 '경험'의 모든 범위는 어떤 학문의 **영역**으로서, **최초의 또 가장 본래적인** 의미에서 학문의 주제로서 자신의 고유한 권리를 갖는다. 이 경우 2차적 주제의 영역, 즉 [이론이 인식한 결과인] 학문에 대한 [인식]비판의 영역은 각 학문에 속한다.

그러나 결국 모든 학문은 제3의 주제 영역, 즉 비판이지만 다르게 방향이 전환된 비판의 영역을 갖는다. 이 비판은 모든 영역에 또 이 영역에 종사하는 모든 학문적 작업수행에 속한 **구성하는 주관성**에 관계한다. […] 그것은 인식이 정립하는 의미와 권리가 발생하는 구성적 근원의 원천에 대한 비판, 따라서 단도직입적으로 영역을 향하는 탐구와 이론화 속에 **은폐된** 작업수행에 대한 비판이다. 그것은 (…) '이성'에 대한 비판, 또는 분석적 인식비판과 대조해 말할 수 있듯이, 인식에 대한 **선험적 비판**이다. […]

67 선험적 인식비판의 논리적 기능을 오해한 심리학주의의 반론

[…] 『논리연구』 제1권에서 나는 심리학주의와 투쟁했는데, 아무튼 제2권에서 현상학적 주관성에 관한 연구로 이행했다. […] 인식심리학의 이러한 '기술(記述) 심리학적' 탐구는 순수논리학이 심리학주

의로 넘어가는 것이라고 말한다. 이처럼 사람들은, 인식비판적 탐구가 모든 학문(아마 논리학도 포함해)과 관련해 거부되지 않아야 하는데도, 반론을 제기했다. […]

이와 같은 비판과 지배적 파악에는 사람들이 학문과 이성비판을 분리한다는 사실이 내포되어 있다. […] 논리적 심리학주의와의 투쟁은 분석적 논리학의 고유한 이념적 **영역**을 부각시키고 그 영역을 심리학화하는 혼동과 오해에서 해방시키는 극히 중요한 목적만 갖는다는 사실에 주목하자. […]

선험적 현상학과 지향적 심리학

제6장 선험적 심리학주의의 문제

94 모든 존재자는 의식주관성 속에 구성된다

[…] 경험은 사태 자체에 존재할 수 있으며, 사태를 완전히 직접 파악할 수 있고 가질 수 있는 의식이다. 그러나 경험은 모든 경험에 앞서 어떤 세계가 그 속을 들여다보는 어떤 의식의 공간 속 구멍이 결코 아니며, 의식에 생소한 어떤 것을 의식 속으로 단순히 받아들이는 것도 아니다. […]

경험은 경험하는 자인 나에게 경험된 존재가 '거기에 있는' 작업수행이고, 바로 경험 자체가 그 지향성 속에서 실행되는 작업수행을 통해 경험하는 자에게 돌려주는 전체적 내용 및 존재의 양상과 함께 현존하는 것으로서의 작업수행이다. 만약 경험된 것이 '**초월**적' 존재의미를 가지면, 그 자체만으로 또는 자신에 속하고 자신의 지향성을 함께 형성하는 동기부여의 연관 전체 속에서 이 의미를 구성하는 것은 곧 경험작용(Erfahren)이다. […]

95 각자 자신의 주관성에서 출발할 필연성

[…] 구성하는 것으로서 세계[에 대한]경험은 단순히 전적으로 개인적인 나의 경험이 아니라, 공동체의 경험을 뜻한다. 즉 […] 우리 모두가 우리의 경험을 '교환하는 것', 따라서 그 경험을 공동체화 하는 것에 관해 ('객관적' 증명이 서로 동의하거나 비판하는 것에 의존하듯이) 의사소통할 수 있는 하나의 동일한 세계를 뜻한다.

[…] 맨 먼저 또 생각해낼 수 있는 모든 것에 앞서 나는 존재한다. 이 '나는 존재한다'는 이것을 말하는 자인 나에게 나의 세계에 대한 지향적인 근원적 기초다. […] '나는 존재한다'는 것은 내가 굳건히 견뎌내야만 할, 철학자로서 잠시도 외면하면 안 될, 근원적 사실이다. 철학의 초보자에게 이 근원적 사실은 독아론(Solipsismus)의 유령 또는 심리학주의나 상대주의의 유령이 출몰하는 어두운 구석일지 모른다. 그러나 진실한 철학자는, 이것 앞에서 도망치는 대신, 이 어두운 구석을 두루 밝히려 할 것이다.

96 상호주관성과 상호주관적 세계의 선험적 문제제기

a) 상호주관성 그리고 순수한 경험의 세계

[…] '선험적 자아(Ego)'인 나는 자아(Ich), 즉 그 의식 삶 속에 최초로 세계가 지향적 통일체로 구성되는 자아인 모든 세속적인 것에 '선행하는' 자아다. 따라서 구성하는 자아인 나는 이미 세속적 자아(weltliches Ich), 즉 심리물리적으로 실재적인 나와 동일한 것이 아니다. 그리고 […] 심리물리적-세속적 의식 삶은 나의 선험적 자아와 동일한 것이 아니다. 이 선험적 자아 속에서 모든 물리적인 것 및 심리적인 것과 함께 세계는 나에 대해 구성된다.

[…] 나의 영혼은 나의 선험적 자아가 스스로 객관화된 것임이 나에게 확실하고 이것이 선험적 해명을 통해 이해될 수 있다면, 이제 타

인의 영혼도 타인의 선험적 자아를 그의 '현상학적 환원' 속에서 파악해야만 할 다른 사람의 자아로서 소급해 지시한다. 따라서 '다른 사람'의 문제는 '어떻게 […] 나의 선험적 자아가 자신 속에 다른 사람의 선험적 자아를 구성할 수 있는지, 그와 같은 자아의 원본적 존재 속에 나에 대해 존재하며 또 그렇게 존재하는 것으로 인식할 수 있는 '타인의' 자아를 구성할 수 있는지'를 이해하는 문제로 변한다. […]

b) 선험적 독아론의 가상

[…] 나에 대해 언젠가 존재타당성을 가지게 될 모든 것이 나의 자아 속에 구성되면, 사실상 정말 모든 존재자가 나 자신의 선험적 존재의 단순한 계기인 것처럼 보인다. 그러나 이러한 수수께끼를 해결하는 것은 [우선] 나에 대해 항상 현존하고 항상 나의 경험에서 의미를-가지며 의미를-증명하는 세계를 의식하는 사실에 내포된 구성적 문제제기를 체계적으로 해명하는 것에 달렸다. […] 세계는 끊임없이 우리에 대해 현존하지만, 아무튼 맨 먼저 나에 대해 현존한다. 이때 이러한 사실도 나에 대해 현존한다. […]

c) 객관적 세계에 관한 더 높은 단계의 문제

[…] 소박하고 또 순수하게-파악된 경험세계는 이론적 의미 속에서 참으로-존재하는 세계의 구성을 심문할 수 있기 위해 구성적으로 해명되어야 한다. 이때 특히 중요하고 또 어려운 문제는 학문의 지향적 의미에 포함된 이념화(Idealisierung)를 해명하는 것이다. […]

d) 결론적 고찰

일단 상호주관성과 세속적 객체성에 관한 복잡하게 얽힌 문제제기를 대충 이해할 수 있게 한 것에 만족하자.[10] 주어진 세계의 존재의미

---

10 나는 상호주관성의 문제와 선험적 독아론을 극복하는 데 중요한 점을 이미 괴팅겐대학교의 강의(1910~11년 겨울학기)에서 전개했다. 그러나 실제 실행은

를 구성하는 작업수행을 드러내 밝힘으로써만 이 세계가 존재하는 것을 이치에 어긋나게 절대화하는 모든 것에서 피할 수 있다. […]

97 의식의 구성을 그 보편적 철학의 의미 속에 드러내 밝히는 방법

[…] 철학과 관련 없고 공허한 단어들에 멈추는 심리학은 의식 삶의 고유한 본질인 지향성에 대해 맹목적이다. […] 의식은 방법적으로 드러내 밝힐 수 있고, 그 결과 누구나 의미를 부여하는 의식의 작업수행을 통해 또 존재의 양상 속에 의미를 만들어내는 작업수행을 통해 의식을 직접 '볼' 수 있다. [따라서] 대상적 의미가, 즉 그때그때 '사유작용'(cogitationes)의 그때그때 '사유된 것'(cogitatum)이 그 '사유작용'이 변화되면서 기능하는 동기부여의 연관 속에서 어떻게 새로운 의미로 형성되는지 추적해볼 수 있다. […]

물론 브렌타노가 발견한 지향성이 그때그때 구성된 지향적 통일체와 이것이 그때그때 주어지는 방식에서 **침전된 역사**(Geschichte)[11]로 […] 포함된 작업수행들의 연관을 그 지향성 속에서 볼 수 있게 이끌지 않았기 때문에, 지향적 분석을 위한 방법이 밝혀져야 한다. 이러한 근본적 인식에 따라 모든 종류의 지향적 통일체는 구성적 '분석'으로 이끄는 '선험적 실마리'다. […]

V-12

더 어려운 개별적인 연구가 필요했는데, 이 연구는 훨씬 이후에야 비로소 결론에 도달했다. 이론 자체의 간략한 서술은 즉시 나의 『데카르트적 성찰』을 이끌었다. 나는 바로 다음 해[1930년] 이에 속한 명시적 연구가 출판될 수 있기를 희망한다—후설의 주.

11 의식이나 영혼의 실재성인 자아는 역사[성]를 통해 습득적 자기동일성을 확보한다. 즉 모든 자아는 자신의 역사를 가지며, 그 역사의 주체로 존재한다.

98 아프리오리한 연구인 구성적 연구

[…] 전체적 의식 삶은 모든 지향성을 포괄하는 보편적인 구성적 아프리오리에 지배된다. 그것은 자아 속에 구성되는 상호주관성의 독특한 특성을 통해 상호주관적 지향성의 아프리오리로 또 상호주관적 통일체들과 '세계들'에 대한 이 지향성의 작업수행의 아프리오리로 확대되는 아프리오리다. 이러한 아프리오리 전체를 탐구하는 것은 매우 거대한 과제이지만, 그러나 반드시 착수할 수 있고 또 단계적으로 해결할 수 있는 선험적 현상학의 과제다.

[…] 사실적인 모든 주관적인 것이 내재적 시간의 발생을 가지면, 이 발생도 자신의 아프리오리를 갖는다. 그렇다면 이미 '발전된' 어떤 주관성에 관련된 대상들의 '정적' 구성에는 이 구성에 필연적으로 선행하는 구성 위에 단계가 세워진 아프리오리한 발생적 구성이 상응한다. 현상학적 분석이 생생한 의미의 구성에 대해 지향적으로 함축된 것으로 드러내 밝히는 것 속에 침전된 '역사'가 놓여 있다는 사실은 이 발생적 아프리오리로 비로소 입증된다.

99 심리학적 주관성과 선험적 주관성. 선험적 심리학주의의 문제

[…] 주관성과 인식론에서 가장 기본적인 차이는,

① 그 구성적 의식 삶과 선험적 능력을 지닌 (선험적 상호주관성인 나의 선험적 주관성을 통해 보인) **선험적–현상학적 주관성**과

② […] 세계에 속한 물리적 신체성과의 심리물리적–귀납적 연관 속에 객관적 세계의 존립요소를 지닌—나의 영혼, 인격과 인격의 공동체인—**심리학적 또는 심리물리적 주관성**이다.

따라서 왜 우리는 순수하게 그 자체만으로, 우선 '독아론적 주체'(solus ipse)로 주어진 자아에서부터 인과적으로 추리해 어떤 객관적 세계의 현존을 정초하는 모든 시도에서 [한편으로] 세계 속에 경과하

는 심리물리적 인과성과 [다른 한편으로] 선험적 주관성 속에 경과하는 구성하는 의식 및 이 의식 속에 구성된 세계 사이의 상관관계를 이루는 관련을 이치에 어긋나게 혼동했는지 이해할 수 있다. 인간과 인간의 신체뿐만 아니라 인간의 영혼(…)도 세계의 개념이다. […]

심리학적 주관성과 선험적 주관성(이 선험적 주관성 속에서 심리학적 주관성은 어떤 세계에 있는, 따라서 초월적 의미의 내용과 더불어 구성된다)을 철저하게 구분하는 것은 **심리학과 선험철학을** […] 철저하게 **구분하는** 것을 뜻한다. [따라서] 순수한 의식분석은 우선 심리학적으로 실행되었지만 그 고유한 본질적 내용을 변경시키지 않고도 선험적으로 전환될 수 있다. […] 순수하게 내재적이며 아프리오리한 심리학(심리학적 현상학)과 선험적 현상학이 이렇게 평행한다는 점을 통찰하는 것 그리고 [이들 사이의] 어떤 본질의 필연성을 증명하는 것은 선험적 심리학주의의 문제를 원리적으로 궁극적으로 해명하는 것인 동시에 이 문제를 해결하는 것이다.

100 형식논리학의 선험적 문제제기에 관한 역사적–비판적 논평

[…] 자연주의적 태도에서는 누구도 중요한 문제를 포착할 수 없다. 이러한 점에서 브렌타노가 지향성을 발견했다고 해서 본질적으로 변화되는 것은 전혀 없다. 인식작용과 인식대상, '사유주체'와 '사유된 것 그 자체'에 대한 일관된 상관적 고찰이 없기 때문이다. 함축된 지향성을 풀어 해명하는 것, '통일체'가 구성되는 '다양체'를 드러내 밝히는 것이 없기 때문이다.

[…] 자신의 이론에서 완전히 만족스러운 명석함을 발견하는 데 칸트를 매우 어렵게 한 가장 커다란 억압·불명료함·어려움은 바로 그가 논리학의 선험적 문제를 논리학에 선행하는 것만으로도 인식하지 않았다는 사실과 연관된다. […] 칸트는 그 아프리오리한 실증성에서, 또

는 그 선험적 소박함에서 형식논리학에 의지하는 것만으로도 충분했다. 그에게 형식논리학은 철학이 서슴없이 그 위에 구축해야만 하는 절대적이고 궁극적인 것이었다. […]

제7장 객관적 논리학과 이성의 현상학
102 전승된 논리학은 세계에 관련되어 있다

[…] 선험적 문제제기를 발견함으로써 비로소 [한편으로] 실제적 세계와 어떤 가능한 세계 일반인 세계를, [다른 한편으로] 자신의 존재의미를 자신 속에 구성하는 것으로서 세계의 존재에 선행하고 그에 따라 세계의 실재성을 현실적이거나 잠재적으로 구성된 이념으로서 전적으로 내포하는 선험적 주관성을 구별(…)하게 된다. 물론 선험적-현상학적 환원을 개척함으로써 비로소, […] 모든 초재에 관해 환원하는 보편적 판단중지를 통해, 구체적인 선험적 존재영역이 발굴되었고, 그래서 구성적 문제, 특히[12] '괄호쳐진' 초재가 '선험적 실마리'로서 기능해야만 하는 구성적 문제에 이르는 길이 발굴되었다. 그렇다면 선험적으로 환원된 자의 내부에 경과하는 '다른 사람들'의 구성에 관한 해명은 현상학적 환원을 확장하고 선험적 영역을 선험적 상호주관성(선험적 자아-전체)으로 확장한다. […]

103 절대적 인식의 정초와 선험적 주관성에 관한 보편적 학문

[…] 내 속에서, 그래서 나에 대해 상대적으로 다수의 '자아'—이때 각 자아는 나처럼 **동일한 상호주관성에 지향적으로 관련된 것으로** 그 타당성이 증명된다—로 구성된 선험적 상호주관성(확장된 의미에

---

[12] '내재적' 영역도 자신의 구성의 문제를 갖는다. 『철학과 현상학 탐구연보』 제9권에서 이미 인용한 논문[『내적 시간의식』]을 참조—후설의 주.

서의 선험적 주관성)은, 그 의미에 따라, 즉 '절대적인 것'의 존재방식으로서 단지 그 의미에 상응해 변화되어 '그 자체로 또 그 자체만으로' 있다. […] 절대적 존재자는 본질적으로 항상 자기 자신을 반성할 수 있고, 자기 자신을 주제로 삼을 수 있으며, 자기 자신과 관련된 판단과 명증성을 산출할 수 있다. […]

104 선험적 주관성의 자기해명인 선험적 현상학

현상학 전체는 우선 단도직입적으로 소박하게 진행하지만, 자신의 로고스를 비판적으로 숙고한 선험적 주관성의 학문적 자기성찰, 즉 사실에서 본질필연성으로 또한 그 밖의 모든 '논리적인 것'(Logisches)이 생기는 근원적 로고스(Urlogos)로 계속 나아가는 자기성찰이다. 이때 모든 편견은 필연적으로 떨어져나간다. 왜냐하면 편견 자체가 시종일관 계속 진행해가는 자기성찰의 연관 속에서 드러나 밝혀지는 지향적 형태이기 때문이다. 논리학을 만들어낼 뿐만 아니라 논리학을 통해 이미 중재된 논리적 인식의 모든 비판 그리고 모든 학문에서의 인식비판은 현상학적 작업수행으로서 자신의 선험적 기능에 대해 스스로 성찰하는 주관성의 자기해명이다.

[…] 선험적 주관성이 자기성찰을 체계적이고 또 보편적으로, 따라서 선험적 현상학으로 실행하면, 그 주관성은 모든 '객관적' 존재와 모든 '객관적 진리', 즉 세속적으로 입증되는 모든 것을 자신 속에서 구성된 것으로 발견한다. 객체적인 것은 선험적 주관성에 고유하게 본질적으로 속한 현실적 또는 잠재적 지향성이 종합된 통일체일 뿐이다. […] 이렇게 성찰하고 고정시키는 가운데 나 자신에게서부터, 나 자신의 수동성—연상—과 능동성의 원천에 입각해, 우선 일종의 소박함에서 선험적 현상학의 이론적 형성물 그리고 학문의 무한히-개방된 통일체인 이 선험적 현상학 자체가 생겨난다. […]

107 지향적 작업수행인 명증성에 관한 선험적 이론을 미리 지시함

a) 외적(감각적) 경험의 명증성

감각적 경험을 현상학적으로 드러내 밝히는 일은 […] 극히 광범위한 연구가 요구되는 거대한 과제다.[13] 여기에서 자연의 개별적 객체들과 이것들에 대한 경험, 더구나 가령 지각의 본질에 대한 고찰만으로는 충분치 않다. 개별적-자아와 선험적 공동체의 삶을 관통해가는 종합적으로 통일된 세계[에 대한]경험 전체와 이에 속한 **보편적 양식**(Stil)에 대한 지향적 탐구, 그런 다음 이 양식을 포함해 세계경험의 구성적 발생에 대한 탐구가 필요하기 때문이다. […]

b) '내적' 경험의 명증성

[…] 내재적으로 대상적인 것은 근원적인 직접적 제시·과거지향·미래지향의 흐름 속에서 내적 시간의식의 **종합**인 복잡하게 결합된 지향적 **종합**의 매우 복잡한 방식으로 구성된다.

[…] 내재적으로 파악된 어떤 감각자료가 지속하는 것이 연속적으로 동일화되는 가운데 형성되는 원본적 통일체는 아직 어떠한 '대상'도 아니다. 그것은 단지 시간성(여기에서는 내재적 시간성) 속에 존재하는 것으로, 즉 지나가버린 것이 변화하는 모든 주관적 양상에서도 동일한 것으로 다시 인식할 수 있는 명증성 속에 존재할 뿐이다. 이 대상의 [자기]동일성의 형식은 시간 속의 시간위치다. 그러므로 과거지향과 회상을 지닌 **개별적 지각**은 존재자에 대해 **결코 완결된 명증성**이

---

[13] 나는 내가 종종 강의에서 상당히 발췌해 강의한 몇 년 동안의 구체적 연구가 조만간 출판될 수 있기를 희망한다. 이미 출판이 결정된 첫 번째 초고는 1912년 『이념들』 제1권과 하나로 작성한 제2권의 초안이 되었다. 슈타인 박사가 편집한 이 초안을 몇몇 [나의] 제자와 동료가 볼 수 있게 되었다. 그러는 동안 해결해야만 할 문제의 범위는 여전히 더 어렵고 더 포괄적인 것으로 밝혀졌다—후설의 주.

아니라, 동일한 자아 안에서 존재자를 동일하게 존재자(나름대로 '항속하면서')로 구성하는 것이 무엇인지 계속 소급해 물어야만 한다. […]

c) 질료적 자료와 지향적 기능. 내재적 시간자료의 명증성

[…] 내재적 경험의 대상―내재적 시간의 대상―인 내재적 대상에 관심의 초점을 맞추는 것은 명백히 현상학의 초보자가 해야 할 최초의 일이다. 이러한 의미에서 나는 내재적 시간의식의 문제, 즉 자아론적 시간성의 이러한 대상이 구성되는 문제를 『이념들』[제1권]에서 의식적으로 또 명백하게 배제했고,[14,15] 다만 이 영역에서 가능한 기술(記述)에 연관된 거대한 문제제기를 미리 지시하고 또 부분적으로 실행하고자 했다. 그렇다면 이 영역 속에서 **질료적 자료와 지향적 기능**을 철저하게 구별하는 것이 필연적으로 등장한다.

[…] 스스로를 부여하는 것인 명증성에는 그것이 변화하는 형태가 있으며, 스스로를 부여하는 것의 완벽함에 대한 등급이 있고, 그 본질의 유형으로 분류되어 탐구될 여러 가지 차이가 있다. […] 그때그때 '지금'의 시점 속에 울려 퍼지는 음(音)의 절대적인 원본적 현재의 명증성은 '방금 전에' 울려 퍼졌고 또 근원적으로 '사라져가는' 음의 명증성과의

---

14 『이념들』 제1권, 81항(163쪽) 참조. 이러한 문제 자체는 이미 여러 번 인용한 『철학과 현상학 탐구연보』 제9권의 논문[『내적 시간의식』]을 참조―후설의 주.

15 후설은 『이념들』 제1권에서 초보자의 혼란을 방지할 교육적 목적과 현상학을 쉽게 이해시킬 방법적 의도로 내적 시간의식과 그 대상의 구성문제를 배제했다고 밝힌다. 이러한 진술은 『이념들』 제2권(102~103쪽)에서도 반복된다. 결국 그는 가장 원초적으로 주어지는 것의 문제를 다루는 질료학(Hyletik)의 가치를 부정하거나 시간의식에 대한 발생적 분석(이것은 이미 1904~1905년 『시간의식』에서 수행되었다)이 마련되지 않아서가 아니라, 스스로 만족할 만한 수준의 체계적 완성을 위해 유보했을 뿐이다. 그런데도 그는 『시간의식』에서 거둔 발생적 분석의 성과를 『이념들』 제1권, 77~78, 82~83, 91, 99~100, 111~112항 등에서 빈번히 또 구체적으로 언급한다.

연관 속에서 본질적으로 기능한다. 또한 모든 명석한 회상은 회상된 과거 그 자체에 대해, 즉 원본적인 것으로서 현재[의 것]이었지만 지나가버린 원본적인 것에 대해서가 아니라, 지나가버린 것으로서 지나가버린 것에 대해 스스로를 부여하는 명증성이다. […]

d) 의식의 아프리오리한 구조의 형식인 명증성

[…] 의식 삶은 내재적 시간영역 때문에 **명증성** 없이 존재할 수 없다. 그러나 모든 단계에서 형태를 지닌 명증성은 다른 명증성과 함께 더 높은 명증성의 작업수행에 얽힌다. 명증성의 작업수행 일반은 비-명증성과의 계속된 연관 속에 있고 본질적 변화가 끊임없이 진행된다. 즉 과거지향이 '잠자는' 의식의 형태로 침전되는 것, 충만함을 추구하는 연상을 통해 공허한 지향·의견·공허한 추구가 본질적으로 형성되는 것 등, 충족시킴·입증함·확증함·말소함·거짓임·실천적으로 실패함 등으로 스스로를 부여하는 것—이 모든 것은 삶의 통일체에 아프리오리하게 포함된 구조의 형식이며, 이러한 통일체를 고려하고 해명하는 연구는 현상학의 거대한 주제다.

맺는말

[…] 새로운 의미에서 '**선험적 감성론**(Ästhetik)'(좁게 한정된 칸트의 선험적 감성론[16]과의 관계를 쉽게 파악할 수 있기 때문에 이렇게 부른다)은 [세

---

16 칸트는 『순수이성비판』의 '선험적 원리론' 제1부인 선험적 감성론에서 물 자체의 촉발로 주어진 경험의 내용이 아프리오리한 감성의 직관형식인 시간과 공간을 통해 잡다하게 수용된 것을 오성으로 연결해주는 구상력과 도식의 원리들을 밝힌다.
후설도 운동감각적 경험에서 시간 공간적 연관의 구성을 해명하는 작업을 '[새로운] 선험적 감성론'이라 한다(『수동적 종합』, 295, 361~362쪽; 『상호주관성』 제3권, 214쪽 주 1, 234쪽; 『성찰』, 173쪽 참조). 따라서 수동적 감성은 능동적 이성에 기초하며, 선험적 감성론은 선험논리학으로 상승해야 한다.

계-논리학의] 근본적 단계로 기능한다. 선험적 감성론은 '순수한 경험'의 세계인 가능한 세계 일반의 형상적 문제를 다루며, 그래서 '더 높은' 의미에서 모든 학문에 선행한다. 따라서 보편적 아프리오리(Apriori)를 형상적으로 기술하는 것을 다룬다. 이 보편적 아프리오리가 없다면, 단순한 경험 속에 그리고 범주적 작용(칸트적 의미에서의 범주적인 것과 혼동하면 안 될 의미에서의 범주적 작용) 이전에 객체들이 통일적으로 나타날 수 없을 것이고, 이처럼 일반적으로 어떤 자연이나 세계의 통일체도 수동적인 종합적 통일체로 결코 구성될 수 없을 것이다. 그 아프리오리의 한 층(層)은 공간-시간성의 감성적 아프리오리다. 물론 진정한 학문이 될 수 있기 위해 분석적 로고스(Logos)뿐만 아니라 감성적 세계의 로고스도 선험적 구성(Konstitution)에 대한 탐구가 필요하다. 이러한 구성에 대한 탐구에서 실로 대단히 풍부하고 또 어려운 학문[선험적 현상학]이 생겨난다. […]

V-12

13 『성찰』

후설은 1929년 2월 프랑스 파리의 소르본대학교 데카르트기념관에서 '선험적 현상학 입문'이라는 주제로 강연했다. 현상학이 추상적인 주관적 관념론이나 독아론으로 오해받았기 때문에 데카르트가 철학한 방법에 입각해 현상학을 체계적으로 심화해 밝힌 『성찰』의 모체가 바로 이 강연의 원고인 「파리강연」이다.

「제1성찰」은 데카르트의 방법적 회의를 통해 선험적 자아에 이르는 길을 제시하고 데카르트가 이 선험적 전환에 실패한 문제점을 분석한다.

「제2성찰」은 보편적 종합의 근본적 형식인 동일화를 통해 선험적 시간을 고찰하고 의식의 탐구에서 상관적인 지향적 분석의 특성을 기술한다.

「제3성찰」은 스스로 주어진 것으로서 명증성(Evidenz)의 단계를 구분하고 선험적 구성의 문제제기를 진리와 현실성의 관점에서 다룬다.

「제4성찰」은 다양한 체험의 동일한 극(Pol), 습득성(Habitualitä)의 기체, 완전히 구체화된 모나드(Monad)로서의 선험적 자아를 구성하는 문제를 해명하고, 능동적 발생과 수동적 발생의 원리인 연상(짝짓기)을 분석한다.

「제5성찰」은 선험적 현상학이 독아론이라는 비난에 대해 감정이입을 통한 간접적 제시(유비적 통각)를 통해 타자의 경험을 분석함으로써, 또한 모나드론에 따른 상호주관성인 선험적 존재영역을 해명함으로써 반박한다.

이 책은 선험적 자아의 구성과 상호주관성의 해명에 주력하지만, 수동적 발생과 그 원리인 연상·신체의 운동감각·내적 시간의식·감정이입을 통한 타자의 경험 등 '질료'(Hyle)의 문제를 상세히 분석한다. 따라서 선험적 현상학은 결코 절대적 관념론의 체계로 해석될 수 없다.

데카르트기념관과 프랑스어로 출간된 『데카르트적 성찰』
후설은 1929년 2월 소르본대학교에서 '선험적 현상학 입문'을 주제로 강연했다.
이를 정리한 게 「파리강연」이고 이 「파리강연」을 보완한 책이 『데카르트적 성찰』이다.

선험적 자아를 해명하는 문제

서론

1 철학적 자기성찰의 원형인 데카르트의 성찰

나는 프랑스에서 가장 명예로운 이 학문의 전당에서 선험적 현상학을 논의할 수 있게 된 것을 특별한 이유에서 기쁘게 생각한다. 그것은 프랑스 최대의 사상가 데카르트가 그의 성찰을 통해 선험적 현상학에 새로운 추진력을 부여했고, 그의 연구가 이미 생성되고 있던 현상학을 '선험철학'(Transzendentalphilosophie)이라는 새로운 형식으로 변형시키는 데 매우 직접적으로 영향을 미쳤기 때문이다. 따라서 우리는, 비록 선험적 현상학이 바로 데카르트의 동기(Motiv)를 철저히 전개함으로써 이미 알려진 데카르트철학 전체의 학설내용을 거부할 수밖에 없더라도, 선험적 현상학을 대략 '신-데카르트주의'(Neu-Cartesianismus)라고 부를 수 있을 것이다.

[…] 철학의 초심자는 누구나 『제일철학에 대한 성찰』에 나타난 주목할 만한 사상의 특징을 안다. 그것이 주도하는 이념을 생생하게 그려보자. 그 이념의 목표는 철학을 절대적으로 정초하는 것에 입각한 학문으로 완전히 개혁하는 것이다. 데카르트에게 이 개혁은 이에 상응해 모든 학문을 개혁하는 것까지 포함한다.

[…] 이 학문들에는 그 배후로 더 이상 소급해갈 수 없는 절대적 통찰에 입각한 철저하고 궁극적인 진정함(Echtheit)이 없다. 그래서 그와 같이 절대적으로 정초하는 통일 속에 학문들을 보편적으로 통일하는 철학의 이념을 만족하도록 학문들을 철저히 새롭게 건축해야 한다. 이러한 요구는 데카르트에게서 주관적으로 전환된 철학으로 그 성과가 나타난다. 이 주관적 전환은 다음 두 가지 중요한 단계로 수행된다.

첫째, 진정한 철학자가 되려는 사람은 누구나 반드시 '인생에 한 번은' 자기 자신으로 되돌아가고, 자기 자신 속에서 이제까지 타당하다고 간주해왔던 모든 학문을 전복시켜 새롭게 건축하려고 시도해야 한다. […] 이러한 목표를 향해 살아가기를 결심했고 반드시 철학적으로 생성(Werden)되도록 나를 이끌어가려고 결심했다면, 그렇게 함으로써 나는 절대적으로 인식이 빈곤한 출발점을 선택하게 된다. 따라서 분명히 첫 번째 일은 '진정한 지식으로 이끌 수 있는 방법을 나는 어떻게 발견할 수 있는지'를 스스로 숙고하는 것이다. 그러므로 데카르트적 성찰은 데카르트라는 철학자의 단순히 개인적인 일일 수만은 없다. […] 오히려 그의 성찰은 모든 철학의 초심자에게 필수적인 성찰의 원형을 묘사해주는데, 이러한 성찰에서만 철학은 근원적으로 성장할 수 있다.[1]

[둘째] 우리 현대인에게 그다지 친밀하지는 않은 『제일철학에 대한 성찰』의 내용에 주의를 기울여보면, 제2의 그리고 더 깊은 의미에서 철학을 하는 자아(ego), 순수한 사유작용(cogitationes)의 자아로 되돌아가게 된다. 성찰하는 자는 이미 알려진, 매우 주목할 만한 회의의 방법[2]을 통해 이 자아로 되돌아간다. […] 그리고 그는 의심할 수

---

[1] 누군가 어쨌든 학문, 즉 철학은 철학을 하는 자들의 학문적 공동체의 협동작업으로 생기고 모든 단계에서 이 협동작업으로만 완성할 수 있다고 반론을 제기한다면, 데카르트의 답변은 당연히 다음과 같을 것이다. 즉 홀로, 또는 단독으로 철학을 하는 자인 나는 많은 것을 다른 사람들에게 힘입고 있다. 그러나 그들이 참된 것으로 간주하는 것, 그들이 표면상 통찰해 정초한 것으로 제시하는 것은 나에게는 우선 부당한 요구일 뿐이다. 그것을 받아들여야 한다면, 나는 나 자신의 완전한 통찰에 근거해 확증해야 한다. 나의, 나와 진정한 학자 모두의 이론적 자율성은 바로 여기에 있다—후설의 주.

[2] 데카르트는 철학을 보편적 학문으로 수립하기 위해 절대적으로 확실한 인식의 출발점을 찾아 방법적 회의를 했다. 그 결과 모든 것을 의심할 수 있어도 의

있는 가능성에 개방된 모든 것을 제거함으로써 절대적으로 명증적인 것(Evidentes)의 요소를 획득하고자 한다.

[…] 이렇게 출발하는 단계에서 세계의 존재는 타당성 밖에 있어야만 한다. 성찰하는 자는 그의 사유작용의 순수자아인 자기 자신만을 절대로 의심할 수 없이 존재하는 것으로, 이 세계가 존재하지 않더라도 폐기할 수 없는 것으로 유지할 뿐이다. 이처럼 환원된 자아는 실로 일종의 독아론적으로 철학을 한다(solipsistisches Philosophieren). 이 자아는 자신의 순수한 내면성 속에서 객관적 외면성을 추론할 수 있는 필증적으로(apodiktisch) 확실한 방도를 찾는다. […]

2 철학을 철저하게 새롭게 시작할 필요성

[…] 철학에서 『제일철학에 대한 성찰』이 아주 독특한 의미에서 신기원을 이룬 것, 게다가 곧 순수한 **사유하는 자아**(ego cogito)로 되돌아감으로써 신기원을 이룬 것은 중요한 일이다.

사실상 데카르트는 아주 새로운 종류의 철학을 창시한다. 즉 그 전체적 양식을 변경하면서 소박한 객관주의(naive Objektivismus)에서 선험적 주관주의(transzendentale Subjektivismus)로 근본적으로 전환한다. 이 선험적 주관주의는 그것의 필연적인 최종 형태(Endgestalt)를 향해 항상 새로운, 그러면서도 항상 불충분한 시도를 목표로 노력하는 것처럼 보인다.

[…] 19세기 중엽 이후 서양철학은 이전 시대보다 쇠퇴해가는 조짐이 아주 명백하다. 목표의 설정에서도, 문제제기나 방법에서도 통

심하는 자신의 존재, 즉 '나는 생각한다. 그러므로 나는 존재한다'(cogito ergo sum)는 결코 의심할 수 없는 확실한 원리라 파악하고, 진리를 이처럼 명석하고(clear) 판명하게(distinct) 인식되는 정합적 연역체계로 간주했다.

일은 상실되었다. […] 통일적이고 생생한 철학 대신 우리는 끝없이 증대하고 있지만 거의 연관이 없는 철학적 저술들을 갖게 되었다. […] 상호 간의 비판을 통해 정화되고 모든 비판을 지탱할 수 있는 객관적으로 타당한 성과를 겨냥하고 진지한 공동작업(Zusammenarbeit)의 정신(Geist) 속에서 책임을 의식한 상호 간에 이루어지는 연구는 전혀 확인되지 않는다. […] 철학회에서 철학자들은 함께 모이지만, 유감스럽게도 철학들은 함께 모이지 않는다. 이들에게는 서로를 위해 그리고 서로에 대해 영향을 줄 수 있는 하나의 정신적 공간에 통일이 없다.

이 불행한 현재에서 우리는 데카르트가 청년시절 마주친 상황과 유사한 상황에 부닥친 것은 아닌가? 만약 그렇다면 지금이야말로 출발하는 철학자가 그의 근본주의(Radikalismus)[3]를 재생시킬 때가 아닌가? […] 우리 철학의 암담한 상태는 결국 데카르트의 성찰에서 방출된 원동력이 그 근원적인 생명력을 잃어버린 것, 더구나 철학적으로 스스로 책임을 지는 근본주의의 정신이 상실되었기 때문에 잃어버린 것으로 소급해가야만 하는 것은 아닌가? […]

생기에 찬 철학을 동경하는 것은 최근에 와서 다양한 르네상스를 이끌었다. 그런데 유일하게 성과가 있는 르네상스는 바로 데카르트의 성찰을 다시 일깨우는 것이 아닌가? 물론 그 르네상스는 그의 성찰을 이어받기 위한 것이 아니라, 우선 **사유하는 자아**로 되돌아가서 성찰하는 근본주의의 가장 깊은 의미와 더 나아가 거기서 움트는 영

---

3 결국 '근본주의'는 자유로운 이성에 기초해 보편타당하고 절대적으로 확실한 앎과 이 이성에 근거한 자율적 삶을 형성하기 위해 궁극적인 근원을 부단히 되돌아가 묻는 선험적 현상학에서 이론상 스스로 절대적인 책임을 지는 자세와 실천상 이러한 자세를 부단히 실행하려는 의지의 결단을 뜻한다.

원한 가치를 드러내 밝히기 위한 것이다.

어쨌든 이렇게 함으로써 선험적 현상학으로의 길이 묘사되었다.

이제 우리는 함께 이 길을 걸어가려고 한다. 근본적으로 시작하는 철학자(radikal anfangende Philosoph)인 우리는 데카르트적으로 성찰하고자 한다. 물론 극히 비판적인 자세로 신중을 기하고, 필요하다면 낡은 데카르트의 사상을 언제든 변형시킬 각오가 되어 있다. 이 경우 데카르트와 그의 후계자들이 빠져들었던 유혹적인 탈선을 해명하고 피해야 한다.

제1성찰 선험적 자아로의 길

10 여론: 데카르트의 선험적 전회의 실패

데카르트를 따라가면서, 순수자아와 그 사유작용을 파악하는 것은 매우 쉬운 일처럼 보인다. 그런데도 마치 가파른 절벽 꼭대기 위에 서 있는 것 같아서, 그 위를 편안하게 걸어가는 것은 곧 철학적 삶과 철학적 죽음을 결정하는 일이다. 데카르트는 철저하게 편견에서 벗어나려는 진지한 의지를 갖고 있었다. 그러나 우리는 최근의 연구를 통해 […] '데카르트의 성찰에 얼마나 많은 스콜라철학이 은폐된 채 그리고 해명되지 않은 편견으로서 끼어 있는지'를 알게 되었다.

하지만 이것만이 아니다. 우선 위에서 언급한 편견, 즉 수학적 자연과학에 대한 경탄에서 유래하고 낡은 유산으로 우리 자신에게도 영향을 미치는 편견을 제거하지 않으면 안 된다. 즉 그것은 마치 '나는 생각한다'[사유하는 자아]라는 명칭 아래 필증적 공리처럼 다루어지는 편견이자, […] 귀납적으로 징초된 가정과 일치해 연역적으로 세계를 설명하는 학문, 바로 수학적 자연과학과 유사한 법칙적 학문, 즉 **기하학적 질서**(ordine geometrico)에 따른 학문에 대한 기초를 부여해야 한다는 편견이다. […] 즉 우리는 마치 우리의 필증적 순수자아에서

V-13

세계의 작은 단편을 철학을 하는 자에게서 세계에 관한 유일하게 의심할 수 없는 것으로 **구출하는** 것처럼 간주해서는 안 된다. 그리고 자아에 타고난 원리를 따라 올바르게 추론을 이끌어감으로써 그 밖의 세계를 [순수자아에서] 이끌어내는 것이 이제 문제가 되는 것이라고 간주해서도 안 된다. […]

유감스럽게도 데카르트의 경우에는 나타나지 않지만, 숙명적인 전환이 이렇게 진행된다. 그 전환은 자아를 사유실체(substantia cogitans), 곧 분리된 인간의 '정신 즉 영혼'(mens sive animus)으로 만들고, 인과원리에 따른 추론의 출발점으로 만든다. 요컨대 이 전환을 통해 데카르트는 (여기서는 아직 명백하게 될 수 없는) 불합리한 선험적 실재론(transzendentales Realismus)의 시조(始祖)가 되었다. 만약 스스로를 반성하는 근본주의에 충실하고, 따라서 순수직관 또는 명증성의 원리에 충실하면, 판단중지를 통해 우리에게 열린 '나는 사유한다'의 영역에 실제로 그리고 우선 전적으로 직접 주어지는 것 이외에 아무것도 타당한 것으로 간주하지 않으면, 따라서 우리가 스스로 보지 않은 것은 어떠한 것도 진술하지 않으면, 이상과 같은 견해는 모두 우리와 무관한 것이다.

이 점에서 데카르트는 실패했고, 그래서 그는 모든 발견 가운데 최대의 발견 앞에 서서, 이러한 발견을 어떤 방식으로 이미 수행했으면서도 그 본래 의미뿐만 아니라 선험적 주관성의 의미도 파악하지 못했다. 그 결과 그는 진정한 선험철학(Transzendentalphilosophie)으로 이끄는 정문(正門)을 넘어서지 못했다.

제2성찰 선험적 경험의 장을 보편적 구조에서 해명하는 일
13 선험적 인식의 유효범위에 관한 문제를 우선 배제해야 할 필요성
[…] 선험적 현상학이라는 전체 명칭으로 나타난 학문적 연구는 우

리가 이미 파악한 두 단계로 반드시 진행된다.

　첫 번째 단계에서 곧 알게 되겠지만, 우리는 선험적 자기경험의 엄청난 영역을 두루 편력하지 않으면 안 된다. 그리고 우선 대상과 일치해 진행되는 가운데 그 경험에 내재하는 명증성에 단순히 떠맡기고, 그 명증성의 유효범위를 주도하는 필증적 원리들을 숙고하는 궁극적인 비판의 문제를 보류해야 한다. […]

　그런 다음 두 번째 단계인 현상학적 연구는 곧 선험적 경험에 대한 비판, 이와 더불어 선험적 인식 일반에 대한 비판에 관련된다.

　[…] 그것은 실제적이거나 가능한 선험적 경험 속에 주어진 것으로서 구체적인 선험적 주관성에 관한 학문이며, 이제까지의 의미의 학문, 즉 객관적 학문들에 극단적으로 대립하는 학문이다. 이 객관적 학문들 가운데는 주관성에 관한 학문도 있지만, 그것은 객관적·동물적 세계에 속한 주관성에 관한 학문이다. […]

　이것뿐만이 아니다. 이 학문 최초의, 유일한 대상은 철학을 하는 자인 나의 선험적 자아이며, 그러한 것일 수밖에 없는 것처럼 보인다. 확실히 선험적 환원의 의미에는 이 환원이 처음에는 자아와 이 자아 자체에 포함된 것[인식의 작용과 인식된 내용]만 존재하는 것으로 정립될 수 있다는 점이 놓여 있다. 따라서 이 학문은 확실히 순수한 자아론(Egologie)으로 출발한다. 그리고 그것은 우리를, 비록 선험적이지만, 독아론(Solipsismus)으로 판결하는 것처럼 보이는 학문으로 출발한다. 실로 환원하는 태도 속에 '다른 자아―단순한 세계의 현상으로서가 아니라 다른 선험적 자아로서―가 존재하는 것으로 정립될 수 있는지 […]'를 지금으로서는 전혀 간파할 수 없다.

　[그러나] 우리는 출발하는 철학자로서 그와 같은 의심을 두려워하면 안 된다. 아마 선험적 자아로 환원하는 것은 지속적으로 독아론적 학문이라는 오해를 수반할지도 모른다. 이 독아론적 학문을

그 고유한 의미에 따라 일관되게 수행해가면서 선험적 상호주관성(Intersubjektivität)의 현상학으로 이끌고, 이렇게 전개된 선험철학 일반으로 이끌지도 모른다. 사실 선험적 독아론은 철학의 낮은 단계일 뿐이고, 선험적 상호주관성의 문제제기에 기초를 놓는다. […]

제4성찰 선험적 자아 자체를 구성하는 문제의 전개
38 능동적 발생과 수동적 발생

그런데 만약 우리가 맨 먼저 세계에 관련된 가능한 주체인 우리에 대해 구성적 발생(konstitutive Genesis)이라는 보편적으로 중요한 원리를 심문하면, 그 원리는 두 개의 근본적 형식에 따라 **능동적 발생과 수동적 발생**으로 나뉜다.

능동적 발생에서 자아는 특수한 자아의 작용들 때문에 산출하고 구성하는 자아로 기능한다. 여기에는 가장 넓은 의미에서 실천적 이성의 모든 작업수행이 속한다. 이러한 의미에서 논리적 이성도 실천적이다.

이 논리적 이성의 특징은 […] 공동체화(共同體化)를 통해 사회성(물론 이것의 선험적 의미를 우선 밝혀야 한다)에 결합된 자아의 작용들이 특수한 활동들이 다양하게 종합되어 (대상들을 미리 부여하는 의식의 방식에서) 미리 주어진 대상들의 근본적 토대 위에 **새로운 대상을 근원적으로 구성한다는 것이다.** […] 근원적인 보편성의 의식도 보편자(Allgemeines)가 대상적으로 구성되는 활동이다. 그 결과 자아의 측면에서는 계속 타당한 습득성이 구성되는데, 이 습득성은 이제 자아에 단적으로 존재하는 대상을 구성하는 것에 함께 속한다.

따라서 우리는 범주적 직관(kategoriale Anschauung)[4] 속에 다시 주어

---

4 현상학의 방법은 근본적으로 '직접적 직관과 본질통찰'이다. 그런데 여기서 직

지는 대상성을 […] 대상으로 언제나 되돌아가 파악할 수 있다. 상호주관적 능동성[활동]들에 관련된 그러한 대상들(가령 문화의 대상)을 선험적으로 구성하는 것은 선행하는 선험적 상호주관성을 구성하는 것을 전제하는데, 이 선험적 상호주관성을 구성하는 것에 관해서는 나중에 가서야 논의하게 될 것이다.[5]

[…] 능동성이 구축하는 모든 것은 필연적으로 [대상을] 미리 부여하는 수동성을 가장 낮은 단계로 전제하며, 능동성이 구축하는 것을 추적해가면, 수동적 발생에 따른 구성에 직면하게 된다. […] 정신적 활동이 종합적 작업수행을 하는 동안, 그것에 모든 **질료**를 제공하는 수동적 종합(passive Synthesis)이 부단히 진행된다. 수동적 직관 속에 미리 주어진 사물은 통일적 직관 속에 계속 나타난다. […]

이 [수동적] 종합은 곧바로 이러한 형식의 종합으로서 종합 그 자체 속에 알려지는 자신의 **역사**(Geschichte)를 갖는다. 본질적 발생 때문에 자아인 내가 그리고 최초의 시선 속에 이미 어떤 사물을 경험할 수 있는 것이다. […] 우리는 아주 어린 시절에 일반적으로 사물을 보는 것을 우선 배워야만 했다는 점, 또한 사물을 보는 것이 사물에 관한 그 밖의 다른 모든 의식의 방식에 반드시 발생적으로 선행한다는 점은 충분한 근거를 갖는다. […]

V-13

관은 감성적 직관에 그치는 것이 아니라, 사태나 관계도 있는 그대로 파악하는 범주적 직관, 즉 이념화작용을 뜻한다.
5 이 상호주관성의 구성은 이 책 「제5성찰」에서 부분적으로 다루어지는데, 이 문제와 관련된 유고는 케른(Iso Kern)이 편집한 『상호주관성』 제1~3권(『후설전집』 제13~15권)에 수록되었다.

타자경험과 선험적 상호주관성

제5성찰 모나드론적 상호주관성인 선험적 존재영역의 해명

45 선험적 자아 그리고 심리물리적 인간으로 고유하게 환원된 자기통각

[…] 선험적 자아는 객관적 세계 전체와 그 밖의 모든 객체성(물론 이념적 객체성도)을 괄호 속에 묶음으로써 나타난다. 이렇게 괄호 속에 묶음으로써 나는 선험적 자아로서 나 자신을 깨닫는다. 선험적 자아는 나에게 언제나 객체가 되는 모든 것을 자신의 구성적인 삶 속에 구성하며, 모든 구성을 하는 자아다. 선험적 자아는 현실적이거나 잠재적인 체험과 그 습득성 속에 존재하며, 이 습득성을 통해 모든 객체뿐만 아니라 자기 자신도 동일한 자아로 구성한다. […]

52 그 자신의 확증하는 양식을 지닌 경험하는 방식인 간접적 제시

[…] 항상 원본적으로 직접 제시할 수 있고 입증할 수 있는 것은 나 자신뿐이거나, 나에게 고유한 것으로서 나 자신에 속하는 것이다. 그러나 타자는 원초적으로는 충족될 수 없는 경험, 즉 원본적으로 스스로를 부여하지는 않지만, 지시된 것을 일관되게 확증하는 경험이 기초로 놓인 방식으로 경험된 존재다. 따라서 타자는 나 자신의 고유한 것의 유사물(Analogon)로서만 생각할 수 있다. 필연적으로 타자는 그것이 의미를 구성한 것이므로, 최초에 객관화하는 나의 자아, 즉 나의 원초적 세계가 지향적으로 변양된 것으로 나타난다. 타인은 현상학적으로는 나 자신이 변양된 것으로 나타난다(나 자신은 이제 필연적으로 나타나며 대조를 이루는 짝짓기를 통해 '나 자신'이라는 특성을 획득한다).

그러므로 처음에는 그의 원초적 세계이자 그런 다음 완전히 구체적인 자아인 이러한 자아에 속하는 모든 것이 그것을 유비적으로 만드는 변양 속에 간접적으로 제시된다는 점은 명백하다. 즉 타인의 모나드는 나의 모나드 속에 간접적으로 제시된 것으로 구성된다.

[…] 기억에 따라 주어지는 나의 과거가 현재에 변양된 것으로서 나의 생생한 현재를 초월하는 것과 마찬가지로, 이와 유사하게 간접적으로 제시된 타자의 존재는 나 자신의 존재(…)를 초월한다.

변양되는 것은 두 가지[과거와 타자] 측면에서 의미의 계기로서 그 의미 속에서 그것을 구성하는 지향성의 상관자다. 나의 생생한 현재, 즉 내적 지각의 영역에서 나의 과거가 이러한 현재 속에 나타나 일치하는 기억을 통해 구성되는 것처럼, 나의 원초적 영역은 이 원초적 영역 속에 나타나며 이 영역의 내용으로 동기가 부여된 간접적으로 제시된 것을 통해, 따라서 새롭게 변양된 모습(Modifikat)을 상관자로 갖는 새로운 유형의 현전화를 통해 나의 자아 속에 타자의 자아가 구성될 수 있다. […]

55 모나드들의 공동체화와 객관성의 최초의 형식인 상호주관적 자연

[…] 공동체의 형식으로 최초로 구성된 것과 그 밖의 모든 **상호주관적 공동체성의 기초**는 자연의 공통성이며, 이 자연의 공통성은 나 자신의 심리물리적 자아와 짝짓기[관계]에 있는 타자의 신체와 타자의 심리물리적 자아의 공통성과 일치한다. 타자의 주관성은 나의 주관성이라는 폐쇄된 나의 고유한 본질적 영역 안에서 이루어진 간접적 제시를 통해 다른 사람의 고유한 본질적 주관성이라는 의미와 타당성을 띠고 생겨난다. […] 나의 원초적 영역 속에 나타나는 타자의 신체(Leib)는 우선 나의 원초적 자연 속에 있는 물체(Körper)다. […] 그 물체가 간접적으로 제시하는 것으로 기능하면, 타인은 그 물체와 일치되어 나에게 의식된다. 그리고 무엇보다 '절대적 여기'라고 나타나는 방식 속에 타인에게 주어진 것으로, 그의 신체와 함께 나에게 의식된다.

[…] 타자에 대한 지각에서 간접적 제시 역시 직접적 제시와 함께

그 기능의 공동체 속에서만 존재할 수 있다. 그러나 타자에 대한 지각에는 그것이 직접 제시한 것인, 간접적으로 제시한 동일한 대상의 통일체에 처음부터 속해 있어야 한다는 점이 포함된다. [⋯] 나에게 나타나는 자연 전체는 나의 원초적 영역 속에 다양하게 주어지는 방식의 동일한 통일체로 구성된다. 즉 절대적 '여기' 속의 영점(零点)이 되는 물체(Nullkörper)인 나의 신체 주위에 변화되는 방향이 정해지는 가운데 동일한 통일체로 구성된다. [⋯]

내가 실제로 보는 것은 [타인의] 기호(Zeichen)나 단순한 유사물(Analogon), 즉 어떤 자연적 의미의 모사물(Abbild)이 아니라, 바로 타인이다. 그리고 [실제로 보는 경우] 실제적 원본성으로 파악된 것, 거기에 있는 이 물체성(더구나 그 물체성의 어떤 표면만)은 타인의 몸체 자체다. 그것은 곧 나의 위치에서 그리고 이러한 측면에서 보인 것이고, 타자에 대한 지각이 의미를 구성하는 것에 따라 내가 원리상 원본적으로는 접근할 수 없는 영혼(Seele)의 물체적 신체다. 이 물체적 신체와 영혼은 심리물리적 실재성의 통일체 속에 결합되어 있다. [⋯]

58 상호주관적 공동체를 지향적으로 분석하는 문제. 자아와 환경세계

인간성(Menschentum)의 구성, 또는 인간성의 완전한 본질에 속하는 그 공동체(Gemeinschaft)의 구성은 이제까지의 설명으로는 아직 완결되지 않았다. 그러나 [위에서 언급한] 최후에 획득된 의미의 공동체에서 출발해 간접적으로 제시하는 타자경험을 매개함으로써 다른 자아로 들어가는 자아-작용의 가능성, 특히 모든 인간의 인격적 의사소통이 수립되는 **사회적 작용들**이라는 특성을 지닌 자아의 인격적 작용의 가능성을 명백하게 이해하기란 매우 쉬운 일이다.

이러한 작용들을 서로 다른 형태에서 신중히 연구하고, 이것에 입각해 모든 사회성(Sozialität)의 본질을 선험적으로 명백하게 이해하는 것은 매우 중요한 과제다. 객관적 세계 안에서 본래의 공동체화, 즉 사회적 공동체화를 통해 독특한 종류의 정신적 객체성으로서 서로 다른 유형의 사회적 공동체가 그것의 가능한 단계의 질서 속에 구성된다. 그런데 이 사회적 공동체에는 '더 높은 수준의 인격성'이라는 성격을 가진 특이한 유형도 포함된다.

[…] 모든 사람은 자신의 구체적 환경세계, 또는 자신의 문화를 처음에는 그 핵심에 따라, [그런 다음] 아직 드러내 밝혀지지 않은 지평에서, 곧 환경세계와 문화를 역사적으로 형성해가는 공동체의 인간으로 이해한다. 그러나 이 공동체의 모든 구성원은 현재 그 자체를 이해하기 위해 함께 규정하는 과거의 지평을 열어주는 더 깊은 이해를 원리적으로 할 수 있다. […] 그 구성원은 다른 세계의 인간을 당연히 처음에는 인간 일반으로 이해하고, 그런 다음 그 어떤 문화의 세계에 속하는 인간으로 이해한다. 이러한 이해에서부터 그는 더 잘 이해할 가능성을 자기 스스로 점차 만들어내야 한다. 그는 가장 일반적인 이해에서 현재를 그리고 이 현재에서 역사적 과거로 점차 커지는 층들을 추후 이해할 수 있는 — 그런 다음 이것은 다시 현재를 더 확장해 열어놓는 데 도움이 된다 — 통로를 스스로 개척해야 한다.

61 '심리학적 근원'에 관한 전통적 문제와 이에 대한 현상학적 해명

[…] 실제로 현상학은 심리학도 원리적으로 새롭게 형성하는 것을 뜻한다. 따라서 현상학적 탐구의 극히 많은 부분이 아프리오리하고 순수한 (즉 여기서는 모든 심리물리적인 것에서 벗어난) 지향적 심리학에 포함된다. 이 지향적 심리학은 […] 자연적 태도를 선험적 태도로 변경시킴으로써 '코페르니쿠스적 전환'(kopernikanische Umwendung)을 승인하고, 이러한 전환 속에서 선험적으로 세계를 완전히 근본적으로 고찰하는 새로운 의미를 받아들이며, 모든 현상학적-심리학적 분

석에 그 새로운 의미를 아로새기는 심리학이다. 이러한 분석 모두를 선험철학으로 활용할 수 있게 하고, 게다가 그 분석들을 선험적 형이상학에 편입시키는 것이 바로 이 새로운 의미다. 바로 이렇게 함으로써 근대철학 전체를 혼란시키고 위축시켰던 선험적 심리학주의가 궁극적으로 해명되고 극복될 수 있다.

[…] 원초적 세계와 관련된 매우 거대한 연구의 복합체(이것은 하나의 완전한 분과를 형성한다)를 매우 넓은 의미에서 '선험적 감성론'(transzendentale Ästhetik)이라고 부를 수도 있다. 여기서 우리가 칸트의 [용어]명칭을 받아들이는 것은, 이성비판에서 시간과 공간에 관한 논증이, 비록 극단적으로 제한되고 명료하지 않은 방식으로 이루어졌더라도, 분명히 감성적 직관의 인식대상적 아프리오리를 목표로 삼았기 때문이다. 이 아프리오리는, 순수하게 감성적으로 직관할 수 있는 자연(게다가 원초적 자연)의 구체적 아프리오리로 확장되기 위해서 구성의 문제제기로 편입됨으로써 선험적-현상학을 보충해야 한다.

물론 칸트철학에서 [선험적 감성론에] 대립된 명칭인 '선험적 분석론'(transzendentale Analytik)으로 구성적 아프리오리의 더 높은 층, 즉 객관적 세계 자체의 층과 이 객관적 세계를 구성하는 다양한 층(최고의 단계로는 결국 학문적 자연과 세계를 구성하면서 이념화하는 작용과 이론화하는 작용의 층)을 지칭하더라도, 그것은 '선험적 분석론'이라는 표제의 의미에 적합하지 않을 것이다. 이 '선험적 감성론'을 넘어서는 첫 번째 층에는 이른바 '감정이입'이라는 타자경험의 이론이 있다.

[…] 감정이입의 문제는 구성의 현상학을 통해 비로소 그 참된 의미와 해결의 참된 방법을 획득했다. 바로 이러한 점에서 이제까지의 모든 이론(셸러의 이론도 포함해)은 실제적 성과를 거두지 못했고, '어떻게 타인의 타자성이 세계에 객관성이라는 의미를 비로소 부여함으로써 그 객관성으로서의 세계 전체로 전이되는가' 하는 점은 전혀 인

식되지 않았다.

[…] 영혼과 객관적 세계 일반이 선험적 고찰로 그것의 현존재(Dasein)와 존재의미(Seinssinn)를 상실하는 것이 아니라, 선험적 고찰의 구체적인 모든 측면을 드러내 밝힘으로써만 그 존재의미가 근원적으로 명백히 이해될 수 있는 것처럼, 실증적 심리학도 선험적 고찰로 자신의 정당한 내용을 상실하는 것이 아니라, 오히려 소박한 실증성에서 해방됨으로써만 보편적 선험철학 자체의 한 분과가 된다. 이러한 관점에서 볼 때, 소박한 실증성[의 수준]을 끌어올리는 일련의 학문에서 지향적 심리학은 '그 자체로 최초의 학문'이다.

실로 지향적 심리학은 다른 모든 실증과학에 앞선 장점이 있다. 지향적 심리학이 실증성에서 지향적 분석의 정당한 방법에 따라 구축되면, 다른 실증적 과학들과 달리 근본적 토대의 문제에 직면하지 않을 수 있다. 그러한 문제는 소박하게 구성된 객체성의 일면성(Einseitigkeit)에서 유래하는 것으로, 이 일면성을 모든 측면성(Allseitigkeit)으로 이끌기 위해서는 궁극적으로 선험적인 세계에 대한 고찰로 이행해야 한다.

그러나 지향적 심리학은, 오직 은폐되었을 뿐이지만, 선험적인 것(Transzendentales)을 이미 내포한다. 따라서 지향적 심리학이 '코페르니쿠스적 전환'을 수행하기 위해서는, 자신의 지향적 성과를 내용적으로 변화시키지 않고, 오직 자신의 **궁극적 의미**로만 소급해 이끄는 궁극적 성찰이 필요할 뿐이다. 결국 심리학은, 비록 단 하나만이라는 데 반론을 제기할지도 모르지만, […] 하나이지만 유일한 근본적 토대의 문제만 갖는다. 그것은 '영혼'(Seele)이라는 개념이다.

결론

64 맺는말

[…] 일상의 실천적 삶(Leben)은 소박하며, 그 삶은 미리 주어진 세

계로 들어가 경험하고·생각하고·평가하고·행동한다. 이 경우 모든 것에서 경험작용의 지향적 작업수행이 익명적으로 실행되는데, 이 작업수행을 통해 사물들은 단적으로 현존하게 된다. 즉 경험하는 자는 이 작업수행에 관해 아무것도 알지 못하며, 마찬가지로 작업을 수행하는 사유에 관해 아무것도 알지 못한다.[6] 수·술어적 사태·가치·목적·작품 등은 은폐된 작업수행에 힘입어 단계적으로 구축되면서 나타난다. […] 이러한 점은 실증적 학문에서도 다르지 않다. 실증적 학문은 [일상의 삶보다] 더 높은 단계에 있지만 소박한 것이고, 영리한 이론의 기술(技術)로 형성된 작품이다. 하지만 그것은 모든 것이 궁극적으로 발생하는 지향적 작업수행을 해명하지는 않았다.

[…] 세계에 속한 모든 객체성(Objektivität)에 선행하고, 이 객체성을 지닌 그 자체로 최초의 존재(an sich erste Sein)는 선험적 상호주관성(transzendentale Intersubjektivität)[7]이자, 서로 다른 형식으로 공동체화된 모나드들의 전체(das sich vergemeinschaftende All der Monaden)다. 그러나 사실적 모나드의 영역 안에서 그리고 생각할 수 있는 모든 모나드의 영역 속에서 이념적 본질의 가능성으로서 우연적 사실·죽음·운명이라는 모든 문제가 나타난다. 또한 특수한 의미에서 '유의미한 것'으로 요구되는 '진정한' 인간 삶의 가능성이라는 문제—따라서 역사

---

6 이러한 주장은 『형식논리학과 선험논리학』「머리말」에서 이론가의 자기망각을 지적한 것과 동일한 맥락이다. 결국 후설은 근대자연과학의 실증적 객관주의 때문에 이 객관성에 의미를 부여하고 해명하는 주관성, 즉 자신의 삶에서 의미와 가치를 추구하는 주체(선험적 자아)가 은폐되었다고 비판한다.
7 요컨대 선험적 주관성은 상호주관성 또는 개방된 자아공동체 안에 있고, 인간의 주관은 주관-객관(Subjekt-Objekt)이며, 함께 소통하는 주관은 서로에 대한 환경세계인 사회적 주관성의 세계에 속한다. 따라서 선험적 주관성을 해명하는 선험적 현상학이 독아론적 자아론(Egologie)으로만 가능한 것처럼 보이지만, 이 독아론은 상호주관적 세계로 나아가는 방법적 통로일 뿐이다.

의 '의미'(Sinn der Geschichte)라는 문제도 포함해—도 상승하면서 나타난다. 우리는 이러한 문제를 '윤리적-종교적 문제'라고 말할 수 있다.

[…] 최고의 의미에서 궁극적으로 정초된 인식, 즉 철학적 인식에 이르는 필연적인 길은 보편적 자기인식(universale Selbsterkenntnis)의 길이다. 그것은 우선 '모나드적 자기인식'의 길이며, 그런 다음 '상호모나드적(intermonadisch) 자기인식'의 길이다.

다음과 같이 말할 수도 있다. 즉 데카르트적 성찰, 또는 보편적 자기인식을 근본적이고도 보편적으로 계속 수행하는 것은 철학 그 자체(Philosophie selbst)이며, 스스로 책임을 지는 모든 진정한 학문(alle selbstverantwortliche, echte Wissenschaft)을 포괄한다.

델포이 신전의 신탁 "너 자신을 알라"(gnothi sauton)는 말은 [이렇게 해서] 새로운 의미를 획득했다. [결국] 실증적 학문은 세계를 상실한 학문[일 뿐]이다. 우리는 보편적 자기성찰을 통해 세계를 다시 획득하기 위해, 우선 **판단중지**를 통해 세계를 상실해야만 한다. 아우구스티누스는 "밖으로 나가지 말고 너 자신으로 들어가라. 진리는 인간의 마음속에 깃들어 있다"(Noli foras ire, in te redi, in interiore homine habitat veritas)[8]고 말하고 있다.

---

8 『참된 종교에 관해』(*De vera religione*) 39, n 72.

14 『위기』

후설은 1935년 5월 빈에서 '유럽인간성의 위기와 철학'을 주제로, 11월 프라하대학교에서 '유럽학문의 위기와 심리학'을 주제로 강연했다. 또다시 '선험적 현상학 입문'을 시도한 이 강연은 1936년 『철학』 창간호에 게재되었다.

『위기』의 제1부 「유럽인간성의 근본적 삶의 위기로 표현되는 학문의 위기」에서는 학문의 이념을 단순한 사실학으로 환원하는 객관적 실증주의 때문에 인간(성)이 삶의 의미를 상실했고 그 결과 학문의 위기가 발생했다고 진단한다.

제2부 「근대의 물리학적 객관주의와 선험적 주관주의가 대립한 근원의 해명」에서는 학문의 보편성이라는 이념을 추구한 그리스철학과 수학 그리고 기하학의 방법에 따라 자연을 수학화한 갈릴레이 이후 모습을 드러낸 근대과학의 문제점을 분석하고, 데카르트에서부터 칸트까지의 근대철학사를 목적론으로 해석하고 비판한다.

제3부 「선험적 문제의 해명과 이에 관련된 심리학의 기능」에서는 우선 'A. 미리 주어진 생활세계에서부터 되돌아가 물음으로써 현상학적 선험철학에 이르는 길'을 통해 다양한 측면의 생활세계(Lebenswelt)를 분석하고 그 존재론(Ontologie)의 과제를 제시한다. 이어서 'B. 심리학에서부터 현상학적 선험철학에 이르는 길'을 통해 선험철학과 심리학의 밀접한 관계와 차이를 밝히고 경험론적 심리학의 주장을 반박한다.

후설은 이 저술에서 '생활세계'와 '심리학'에서 선험적 현상학의 이념에 이르는 다양한 길을 더욱 생생하게 추구했다. 따라서 후설현상학에서 생활세계는 결코 새로운 도달점이 아니라 하나의 통과점임을 확인할 수 있다.

프라하철학회에서 강연한 원고와 당시 프라하 전경

후설은 1935년 11월 프라하철학회에서 '유럽학문의 위기와 심리학'을 주제로 강연했다. 이 강연을 정리해 『유럽학문의 위기와 선험적 현상학』으로 출간했다.

현대 인간 삶의 근본적 위기와 그 원인

제1부 유럽인간성의 근본적 삶의 위기로 표현되는 학문의 위기

1 학문이 항상 성과를 거두고 있는데도 그 위기는 실제로 존재하는가

[…] 학문의 위기란 곧 진정한 학문적 성격(echte Wissenschaftlichkeit), 즉 학문이 자신의 과제를 세우고 이 과제를 완수하기 위한 학문의 방법론을 형성하는 방식 전체가 문제시되었다는 것을 뜻한다. 이러한 사실은 철학에도 들어맞을지 모른다. 우리 시대에 철학은 회의론이나 비합리주의, 신비주의에 굴복당할 우려가 있다. 그리고 심리학이 아직도 자기 자신을 철학이라며 그 권리를 요구하고 단순한 실증과학 가운데 한 분과로 머무르려 하지 않는 한, 이러한 사실은 심리학에도 적용될지 모른다.

그러나 과연 어떻게 학문 일반의 위기, 따라서 실증과학의 위기를 솔직하고 매우 진지하게 논의할 수 있는가? 즉 학문 일반에는 엄밀하고도 가장 성과가 있는 학문적 성격의 전형으로서 우리가 여전히 경탄할 수밖에 없는 순수수학과 정밀한 자연과학도 포함되는데, 어떻게 학문의 위기를 논할 수 있는가? […]

2 학문의 이념을 단순한 사실학으로 환원하는 실증주의

[…] 우리 시대에 비로소 시작된 것이 아니라 벌써 수백 년에 걸쳐 심리학이 고통받아온 문제인 심리학 특유의 위기야말로 수학적 학문은 물론 근대과학이 해결하기 어려운 수수께끼를 포함한 불명료함을 명백히 드러내는 데, 이와 관련해 이전에는 생각지도 않았던 세계에 관한 수수께끼가 돌연 나타난다는 데 중요한 의미가 있다는 사실을 깨닫게 된다. 그 불명료함 모두는 곧바로 주관성의 수수께끼에서 유래하고, 따라서 심리학의 주제와 방법의 수수께끼에 불가분하게 관련된다.

[…] 19세기 후반에 근대인의 세계관 전체가 실증과학으로 규정되고 실증과학이 이룩한 '번영'(prosperity)에 현혹되어 이러한 세계관을 독점한 것은 진정한 인간성에 결정적인 의미를 지닌 문제를 무관심하게 외면한 것이다. [그런데] 단순한 사실에 관한 학문(Tatsachenwissenschaft)은 단순한 사실만 다루는 인간(Tatsachenmenschen)을 만들 뿐이다.[1]

[…] 만약 학문들이 이렇게 객관적으로 확정할 수 있는 것만 참으로 간주하면, 만약 역사가 정신적 세계의 모든 형태, 즉 그때그때 모든 인간의 삶을 지탱하고 구속하는 이상들, 규범들이 일시적 파도와 같이 형성되고 다시 소멸되는 것이며, 이것은 과거에도 항상 그랬고 앞으로도 그렇게 될 것이고, [따라서] '이성(理性)은 무의미가 되고 선행(善行)은 재앙이 되는 것'임이 틀림없다는 사실을 가르치는 것뿐이라면, 세계와 그 속에 사는 인간의 현존은 진실로 의미가 있는가? 우리는 그러한 사실에 위안을 느낄 수 있는가? 역사적 사건이 환상적인 비약과 쓰라린 환멸이 끊임없이 이어지는 것일 뿐인 세계에서 [과연] 우리는 살 수 있는가?

3 르네상스시대 철학의 이념을 새롭게 구성하는 문제

[…] 모든 형이상학의 문제, 넓게 파악해보면 일상적 논의에서 특수한 철학의 문제들은 단순한 사실들의 전체(Universum)로서의 세계(Welt)를 뛰어넘는다. 그 문제들은 '이성'이라는 이념을 염두에 둔 모든 문제로서, 곧바로 사실들의 세계를 뛰어넘는다. 그리고 이 문제들은 문제의 질서에 따라, 또한 그 문제들에 종속되는 사실의 문제들에

---

[1] '사실'은 '있는 사실'만 수반하고 '사실의 문제'만 제공할 뿐, '있어야 할 당위의 규범' 또는 세계의 존재에 의미를 부여하는 '이성의 문제'는 해명할 수 없다.

대해 더 높은 권위를 요구한다. 그런데 실증주의는 이른바 철학의 목을 베어버렸다. […]

5 보편적 철학의 이상과 이것이 내적으로 해체되는 과정

[…] 인식하는 이성이 존재자가 무엇인지 규정할 때, [과연] 이성과 존재자는 분리될 수 있는가? […] 보편적 철학과 이를 위해 필요한 방법의 확고한 이상은, 이른바 철학의 근대와 이것이 발전해나간 모든 계열을 근원적으로 건립함(Urstiftung)으로써 시작된다. 그러나 이 이상은 사실상 효력을 발휘할 수 없었고, 내적으로 해체되었다. […] 따라서 철학의 위기는 철학적 보편성의 분과들인 근대학문 모두의 위기를 뜻하며, 이것은 유럽인간성의 문화적 삶이 지닌 유의미성 전체, 즉 그의 실존(Existenz) 전체에서 맨 처음에는 잠재적이지만 점차 더 부각되는 유럽인간성 자체의 위기다.

형이상학의 가능성에 대한 회의, 즉 근대인을 이끈 보편적 철학에 대한 신념의 붕괴는 곧 고대인의 '주관적 속견'(*Doxa*)에 대립해 '객관적 인식'(*Episteme*)을 정립한 것으로 이해된 '이성'(Vernunft)에 대한 신념의 붕괴를 뜻한다. […] 모든 사물, 가치, 목적에 궁극적 의미를 부여하는 것은 바로 이성이다. 즉 철학이 시작된 이래 '진리'나 '진리 그 자체'(Wahrheit an sich)라는 말과 이것에 상관적 존재자인 '참으로 있는 것'(*ontos on*)이라는 말이 표현하는 것에 이성이 규범적으로 관계하는 것을 의미한다. 따라서 세계가 자신의 의미를 갖는 **절대적 이성**에 대한 신념, 역사의 의미나 인간성의 의미에 대한 신념, 즉 인간의 개별적 현존과 보편적 인간의 현존에 이성적 의미를 부여할 수 있는 인간의 능력인 자유(Freiheit)에 대한 신념도 붕괴된다. […]

7 이 저술이 연구하는 의도

근대심리학의 비극적 실패는 (역사적으로 성장된 의미에서) 심리학이 철학의 근본적인 학문이 되어야 한다고 [그 권리를] 요구할 수밖에 없었으나 이른바 '심리학주의'(Psychologismus)라는 명백하게 이치에 어긋난 모순에 빠진 데 있다.

나는 단지 내가 파악한 것을 안내하고 제시하며 기술할 뿐이지, 가르치려고 하지는 않겠다. 나는 [철학의] 현존재(Dasein)의 운명을 철저하고도 진지하게 몸소 체험한 사람으로서 우선 나 자신에 대해 그리고 이러한 방식으로 다른 사람들에게 내가 아는 최상의 지식과 양심에 따라 논의할 권리가 있다는 점만 주장할 뿐이다.

제2부 근대의 물리학적 객관주의와 선험적 주관주의가 대립한 근원

8 수학의 변혁에서 학문의 보편성이라는 새로운 이념의 원천

[…] 합리적이고 무한한 존재 전체와 이것을 체계적으로 지배하는 합리적 학문의 이념이라는 구상은 이제껏 들어본 적이 없는 새로운 것이다. 무한한 세계, 즉 이념성의 세계는 그 객체들이 우리의 인식에 개별적으로 불완전하게 그리고 우연히 접근할 수 있는 세계가 아니다. 대신 합리적이고 체계적인 일관된 방법으로 도달하는 세계, 요컨대 [이러한 방법을] 무한히 진행해 모든 객체가 결국 그것의 완전한 그 자체로 존재함(An-sich-sein)에 따라 인식되는 세계로 구상된다.

[…] 고대인들은 이와 유사하지만, (형식화하는 추상에서 발생한) 더 보편적인 이념, 즉 형식적 수학의 이념을 생각할 수조차 없었다. 근대 초기에야 비로소 무한한 수학의 지평을 실제로 획득하고 발견하기 시작한다. 그래서 대수학, 연속체(Kontinua)수학, 해석기하학의 단서가 생긴다. 새로운 인간성 고유의 대담성과 독창성 때문에 근대 초기에 이러한 새로운 의미로 '모든 것을 포괄하는 합리적 학문'이라는

위대한 이념이 즉시 예견되는데, 곧 '일반적으로 존재하는 것의 무한한 전체성(Allheit)은 그 자체로 합리적인 전체의 통일성(Alleinheit)'이라는 이념이다. […]

어쨌든 이 이념은 새로운 수학만으로 끝나지 않았다. 곧바로 그 합리주의는 자연과학에 파급되고 자연과학에 대해 수학적 **자연과학**, 즉 훨씬 이후에야 정당하게 명명되었듯이, '갈릴레이식 자연과학'이라는 완전히 새로운 이념을 창조한다. 그러나 성공해가던 이 수학적 자연과학이 실현되자마자 곧 (세계 전체의 학문, 존재자 전체의 학문인) 철학 일반의 이념은 변경된다.

9 갈릴레이가 자연을 수학화함

플라톤주의에서 실재적인 것(Reales)은 그 완전함에서 이념적인 것(Ideales)에 다소간 관여(Methexis)한다.[2] 이것은 고대기하학이 실재성에 원초적으로 적용될 가능성을 주었다. 갈릴레이가 자연(Natur)을 수학화하는 것(Mathematisierung)에서 자연 자체는 실로 새로운 수학의 주도로 이념화되고, 근대적으로 표현하면, 그 자체로 수학적 다양체(Mannigfaltigkeit)가 된다.

이처럼 자연을 수학화하는 의미는 무엇인가? 자연을 수학화하는 동기를 부여했던 사고과정을 우리는 어떻게 재구성하는가?

세계는 학문 이전의 일상적인 감각적 경험에 주관적-상대적으로(subjekt-relativ) 주어진다. […] 우리는 필연적으로 동일한 사물들이지

---

2 플라톤은 감각적 세계와 이데아의 관계를 개별자가 이데아에 '관여하고', 이데아가 그 개별자에 '드러나며'(parousia), 이 둘이 또한 이데아 상호 간의 결합도 포함해 서로 '결합하는'(koinonis) 것으로 설명한다. 그러나 이 둘을 구별한(chorismos) 것을 공간적 의미로 이해해서는 안 된다.

만 단지 우리에게 다르게 나타나는 사물들로 이루어진 그 세계의 존재를 믿는다. […]

'갈릴레이가 생각한 이 자명성 속에 무엇이 놓여 있는가' 그리고 '새로운 의미에서 수학적으로 자연을 인식하는 이념에 동기를 유발하기 위해 그는 더 이상의 자명성에 무엇을 첨부했는가' 하는 문제는 신중히 해석할 필요가 있다. 우리는 자연철학자이며 물리학의 개척자인 갈릴레이가 아직 오늘날과 같은 완전한 의미의 물리학자는 아니었다는 점에 주목한다. 즉 갈릴레이의 사고는 여전히 현재의 수학자나 수학적 물리학자의 사고와 같이 직관에서 이탈한 기호체계(Symbolik)를 통해 움직이지 않았다는 점 그리고 갈릴레이 이후 역사적으로 발전해 형성된 [현재] 우리에게 **자명한 사실들을** 그에게 투영해 해석해서는 안 된다는 점에 주목한다.

14 객관주의와 선험주의의 예비적 특징묘사

[…] 객관적으로 참된 세계, 즉 학문의 세계는 학문 이전의 경험작용과 사고작용 또는 그것을 타당하게 하는 작업수행의 토대 위에 이루어진 더 높은 단계의 **형성물**이다. 그러한 **주관성으로**, 게다가 그 내용과 더불어 학문 이전이나 학문의 모든 방식으로 세계의 모든 타당성을 **궁극적으로** 성취하는 **주관성으로** 그리고 이성의 작업수행 내용(Was)과 방법(Wie)으로 되돌아가 철저하게 문제 삼는 것만이 객관적 진리를 이해하게 할 수 있으며, 세계의 **궁극적 존재의미에** 도달할 수 있다. 따라서 그 자체로 제1의 것은 의심할 여지없이 자명한 세계의 존재가 아니다. […] 오히려 그 자체로 제1의 것은 주관성이다. 더구나 이것은 세계의 존재를 소박하게 미리 부여하고 그런 다음 합리화(rationalisieren) 또는 객관화(objektivieren)하는 주관성으로 이해된 주관성이다.

[…] 인식론이 등장하고 선험철학을 진지하게 시도한 이래 철학의 역사 전체는 객관주의적 철학과 선험적 철학 사이의 엄청난 긴장의 역사다. 즉 한편으로 객관주의를 유지하고 새로운 형태로 완성하려고 끊임없이 시도하는 역사이고, 다른 한편으로 선험적 주관성의 이념과 이 이념에서 요구된 방법이 수반하는 어려움을 극복하기 위해 선험주의가 시도한 역사다. […] 내가 여기에서 제시하려는 것은 선험철학의 **최종형식**(Endform)—**현상학**으로서—을 향한 목표다. 이 현상학에는 근대심리학의 자연주의적 의미를 근절시키는, 즉 [그것이] 지양된 계기인 **심리학의 최종형식**이 놓여 있다.

26 우리를 선도하는 '선험적인 것'이라는 개념에 대한 예비논의

[…] '선험철학'이라는 말은 칸트 이래 관용적으로 사용되었고, 게다가 칸트와 같은 유형의 철학으로 방향이 정해진 개념인 보편적 철학에 대한 일반적 명칭으로 사용되었다. 나는 이 '**선험적**' (transzendental)이라는 말을 가장 넓은 의미에서 데카르트가 모든 근대철학에 의미를 부여한 동기[3]이자, 모든 철학에서 자각하게 된 동기, 즉 진정하고 순수한 그 과제의 형태와 체계적으로 발전하려는 […] **원본적 동기**(originale Motiv)에 대한 명칭으로 사용한다. 그것은 '모든 인식이 형성되는 궁극적 원천으로 되돌아가 묻는 동기이며, 인식하는 자(Erkennendes)가 자기 자신과 자신의 인식하는 삶에 대해 자신을 성찰하는(Sichbesinnen) 동기'다. […]

물론 '선험적인 것'(Transzendentales)이라는 이러한 가장 일반적인 개념은 문헌으로 입증될 수 없다. 왜냐하면 그 개념은 개별적 체계를

---

[3] 이러한 의미에서 후설은 데카르트가 철학을 한 동기와 그 기본적 자세에 충실한 자신의 선험적 현상학을 '신-데카르트주의'라고 부른다.

내재적으로 해석하거나 이것들을 비교함으로써 획득될 수 없기 때문이다. 오히려 그것은 근대철학 전체의 통일적 역사성 속으로 깊이 파고들어 감으로써 획득되는 개념이다. 그것은 오직 이러한 방식으로만 증명할 수 있는 근대철학의 과제이며, 그 발전의 충동력으로서 근대철학에 내포된, 모호한 잠재적 상태(*Dynamis*)에서 그것의 현재적 상태(*Energeia*)를 향해 노력하는 과제의 개념이다. […]

27 '선험적인 것'이라는 개념으로 파악한 칸트와 그 후계자들의 철학

[…] 칸트의 체계를 '선험철학적'으로 특징지어도 좋다. 칸트는 데카르트가 근본적으로 고찰한 엄청난 심오함(Tiefe)에는 결코 들어서지 못했고, 그에게는 이 심오함 속에서 궁극적 정초와 결정을 추후에 추구한 데카르트의 문제제기가 일어나지도 않았다.

[…] 선험철학은 학문 이전의 객관주의와 학문적 객관주의에 대립해 모든 객관적 의미가 형성되고 존재 타당성의 근원적 터전인 인식하는 주관성으로 되돌아가는 철학이며, 존재하는 세계를 의미의 형성물과 타당성의 형성물로 이해하고 이러한 방식으로 **본질적으로 새로운 종류의 학문적 성격과 철학에 이르는 길을 개척하려는 철학**이다.

[…] 객관주의와 선험주의가 대립한 참으로 근본적인 의미를 해명하는 것을 넘어서 **칸트의 전환**이라는 사상이 형성된 것을 더 구체적이고 비판적으로 분석하고, 이것을 데카르트의 전환과 비교해보자. 이렇게 비교하는 것은 점차 그리고 자연히 우리에게 **궁극적 전환**(letzte Wende)과 최종적 결정을 제시하는 방식으로 우리가 독자적으로 함께 사유하게 한다. [그러면] 우리 스스로 내적으로 변화하게 되는데, 이렇게 변화하는 가운데 우리는 오랫동안 감지되었지만 그런데도 항상 은폐되었던 '선험적인 것'의 차원에 실제로 직면하게 된다. [이때 그것은] 직접적 경험으로 주어진다. 그래서 무한히 열려 있는 경험의 토

대는 즉시 방법적으로 연구를 촉진하는 철학(Arbeitsphilosophie)[4]의 비옥한 경작지가 된다. […]

생활세계에서 선험철학에 이르는 길

34 생활세계에 관한 학문이라는 문제의 해명

a) 객관적 학문과 학문 일반의 차이

생활세계 그 자체는 가장 잘 알려진 것, 즉 모든 인간의 삶에서 항상 이미 자명한 것, 그 유형학(Typik) 속에서 항상 이미 경험을 통해 우리에게 친숙한 것이 아닌가? 모든 생활세계의 알려지지 않은 지평은 단지 불완전하게 알려진 것, 즉 미리 그것의 가장 보편적인 유형에 관해 알고 있는 것의 지평이 아닌가? 물론 학문 이전의 삶은 이 알려진 것과 알려지지 않은 것을 알려진 것 속으로 옮겨놓는 것으로 충분하며, 경험(…)과 귀납(Induktion)의 토대 위에서 우연적 인식을 획득하는 것으로 충분하다. […]

따라서 '생활세계가 어떻게 끊임없이 근본적 토대로 기능하는가, 생활세계의 다양한 논리 이전의 타당성(vorlogische Geltung)이 어떻게 논리적 진리, 즉 이론적 진리의 기초를 세우는가' 하는 방식에 관해 결코 묻지 않았다. 그리고 생활세계 그 자체와 생활세계의 보편성이 요구하는 학문적 성격은 […] 궁극적으로 정초하는 것으로서, 그 가치(Wert)가 결코 더 낮은 것이 아니라, 오히려 더 높은 것이다. […] 실제로 최초의 것은 학문 이전에 세계의 삶에서 단순히 주관적-상대적

---

[4] 후설은 정합적인 완결된 체계가 아니라 무한히 열린 경험에서 그 자체로 보인 것을 기술하는, 즉 자유로운 상상으로 태도변경을 수행해감으로써 새로운 탐구의 시선을 제공하는 끊임없는 '사유실험'을 추구했다.

인(subjektiv-relativ) 직관이다. 물론 우리에게 이 '단순히'(bloß)라는 말은 오래전부터 내려온 유산으로 주관적 속견(doxa)이라는 경멸의 색조도 띤다. [하지만] 학문 이전의 삶 자체에서 직관은 당연히 이러한 경멸의 색조가 전혀 없다. 왜냐하면 단순히 주관적-상대적인 직관은 [삶 자체에서는] 충분히 확증할 수 있는 영역이고, 그것에 기초해 충분히 확증된 술어적 인식의 영역이며, 또한 그것의 의미를 규정하는 삶의 실천적 계획이 그것 자체를 요구하는 것과 정확히 마찬가지로 확인된 진리의 영역이기 때문이다.[5]

b) 주관적-상대적인 경험과 객관적 학문

[…] 우리는 항상 새롭고 더 개선된 가설을 세우고 경험을 확증함으로써 정당화하는 가운데 **진리 그 자체**에 언제나 접근할 수 있다. [그러나] 이것은 그것의 한 측면이다. 자연과학자는 이러한 객관적 방식으로 관심을 두고 활동하지만, 주관적-상대적인 것은 어쨌든 그 과학자에게 예컨대 하찮은 통과점(Durchgang)이 아니라 객관적으로 확증하는 모든 것에 대해 그 이론적-논리적인 존재타당성을 궁극적으로 정초하는 것으로 기능하며, 따라서 명증성의 원천, 확증의 원천으로 기능한다. […]

d) 원리적으로 직관할 수 없는 '객관적으로 참된 세계'

[…] 객관적 세계는 항상 확장된 의미에서 자연(Natur)으로 간주되었다. 요컨대 객관적 세계는 원리적으로 결코 지각될 수 없는 것, 즉 원리적으로 고유한 자신의 존재로 경험할 수 없는 이론적-논리적인

---

[5] 후설은 주관적 속견(doxa)이 인식의 정당성과 명증성의 측면에서 더 근원적이기 때문에 객관적 인식(episteme)보다 더 중요하고 가치 있다고 평가한다. 그래서 후설현상학은 '지각의 현상학' '애매성의 철학'보다 이제까지 가려져 은폐된 어둠을 밝히는 '여명의 철학'이라 하는 게 더 적절하고 바람직하다.

구축물이지만, 생활세계에서 주관적인 것은 실제로 경험할 수 있다는 점에서 완전히 구별된다.[6]

생활세계는 근원적인 명증성의 세계다. […] (그때그때의 양상에서) '그것 자체'는 상호주관적으로 실제로 경험할 수 있고 확증할 수 있는 것으로서, 이러한 직관 속에 놓여 있지 결코 사고의 구축물은 아니며, […] 이러한 명증성으로 되돌아감으로써만 비로소 참된 진리를 가질 수 있다. 이러한 명증성이 갖는 근원적 권리를 분명하게 주장하는 것, 게다가 그것이 객관적-논리적 명증성의 권위에 대립해 인식을 정초하는 더 높은 권위를 지닌다는 점을 분명하게 주장하는 것은 생활세계를 학문적으로 해명하는 데는 물론 그 자체로도 가장 중요한 과제다. […]

35 선험적 판단중지의 분석론, 그 1단계: 객관적 학문에 대한 판단중지

[…] 모든 객관적 학문에 대한 판단중지는 객관적 학문들의 모든 인식을 함께 수행하는 것에 대한 판단중지를 뜻하며, 객관적 학문의 참과 거짓에 관심을 갖는 모든 비판적 태도결정, 심지어 '객관적 세계의 인식'이라는 그 주도적 이념에 대한 태도결정까지 판단중지를 하는 것을 뜻한다.

[…] 총체적인 현상학적 태도와 이 태도에 속한 판단중지는 우선 본질적으로 완전히 인격을 변화(personale Wandlung)시킬 것을 자신의

---

[6] 삶의 존재를 확증하는 것은 경험에 한정해 완전한 확신을 준다. 이 존재를 확증하는 것이 귀납적인 경우조차, 귀납적으로 선취하는 것(Antizipation)은 궁극적으로 결정하는 경험할 수 있는 것을 선취하는 것이다. 귀납은 귀납을 통해 서로 확증할 수 있다. […] 모든 직접적인 지각 자체가 이미 귀납적인 계기들(객체에 관해서 여전히 경험되지 않은 측면을 선취하는 것)을 포함하기 때문에, 모든 것은 '경험'이나 '귀납'이라는 더 넓은 개념들 속에 포함된다—후설의 주.

소명으로 삼으며, 이 인격의 변화는 우선 일종의 종교적 개종과 비교될 수 있지만, 그러나 이것을 넘어서 인간성(Menschheit)으로서 인류에 부과된 가장 위대한 실존적 변화의 의미를 내포한다.

36 객관적-논리적 아프리오리와 생활세계의 아프리오리의 원리적 구별

[…] 생활세계가 그 모든 상대성 속에 자신의 보편적 구조(allgemeine Struktur)를 갖는다. 모든 상대적 존재가 결합된 이 보편적 구조는 그 자체가 상대적인 것이 아니다. 우리가 이 구조를 그 보편성에 주목하면서 신중하게 살펴보면, 단연코 모든 사람이 동일하게 접근할 수 있게 확립할 수 있다. 생활세계로서 세계는 학문 이전에서조차 '동등한' 구조를 가진다. […] 모든 객관적 아프리오리도 그에 상응하는 생활세계의 아프리오리로 되돌아가 필연적으로 관계됨으로써 생활세계에 속한다. […]

37 생활세계의 가장 형식적-보편적인 구조

[…] 세계는 시간공간성이라는 형식에서 이중으로 (공간의 위치와 시간의 위상에 따라) '장소에서' 분할된 사물들, 시간공간의 '존재자'(Onta)인 사물들의 전체다. 그러므로 이러한 존재자에 관한 구체적인 보편적 본질학(Wesenslehre)으로 이해된 '생활세계의 존재론'(lebensweltliche Ontologie)이라는 과제가 여기에 놓여 있다.

[…] 세계에 대한 의식과 사물에 대한 의식, 즉 객체에 대한 의식(…)의 방식에는 원리적 차이가 있다. 반면 이 양자는 서로 분리될 수 없는 통일체를 형성한다. […] 각각의 사물은 우리에게 끊임없이 지평으로 의식된 세계 '에서의 어떤 것'이다. 다른 한편 이 지평은 존재하는 객체들에 대한 지평으로만 의식되며, 특별히 의식된 객체들이 없다면 결코 현실적이 될 수 없다. […] 이 세계 속의 객체와 이 세계

그 자체가 존재하는 방식(Seinsweise)의 차이는 근본적으로 서로 다른 상관적인 두 가지 의식의 방식(Bewußtseinsweise)을 명백히 규정한다.

39 자연적인 삶의 태도를 총체적으로 변경하는 선험적 판단중지의 특성

생활세계가 미리 주어진 것이 어떻게 독특하고도 보편적인 주제가 될 수 있는가? 이것은 명백히 자연적 태도를 **총체적으로** 변경해야만 가능하다. 이렇게 변경하는 것은 그 속에서 우리가 더 이상 이제까지와 같이 자연적으로 현존하는 인간으로서 미리 주어진 세계가 끊임없이 타당하다고 정립하면서 사는 것이 아니라, 오히려 이렇게 타당하다고 정립하는 것을 끊임없이 억제하는 것이다. 이렇게 함으로써만 우리는 '세계 그 자체가 미리 주어져 있다'는 변경된 새로운 주제에 도달할 수 있다. [⋯] 자연적인 세계 속에 살아가면서 세계가 타당하다고 정립하는 삶은 세계 속에 살아가는 태도에서는 연구되지 않는다. 그러므로 **총체적인 태도변경**, 즉 전혀 그 유례를 찾을 수 없는 유일한 판단중지가 필요하다.

40 총체적 판단중지를 진정으로 수행하는 의미를 파악하기 어려운 점

[⋯] 자연적–정상적인 삶의 작용들 가운데 어느 것도 그리고 그 속에 포함된 타당성들 가운데 어느 것도 [그것만으로] 고립되어 있지 않다. 그것들을 지향하는 가운데 그 작용이나 타당성은 유동적인 움직임과 함께 기능하는 현실적이지 않은(inaktuell) 타당성의 무한한 지평을 필연적으로 함축한다. [⋯]

개별적으로 타당하다고 정립하는 것을 억제하는 것(⋯)은 단지 각각의 타당성에 대해 자연적 세계의 토대 위에 하나의 새로운 타당성의 양상을 만들어낼 뿐이다. [⋯] 그런데 전혀 다른 방식의 보편적 판단중지가 가능하다. 그것은 자연적인 세계 속의 삶 전체를 그리고 타당성(비록 은폐되었든 명백하게 개방되었든)의 그물망을 통해 철저하게 타당하다고 정립하는 작업수행 전체를 일격에 작용 밖으로 배제하는 것, 즉 통일적인 자연적 태도로서 '단적으로' '단도직입적으로' 영위되는 삶을 형성하는 작업수행 전체를 일격에 작용 밖으로 배제하는 것이다. 이제까지 전혀 단절되지 않은 채 경과하는 이러한 삶의 방식을 제지해 타당하게 정립하는 실행을 억제함으로써 삶 전체의 태도를 완전히 변경하게 된다. 즉 전혀 새로운 방식의 삶이 획득된다. […] 인간성(Menschentum)의 철학적 심층까지 도달하는 이 판단중지를 통해 인간성 전체를 철저하게 변경시킬 가능성을 이미 논의했던 것도 망각하지 말아야 한다.

41 세계와 의식의 선험적 상관관계를 발견하고 탐구하는 선험적 환원

[…] 세계가 미리 주어져 있다는 구속에서 해방됨으로써 또한 이 해방에서 세계 자체(Weltselbst)와 세계에 대한 의식(Weltbewußtsein) 사이의 그 자체로 절대적으로 완결되고 절대적으로 독자적인 보편적 상관관계(Korrelation)가 발견된다. […]

43 '데카르트적 길'과 뚜렷이 대조되는 환원에 이르는 새로운 길의 특징

[…] 나는 나의 저술 『이념들』[제1권]에서 서술했듯이 선험적 판단중지를 통한 [여기에서 논의한 것보다] 훨씬 짧은 길―이것을 나는 '데카르트적 길'이라고 불렀다(즉 이것은 『성찰』에서 데카르트의 판단중지를 단순히 반성하면서 깊이 파고들어 감으로써, 그리고 데카르트의 편견이나 혼동을 비판적으로 순화함으로써 획득한 것으로 생각된다)―이 다음과 같은 커다란 결함을 갖는다는 사실에 주목한다. 즉 이 길은 실로 단 한 번의 비약으로 선험적 자아(transzendentale ego)에 이르는 것 같지만, 그러나 선행하는 어떠한 [예비]설명도 분명히 없으므로 선험적

자아를 가상적인, 내용이 없어 공허한 것으로 보이게 했다. 따라서 이러한 상황에서 사람들은 우선 '그것으로 무엇이 획득되었는가?' […] 하는 [난처한] 문제에 직면했다. 그러므로 나의 저술 『이념들』[제1권]이 이룩한 성과가 제시하듯이, 사람들은 너무나 쉽게 그리고 곧바로 최초의 출발에서부터 그렇지 않아도 매우 빠지기 쉬운 소박한-자연적 태도 속으로 다시 굴러떨어졌다.[7]

48 주관적 상관관계의 체계에 대한 지표로서 모든 존재자

[…] 각자가 사물들과 세계 일반을 자신이 보는 그대로 본다는 소박한 자명성은, 우리가 인식하듯이, 그것의 독특함과 체계적 연관을 통해서는 결코 철학의 시야에 들어오지 않았던 주목할 만한 진리의 거대한 지평을 은폐시켰다. 아직껏 (즉 『논리연구』에서 '선험적 현상학'이 최초로 등장하기 이전에) 세계(…)와 이 세계가 주관적으로 주어지는 방식들 사이의 상관관계가 철학적 경이로움을 불러일으키지 않았다. 물론 이 상관관계는 소크라테스 이전의 철학에서 이미 나타났지만, 회의적으로 논증하는 동기로서만, [소피스트들의] 궤변술에서 알려질 정도로만 언급되었다. 이 상관관계는 이제까지 고유한 학문적 성격의 주제가 될 수 있을 독특한 철학적 관심을 불러일으키지 못했다. 사람들은 각각의 사물이 각자에게 그때그때 다르게 보인다는 자명성에 사로잡혀 있다.[8] […]

V-14

---

7 이 문단은 후설 스스로 자신의 현상학이 발전해나간 발자취를 진술하기 때문에 후설현상학을 총체적으로 이해하는 데 매우 중요한 지표다.
8 경험의 대상과 [이것이] 주어지는 방식들의 보편적 상관관계의 아프리오리가 최초로 등장한 것(이것은 대략 1898년경으로 나의 『논리연구』가 마무리되고 있던 때다)은 나에게 매우 깊은 충격을 주었기 때문에, 그 이후 나의 전 생애에 걸친 작업 전체는 이 상관관계의 아프리오리를 체계적으로 완성하는 과제가 지배

[…] 경험 속에 작용하는 지향은 그때그때 주체에서 '나는 생각한다'(cogito)이고, 이것이 생각한 것(cogitatum)은 그 내용(Was)과 방식(Wie)에 따라 […] 자신의 통일체인 동일한 하나의 존재자를 '제시'한다.

49 '근원적으로 의미를 형성하는' 선험적 구성이라는 잠정적 개념

[…] 그때그때 주관성의 많은 단계를 지닌 지향적인 총체적 작업수행은 개별화된 상호주관성이 아니라 작업수행 속에서 공동체가 된 상호주관성(die im Leisten vergemeinschaftete Intersubjektivität)의 전체다.

[…] 세계의 상호주관적 구성 속에는 여전히 그렇게 은폐된 주어지는 방식들의 체계 전체, 따라서 자아의 타당성 양상들의 체계 전체가 포함된다. 우리가 그것을 체계적으로 해명하면, 이러한 세계의 상호주관적 구성을 통해 우리에 대해 존재하는 세계를 기본적인 지향성을 통해 형성된 하나의 의미의 형성물로 이해할 수 있게 된다. […] 의미(Sinn)는 타당성의 양상 속에 있는 의미에 불과하며, 따라서 지향하는 것 그리고 타당하게 정립하는 것으로서 자아의 주체에 관련된

했다. […] 즉 '인간의 주관성을 이러한 상관관계의 문제제기 속으로 끌어들이는 것이 어떻게 필연적으로 그 문제제기 전체의 의미를 근본적으로 변경시키도록 강요하며, 결국 절대적인 선험적 주관성을 향한 현상학적 환원으로 이끌 수밖에 없었는가' 하는 것이다.
더 해명할 필요가 있지만, 현상학적 환원이 처음 등장한 것은 『논리연구』(1900~1901)가 출간된 후 몇 년이 지나서였다. 선험적 환원으로 새로운 철학을 체계적으로 도입하려는 최초의 시도는 『이념들』 제1권에서 1913년 나타났다. 그 이후부터 수십 년 동안 동시대인의 철학은―이른바 현상학파의 철학도― 구태의연한 철학적 소박함에 곧잘 머물곤 했다. 물론 이러한 근본적 전환, 즉 삶의 자연적인 방식 전체를 총체적으로 태도변경하는 일이 처음으로 등장하기란 매우 어렵기 때문에 충분한 근거에 입각해 서술될 수는 없었고, […] 자연적 태도로 다시 굴러떨어짐으로써 일어나는 끊임없는 오해들이 발생하는 경우 더욱 그러하다―후설의 주.

다. [요컨대] '지향성'(Intentionalität)은 유일하게 실제적으로 또한 진정으로 설명하고 이해시키는 것의 명칭이다. […]

50 '자아(Ego)–사유함(cogito)–사유한 것(cogitatum)'의 연구문제

[…] 우리는 데카르트가 논의한 방식에서 보면 '자아(*Ego*)–사유작용(*cogitatio*)–사유한 것들(*cogitata*)'을 가진다. 자아 극(그리고 이것에 고유한 자신의 동일성), 종합적으로 결합되어 나타나는 것으로서 주관적인 것, 대상 극들―이것들이 바로 분석하는 서로 다른 시선의 방향이고, '지향성'이라는 보편적 명칭의 서로 다른 방식에 상응한다. […]

순수한 존재의 확실성에서 단절 없이 (따라서 의심할 여지없이) 단적으로 현존하는 '정상적인 것'으로서 세계가 지각에 적합하게 주어지는 그 생활세계다. 새로운 관심의 방향을 확정함으로써 그리고 이와 더불어 이 관심을 엄밀하게 판단중지를 함으로써 생활세계는 1차적인 지향적 명칭, 즉 다양하게 나타나는 방식들과 그 지향적 구조를 되돌아가 묻는 것(Rückfrage)에 대한 **지표**, 실마리가 된다.

[…] 우리가 주관성(Subjektivität)은 상호주관성(Intersubjektivität) 속에서만 그 본질, 즉 구성적으로 기능하는 자아(konstitutiv fungierendes Ich)라는 사실을 깊이 고려하자마자, [상술한] 모든 것이 복잡해진다. […] 개인적 (순수하게 자아의) 지평(…)을 구성하는 시간화(時間化)는 모든 자아 주체의 '공간'으로서, 보편적 사회성(universale Sozialität)(이러한 의미에서 '인류')이다.

51 '생활세계 존재론'의 과제

[…] 모든 실천의 형성물(…)을 즉시 그 자신 속에 받아들이는 삶의 세계도 물론 끊임없이 변화하는 상대성 속에서 주관성에 관계된다. 그러나 삶의 세계가 아무리 변경되고 정정되더라도 자신의 본질법칙

의 유형을 준수한다. 그리고 삶과 생활세계, 또한 그 '토대'인 모든 학문은 이 본질법칙의 유형에 결합되어 있다. 그러므로 생활세계도 순수한 명증성에 근거해 이끌어낼 수 있는 존재론을 가진다. […]

53 세계에 대한 주관인 동시에 세계 속에 객관인 인간 주관성의 역설

[…] '주관적인 것'(Subjektives)이라는 일반적인 개념은 판단중지에서, 자아 극들과 많은 자아 극들의 우주(Universum)이든 나타남들의 다양체이든 대상 극들과 대상 극들의 우주이든, 모든 것을 포괄한다.

그러나 바로 이것에 어려움이 있다. 모든 객관성, 즉 존재하는 모든 것을 해소하는 보편적 상호주관성(universale Intersubjektivität)은 어쨌든 인간성(Menschheit)일 수밖에 없다는 점은 분명하고, 이것은 의심할 여지없이 그 자체로 세계의 부분적 존립요소다. [그런데] 이 인간의 주관성이 어떻게 세계 전체를 구성하는가? 즉 주관성의 지향적 형성물로 구성하는가? […] 이것은 어쨌든 자연적인 객관적 태도의 자명성이 갖는 힘(이른바 상식의 힘)과 이것에 대립한 '무관심한 관찰자'의 태도 사이의 끊임없는 긴장에서 발생하는 역설, 유의미하게 해소될 수 있고 심지어 필연적인 역설(Paradoxie)인가?

[…] 세계는 미리 주어진 자명성의 유일한 우주다. [그러나] 처음부터 현상학자는 자명한 것을 의심스러운 것, 즉 수수께끼와 같은 것으로 간주해야만 하고, 그 이후부터는 오직 이러한 것—현상학자에게는 실로 '모든 수수께끼 가운데 최대의 수수께끼'인 세계가 존재하는 보편적 자명성을 이해할 수 있게 변경시키는 것—만 학문적 주제로 가질 수밖에 없다는 역설 속에 산다. […] 그러나 우리는 인간이 세계에 대한 **주체**(세계는 의식에서 보면, 인간에 대한 자신의 세계다)이며 동시에 이 세계 속에 있는 객체라는 점에 안도할 수 있고, 이 단순한 사실성에 만족할 수 있는가?

[…] 새롭게 시작하는 현상학적-선험적 근본주의(Radikalismus)라는 철학의 본질적 특징은 객관적 철학처럼 자명성의 토대를 미리 마련하는 대신 (비록 다르더라도) 이와 유사한 의미의 토대를 원리적으로 배제한다는 것이다. 따라서 이 철학은 우선 토대 없이(bodenlos) 시작해야만 한다. 그러나 바로 그 철학은 […] 원초적인 자기성찰을 통해 하나의 현상 또는 현상들의 우주로 변경된 소박한 세계를 자신의 것으로 만듦으로써 어떤 토대를 창출할 가능성을 획득한다. […] 이 철학은 각인된 어떠한 논리학이나 방법론도 미리 갖지 않으며, 자신의 방법과 심지어 자신의 작업수행이 지닌 진정한 의미마저도 항상 새로운 자기성찰을 통해서만 획득할 수 있다. […]

54 역설의 해소

a) 궁극적으로 기능하는 작업수행의 주체로서 우리

[…] '우리 모두'로서의 상호주관성을 나에게서, 실로 내 '속에서' 구성하는 문제는 우리가 끌어들였고 계속 추진해왔던 길 위에서 볼 때 알려지지 않았던 문제였다. […] 그러나 선험적 주체, 즉 세계의 구성에 대해 기능하는 주체는 인간인가? 어쨌든 판단중지가 인간을 '현상'으로 만들었기 때문에 판단중지를 하는 철학자는 자기 자신과 타인도 소박하게 단도직입적으로 인간으로 타당하게 간주하는 것이 아니라, '현상', 즉 선험적으로 되돌아가 묻는 것의 극(極)으로만 타당하게 간주한다. […]

b) 근원적 자아(Ur-Ich)는 선험적 타자(Andere)의 지평을 구성한다

[…] 방법적으로는 자아와 자아의 선험적 기능이나 작업수행을 체계적으로 연구해 출발해야만 선험적 상호주관성과 이것이 선험적 공동체가 된 것(Vergemeinschaftung)—기능하는 자아 극들의 체계에서 이것으로 모든 사람에 대한 세계가 구성되고, 각각의 주체에 대해 모

든 사람에 대한 세계로 구성된다―이 제시될 수 있다. 그리고 이러한 방식으로만 […] 모든 상호주관성의 선험적 자아(이미 밝힌 방식에서 세계를 함께 구성하는 자아)는 세계 속에 있는 인간으로서 필연적으로 구성될 수밖에 없다는 사실, 따라서 모든 인간은 '그 자신 속에 선험적 자아를 지닌다'―그러나 이것은 실재적인 부분이나 자기의 영혼에서 하나의 층(이것은 이치에 어긋날 것이다)으로서가 아니라, 인간이 현상학적으로 자신을 성찰함으로써 제시할 수 있는 관련된 선험적 자아가 자신을 객관화한 것(Selbstobjektivation)인 한에서 그러하다―는 사실을 궁극적으로 이해할 수 있다. […]

유럽인간성의 위기와 철학(빈강연)

I

나는 이 강연에서 유럽인간성(Menschentum)이 지닌 역사철학적 이념(또는 목적론적 의미)을 전개함으로써 자주 논의된 주제인 '유럽의 위기'에 새로운 관심을 불러일으키고자 한다. 더구나 이 경우 내가 우리의 학문인 철학과 그 분과들이 이러한 의미에서 수행해야만 할 본질적인 기능을 제기하면, '유럽의 위기'도 새롭게 조명될 것이다.

[…] 유럽 국가들은 병들어 있다. 왜냐하면 유럽 자체가 위기에 빠져 있다고 일컬어지기 때문이다. 그러나 이 경우에도 자연치료법과 같은 것이 결코 없지는 않다. 사실 소박하고도 극단적인 막대한 개혁안들이 넘쳐날 정도로 제시되고 있다. 그러나 풍성하게 발전된 정신과학들은 자연과학들이 그들의 영역에서 탁월하게 이룩한 공헌을 이 경우에는 왜 거부하는가?

[…] 자연과학은 직관적으로 주어진 것을 단지 주관에 상대적으로 나타나는 현상으로 이해하고,[9] 초(超)-주관적인('객관적인') 자연 자

체에 체계적으로 접근함으로써 절대적인 보편적 원리와 법칙에 근거해 탐구하는 방식을 가르친다. [⋯] 근대에 정밀한 과학들이 일관되게 발전한 결과는 자연을 기술(技術)로 지배함으로써 이룩한 참된 혁명이었다.

 [⋯] 정신적인 것 그 자체에만 관심을 둔 정신과학의 탐구자가 기술하는 것, 즉 정신의 역사(Geisteshistorie)를 이탈하지 않고도 직관의 유한함에 구속된다는 사실을 이해할 수 있다. [⋯] 어떤 역사가도 고대그리스 영토의 자연적인 지리를 고려하지 않고는 결코 고대그리스 역사를 취급할 수 없으며, [고대그리스] 건축물을 세운 소재를 함께 다루지 않고는 고대그리스 건축을 취급할 수 없다. [⋯] 역사가 또는 어떤 영역이든 정신의 탐구자나 문화의 탐구자는 그가 관심을 두는 현상 속에 물질적 자연—우리가 든 예에서는 고대그리스의 자연—은 자연과학적 의미의 자연이 아니라, 고대그리스인이 자연으로 간주한 것, 즉 자연의 실제성으로서 그들을 에워싼 환경세계에서 직면한 것이다. [⋯] 그리스인의 역사적 환경세계는 우리가 말하는 의미의 객관적 세계가 아니라, 그들의 '세계에 대한 표상'(Weltvorstellung), 즉 그들의 환경세계 속에서 그들이 타당하다고 간주한 모든 실제성—예를 들어 신들·정령들 등을 포함해—을 지닌 그들 자신이 주관적으로 타당하다고 간주한 것이다.

 [그런데] 환경세계는 역사적 삶 속에서 이루어진 정신의 형성물로서 정신적 영역에서만 자신의 지위를 갖는 개념이다. [⋯] 환경세계

---

9 자연과학의 이러한 경향은 케플러(Johannes Kepler)가 양화(量化)를 통해 가장 잘 알 수 있는 것(the most knowable)과 가장 실재적인 것(the most real)을 동일시하는 세계관을 제시하고, 갈릴레이가 직접 구체적으로 경험되는 물체의 종적(種的) 성질들을 간접적 수학의 공식으로 객관화(추상화)한 이래 점차 주관적 요소를 더 경멸해간 근대자연과학의 지배적인 강력한 흐름이었다.

의 자연을 그 자체로 정신에 생소한 것(in sich Geistesfremdes)으로 간주하고, 그 결과 정신과학을 자연과학으로 기초지우며, 그렇게 함으로써 [정신과학을] 추정적으로 정밀하게 만들려는 것은 이치에 어긋난다. [그러나] 모든 자연과학은 (일반적으로 모든 학문도) 공동으로 연구하는 자연과학자들의 정신의 작업수행을 나타내는 명칭이라는 사실이 명백하게 전적으로 망각되었다. […] 이것은 하나의 순환논증 아닌가?

[…] 우리는 '유럽의 정신에서 그 형태는 어떻게 특징을 나타내는가' 하는 물음을 제기하고 있다. 유럽을 지리나 지도에 따라 이해해서는 안 된다. 정신적 의미에서 영국의 자치령들이나 미국 등은 분명히 유럽에 속하지만, 장날 구경거리로 등장하는 에스키모인이나 인디언 부족 또는 유럽에서 여기저기 계속 유랑하며 떠도는 집시 부족은 유럽에 속하지 않는다. 여기에서 '유럽'이라는 명칭으로 문제가 되는 것은 명백히 정신적 삶·활동·창작[…]의 통일체다. […]

그렇다면 '유럽의 정신적 형태', 이것은 도대체 무엇인가? 그것은 유럽의 역사(정신적 유럽의 역사) 속에 내재하는 철학의 이념을 제시하는 것이다. 요컨대 보편적 인류 일반이라는 관점에서 고찰해보면, 새로운 인류의 시대, 즉 이제부터는 이성(Vernunft)의 이념과 무한한 과제를 통해 오직 인간의 현존재나 역사적 삶의 자유로운 형태로만 살아가려고 하고, 그렇게 살 수 있는 인류의 시대가 출현할 텐데, 그 발전의 출발점이라고 자신을 표명하는 유럽의 역사 속에 있는 목적론을 제시하는 것이다.

[…] 유럽은 그 정신이 출생한 터가 있다. 그러나 이 말은 어떤 지방의 지리적인 것[…]이 아니라 어떤 국가나 그 구성원인 개인들과 인간 집단이 정신적으로 출생한 터를 뜻한다. 그런데 기원전 7세기와 6세기 고대그리스의 도시국가에서 그들의 환경세계를 대하는 독자적으로 새로운 종류의 태도가 생겼다. 이 태도를 시종일관 수행해 체계

적으로 완결된 문화의 형태로 빠르게 성장한 완전히 새로운 유형의 정신적 산물이 출현했는데, 그들은 이것을 '**철학**'(Philosophie)이라고 불렀다. 이 말의 근원적 의미는 '보편적 학문', 세계 전체(Weltall), 즉 모든 존재자의 전체적 통일성(Alleinheit)에 관한 학문을 뜻한다. 그 이후 곧바로 전체(All)에 관한 관심 그리고 모든 것을 포괄하는 생성작용(Werden)과 이 생성작용 속에서 제기되는 존재(Sein)에 관한 물음은 곧 존재의 보편적 형식과 영역에 따라 특수하게 구분되었고, 그래서 하나의 학문인 철학은 다양한 개별과학으로 분파되었다.

[…] 우리는 오직 그리스인에게서만 순수한 이론적 태도라는 본질적으로 새로운 형태의 보편적(우주론적)인 삶의 관심을 발견한다. […] 그들은 따로 고립되지 않고 서로 함께 또한 서로를 위한, 따라서 개인들 상호 간에 결합한 공동의 연구에서 이론(Theoria)을 그리고 오직 이론만을 추구하고 성취했다. […] 개인은 어떠한 태도변경을 하더라도 그의 자연적 관심을 간단히 잃어버릴 수 없다. 이것은 각자가 출생한 이후부터 계속 형성되어왔던 그 자신으로 존재하기를 중지해야 한다는 사실을 뜻하기 때문이다. 따라서 어떠한 사정에서도 태도변경은 일시적일 수밖에 없다. 즉 태도변경은 무조건적인 의지의 결단(Willensentschließung)이라는 형식으로서만 그 이후의 삶 전체에 대해 습득적으로 계속 지속하는 타당성의 성격을 지닐 수 있다.

[…] 실천적 태도에 대립해 이와 다른 태도인 일반적인 자연적 태도를 변경시킬 본질적 가능성은 여전히 존재한다(…). 그것은 **이론적 태도**다. […] 이론적 태도는, 비록 직업적 태도이지만, 전적으로 비-실천적이다. 이론적 태도는 자신의 직업적 삶의 테두리 안에서 모든 자연적 실천과 더불어 자연적으로 필요한 것에도 이바지하는 더 높은 단계의 실천을 자발적으로 행하는 판단중지(Epoche)에 기초한다.

어쨌든 판단중지를 통해 이론적 삶을 실천적 삶에서 결정적으로

'분리해내는 것'은 결코 문제가 되지 않으며, 이론가(理論家)의 구체적인 삶을 서로 아무 연관도 없이 지속하는 삶의 두 연속성으로 나누는 것[…]도 전혀 문제가 되지 않는다. 왜냐하면 (한편으로 자연적 태도에 기초한 종교적-신화적 태도와 다른 한편으로 이론적 태도에 대립해) 제3의 형식인 보편적 태도—이것은 이론적 태도에서 실천적 태도로 이행할 때 수행되는 [서로 대립하는] 양 측면이 지닌 관심을 종합한 것이다—가 여전히 가능하기 때문이다. […]

이 종합은 새로운 종류의 실천(Praxis)이라는 형식으로 일어난다. […] 그 결과 이러한 비판에 근거해 이루어진 실천, 즉 보편적인 학문적 이성을 통해 모든 형식의 진리의 규범에 따라 인류를 향상하고 인류를 철저하게 새로운 인간성(Menschentum)으로 변형하는 실천은 절대적인 이론적 통찰에 기초해 절대적으로 스스로 책임을 지는(Selbstverantwortung) 능력을 부여한다.

[…] 보편적이지만 신화적-실천적 태도와 이제까지 논의한 모든 의미에서의 비-실천적인 이론적 태도는 날카롭게 대조된다. 비-실천적인 이론적 태도는 바로 그리스철학에서 최초로 절정을 이룬 시기의 위대한 철학자인 플라톤과 아리스토텔레스가 철학의 근원으로 되돌아가 밝혀낸 경탄하는(thaumazein) 태도다. 모든 실천적 관심을 외면하고, […] 오직 순수한 관조(Theoria)에만 몰두해 세계를 고찰하고 세계를 인식하려는 열정이 인간의 마음을 사로잡았다. 즉 인간은 세계에 관계하지 않는 방관자(Zuschauer), 세계를 조망하는 자(Überschauer)가 되었고, [비로소] 철학자(Philosoph)가 되었다.

[…] 동시에 탈레스(Thales) 등과 같이 개별화된 인격에서 새로운 인간성, 즉 철학적 삶과 새로운 문화형태인 철학을 직업적으로 창조해내는 인간이 생겼다. 당연히 이에 상응해 [철학을] 사회에 보급하는 새로운 직업도 즉시 생겼다. 이처럼 이념적으로 관조해 형성한 것

은 [다른 사람들이] 추후에 다시 이해하고 추후에 다시 생산함으로써 손쉽게 즉시 함께 존속되고 이어졌다. […] 그 결과 전통에 만족하는 보수적인 사람들과 [이들에 비판적인] 철학자 집단은 서로 대항해 싸울 것이고, 확실히 그 투쟁은 정치권력의 장(場)에서 진행될 것이다. 그리고 이미 철학의 출발에서부터 박해는 시작되었다.[10] [결국] 철학의 이념에 헌신해 살아가는 사람은 배척되었다. 그런데도 그 이념은 어떠한 경험에 근거한 [현실의] 권력보다 더 강했다. […]

II

[…] 지금 이 강연에서 주장한 내용은 곧 우리 시대에는 거의 적절치 않은 것, 즉 공허한 교양추구나 주지주의의 속물근성에 필연적으로 빠진 합리주의나 [천박한] 계몽주의 그리고 세계에서 소외된 이론으로 은폐된 주지주의의 명예를 회복하고자 시도하는 것은 아닌가? 그것은 학문이 인간을 현명하게 한다거나, 운명을 극복해 이에 만족하는 진정한 인간성을 창조하도록 요청되었다는 숙명적인 오류로 지금 다시 회귀하는 것을 의미하지는 않는가? 이러한 [나의] 생각을 오늘날 누가 진지하게 받아들일 것인가?

이러한 반론은 17세기부터 19세기 말까지 유럽이 발전해온 상태와 관련해 확실히 상대적인 정당성을 지닌다. 그러나 이 반론은 내가 [이제까지] 서술한 본래의 의미에 일치하지 않는다. 추정적으로 보면 반동가(反動家)인 내가 오늘날 말로만 매우 급진적인 태도를 취하는

---

10 '그리스철학이 출발부터 박해받았다는 것'은 소크라테스가 재판받아 처형된 사건을 뜻한다. 재산과 명예를 이어받아 출세하는 기술을 가르치고 돈을 받았던 소피스트들의 무지(無知)를 논박술(elenchos)로 폭로하고 각자의 영혼을 산파술(maieutike)을 통해 완성하라고 역설한 소크라테스의 도덕혁명을 기존의 도덕체계와 사회질서를 위협하는 정치혁명으로 간주했기 때문이다.

사람들보다 훨씬 더 급진적(radikal)이고 훨씬 더 혁명적(revolutionär)이라고 나는 생각한다.[11]

나 역시 '유럽의 위기'의 원인은 곧 길을 잘못 들어선 합리주의(sich verirrende Rationalismus)라고 확신한다. 그러나 그것은 마치 합리성 자체가 악(惡)이라든가, 인류의 실존(Existenz) 전체에서 단지 부차적인 사소한 의미라든가 하는 견해를 뜻하지 않는다. […] 우리가 일관되게 논의한 높은 [차원의] 진정한 의미의 합리성은 그리스철학의 고전을 이룬 시대의 이상(理想)이었던, 본원적으로 그리스적인 의미의 합리성이다. 물론 이 합리성은 여전히 스스로 성찰하는 수많은 해명을 요구하지만, 성숙한 방식으로 [우리가] 발전하도록 요청한다. […]

'이성'(Vernunft)은 폭넓은 표제(表題)다. […] 철학적 이성은 인류와 그의 이성에 새로운 단계를 제시한다. 그런데 무한한 과제에 대한 이상적 규범을 지닌 인간 현존재(Dasein), 즉 '영원의 상(相) 아래'(sub specie aeterni)[12] 현존재의 단계는—본래 철학의 이념에 포함된—절대적 보편성 속에서만 가능하다. […] 따라서 더 높은 인류(Menschlichkeit)의 인간성(Menschentum) 또는 이성을 지닌 인간성은 진정한 철학(echte Philosophie)을 요구한다.

그러나 실로 여기에 위험이 도사리고 있다! 왜냐하면 '우리는 철학'에서 [한편으로] 그때그때 시대의 역사적 사실로서의 철학과 [다른 한편으로] 무한한 과제를 지닌 이념으로서의 철학을 충분히 구별해야만 하기 때문이다. […] 실천적 이념, 곧 영원한 극(極)으로 파악

---

11 후설이 이렇게 자신 있게 혁명가로 자처할 수 있는 근거는 선험적 자아(주관성)의 참모습을 보고 해명하는 철학을 통해 인간성의 진정한 삶을 현상학적으로 개혁할 수 있다고 확신했기 때문이다.
12 스피노자에 따르면, '영원의 상 아래' 인식하는 것은 사물을 우연히 고립된 것이 아니라 필연적 인과관계로 직관하는 것이다.

된 이념―사람은 그의 생애 전체에 걸쳐 자기 자신에 충실하지 못해 매우 불행해지거나 후회하지 않는다면 결코 이 이념에서 벗어날 수 없다―은 이제까지 조망해본 사실에서 결코 참으로 명확하게 규정되어 있지 않다. […]

나는 앞에서 철학의 길은 소박함을 넘어서는 것이라고 말했다. 그런데 이제 오늘날 매우 찬양을 받는 비-합리주의를 비판할 차례다. 즉 철학적 합리성 자체로 간주하지만, 실은 르네상스시대 이래 근대철학 전체의 특징인 실제적 합리주의, 따라서 보편적 합리주의로 자신을 간주한 합리주의의 소박함이라는 가면을 벗겨내야 한다. […] 이 합리주의의 소박함의 가장 일반적인 명칭은 '정신(Geist)을 자연화(自然化)한 자연주의(Naturalismus)의 서로 다른 유형으로 형성된 객관주의(Objektivismus)'다. 고대철학이나 근대철학은 곧 [이러한 의미의] 소박한 객관주의였으며, 지금도 그러하다.

[…] 이것은 객관주의적 학문이 '객관적 세계'라고 부르는 것을 모든 존재자의 우주로 간주하고, 학문을 수행하는 주관성은 객관적 학문 어디에서도 자신의 정당한 권리를 얻을 수 없다는 사실을 간과한 소박함에서만 유래하는 문제다. 자연과학적으로 교육받은 사람은 단지 '주관적인 것'(Subjektives)은 모두 배제되어야만 한다는 점 그리고 자연과학의 방법은 주관적으로 표상하는 방식으로 제시되면서 객관적으로 규정한다는 점을 자명한 사실로 인정한다. 따라서 그러한 사람은 '심리적인 것'에 대해서도 객관적으로 참된 것을 추구한다. 그렇다면 물리학자가 배제했던 '주관적인 것'은 곧바로 심리학―이 경우 당연히 심리물리적 심리학―에서 '심리적인 것'으로 탐구되어야 한다는 점도 가정된다. 그러나 자연과학자는 어쨌든 주관적으로 자신이 사유하는 작업의 끊임없는 기초가 삶의 환경세계라는 사실 그리고 이 삶의 환경세계가 자신이 심문하는 문제나 사유하는 방법이

의미 있게 되는 토대이자 연구의 장(場)으로서 끊임없이 전제되어 있다는 사실을 스스로 해명하지는 못한다.

[…] 수학적 자연과학은 이전에는 전혀 예상조차 할 수 없었던 작업을 수행하는 [높은] 능률성·개연성·정확성·계산가능성을 지닌 귀납법을 완성하기 위한 매우 경탄할 만한 기술(技術)이다. 그것은 인간의 정신이 이룩한 승리이자 업적이다. 그러나 그 방법과 이론의 합리성은 철저하게 상대적인 '하나의 학문'일 뿐이며 심지어 그 자체로 실제적 합리성을 완전히 결여한 근본적 토대의 발단을 이미 전제한다. 이렇게 단지 주관적인 것으로서 직관적으로 주어진 환경세계가 학문의 주제가 되는 가운데 망각되었기 때문에, 연구하는 주관 자체도 망각되었고, 과학자 자신도 [연구의] 주제가 되지 못했다(따라서 이러한 관점에서 보면, 정밀한 학문이 지닌 합리성은 이집트의 피라미드가 지닌 합리성과 동등할 뿐이다).

[…] 심리학자들은 그들 자신도 작업을 수행하는 학자로서 자신들과 자신들이 살아가는 환경세계를 자신들의 [학문적] 주제 속으로 끌어들이지 못한다는 사실에 전혀 주목하지 못한다. […] 따라서 이 심리학은 자신의 객관주의 때문에 영혼(Seele), 즉 행위를 주고받는 자아(Ich)를 그 본질적 의미에서 주제로 삼을 수 없다. […] 객관주의는 참된 규범을 목표로 삼는 탐구자의 진정한 작업수행으로서 곧 이러한 규범을 전제한다는 점, 따라서 객관주의는 사실에서 도출될 수 없다는 점[…]을 완전히 간과한다. […] 그래서 심리학주의에 대한 논쟁이 활발히 일어났다.

[…] 심리학은 자신의 객관주의 때문에 [스스로] 거부되었다는 점, 심리학은 일반적으로 정신(Geist)의 고유한 본질에 접근하지 못했다는 점, 심리학이 객관적으로 생각된 '영혼'(Seele)을 고립시키고 '공동체 속에 존재하는 것'(In-Gemeinschaftsein)을 심리물리적으로 바꾸어

해석한 일은 불합리하게 전도된 것이라는 점—이러한 점을 사람들은 아직 이해하지 못한다. 확실히 심리학은 공허하게 끝난 연구가 아니었으며, 실천적으로 매우 귀중한 수많은 경험적 규칙을 입증했다. 그렇다고 이 심리학은, 결코 적지 않은 귀중한 인식을 지닌 도덕통계학(Moralstatistik)이 도덕학(Moralwissenschaft)은 아니듯이, 결코 참된 심리학은 아니다.

[…] 정신, 아니 이 정신만 그 자체로 그리고 그 자체에 대해 스스로 존재하며 자립적이다. 그리고 이 자립성에서, 아니 오직 이 자립성에서만 정신은 참으로 합리적으로, 즉 참되며 그 근본에서 학문적으로 취급될 수 있다. 그러나 자연과학적 진리라는 의미에서 자연은 단지 겉으로만 자립적이며 자연과학을 통해 단지 겉으로만 그 자체에 대해 합리적인 인식으로 이끈다. 왜냐하면 자연과학의 의미에서 참된 자연은 자연을 탐구하는 정신의 산물이며, 따라서 정신에 관한 학문을 전제하기 때문이다. […] 정신과학이 자연과학의 객관성을 자립적인 것으로 승인하자마자 곧 정신과학 자체는 객관주의에 빠져든다.

[…] 이렇게 자신을 성찰하는 것[자기성찰]은 어떻게 출발했는가? 그것은 '감각주의', 더 적절하게 표현하면, '감각자료의 심리학주의', [인간의 마음은] '백지'(tabula rasa)¹³라는 심리학이 연구의 장(場)을 지배하는 한 결코 일어 날 수 없었다. 브렌타노에 이르러 심리학은 지향적 체험에 관한 학문으로 요구되었고, 브렌타노 자신도 여전히 객관주의와 심리학주의의 자연주의를 극복하지 못했지만, 그 이후의

---

13 로크는 데카르트의 본유관념(Innate Ideas)을 부정하고, 감각적 경험은 이성으로 해명되어야 할 의심스러운 것이 아니라 그 자체로 직접 지식을 전달하는 근본적 원천으로 보았다. 그래서 오성(마음)은 경험을 쌓기 이전에 아무것도 쓰여 있지 '백지'(白紙)라고 주장했다.

연구가 계속될 수 있는 자극제가 되었다. 그래서 정신의 근본적 본질을 지향성 속에서 파악하고, 이것으로 무한히 일관되게 정신분석을 구축할 참된 방법을 형성하는 작업은 선험적 현상학을 이끌었다.

[요컨대] 선험적 현상학은 유일하게 가능한 방식, 즉 철학을 하는 자(Philosophierende)가 자신의 자아(Ich)에서, 게다가 자신이 모든 것을 타당하게 정립하는 자에서 출발해 순수한 이론적 방관자(Zuschauer)가 됨으로써 자연주의의 객관주의와 모든 객관주의 일반을 극복했다. 이러한 태도에서 절대적으로 자립적인 정신과학은 정신의 작업수행으로서 일관되게 자신과 세계를 이해하는 형식으로 성공적으로 구축될 수 있다. 이 정신과학에서 정신은 자연 속에(in) 또는 자연과 나란히(neben) 존재하는 것이 아니다. 오히려 자연 그 자체가 정신의 영역 속으로 옮겨진다. [자아도 마찬가지다.] […]

나는 지향적 현상학(intentionale Phänomenologie)이 처음으로 정신 그 자체를 체계적인 경험과 학문의 장(場)으로 만들고, 이렇게 함으로써 인식의 과제를 총체적으로 변형시켰다고 확신한다. 절대적 정신의 보편성은 자연이 정신의 형성물로 통합되는 절대적 역사성(Historizität) 속에 모든 존재자를 포괄한다. 지향적 현상학, 게다가 선험적 현상학만 비로소 그 [탁월한] 출발점과 방법을 통해 이 문제를 해결할 빛을 비춰준다. 선험적 현상학에서 비로소 그리고 가장 깊은 근거에 입각해 비로소 자연주의의 객관주의가 지닌 참모습, 특히 그 심리학은 자연주의 일반 때문에 정신적 삶이 작업을 수행하는 것과 이것의 근본적인 본래의 문제를 보지 못하고 놓쳐버릴 수밖에 없었다는 점이 이해된다.

III

[…] 오늘날 그토록 자주 논의되며, 삶이 무너지는 수많은 징후 속

에 드러난 '유럽 현존재의 위기'는 결코 암울한 운명이나 예측하기 어려운 재난이 아니라, 오히려 철학적으로 해명될 수 있는 유럽 역사의 목적론(Teleologie)의 배경에서 이해되고 통찰될 수 있다.

[…] 현대의 '위기'라는 혼란된 모습을 포착할 수 있으려면 '유럽이라는 개념을 이성의 무한한 목표로 이루어진 역사적 목적론'으로 전개해야 한다. 왜냐하면 '유럽의 세계가 이성의 개념, 즉 철학의 정신에서 어떻게 태어났는가' 하는 점을 분명하게 밝혀야만 하기 때문이다. 그러면 '위기'란 합리주의가 외견상 좌초한 사실로 명백하게 이해될 수 있을 것이다. 하지만 […] 이성에 따른 문화가 좌절된 근거는 합리주의 자체의 본질에 있는 것이 아니라, 오히려 합리주의가 외면화(外面化)된 것, 즉 합리주의가 자연주의와 객관주의 속에 매몰된 것에 있다.

그러므로 유럽 현존재(Dasein)의 위기에는 오직 두 가지 타개책만 있을 뿐이다. 요컨대 그 자신이 본래의 이성적 삶의 의미에 대립해 소외된 채 유럽이 몰락(Untergang)하고 정신을 적대시함으로써 '야만성으로 전락하는(Verfall in Geistfeindschaft und Barbarei) 길' 또는 자연주의를 궁극적으로 극복하는 이성의 영웅주의(Heroismus der Vernunft)를 통한 철학의 정신에 기초해 '유럽을 재생시키는(Wiedergeburt) 길'이다.

[그런데] 유럽의 가장 커다란 위험은 권태감이다. 만약 우리가 '훌륭한 유럽인'으로서 또한 무한히 계속되는 투쟁을 두려워해 회피하지 않는 용기를 갖고 많은 위험 가운데 [가장 커다란] 이 위험에 과감히 맞서 투쟁해가면, 불신(不信)이라는 파멸의 화염에서, 유럽인간성이 지닌 사명에 대해 절망해 타오르는 포화에서, 커다란 권태감으로 무너진 폐허에서 새로운 삶의 내면성으로 정신화(精神化)된 불사조(Phoenix)가 위대하고 무궁한 인간의 미래에 대한 보증인으로 다시 살아날 것이다. 왜냐하면 정신(Geist)만이 불멸(不滅)하기 때문이다.

부록

인물 소개

갈릴레이(Galileo Galilei, 1564~1642) 의학·수학·물리학·천문학을 연구해 진자(振子)의 등시성(等時性), 물체의 낙하와 관성의 법칙 등을 발견했다. 자연법칙을 수학적으로 정식화하고 실험을 통해 증명함으로써 근대자연과학적 방법의 초석을 놓았다. 또한 "자연은 기하학적 도형 등 수학적 언어로 씌어진 책"이라고 주장해 근대의 양적·기계론적 자연관을 수립했다. 망원경을 개량해 목성의 위성과 태양의 흑점 등을 발견함으로써 코페르니쿠스의 지동설을 입증했는데, 이 때문에 종교재판을 받고 실명한 상태로 죽었다. **68, 91, 262, 267, 385, 426, 469, 475, 476**

나토르프(Paul Natorp, 1854~1924) 코엔(Hermann Cohen)의 제자로 카시러(Ernst Cassirer)와 함께 신칸트학파(마르부르크학파)를 주도했다. 정밀한 자연과학적 성과를 기초로 다양한 대립요소들을 칸트의 순수이성에 입각해 정초하는 논리학과 인식론을 추구했다. 후설은 『산술철학』에 대한 나토르프와 프레게의 비판에 자극받아 심리학주의를 비판했다. 페스탈로치의 영향을 받아 공동체생활을 강조한 교육사회학을 창시했다. 저서로 『심리학 입문』(1888), 『사회교육학』(1899), 『정밀과학의 논리적 기초』(1910), 『일반 심리학』(1912), 『사회적 관념론』(1920)이 있다. **30, 123**

드로비쉬(Moritz Drobisch, 1802~96) 헤르바르트의 제자로 수학적 심리학과 형이상학 비판에 몰두했다. 경험적·형식적 논리학의 의미형식과 사유형식을 매개하고 점차 동일시했다. 신(神)은 목적론적 증명으로만 신앙의 대상이 되고 도덕적 신념도 이렇게 확증된다며 철학과 신학의 조화를 시도했다. 저서로『새로운 논리학』(1836), 『종교철학 개요』(1840), 『수학적 심리학 개요』(1850)가 있다. **36**

딜타이(Wilhelm Dilthey, 1833~1911)   헤겔의 이성주의에 반발해 체험에 기초한 생철학을 바탕으로 자연과학의 인과적 설명(Erklärung)과 대립하는 정신과학의 독자적 원리 및 범주를 정립했다. 삶의 구조와 정신사적 유형의 작용연관 속에서 전체의 의미와 통일체로서의 정신현상을 이해(Verstehen)하고자 했다. 해석학·역사주의·구조(이해)심리학·문예학 등에 영향을 주었다. 후설은『엄밀한 학문』에서 딜타이의 역사주의가 상대주의에서 회의론으로 빠지지 않을 방법론적 근거가 없다고 비판했는데, 그 후부터 삶과 역사성의 의미를 본격적으로 추적했다. 저서로『정신과학 입문』(제1권, 1883), 『해석학의 성립』(1900), 『체험과 시(詩)』(1905), 『정신과학에서 역사적 세계의 구축』(1910)이 있고, 광대한 강의와 연구자료가 1914년부터『딜타이전집』으로 출판되고 있다. **67, 272, 274, 319, 393, 395, 398**

로체(Hermann Lotze, 1817~81)   실증적 자연주의, 감각적 유물론, 비합리주의에 대항해 사변적 관념론과 기계론적 자연관을 결합했다. 세계존재뿐만 아니라 진리(논리학)와 가치(실천철학)까지 포함한 타당성이론과 가치론을 주장해 신칸트학파(독일 서남학파)의 선구자가 되었다. 저서로『형이상학』(1841), 『논리학』(1843), 『소우주: 자연의 역사와 인간의 역사의 이념』(1856~58)이 있다. **171, 277**

릴(Alois Riehl, 1844~1924)   신칸트학파 관점의 인식론에서 심리학주의를 반대하고 논리주의를 강조했다. 또한 실증주의적 경향에 따라 형이상학을 부정하고 인식대상의 실재성을 주장했다. 저서로『실재론 개요』(1870), 『철학의 개념과 형식』(1872), 『철학적 비판주의와 이것의 실증과학에 대한 의미』제1~2권(1876~87)이 있다. **171**

립스(Theodor Lipps, 1851~1914)   심리학은 내성(內省)으로 직접 파악되는 경험과학이므로 논리학·인식론·윤리학·미학은 개인의 의식체험을 확정하는 기술심리학에 포함된다는 심리학주의를 주장했다. 이러한 관점은 후설의 비판으로 다소 수정되었는데, 이 과정에서 그의 제자들이 후설의『논리연구』를 통해 뮌헨현상학파를 형성했다. 미(美)의식뿐만 아니라 타인의 정신생활에 관한 인식까지 감정이입으로 파악한 것은 후설이 타자구성을 해명하는 데 영향을 주었다. 저서로『심리학 연구』(1885),『논리학 요강』(1893),『느낌·의지·사고』(1902),『심리학 길잡이』(1903)가 있다. **158, 265**

마이농(Alexius Meinong, 1853~1920) 브렌타노의 제자로 기술심리학에 영향을 받았으나, 표상·실재·감정·욕구의 대상을 그 현실적 존재나 가능성에 관계없이 자유롭게 탐구하는 대상이론도 중시했다. 표상과 판단을 매개하는 가정(假定)을 강조한 대상이론은 후설의『논리연구』뿐만 아니라 러셀의 기술(description)이론과 신(新)-실재론에도 영향을 주었다. 저서로『기억의 인식론적 평가』(1886),『대상이론』(1904),『가능성과 개연성』(1915),『일반 가치론 정초』(1923)가 있다. **36, 178, 354**

마흐(Ernst Mach, 1838~1916) 아베나리우스와 함께 진정한 실재는 감각적 경험요소일 뿐이며 물질이나 정신은 이 감각요소의 특수한 복합이라는 실증적 경험비판론을 주장해 논리적 실증주의를 개척했다. 마흐에 따르면 과학은 경험을 초월한 통일원리로 실재세계를 설명하는 것이 아니라 현상적인 경험적 사실을 기술하는 것이다. 개념이나 법칙은 이러한 기술에서 감각을 정리하는 사유경제의 수단이다. 후설은 그의 이론을 긍정적으로 평가하는 동시에 비판적으로 검토해 현상학적 분석의 방법을 형성했다. 저서로『역학의 발달』(1883),『감각의 분석』(1886),『열학(熱學)의 원리』(1896),『인식과 오류』(1905)가 있다. **434**

밀(John Stuart Mill, 1806~73) 흄의 연상심리학에 영향을 받아 감각내용과 감각현상의 상호연관을 심리학적으로 다룬 인식론을 전개했고, 경험적 사실에 입각한 귀납법적 논리학의 체계를 완성했다. 개인의 자유와 기본권을 보장하는 이론을 정초해 민주 시민사회의 기틀을 마련했고, 개인의 욕구와 다수의 행복을 대화와 타협으로 조정해 노동계급의 지위와 복리를 향상시키고자 했다. 쾌락의 양(量)을 중시한 벤담(Jeremy Bentham)의 공리주의(Utilitarianism)에 쾌락의 질(質)을 추가하고 개인적 이기심 이외에 사회적 관습·명예욕·희생정신 등 도덕적 의무감을 강조하는 등 개인과 사회의 관계를 중시했다. 저서로『논리학 체계』(1843),『정치경제학 원리』(1848),『자유론』(1859),『공리주의』(1863),『대의제정부 고찰』(1863),『여성의 종속』(1869)이 있다. **158, 166, 187, 353**

볼차노(Bernhard Bolzano, 1781~1848) 칸트와 독일관념론의 주관주의를 비

판하고 수학과 논리학, 인식론과 윤리학에서 독특한 객관주의를 주장했다. 특히 논리학을 주관적으로 해석하는 심리학주의에 반대하고 판단작용과 판단내용을 구별해 객관적인 '명제 그 자체' '진리 그 자체'를 확립하는 순수논리학을 추구했다. 후설은 이러한 이론에 영향을 받아『산술철학』에서 취했던 심리학주의의 한계를 극복하고『논리연구』제1권에서 수학의 근거로 파악한 순수논리학을 정초했다. 저서로『학문이론』(1837),『무한한 것의 역설』(1851)이 있다. 30, 36

분트(Wilhelm Wundt, 1832~1920) 헬름홀츠의 제자로 언어·종교·사회·역사·예술·법 등을 분석해 인류학적 문화심리학을 주도하고, 감각·지각·반응시간에 관한 다양한 실험을 통해 심리학을 독립된 과학으로 확립했다. 조작주의적 내성의 방법, 심리물리적 실험과 관찰, 사회심리학의 역사적 분석을 통해 심리적 현상을 감각이나 감정의 단순한 자료(요소)로 분석한 후 실험적으로 재구성함으로써 정신현상을 설명하는 생리학적 심리학을 추구했으며, 경험과학인 정신과학뿐만 아니라 논리학까지 심리학으로 정초하려는 심리학주의를 주장했다. 저서로『생리학적 심리학 개요』(1874),『논리학』(1880~83),『윤리학』(1886),『심리학』(1896),『민족심리학』(1900~21)이 있다. 30, 177

브렌타노(Franz Brentano, 1838~1917) 아리스토텔레스와 아퀴나스 연구로 독일-오스트리아학파를 주도했다. 마티(Anton Marty), 슈툼프, 마이농, 후설, 프로이트(Sigmund Freud) 등이 제자다. 독일 관념론과 신칸트학파를 비판하며 자연과학에 따른 경험적·기술적 심리학의 방법으로 정신의 구조와 발생을 밝혔고, 윤리적 인식의 근원을 해명하는 가치론을 탐구했다. 후설은 그에게 영향을 받아 수학에서 철학으로 전향했는데, 특히 물리적 현상과 구별되는 심리적 현상의 특징으로 의식의 지향성을 분석한 시도는 후설현상학에 결정적인 영향을 미쳤다. 저서로『경험적 관점에서의 심리학』(1874),『도덕적 인식의 근원』(1889)이 있다. 26, 29, 79, 224, 265, 353, 354, 393, 397, 398, 433, 439, 441, 449

슈타인(Edith Stein, 1891~1942) 괴팅겐대학교에서 박사학위논문「감정이입에 관한 문제」를 쓰면서 후설의 제자가 되었다. 1916년부터 1918년까지 프라이부르크대학교에서 후설의 조교로 근무하면서『이념들』제2, 3권의 난삽한 원고와 '공간-구성'에 관한 비망록,『시간의식』의 모태가 된 1904~1905년 강의의 수고를 정리했다. 현상학을 새로운 방법론으로 파악하고 구체적 삶 속에서 진리를 추구하는 생철학에 관심을 쏟으면서 후설을 떠났다. 그 후 카르멜 수도회 수녀가 되었고, 아퀴나스의 『진리에 관한 논쟁문제』를 독일어로 번역했다. 여성운동에도 적극적으로 참여했다. 유대인이었기 때문에 나치가 집권하자 네덜란드로 도피했으나 붙잡혀 아우슈비츠 수용소에서 희생당했다. **47, 62, 73, 74, 76, 139, 213**

슈툼프(Carl Stumpf, 1848~1936) 브렌타노의 제자로, '현상학'이라는 용어를 처음 사용했다. 실험적 방법으로 심리적 현상과 의식작용의 구조를 기술한 실험심리학은 후설에게 영향을 주었다. 그래서 후설은 『논리연구』 제1권을 그에게 존경과 우정을 담아 헌정했다. 그는 제임스(William James)가 근본적 경험론에 입각해 쓴 『심리학의 원리들』(1890)에도 영향을 미쳤다. 저서로 『음향(音響) 심리학』(1883, 1890), 『나타남들과 심리적 기능들』(1906)과 유작으로 『인식론』(1939)이 있다. **265**

에르트만(Benno Erdmann, 1851~1921) 논리학을 심리학주의로 해석하는 데 반대하며 논리학은 판단의 방법과 가치에 관한 규범학이라고 주장했다. 저서로 『기하학의 공리』(1877), 『논리학』 제1권(1892), 『인과법칙의 내용과 타당성』(1905), 『신체와 영혼의 학문적 가정』(1907)이 있다. **161, 162**

오스트발트(Wilhelm Ostwalt, 1853~1932) 기계적 유물론에 반대하고 에너지를 중심으로 한 역동적인 일원론적 세계관을 제시하면서 모든 자연법칙을 에너지의 양적 불변과 질적 변화로 귀착시켜 물질의 화학적 성질을 구축했다. 저서로 『과학적 유물론 극복』(1895), 『자연철학 강의』(1902; 1905), 『자연철학 개요』(1908)가 있다. **260, 261**

지그바르트(Christoph Sigwart, 1830~1904) 논리학을 보편타당한 명제에 도달하도록 판단방법을 제공하는 사유작용의 기술학으로 규정해 분석론·규범론·기술론의 세 부분으로 나누었다. 논리학을 심리학주의로 만드는 것을 비판했다. 저서로 『논리학』 제1권(1873)과 제2권(1878), 『윤리학의 선결문제』(1886)가 있다. **161, 166, 202**

파라셀수스(A.T.B. Paracelsus, 1493~1541) 본명은 호엔하임(Theophrastus von Hohenheim)이다. 로마의 명의(名醫) 셀수스(Celsus)보다 유능하다며 스스로 붙인 이름이다. 연금술의 목적은 금을 얻는 것이 아니라 약을 만드는 것

이라며 '연금술'(Alchemy)을 '화학'(Chemistry)으로 불렀다. **281**

프레게(Gottlob Frege, 1848~1925) 수 계열에 대한 논리적 분석에서 시작해 종국에는 논리학을 수학적 엄밀함으로 표현하는 과제에 관심을 쏟았다. 그래서 기호의 의미와 그 지시대상의 연관관계를 탐구하고, 진리함수·명제계산·주어와 술어 대신 변항을 통한 명제분석·양화이론 등을 제시해 현대의 수리논리와 분석철학에 결정적 영향을 미쳤다. 또한 후설의 『산술철학』을 심리학주의라고 비판함으로써 후설이 『논리연구』 제1권에서 순수논리학을 정초하게 했다. 저서로 『개념기호법』(1879), 『산술의 기초』(1883), 『산술의 근본법칙』(1893)이 있다. **30**

한켈(Hermann Hankel, 1839~73) 매우 짧은 생애 동안 복소수 이론과 함수에 관한 많은 업적을 남겼는데, 이것은 『복소수 체계』(1867)에 집약되어 있다. 그는 서양인으로서는 처음으로 현대수학이 그리스수학보다 인도수학을 더 많이 닮았으며, 인도-아라비아 수(數)체계의 기원은 인도라고 주장했다. **171**

헤르바르트(Johann Herbart, 1776~1841) 철학을 경험으로 발생한 개념들을 명석하고 판명하게 다듬는 방법으로 파악해 이 방법론으로서의 논리학을 형이상학·심리학·윤리학 등에 적용했다. 페스탈로치의 실천적 교육사상도 이론적으로 심화시켰다. 저서로 『일반 교육학』(1806), 『일반적 실천철학』(1808), 『과학으로서의 심리학』(1824~25), 『일반 형이상학』(1828~29)이 있다. **36, 160**

해밀턴(William Hamilton, 1788~1856) 버클리의 관념론이나 흄의 회의론에 반대해 학문적 인식의 기초와 진리의 궁극적 규준을 상식에서 찾았다. 리드(Thomas Reid)와 칸트에게 영향을 받아 정신의 상태는 모두 인지·감정·의욕의 세 요소가 어떻게 결합되는지에 달렸고, 의식은 인지하는 주관과 그 대상의 관계에서 이루어진다는 자연적 실재론의 심리학을 주장했다. 논리학도 순수한 형식적 학문으로 파악해 판단들의 객관적 타당성이 아니라 상호관계만 다루어야 한다고 역설했다. 저서로 『철학·문학·교육 논고』(1852), 『형이상학과 논리학 강의』(1859~60)가 있다. **36, 158**

헤켈(Ernst Häckel, 1834~1919) 다윈의 제자로 발생에 관한 반복설 등을 주창함으로써 진화론을 주도적으로 전파했다. 저서로 『자연적인 창조역사』(1868), 『생명의 기적』(1903), 『세포의 영혼과 영혼의 세포』(1909)가 있

다. **261**

헬름홀츠(Hermann von Helmholz, 1821~94) 신칸트학파의 물리학자·생리학자로, 자연과학적 법칙에 따른 실험심리학을 주장하고 에너지보존법칙을 완성했다. 활력이론에 대항하기 위해 신경운동의 속도를 측정하는 등 유물론을 옹호했고, 시각과 청각을 연구해 망막을 직접 검사하는 검안경도 개발했다. 저서로 『힘의 보존법칙』(1847), 『셈과 측정함』(1887), 『인식론』(1891)이 있다. **281**

회플러(Alois Höfler, 1853~1922) 신칸트학파에 대립해 독일과 오스트리아를 중심으로 볼차노와 브렌타노의 사상을 논리적 객관주의와 기술적 심리학으로 발전시켜갔다. 저서로 『논리학과 심리학의 근본원리』(1903)가 있다. **178**

용어 설명

감정이입(Einfühlung) 타자의 몸(물체)은 원본적으로 주어지지만, 그 신체(심리)는 감정이입, 즉 유비적으로 인식하게 하는 통각의 의미전이를 통해, 직접적 제시(Präsentation)가 아닌 간접적 제시(Appräsentation) 또는 함께 파악함(comprehensio)으로 주어진다. 따라서 감정이입은 상호주관적으로 경험할 수 있는 신체를 전제한다. 후설은 이 용어를 의식경험을 심리학주의로 기술했던 립스에게서 받아들였지만, 오히려 심리학주의를 비판하고 타자에 대한 경험의 구성을 해명하는 선험적 분석에 적용했다. 50, 67, 89, 108, 128~131, 268, 289, 305, 315, 317, 330, 332, 341, 349, 351, 408, 449, 464

경험(Erfahrung)/**이성[논리]**(Logos, Vernunft) 일반적으로 경험과 이성(논리)은 서로 대립하는 개념이지만, 후설은 '경험논리적'(erfahrungslogisch)처럼 종종 이들을 결합해 사용한다. 때로는 '선(先)-술어적' '선험적 경험' '경험의 논리 이전적 이성'으로도 표현되는데, 이는 경험의 자료를 단순히 추론하는 것이 아니라, 경험의 근거에 놓여 있는 실재의 본질, 즉 다양한 경험의 의미와 본질을 이성 속에 정초하려는 선험적 탐구이자 근본적 경험주의이며 인식의 고고학(考古學)이다. 후설에게 이성은 칸트처럼 감성이나 오성과 구별되거나 이론이성과 실천이성으로 구분되는 것이 아니며 기술적·도구적 이성에 그치는 것도 아니다. 그것은 언제나 이론적·실천적·가치 설정적 이성 일반인 '보편적 이성'(순수자아)이자 지각·기억·판단·사고·평가를 수행하는 자아의 총체적 활동의 주체이며 무의식까지 포함한 생생한 역사성과 구체적 사회성을 띤 끊임없는 의식의 흐름이자 선험적 상호주관성이다. 32, 34, 35, 37,

38, 40~42, 46~53, 56, 62, 66, 81~83, 85, 87, 89~93, 96, 97, 100, 117~119, 121, 127, 128, 130~132, 135~137, 142, 143, 155, 166, 168, 169, 172, 173, 175, 177, 179~181, 185, 187~190, 192, 193, 200, 217~220, 233, 234, 239, 246, 251, 253, 262, 263, 265~268, 270~272, 274, 275, 281, 283, 285~292, 295, 300, 304~309, 314, 317, 320~329, 331~333, 335, 336, 339, 341, 348, 349, 351, 352, 355, 365, 371, 375, 380~387, 389~391, 393, 397, 398, 400, 402~405, 408~420, 423, 429, 431, 433, 434, 436~438, 444, 445, 447, 449, 456, 457, 459, 460, 466, 469, 475, 478~481, 486, 495, 499, 500 / 32, 34, 43, 53~55, 60, 61, 83, 91, 95, 96, 100, 112, 114~120, 128, 139, 141~143, 160, 176, 193, 208, 252, 255, 256, 261, 262, 266, 270, 271, 283, 292, 309, 311, 312, 329, 334~339, 349, 389, 398, 414, 416, 418, 419, 433, 435, 442, 458, 472, 473, 476, 492, 494, 496, 501

공허한 지평(leere Horizont) 모든 경험은 스스로 거기에 주어진 핵심을 넘어서 처음에는 주시하지 않았던 국면을 점차 드러내 밝혀줄 가능성(Möglichkeit)을 미리 지시하는 생생한 지평을 갖는다. 이것은 자아의 능력(Vermöglichkeit)이다. 즉 공허한 지평은 아직 명확하게 규정되지 않았지만 지속적인 관심으로 구성된 친숙한 유형을 통해 앞으로 지각할 수 있고 규정할 수 있는 가능성의 활동공간이다. 이처럼 규정되어 알려지지 않았지만 앞으로 상세하게 규정할 수 있고, 그래서 그 존재에 성큼 다가가 그 사태를 직관할 수 있는 영역이 곧 후설이 말하는 아프리오리(Apriori)다. 83, 361, 363~365, 368, 369, 382, 400

과거지향(Retention) 라틴어 'retentare'(굳게 보존한다)에서 유래한 용어로, 방금 전에 나타났다 사라진 것을 생생하게 유지하는 작용을 뜻하며, 그것의 변용인 미래지향(Protention)은 유형을 통해 이미 친숙하게 알려진 것에 근거해 직관적으로 예측하는 작용을 뜻한다. 과거지향은 방금 전에 지나가버린 것이 현재에 직접 제시되는 지각된 사태로서 1차적 기억(직관된 과거)인 반면, 회상(Wiedererinnerung)은 과거에 지각된 것을 현재에 다시 기억하는 것으로서 연상적 동기부여라는 매개를 통해 간접적으로 제시되기 때문에 그 지속적 대상성이 재생산된 2차적 기억(기억된 과거)이다. 46, 86, 87, 124, 213, 222~226, 228~230, 234~236, 238, 303, 364, 365, 368, 444, 446

구성(Konstitution)　칸트에게 '구성'(Konstruktion)은 감성에 잡다하게 주어진 것을 오성의 아프리오리한 사유형식인 범주에 집어넣어 인식을 구축하는 작용이다. 반면 후설현상학에서는 인식의 형식뿐만 아니라 내용도 아프리오리하다. 따라서 그 내용이 우리에게 완성되어 주어지지 않기 때문에 경험의 지평구조를 발생적으로 분석하고 해명할 필요가 있다. 따라서 후설의 '구성'은 결코 실재세계를 '창조'하는 형이상학적 개념이 아니라, 침전된 의식 삶의 구조와 존재의미를 역사적으로 '해명'하는 방법론적 개념이다. 즉 '대상성에 의미를 부여해 명료하게 밝히는 작용' 또는 '대상을 표상하게 만드는 작용'일 뿐이다. 그것은 새로운 세계를 획득하는 것이 아니라, 동일한 세계를 새로운 관점에서 다층적으로 보고 경험할 수 있는 방식을 획득하는 것이다. 그가 종종 수동적 의미를 띤 재귀동사의 형태로 '구성된다'(sich konstituieren)고 쓰는 것도 인식되는 대상이 지닌 상당한 권리와 우선성을 표현하기 위해서다. 35, 43, 44, 48~50, 52, 56, 58, 59, 61~63, 84, 86, 87, 89~91, 95, 97, 98, 105, 107~109, 113, 118, 119, 124~130, 135~137, 140, 141, 155, 166~168, 173, 176, 181, 185, 188, 193, 196, 200, 201, 213, 215~221, 224, 227~239, 243, 249~251, 258, 279, 283, 307~310, 312, 314, 315, 317, 319~321, 324~326, 328, 329, 333~336, 340, 352, 357, 367~370, 375, 388, 389, 392, 406, 414, 416~418, 420, 421, 428, 433~445, 447, 449, 458~465, 472, 486~490

근원적 인상(Urimpression)　방금 전에 체험된 것은 지각과 직접 연결된 의식인 '인상'('신선한 기억' 또는 '지금-파악')의 더욱 원초적인 형태가 되는데, 바로 이때가 지속하는 시간객체가 산출되는 원천적 시점이다. 이것이 생생한 현재의 감각활동으로, 이것이 지속적으로 변양된 과거지향의 연속체가 시간의식의 흐름 속에서 지각대상을 구성하기 위한 근원적 재료다. 후설은 이 '근원적 인상'을 '중심적 체험핵심' '원천적 시점(지금)' '근원적 현존' '본래적 현재의 핵심' 등이라고도 한다. 45, 46, 86, 222, 223, 227, 235, 362, 366, 368

내실적(reell)　감각적 질료와 의식과의 관계, 즉 의식작용에 본질적으로 내재하는 것으로서, 의식과 실재대상 사이의 '지향적' 관계에 대립되는 뜻으로 사용된다. 109, 138, 191, 235, 243, 245~250, 300, 369, 408

내재(Immanenz)/**초재**(Tranzendenz)　'내재'는 의식영역 안에 존재하는 것으로서 의식영역 밖에 존재하는 '초재'와 구별된다. 그리고 '실재적'(real)은 시

공간적으로 일정하게 지각하고 규정할 수 있는 구체적 개체의 특성을 뜻하는 것으로서 그렇지 않은 '이념적'(ideal)과 구별된다. 또한 '내실적'(reell)은 의식작용에 본질적으로 내재하는 감각적 질료와 의식(자아)의 관계로서 의식과 실재적 대상 사이의 '지향적' 관계와 대립된다. 따라서 '내재'와 '초재'를 다음과 같은 도식으로 이해할 수 있다.

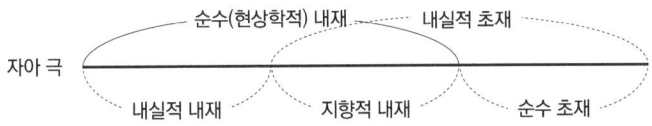

내실적 내재: 구체적인 의식체험의 흐름.
지향적 내재: 구성된 의미, 인식대상(noema).
내실적 초재: 인식의 작용 속에 내실적으로 포함되지 않은 것.
순　수 초재: 사념되거나 정립된 것이지만 그 자체로 직관되지 않은 대상적인 것.

37, 43~45, 52, 84, 109, 113, 126, 130, 137, 138, 181, 185, 189~192, 217, 221, 224, 228, 230, 231, 235~238, 242~249, 251, 260, 264, 265, 269, 285, 299, 301, 302, 304, 306, 321, 328, 341, 348, 357, 367~369, 406, 408, 411, 431, 433, 440, 441, 444~446, 457, 478, 492 / 109, 137, 138, 218, 231, 242, 246, 301, 304, 307, 308, 310, 442

능동성(Aktivität)/**수동성**(Passivität)　후설현상학에서 수동성과 능동성은 칸트철학에서 감성과 오성의 역할처럼 고정된 것이 아니라, 지향적 현상을 기술하기 위한 방편일 뿐이다. 후설에 따르면, 능동성 이전의 근원적 수동성은 자아의 어떠한 관여 없이 대상이 수용되고 지각되는 보편적 구조를 갖는다. 여기에는 모든 체험이 근원적으로 구성되는 내적 시간의식의 지속적 흐름, 시간적으로 변양된 표상이 동기부여를 통해 새롭게 주어지는 표상과 끊임없이 짝지어 결합하는 '근원적 연상', 지각의 대상이 모든 측면에서 주어질 수 있는 조건인 신체의 운동감각(Kinästhesis)이 있다. 84, 86, 328, 335, 357, 375, 391, 392, 407, 443, 459 / 84, 335, 357, 375, 414, 443, 459

다양체(Mannigfaltigkeit)　리만(Bernhard Riemann) 이래 현대기하학에서 공리의 연역적 체계를 지칭하기 위한 용어로 일종의 유개념(집합)이다. 그런데 힐베르트(David Hilbert)의 완전성 공리와 결정가능성에 입각한 형식주의에 영향을 받은 후설은 이 개념을 순수학의 의미에서 모든 개별과학의 학문적 성격을 보장하고 학문의 경계를 설정하는 규범적 법칙으로서, 즉 학문을 참된 학문으로 성립시킬 수 있는 이론적 형식에 관한 학문이론(Wissenschaftslehre)으로서 순수논리학을 정초할 형식적 영역의 존재론(regionale Ontologie)으로 발전시킨다. 또한 이 개념은 인식작용과 인식대상의 지향적 구조분석뿐만 아니라 전면적으로 경험하는 의식의 구성에서 중대한 의미를 갖는다. 167, 189, 198, 204, 210, 300, 303, 307, 314, 325, 401, 402, 413, 433, 441, 475, 488

대상성(Gegenständlichkeit) 대상성 또는 대상적인 것(Gegenstandliches)은 좁은 의미의 실재적 대상(사물)들뿐만 아니라, 의식에 직접 주어진 사태·징표·관계 등 어떤 상황을 형성하는 비-자립적 또는 공의적 형식들까지 포괄해 가리킨다. 따라서 사태나 관계 등 범주적 대상성은 오성(Verstand)의 대상성이며, 본질직관은 감성적 직관에 그치지 않고, 이 대상성을 있는 그대로 파악하는 범주적 직관, 즉 이념화작용(Ideation)을 포함한다. 38~40, 46, 52, 125, 183, 196~198, 201, 209, 210, 219, 224, 245, 251, 252, 264, 265, 291, 298, 310, 321, 323, 335, 344, 345, 367, 375, 397, 398, 402, 407, 432~434, 459

명석(clear)/**판명**(distinct) '명석'은 주의 깊은 정신에 명백하게 주어진 것을, '판명'은 이 가운데 아주 간결해 다른 것과 확연히 구별되는 것을 뜻한다. 판명하지도 명석하지도 않은 혼란스러운 것에는 여러 가지로 이해할 수 있는 '애매'(ambiguous)와 지시하는 대상의 범위가 명확하지 않은 '모호'(vague)가 있다. 157, 188, 193, 202, 221, 241, 243~248, 250, 270, 279, 281, 292, 296, 303, 344, 380, 432, 441, 446 / 188, 191, 193, 202, 204, 245, 279, 379, 380

명증성(Evidenz) '정합성의 가장 완전한 징표' '사태나 대상에 대해 사고가 맞아떨어지는 일치' '그것 자체를 정신에서 봄'을 뜻한다. 후설은 명증성을 주어진 사태가 의식과 일치하는, 즉 대상이 충족되는 충전적 명증성과 주어진 사태를 결코 의심할 수 없는 확실한 자기의식의 필증적 명증성으로 구분한다. 그런데 정적 분석에서는 진리를 충전적 명증성과 필증적 명증성의 합치로 보지만, 발생적 분석에서는 명석하고 판명한 정도에 따라 단계가 정해진다. 또한 충전적이 아닌 것에도 필증적 명증성은 있으므로 필증적 명증성에 최고권위가 있다고 파악한다. 의식에 대해 초월적인 대상도 필증적 명증성을 근거로 경험의 지향적 지평구조에 따라 '사태 그 자체'에 부단히 접근할 수 있기 때문이다. 34, 35, 41, 55, 65, 66, 82, 91, 116, 119, 129, 143, 162, 167, 177~183, 188, 220,

239, 243, 246, 247, 249, 250, 252, 283, 336, 379, 380, 383, 384, 386~388, 390, 423, 430~435, 443~446, 449, 456, 457, 480, 481, 488

모나드(Monade) 라이프니츠의 용어로 더 이상 나눌 수 없다는 점에서 물질적 '원자'와 같다. 그러나 양적 개념이 아닌 질적 개념으로 결합·분리, 생성·소멸하는 것이 아니라 정신적인 것이다. 표상과 욕구를 통해 통일적 유기체로 구성된다. 그는 '지각'을 외부 세계를 반영하는 모나드의 내적 상태로 간주하는데, 각 모나드는 자발적으로 변화하며 그 자체만으로도 완전하기 때문에 외부와 교섭하는 창(窓)을 갖지 않지만, 근원적 모나드(Urmonade), 즉 신의 예정조화로 결합되어 있다고 본다.

후설은 라이프니츠의 이 용어를 사용해 선험적 주관성을 표현하는데, '실체'의 성격을 제거함으로써 서로 의사소통하며 영향을 주고받는 상호주관적 특성을 강조했다. 그가 선험적 현상학을 독아론이라고 여기는 오해를 증폭시킬 수도 있을 이 용어를 굳이 사용한 것은 선험적 주관성이 생생한 현재뿐만 아니라 과거와 미래의 지평을 지닌 습득성의 기체로서 그 자체 속에 구체적인 사회성과 역사성을 포함한다는 점을 강조할 수 있기 때문이다. 물론 이러한 오해를 염려해 이 용어에 간혹 '상호주관적'이나 '공동체화된' 등의 수식어를 덧붙여 사용하기도 한다. 89, 129, 268, 269, 408, 449, 460, 461, 466, 467

목적론(Teleologie) 후설의 목적론은 아리스토텔레스와 같이 모든 실체의 변화가 정해지도록 순수형상을 미리 설정하지도, 헤겔과 같이 의식의 변증법적 자기발전을 통해 파악한 절대정신을 드러내지도 않는다. 그것은 모든 정상인에게 동일하게 기능하는 '이성'과 '신체'를 근거로 해 '사태 그 자체'로 부단히 되돌아가 경험의 지향적 지평구조를 해명(미시적 방향)할 뿐만 아니라, 이 경험이 발생하는 원천인 선험적 주관성이 구성되는 역사성으로 되돌아가 물음으로써 궁극적인 자기이해와 세계이해를 통해 인간성의 이념을 완성(거시적 방향)하려는 이중의 방향으로 전개된다. 69, 251, 398, 419~421, 469, 490, 492, 501

발생적(genetisch)/**정적**(statisch) 모든 개별적 의식체험은 시간적으로 등장하는 것으로서 자신의 고유한 '역사'(Geschichte), 즉 시간적 발생(Genesis)을 갖는다. 발생의 근원법칙은 근원적인 시간구성의 법칙, 연상과 재생산의 법칙, 모나드가 그 자체만으로 통일체로 구성되는 법칙이다. 후설은 1904~1905년 강의에서 시간의식의 지향적 지평구조를 밝혀 발생적 분석의 체계적 틀을 마련했다. 따라서 후설현상학에서 정적 분석과 발생적 분석은 서로 배척하는 관계가 아니라, 마치 어떤 건물에 대한 평면적 파악과 입체적 조망처럼 전체(선험적 현상학)를 이해하는 데 상호보완하는 필수불가결한 관계에 있다. 29, 31, 47, 62, 64, 68, 100, 104, 105, 112, 113, 120~128, 131, 134, 136, 155, 213, 317, 370, 375, 379, 389, 390, 408, 414, 440, 459 / 29, 47, 62, 100, 104, 105, 113, 121~128, 134, 330, 408, 414, 440

보편수학(mathesis universalis) 보편수학은 데카르트에게서 시작해 라이프니츠에게서 정점을 이룬 사상으로 후설현상학의 핵심이다. 데카르트의 보편수학 이념은 그가 해석기하학을 발전시키면서 생각한 산술·기하학·천문학·음악이론학·광학·기계학 등을 포괄하는 수학의 통합과학이다. 라이프니츠의 보편수학은 이것을 넘어 논리학·대수학까지 포괄하는 모든 형식과학에 대한 학문을 뜻한다. 반면 후설은 이것을 발전시켜 학문이론으로서의 논리학을 완성하고자 한다. 『논리연구』의 주도적 이념도 산술의 형식적인 것과 논리학의 형식적인 것의 관계를 밝히는 것이다. 423, 427, 429

본질직관(Wesensanschuung) 본질을 직관하는 이념화작용, 즉 형상적 환원은
① 어떤 임의의 대상에서 출발해 자유로운 상상(freie Phatasie)으로 무수한 모상(模像)을 만들고,
② 이 모상들 전체에 걸쳐 서로 겹치고 합치하는 것을 종합·통일하며,
③ 변경(Variation) 전체를 통해 영향을 받지 않는 불변적 일반성, 즉 본질을 이끌어내 직관하는 능동적 동일화작업을 파악하는 것이다.
이러한 과정은 칸트의 '순수 오성개념의 연역'과 매우 유사하지만, 근본적 차이는 형상적 환원이 임의의 대상에서 출발할 뿐만 아니라 자유변경을 통한 모상들의 형성도 조작이 아닌 임의의 형태를 취한다는 데 있다. 즉 임의성에는 확고한 한계가 설정되어 있다. 가령 빨간색에서 노란색으로 넘어갈 정도로 자유롭게 변경해도 색이 음(音)으로 넘어갈 수 없듯이, 일정한 류(類) 안에서만 수행된다. 따라서 본질은 자유변경을 통해 비로소 산출되는 것이 아니라 처음부터 수동적으로 미리 구성되어 있다. 이 임의성에 부과된 일정한 한계가 '존재적 또는 구성적 아프리오리' '논리 이전의 보편적 아프리오리'다. 물론 형식논리학도 이 한계 안에서만 세계에 관한 참된 논리학이 될 수 있다. 주어나 술

어의 공허한 형식 속에 등장하는 판단의 기체인 대상은 어떤 제한도 없는 임의적인 것이 아니라, 사실적이든 상상적이든 경험할 수 있는 모든 것의 총체적 지평인 '세계 속에 존재'(In-der-Welt-sein)해야만 그 판단이 유의미할 수 있기 때문이다. 187, 192, 269, 270, 290, 291, 345, 399, 400, 402

사실적 진리(vérités de fait)/**이성적 진리**(vérités de raison) 흄은 지식을 관념들의 관계를 다루는 '수학적 지식'과 사실들의 영역을 다루는 '사실적 지식'으로 구분한다. 라이프니츠도 용어만 다르지 내용은 동일한데, 지식을 모순율에 근거한 '이성적 진리'와 충족이유율에 근거한 '사실적 진리'로 구분한다. 전자는 필연적이고 보편타당한 확실성을 갖지만 새로운 사실을 알려주지 못하는 반면, 후자는 새로운 사실을 알려주지만 우연적이고 확률적인 개연성만 지닌다. 칸트 역시 지식을 주어의 내용을 술어가 설명하는 '분석판단'과 지식을 확장시켜주는 '종합판단'으로 구분하고, 사실적 경험이 보편타당하게 인식될 수 있는 권리근거를 밝히기 위해 '아프리오리한 종합판단'의 가능성을 탐구했다. 181

선험적(transzendental) 후설현상학의 근본성격을 집약해 드러내는 이 용어가 'transzendieren'(초월한다)에서 파생되었기에 일부에서 '초월(론)적'으로 옮겼지만, 한국현상학회가 1980년대 중반부터 사용해온 관례와 또한 다음과 같은 이유로 '선험적'으로 옮긴다.

① 후설은 이 용어를 칸트에게서 이어받았지만 다른 의미로 사용한다. 즉 '선험적'은 '모든 인식의 궁극적 근원으로 되돌아가 묻고 자기 자신과 자신이 인식하는 삶을 스스로 성찰하려는 동기'로서 철저한 반성적 태도를 뜻한다. 따라서 칸트나 신칸트학파에서 '선험적'에 대립된 것은 '경험적'(empirisch)이지만, 후설현상학에서 그것은 소박한 자연적 태도의 '세속적'(mundan)이다.

② 모든 경험은 스스로 거기에 주어진 핵심을 넘어 사념함으로써 처음에는 주시하지 않았던 국면을 점차 밝혀줄 지평을 갖는데, 여기에는 역사적으로 형성되고 침전되어 전통으로 계승된 문화도 포함된다. 이처럼 모든 역사의 아프리오리를 그 궁극적 근원으로 되돌아가 묻는 발생적 현상학을 '초월(론)적'이라 부를 수 없다. '넘어선다'는 것이 결코 의식과 대상이 분리된 이원론을 전제한 '초월'을 뜻할 수 없기 때문이다.

③ 선험적 환원은 초월적 실재를 내재적 영역으로 이끌어 의식작용과 그 대상에 동일한 의미를 구성하는 선험적 자아를 드러내는 방법, 즉 대상으로 향한 시선을 그 주관으로 되돌리는 태도변경이다. 그런데 이것을 '초월(론)적 환원'으로 부르면, 의식에 내재적으로 끌어온다는 것이 아니라 정반대의 뜻으로 이해된다.

④ 의미를 파악하는 데도 문제가 있다. 예를 들어 "현상학과 다른 모든 학문 사이의 …… 관계는 '선험적'[초월론적] 존재와 '초월적' 존재 사이의 본질적 관계에 근거한다"(『이념들』 제1권, 159쪽)에서처럼 '초월론적'(꺾쇠괄호)으로 번역하면 매우 어색할 뿐만 아니라 '-론'이 있고 없음만으로는 의미를 제대로 파악하기도 힘들다. 또한 "모든 초월성(Transzendenz)을 '배제하는' 태도에서 현상학은 …… '선험적[초월론적] 문제들'의 전체적 복합체로 나아가고, 따라서 그것은 선험적[초월론적] 현상학이라는 명칭을 마땅히 받을 만하다"(같은 책, 198쪽)에서처럼 '초월론적'(꺾쇠괄호)으로 번역하면 일견 모순된 표현이 될 수밖에 없다.

무엇보다 후설현상학에서 '[현재의] 경험(驗)에 앞선 것(先)'을 뜻하는 '선험적'(先驗的)은 인식의 형식뿐만 아니라 앞으로 인식할 다양한 내용을 포함해 자아의 체험에 수동적으로 미리 주어진 그 모든 역사성과 사회성을 궁극적 근원으로 되돌아가 묻고 해명함으로써 절대적 자기책임 아래 이론과 실천을 엄밀하게 정초하려는 강력한 의지를 함축한다. 28, 29, 36, 38, 42~44, 48~51, 54~57, 60, 62~68, 81, 83, 88, 89, 92~94, 96~98, 101~108, 110~115, 117~119, 121~124, 127~144, 213, 239, 283, 286, 287, 298, 307, 308, 310, 314, 315, 317, 341, 343, 347~353, 357, 377, 387, 388, 393, 398, 399, 407, 409, 415~421, 423, 427~430, 433, 435~444, 446, 447, 449, 451, 453, 455~460, 462~466, 469, 474, 477, 481, 483, 484~486, 489, 490, 500

선험적인 것(Transzendentales)/**선험성**(Transzendentalität) 소박한 자연적 태도에 기초한 존재정립을 판단중지함으로써 드러나는 새로운 차원, 즉 순수자아와 그 체험영역 전체의 본질적인 지향적 상관관계를 뜻한다. 따라서 경험적 태도를 통해 발생하는 '경험세계'와 선험적 태도를 통해 드러나는 '선험세계'는 대조된다. 92, 348, 399, 465, 477, 478 / 92

속견(doxa) 플라톤은 '선분의 비유'(*Politeia*, 509d~511e)에서 감각의 대상들

(ta aistheta)을 통해 그 상(像)을 상상하거나 믿는 '주관적 속견'은 '객관적 지식'(episteme)에 비해 원인에 대한 구명(aitias logismos)이 없어 논박에 대한 근거를 제시할 수 없기 때문에 낮은 단계의 인식으로 간주했다.

그러나 후설은 '주관적 속견'을 모든 실천적 삶과 객관적 학문이 의지하는 확인된 진리의 영역, 참된 이성의 예비형태 또는 최초형태로 파악하고, '객관적 지식'은 그 최종형태로 파악한다. 이때 객관적 지식은 '그 자체의 존재'를 인식하는 하나의 방법일 뿐이고 '주관적 속견'은 이것의 궁극적 근원의 영역이므로 더 높은 가치를 지닌다. 90, 91, 116, 143, 311, 312, 335, 336, 339, 357, 386, 387, 390~392, 473, 480

순수자아(reines Ich) '선험적 자아' '선험적 주관성'으로도 표현되는데, 정상적으로 기능하는 신체와 이성의 통일체로서 의식이 끊임없이 흐르는 심층의식을 뜻한다. 즉 경험적 자아와 순수자아는 별개의 독립된 자아가 아니라, 태도변경을 통해 서로 다르게 드러나는 동일한 하나의 자아(의식)의 표층과 심층이다. 그리고 흔히 경험적 자아가 그대로 존재한다고 파악하지만, 후설은 순수자아로 구성된다고 파악한다. 114, 129, 304, 332, 336, 340, 407, 453, 455, 456

습득성(Habitualität) 그리스어 'echein'(갖는다)의 통일체인 'hexis'(가짐)에서 유래하며, 후설은 그 라틴어 'habitus'도 사용한다. 자아가 경험한 것이 축적된 것을 뜻하는 습득성이 선험적 자아가 지향적으로 구성하는 작업수행의 구체적 역사성을 드러내주기 때문에, 선험적 자아는 '습득성의 기체'다. 인격적 자아의 동일성도 바로 이 습득성으로 확보된다. 항상 어떤 태도를 취하는 경험적 자아의 모든 정립작용은, 의식의 흐름 속에 부단히 생성·소멸하지만, 흔적도 없이 사라지는 것이 아니라 과거지향으로 변경되어 무의식 속에 침전된다. 이렇게 형성된 습득성은 그때그때 생생한 경험을 규정하고 일정한 방향으로 관심을 유도하는 순수자아의 지속적 소유물로서, 다른 동기를 지닌 의식작용으로 폐기되거나 수정되지 않는 한, 언제나 생생하게 복원될 수 있는 타당성과 동기부여(Motivation)의 연관으로 구체적 역사성을 지닌다. 89, 91, 110, 114, 127, 137, 340, 406, 407, 413, 414, 430, 449, 458, 460

시간의식(Zeitbewußtsein) 시간의식의 통일은 모든 시간객체가 통일적으로 직관될 수 있는 동일한 대상으로서 지속·공존·계기하는 보편적 질서형식이고,

객관적 시간성이 구성될 수 있기 위한 필수조건이다. 따라서 후설도 시간을 객관적 경험이 가능할 수 있는 감성의 형식으로 파악해 시간에 관한 분석을 '선험적 감성론'이라 부른다. 그러나 칸트에게서는 의식의 통일이 의식의 시간성에 논리적으로 앞서기 때문에 시간은 개념적 성격을 띤 내적 감각의 순수 직관 형식이지만, 후설에게는 의식의 통일이 시간의식의 끊임없는 흐름 속에서 절대적 지속체로 직접 구성되기 때문에 시간은 모든 체험이 근원적으로 종합되고 구성되는 궁극적 근원이다. 44~47, 61, 62, 84, 86, 87, 105, 108, 120, 124, 126, 130, 185, 213, 215~217, 220, 221, 225, 227, 231, 232, 238, 239, 329, 330, 357, 375, 444, 445, 449

실재성(Realität)/**이념성**(Idealität)   전통적으로 이념성과 실재성은 '의식'을 기준으로 '내(內)·외(外)'로 구분돼왔다. 그러나 후설은 '시간성'을 기준으로 삼기 때문에 시간 속에 일어나는 의식의 다양한 작용도 실재성을 갖는다고 본다. 즉 구체적인 체험흐름인 내실적 내재뿐만 아니라, '외적'인 감각자료가 인식작용을 통해 구성된 인식대상도 지향적 내재다. 지향적 내재는 결국 내실적 초재다. 물론 사념되거나 정립되었더라도 의식에 직관되지 않은 것은 순수 초재다. 후설은 이 지향적 내재를 포괄적으로 분석하기 위해 '내적 지각'보다 '내재적 지각'이라는 표현을 주로 사용한다. 51, 54, 125, 128, 189, 212, 253, 280, 286, 301, 304, 306, 307, 309, 314, 317, 323, 326, 328, 341, 396, 403, 411, 415, 442, 462, 475 / 169, 183, 189, 190, 203, 211, 212, 258, 260, 396, 431, 433, 435, 474

실천(Praxis)/**이론**(Theorie)   후설현상학에서 이론(인식)과 실천의 관계는 학문들을 이렇게 구분한 아리스토텔레스적 전통과 매우 다르다. 후설은 '술어로 인식하는 작업수행은 그 자체로 행동(Handeln)' '묻는 작용(Fragen)은 판단을 내리려고 노력하는 실천적 행동으로서 의지의 영역' '인식이성은 실천이성의 기능이며, 지성은 의지의 공복(公僕)' '이론적인 이성적 인식작용은 실천적 이성에서 나온 행동' '이론적이지 않은 모든 작용은 태도변경을 통해 이론적 작용으로 변화될 수 있다'고 한다. 즉 실천적 관심은 이론적 인식을 주도하고 이론적 인식의 성과는 실천적 행위가 나아갈 방향을 제시함으로써 이 둘은 부단히 긴밀하게 상호작용하며 전개되는 개방된 순환구조를 형성한다. 그래서 반성적인 이론적 태도와 자연적인 실천적 태도를 제3의 형식으로 종합하는 보편적 태도가 '이론적 실천'이며, '모든 이성은 실천적 이성인 동시에 이론(논리)적 이성'이다. 물론 『논리연구』 제1권에서도 '이론적 표상작용을 감정과 의지의 모든 실천적 작용의 근본토대'로 간주해 그 정초관계를 밝혔다. 28, 30, 31, 33, 34, 36, 37, 43, 52, 54, 61, 66, 100, 115~117, 140, 142~144, 155, 159, 165, 166, 168, 171, 177, 259, 261, 262, 274~276, 292, 295, 311, 312, 323, 331, 335, 347, 389~391, 400, 409, 419, 423, 425, 426, 429, 446, 458, 465, 480, 487, 493, 494, 496, 499 / 28~34, 36, 37, 52~54, 61, 66, 90, 95, 117, 141, 144, 157~159, 162, 164~167, 169~173, 176~178, 181, 187, 190, 193, 205, 209, 210, 253, 255, 256, 259~262, 265, 268, 270~272, 274, 276~279, 281, 288, 293, 295, 307, 311, 314, 315, 319, 326, 347~349, 399, 400, 409, 412, 415~417, 421, 423, 427, 429, 433, 435, 438, 441, 443, 444, 464, 466, 479, 480, 493~495, 498, 500

심리학주의(Psychologismus) 심리학주의는 논리법칙을 심리적 사실에 근거한 심리법칙으로 보기 때문에 논리학을 심리학의 한 특수분과로 간주한다. 따라서 논리법칙은 심리물리적 실험을 반복해 일반화한 발생적 경험법칙으로 사유의 기능 또는 조건을 진술하는 법칙이며, 모순율도 모순된 두 명제를 동시에 참으로 받아들일 수 없는 마음의 신념, 즉 판단작용의 실재적 양립불가능성을 가리킨다고 주장한다.

그러나 후설에 따르면 순수논리법칙은 대상의 존재를 함축하거나 전제하지 않으며, 실재적으로 판단하는 주관의 다양한 작용과도 무관하다. 즉 주관의 작용들을 통해 통일적으로 구성된 객관적 내용이다. 모순율도 모순된 명제나 상반된 사태의 이념적 양립불가능성이다. 따라서 확률적 귀납에 따른 맹목적 확신으로서 심정으로 느낀 인과적 필연성과 명증적 통찰을 통해 직접 이해된 것으로서 어떠한 사실로도 확인되거나 반박되지 않는 보편타당한 논리적 필연성은 혼동될 수 없다. 요컨대 후설은 이념적인 것(Reales)과 실재적인 것(Reales), 이념적인 것이 실천적으로 변형된 규범적인 것(Normales)의 차이를 인식론적으로 혼동(metabasis)한 심리학주의의 오류와 편견을 비판하는 것이다. 29~31, 33~37, 42, 43, 51, 95, 97, 105, 155, 157, 159~166, 168~170, 174, 175, 181, 185, 189, 192, 271, 350, 393, 395, 396, 415, 416, 428, 430, 431, 433~436, 440, 441, 464, 474, 498, 499

아프리오리(apriori) '논리적으로 경험에 앞서며, 인식적으로 경험에 의존하지 않는다'는 의미의 이 라틴어는 칸트 이후 '경험의 확실성과 필연성의 근거형식'을 뜻하게 된다. 그런데 후설은 발생적 분석에서 '그 자체로 의식에 직접 주어지고 경험되는 질료'라는 뜻으로, 또 간혹 명사형태(Apriori)로 사용한다. 따라서 인식의 형식뿐만 아니라 내용도 아프리오리하다. 즉 인식될 내용이 미리 완성되어 주어진다. 다만 이 내용에 대한 우리의 인식까지 완성되어 있지는 않기 때문에 경험에 대한 발생적 분석이 필요하다. 요컨대 그의 구성은 이 아프리오리를 새로운 대상성으로 드러내는 작용, 즉 순수주관의 상관자인 이 지향적 대상에 의미를 부여하고 형성하며 체계적으로 명료하게 밝히는 해명이다. 그런데 이 용어를 '선천적'이나 '생득적'으로 옮기는 것은 부당하다. '선험적'도 근원으로 부단히 되돌아가 묻는 후설현상학의 근본태도인 '선험적'(transzendental)과 혼동되기 때문에 적합하지 않다. 그래서 원어 그대로 표기한다. 물론 이와 대립된 용어 'aposteriori'도 '아포스테리오리'로 표기한다. 39, 41, 42, 49, 59, 96, 118, 126, 136, 175, 178, 209, 210, 221, 247, 287, 311, 315, 350, 398~400, 410, 414, 418, 440, 441, 446, 447, 463, 464, 482

엄밀성(streng) 후설현상학의 이념인 '엄밀성'은 실증적 자연과학의 '정밀성'(exakt)과 다르며, 논리적 정합성도 아니다. 이것은 객관적 학문들의 궁극적 근원으로 되돌아가 물음으로써 그 타당성의 근거를 밝히고 이론적 앎과 실천적 삶을 주도할 인간성의 철저한 자기책임과 확고한 의지의 결단을 포함하는 선험적 개념이다. 28, 255

연상(Assoziation) 시간이 흐르면서 변양된 표상이 동기부여로 새롭게 주어지는 표상과 끊임없이 결합하는, 즉 시간의식 속에서 어떤 것이 다른 것을 기억하고 지시하는 내재적 체험발생의 짝짓기(Paarung) 법칙을 뜻한다. 정신적 세계를 지배하고 구성하는 이 법칙을 따라 감각된 것들의 동질성과 이질성에 따른 연상적 일깨움을 통해서만 분리된 기억들은 서로 관련을 맺고, 하나의 시간적 연관 속에서 질서 잡힌다. 이 (근원적) 연상에 따른 합치와 종합은 동등한 것과 유사한 것의 감각적 통일, 즉 현실적 직관과 과거 속으로 가라앉은 직관들의 서로 다른 위치를 결합하는 하부의식 속의 통일이 수동적으로 미리 주어져 있기 때문에 가능하다. 38, 45, 62, 108, 126, 195, 317, 329, 333, 357, 365, 414, 421, 443, 446, 449

운동감각(Kinästhesis) 그리스어 'kinesis'(운동)와 'aisthesis'(감각)의 합성어다. 운동감각은 직접 자유롭게 움직일 수 있는 의식주체(신체)의 의지적 기관으로서, 감각적 질료가 주어지는 지각은 이 운동감각의 체계가 '만약 ……하면, ……하다'(Wenn ……, So ……)의 형식으로 동기를 부여한 결과다. 87, 108, 111, 112, 118, 317, 367, 368, 371, 449

인식대상(noema)/**인식작용**(noesis) 어원은 '사유, 인식하는 주관, 삶의 주체'를 뜻하는 그리스어 'nous'(지성)인데, 플라톤은 『국가』 제6권 '선분의 비유'(519d~511e)에서 인식대상을 가시적인 것들(ta horata), 감각의 대상들(ta aistheta)과 지성으로 알 수 있는 것들(ta noeta)로 나누고, 인식주관의 상태로서 전자에는 그림자(像)에 대한 짐작(eikasia) 및 실재에 대한 확신(pistis)과 후자에는 수학적인 것들에 대한 추론적 사고(dianoia) 및 이데아(형상)에 대한 직관(episteme)을 대응시켰다. 그리고 전자를 속견(doxa), 후자를 지성을 통한 인식(noesis)으로 불렀다. 이러한 맥락에서 'noesis'는 '인식작용'으로, 'noema'는 '인식대상'으로 옮긴다. 물론 지향적 체험분석에서 이 두 측면은 불가분하게 본질과 필연적인 상관관계를 맺는다. 44, 61, 106, 108, 109, 239, 242, 310~313, 328, 330, 343~345, 360, 367, 369, 412, 413, 441, 464 / 44, 48, 61, 62, 107~109, 127, 158, 189, 193, 239, 242, 309~312, 330, 331, 337, 343, 360, 370, 386, 389, 390, 392, 398, 409, 412, 413, 427, 441

작업수행(Leistung) '산출, 수행, 수행된 결과, 기능, 성취' 등을 뜻하며, 일상적으로 은폐된 의식을 현상학적 환원을 통해 드러내 밝히는 선험적 주관성의 다양한 지향적 활동을 지칭한다. 또한 경험한 내용이 축적되고 이것이 다시 기억되거나 새로운 경험을 형성하는 복잡한 심층구조의 발생적 역사성을 함축한다. 그래서 의식의 단순한 '작용'(Akt)과 구별하고자 '작업수행'으로 옮긴다. 66, 90, 92, 168, 244, 279, 311, 323, 348, 377, 378, 384, 385, 387~392, 395, 398, 402, 404, 406, 409, 421, 429, 430, 432, 433, 435, 436, 439, 440, 443, 444, 446, 458, 459, 466, 476, 484, 486, 489, 492, 498, 500

제일철학(Erste Philosophie) 아리스토텔레스가 철학에 속한 한 분과로 도입했지만, 후세에 그의 전집을 편찬하면서 '자연학(physica) 다음(meta)'에 편입되어 '형이상학'(metaphysica)이라는 용어로 대체되었다. 후설은 이 고대의 표현을 다시 채택함으로써 보편적 이성에 대한 탐구라는 형상적 현상학(보편적 존재론)의 이념을 복원하고, 데카르트의 『제일철학에 대한 성찰』이 독단적 형이상학이라는 점을 비판했다. 이 개념은 1920년대 중반부터 주로 '선험철학'이라는 용어로 등장한다. 그것은 곧 궁극적인 이론적 자기책임에 근거한 인식을 목표로 모든 학문이 타당할 수 있는 조건과 그 근원으로 부단히 되돌아가 묻는 선험적 인식론, 엄밀한 학문으로서의 선험철학을 뜻한다. 28, 65, 100, 350, 426

주관성(Subjektivität)   간혹 주관적인 것(Subjektives)으로도 표현되는데, 주관(자아)과 그 체험영역 전체를 가리킨다. 후설은 '주관과 연관된 것'을 함축하는 이 용어를 사용해 '선험적 주관성'을 대상과 본질적으로 상관관계(Subjekt-Objekt-Korrelation)에 있지 않은 것으로, 즉 일반적인 의미의 '주관' 또는 '주관성'으로 오해하는 것을 방지하고자 한다. 28, 36, 42, 49, 60, 61, 81, 89, 91, 92, 94, 97, 98, 103, 106, 110~112, 117, 123, 126, 127, 129, 130, 139~142, 144, 158, 317, 325, 338, 339, 341, 347~349, 351~353, 387, 388, 393, 399, 404, 406, 415~418, 420, 421, 427, 428, 435, 437, 440~443, 449, 456, 457, 461, 471, 476, 477, 486~488, 497

지평(Horizont)   그리스어 'horizein'(경계를 짓다)에서 유래하는데, 후설은 이것을 제임스가 의식의 익명성을 밝히려고 사용한 '언저리'(Fringe) 개념에서 받아들였다. 모든 의식작용에는 기억이나 예상과 함께 주어지는 국면이 있는데, 이것들은 경험이 발생하는 틀을 형성한다. 즉 '지평'은 신체가 움직이거나 정신이 파악함에 따라 점차 확장되고 접근할 수 있는 문화와 역사, 사회적 조망을 지닌 무한한 영역, 인간이 세계와 자기 자신을 항상 새롭게 이해할 수 있는 전제조건이다. 47, 57, 82~85, 89, 90, 105, 136, 144, 233, 257, 286, 288, 296, 302, 303, 324, 338, 347, 354, 361~366, 368, 369, 372, 375, 380~383, 389, 390, 400, 463, 474, 479, 482, 485, 487, 489

지향(Intention)/**충족**(Erfüllung)   '표현'(Ausdruck)에는 의사소통하는 심리적 체험(형식)과 문자나 음소, 즉 물리적 체험(내용)으로 이루어진 '통지기능', 통지기능을 통해 표현에 의미를 부여하고 규정된 대상성을 직관하는 '의미기능', 의미기능을 통해 표현되고 사념된 대상성을 지시하는 '명명기능'이 있다. 이때 통지기능이 없어도 의미는 있을 수 있지만(가령 표정, 몸짓, 독백 등) 의미기능이 없는 표현은 불가능하고, 의미를 통해 표현된 대상성은 비록 가상(假象)이더라도 그 표현을 무의미하게 하지 못하기 때문에, 표현의 본질은 의미기능에 있다. 그런데 의미기능에는 의미를 부여해 표현된 대상성과 관계 맺는 '의미지향'과 이 의미지향을 확인·보증·예증해 지향된 것을 직관으로 충족시키는 '의미충족'의 계기가 있다. 따라서 의미지향은 의미충족에 선행하고, 의미충족이 없어도 표현을 이해시켜주므로 의미충족보다 더 본질적인 의미를 지닌 것이다. 36, 37, 39, 41, 42, 45~47, 52, 55, 61, 81, 90, 95, 96, 102, 109, 124~126, 138, 142, 174, 185, 188, 189, 191, 192, 195~198, 200, 202, 208, 210, 213, 215, 223, 226, 227, 231, 235, 236, 239, 247, 260, 269, 283, 298, 299, 307, 309, 310, 322~324, 328, 331, 332, 335, 338, 346, 352, 354, 361~363, 365, 366, 368~372, 375, 382, 387, 388, 392, 397~399, 407, 411~414, 418, 421, 432~434, 436~440, 442, 444~446, 449, 460, 462, 463, 465, 466, 483, 486~488, 500 / 39~41, 141, 166, 173, 177, 180, 188, 189, 191, 193, 194, 196, 197, 200~202, 211, 226, 233, 236, 251, 255, 274, 285, 313, 336, 345, 361~366, 368~371, 425, 433, 446, 460

지향성(Intentionalität) 의식의 본질구조로서 '의식은 항상 무엇에 관한 의식으로서 대상을 향해 있다'는 것을 뜻한다. 즉 의식과 대상은 서로 불가분적 상관관계에 있다는 것이다. 이 의식은, 데카르트에게서처럼 연장실체와 평행하는 사유실체 또는 그 자체로 완결된 형이상학적 전통의 실체(Substanz)가 아니라, 마치 폭포처럼 항상 흐르는(恒轉如瀑流), 끊임없이 생성하는 '헤라클레이토스적 흐름'이다. 후설은 이러한 의식 삶의 생생한 흐름 전체를 통일성 속에서 파악하는 작업을 현상학의 과제로 삼았다. 따라서 후설현상학은 전통철학의 '합리론 대 경험론' '관념론 대 실재론' 등의 이원론 대립에서 완전히 벗어나 있다. 37, 38, 44, 45, 52, 61, 86, 87, 93, 105, 114, 115, 124, 185, 213, 215, 228~230, 236, 270, 309, 311, 328, 333, 353, 382, 387, 397, 406, 409, 411, 413, 427, 432, 433, 436, 439~441, 443, 461, 487, 500

충전적(adäquat)/**필증적**(apodiktisch) '필증적'은 의식에 주어진 사태가 존재하지 않음을 결코 의심할 수 없는 자의식의 확실성을 뜻하며, 후설이 진리나 명증성을 논의할 때 이것과 줄곧 대조시키는 용어 '충전적'은 이에 대한 전통적 견해인 '사물과 지성의 일치'(adequatio rei et intellctus)를 뜻한다. 41, 180, 182, 193, 220, 243, 267, 269, 290, 303, 313, 345 / 41, 168, 380, 386,

453, 455, 457

태도(Einstellung) 후설은 세계가 존재함을 소박하게 믿는 '자연적'(natürlich) 태도와 이것을 반성하는 '선험적' 태도를 구분하고, 다시 전자에서 일상생활의 자연스러운(natural) '인격주의적' 태도와 객관적 자연과학의 방법으로 의식을 자연(사물)화하는 인위적인 '자연주의적' 태도(이것도 습관화되면 자연스러운 자연적 태도가 된다)를 구분하고, 후자에서 주관으로 되돌아가지만 여전히 세계가 존재함을 전제하는 '심리학적' 태도와 이 토대 자체를 철저하게 되돌아가 물어 선험적 주관성을 해명하는 '현상학적' 태도를 구분한다. 36, 43, 49, 56, 58, 61, 67, 68, 88, 92, 94, 96, 103, 110, 111, 114, 115, 117, 120, 125, 129, 131, 135~137, 140, 141, 157, 169, 190, 191, 232, 234, 239, 241, 249, 255, 263, 265, 269, 277, 281, 283, 288, 289, 295~298, 307, 308, 310, 312, 317, 319~323, 326, 327, 336, 341, 343, 344, 348, 350, 351, 354, 355, 377, 393, 396, 397, 399, 401, 405, 409, 411, 415~418, 441, 457, 463, 481, 483~485, 488, 492~495, 500

통각(Apperzeption) 라틴어 'appercipere'(덧붙여 지각한다)에서 유래하며, 직접 지각하는 것뿐만 아니라 잠재적으로 함축된 감각들을 간접적으로 지각하는 것까지 의미한다. 칸트 이후에는 새로운 경험(표상)을 이전의 경험(표상)들과 종합하고 통일해 대상을 인식하는 의식의 적극적인 작용을 뜻하기도 한다. 137, 187, 192, 196, 203, 218, 220, 244, 308, 320, 321, 324, 328, 330, 332, 333, 335, 336, 338, 365~368, 371, 372, 407, 417, 449

판단중지(Epochè) 스토아학파와 에피쿠로스학파의 독단론에 반발한 피론(Pyrron)의 회의(懷疑)학파는 마음의 평정(atraxia)을 얻으려면 모든 인식에 대한 판단중지가 필수적이라고 강조했다. 그러나 후설은 이 용어를 세계의 존재를 소박하게 전제하는 자연적 태도의 일반정립에 깃든 확신과 타당성을 일단 배제하는, 즉 괄호 속에 묶는 독특한 현상학의 전문용어로 사용한다. 요컨대 판단중지는 이미 정립한 것을 폐기하거나 그 확신을 변경시키지 않기 때문에 그 결과 아무것도 잃지 않는다. 다만 이 판단중지를 거쳐야만 다양한 현상학적 환원이 가능하기 때문에 예비절차라 할 수 있다. 49, 55~58, 88, 92, 93, 103, 143, 283, 297, 298, 349, 412, 417, 418, 442, 446, 467, 481, 483, 484, 487~489, 493

학문이론(Wissenschaftstheorie, Wissenschaftslehre) 학문을 학문으로 만드는 형식에 관한 이론으로서 후설이 데카르트와 라이프니츠의 '보편수학' 이념을 발전시켜 형식적 영역의 존재론으로 정초하려는 순수논리학을 가리킨다. 30, 96, 155, 158, 423, 425~429

현상(Phänomenon) 그리스어 'phainesthai'(자신을 드러내 보여준다)의 명사형이다. 서양철학에서는 전통적으로 존재자(ousia)의 본질(essentia)과 현존(existentia) 또는 현상을 구분하고 대립시켰다. 그러나 후설현상학에서는 의식에 직접 주어진 사태(Sache), 즉 현상이 본질이며, 이 현상을 있는 그대로 받아들이는 것이 본질직관이다. 즉 현상학은 의식에 범례로 주어진 것에서 본질과 본질들의 연관을 인식하는 의식의 순수본질학이다. 48, 51~53, 96, 97, 99, 170, 174, 196, 219, 221, 237, 244, 245, 247, 249~252, 266~269, 285~287, 310, 349, 393, 401, 406, 411~413, 421, 489~491

현상학적 환원(phänomenologische Reduktion) '판단중지' '형상적 환원' '선험적 환원' 등이 있는데, 물론 이것들은 시간적 선후의 구별이 아니라 서로 다른 목적에 따른 논리적 구별이다.

① 판단중지는 세계의 존재를 소박하게 전제한 자연적 태도의 일반정립에 깃든 확신과 타당성을 일단 괄호 속에 묶어 경험의 새로운 영역을 보게 한다.

② 형상적 환원은 개체적인 우연적 현상에서 '상상을 통한 자유변경', 즉 이념화작용을 통해 보편적인 필연적 형상(본질)을 직관한다.

③ 선험적 환원은 의식에 대해 초월적인 대상을 내재하는 대상으로 환원해 대상과 본질적 상관관계인 선험적 자아와 그 체험영역 전체(즉 선험적 주관성)를 드러내 밝힌다. 48, 50, 51, 56~58, 60, 72, 243, 244, 246, 248, 250, 286, 287, 307, 317, 321, 347~349, 406, 408, 412, 413, 438, 442

현재화(Gegenwärtigung)/**현전화**(Vergegenwärtigung) 현재화는 원본적 지각이 생생한 '지금' 속에 현재 존재하는 것으로 '직접 제시하는 것'(Präsentation)이며, 현전화는 기억이나 상상처럼 시간·공간적으로 지금 여기에 현존하지 않는 것을 의식에 다시 현존하게 하는 것, 즉 '직접 제시하는 것'과 함께 통각과 연상을 통해 예측으로 주어지는 '간접적으로 제시하는 것'(Appäsentation)까지 포함하는 작용이다. 39, 45, 46, 86, 213, 230, 232, 302 / 46, 196, 224, 225, 229~232, 302, 361, 373, 461

후설 연보

1. 성장기와 재학 시절(1859~87)

1859년	4월 8일 오스트리아 프로스니츠(현재 체코 프로스초프)에서 양품점을 경영하는 유대인 부모의 3남 1녀 중 둘째로 출생함.
1876년	프로스니츠초등학교와 빈실업고등학교를 거쳐 올뮈츠고등학교를 졸업함.
1876~78년	라이프치히대학교에서 세 학기(수학, 물리학, 천문학, 철학)를 수강함.
1878~81년	베를린대학교에서 바이어슈트라스와 크로네커 교수에게 수학을, 파울센 교수에게 철학을 여섯 학기 수강함.
1883년	변수계산에 관한 논문으로 박사학위를 받은 후 바이어슈트라스 교수의 조교로 근무함.
1883~84년	1년간 군복무를 지원함.
1884년	4월 부친 사망함.
1884~86년	빈대학교에서 브렌타노 교수의 강의를 듣고 기술심리학의 방법으로 수학을 정초하기 시작함.
1886년	4월 빈의 복음교회에서 복음파 세례를 받음.
1886~87년	할레대학교에서 슈툼프 교수의 강의를 들음.
1887년	8월 6일 말비네와 결혼함. 10월 교수자격논문 「수 개념에 관하여」가 통과됨. 할레대학교 강사로 취임함.

2. 할레대학교 시절(1887~1901)

1891년	4월 『산술철학』 제1권을 출간함.
1892년	7월 딸 엘리자베트 출생함.
1893년	프레게가 『산술의 근본법칙』에서 『산술철학』을 비판함.
	12월 장남 게르하르트 출생함(법철학자로 1972년에 사망함).
1895년	10월 차남 볼프강 출생함(1916년 3월 프랑스 베르됭에서 전사함).
1896년	12월 프러시아 국적을 얻음.
1897년	『체계적 철학을 위한 문헌』에 「1894년부터 1899년까지 독일에서 발표된 논리학에 관한 보고서」를 게재함(1904년까지 4회에 걸쳐 발표함).
1900년	『논리연구』 제1권(순수논리학 서설)을 출간함.
1901년	4월 『논리연구』 제2권(현상학과 인식론의 연구)을 출간함.

3. 괴팅겐대학교 시절(1901~16)

1901년	9월 괴팅겐대학교의 원외교수로 부임함.
1904년	5월 뮌헨대학교에 가서 립스 교수와 그의 제자들에게 강의함.
1904~05년	「내적 시간의식의 현상학」을 강의함.
1905년	5월 정교수로 취임이 거부됨.
	8월 스위스 제펠트에서 뮌헨대학교 학생 팬더, 다우베르트, 라이나흐(Adolf Reinach), 콘라트(Theodor Conrad), 가이거(Moritz Geiger) 등과 토론함.
1906년	6월 정교수로 취임함.
1907년	4월 제펠트의 토론을 바탕으로 일련의 다섯 강의를 함.
1911년	3월 『로고스』 창간호에 「엄밀한 학문으로서의 철학」을 발표함.
1913년	4월 책임편집인으로 참여한 현상학 기관지 『철학과 현상학 탐구연보』를 창간하면서 『순수현상학과 현상학적 철학의 이념들』 제1권을 발표함(기술적 현상학에서 선험적 현상학으로 이행함). 셸러도 『철학과 현상학 탐구연보』에 『윤리학의 형식주의와 실질적 가치윤리학』 제1권을 발표함(제2권은 1916년 『철학과 현상학 탐

	구연보』제2권에 게재됨).
	10월 『논리연구』 제1권 및 제2권의 개정판을 발간함.
1914년	7월 제1차 세계대전이 일어남(12월 두 아들 모두 참전함).

4. 프라이부르크대학교 시절(1916~28)

1916년	3월 차남 볼프강이 프랑스 베르됭에서 전사함
	4월 리케르트(Heinrich Rickert)의 후임으로 프라이부르크대학교 교수로 취임함.
	10월 슈타인이 개인조교가 됨(1918년 2월까지).
1917년	7월 모친 사망함.
1917년	9월 스위스 휴양지 베르나우에서 여름휴가 중 1904~1905년 강의 초안 등을 검토함(1918년 2~4월에 베르나우에서 보낸 휴가에서 이 작업을 계속함).
1919년	1월 하이데거가 철학과 제1세미나 조교로 임명됨.
1921년	『논리연구』 제2-2권 수정 2판을 발간함.
1922년	6월 런던대학교에서 「현상학적 방법과 현상학적 철학」을 강의함.
1923년	일본의 학술지 『개조』(改造)에 「혁신, 그 문제와 방법」을 발표함.
	6월 베를린대학교의 교수초빙을 거절함. 하이데거가 마르부르크대학교에, 가이거가 괴팅겐대학교에 부임함. 란트그레베가 1930년 3월까지 개인조교로 일함.
1924년	『개조』에 「본질연구의 방법」과 「개인윤리의 문제로서 혁신」을 발표함.
	5월 프라이부르크대학교의 칸트 탄생 200주년 기념축제에서 「칸트와 선험철학의 이념」을 강연함.
1926년	4월 생일날 하이데거가 『존재와 시간』의 교정본을 증정함.
1927~28년	하이데거와 공동으로 『브리태니커백과사전』 '현상학' 항목을 집필하기 시작함(두 번째 초고까지 계속됨).
1927년	하이데거가 『철학과 현상학 탐구연보』 제8권에 『존재와 시간』을 발표함.
1928년	1904~1905년 강의수고를 하이데거가 최종 편집해 『철학과 현상

학 탐구연보』제9권에 『시간의식』으로 발표함.
3월 후임에 하이데거를 추천하고 정년으로 은퇴함.

5. 은퇴 이후(1928~1938)

1928년　4월 네덜란드 암스테르담에서 '현상학과 심리학'과 '선험적 현상학'을 주제로 강연함.
8월 핑크가 개인조교로 일하기 시작함.
11월 다음 해 1월까지 『형식논리학과 선험논리학』을 저술함.

1929년　2월 프랑스 파리의 소르본대학교에서 '선험적 현상학 입문'을 주제로 강연함.
3월 귀국길에 스트라스부르대학교에서 같은 주제로 강연함.
4월 탄생 70주년 기념논문집으로 『철학과 현상학 탐구연보』제10권을 증정받음. 여기에 『형식논리학과 선험논리학』을 발표함.

1930년　『이념들』제1권이 영어로 번역되어 출간됨. 이 영역본에 대한 「후기」(後記)를 『철학과 현상학 탐구연보』최후판인 제11권에 발표함.

1931년　「파리강연」의 프랑스어판 『데카르트적 성찰』이 출간됨.
6월 칸트학회가 초청해 프랑크푸르트, 베를린, 할레대학교에서 '현상학과 인간학'을 주제로 강연함.

1933년　1월 히틀러가 집권하면서 유대인을 박해하기 시작함.
5월 하이데거가 프라이부르크대학교 총장에 취임함.

1934년　4월 미국 사우스캘리포니아대학교의 교수초빙 요청을 나이가 많고 밀린 저술들을 완성하기 위해 거절함.
8월 프라하철학회가 '우리 시대에 철학의 사명'이라는 주제로 강연을 요청함.

1935년　5월 빈문화협회에서 '유럽인간성의 위기에서 철학'을 주제로 강연함.
11월 프라하철학회에서 '유럽학문의 위기와 심리학'을 주제로 강연함.

1936년　1월 독일정부가 프라이부르크대학교의 강의권한을 박탈하고 학계활동을 탄압함.

	9월 「프라하강연」을 보완해 유고슬라비아 베오그라드에서 창간한 『필로소피아』에 『위기』의 제1부 및 제2부로 발표함.
1937년	8월 늑막염과 체력약화 등으로 발병함.
1938년	4월 27일 50여 년에 걸친 학자로서의 외길 인생을 마침.

6. 그 이후의 현상학 운동

1938년	8월 벨기에 루뱅대학교에서 현상학적 환원에 관한 학위논문을 준비하던 반 브레다 신부가 자료를 구하러 후설 미망인을 찾아 프라이부르크를 방문함.
	10월 루뱅대학교에서 후설아카이브 설립을 결정함.
	11월 유대인저술 말살운동으로 폐기처분될 위험에 처한 약 4만 5,000여 매의 유고와 1만여 매의 수고 및 2,700여 권의 장서를 루뱅대학교으로 이전함. 후설의 옛 조교 란트그레베, 핑크 그리고 반 브레다가 유고정리에 착수함.
1939년	『위기』와 관련된 유고「기하학의 기원」을 핑크가 벨기에 『국제철학지』에 발표함.
	3월 유고『경험과 판단』을 란트그레베가 편집해 프라하에서 발간함.
	6월 루뱅대학교에 후설아카이브가 정식으로 발족함(이 자료를 복사하여 1947년 미국 버펄로대학교, 1950년 독일 프라이부르크대학교, 1951년 쾰른대학교, 1958년 프랑스 소르본대학교, 1965년 미국 뉴욕의 뉴스쿨에 후설아카이브가 설립됨).
1939년	파버가 미국에서 '국제현상학회'를 창설함. 1940년부터 『철학과 현상학적 연구』를 창간하기 시작함.
1943년	사르트르가 『존재와 무: 현상학적 존재론의 시도』를 발표함.
1945년	메를로퐁티가 『지각의 현상학』을 발표함.
1950년	후설아카이브에서 유고를 정리해 『후설전집』을 발간하기 시작함.
1951년	브뤼셀에서 '국제현상학회'가 열리기 시작함.
1958년	후설아카이브에서 『현상학총서』를 발간하기 시작함.
1960년	가다머가 『진리와 방법』을 발표함.

1962년	미국에서 '현상학과 실존철학협회'가 창설됨.
1967년	캐나다에서 '세계현상학 연구기구'가 창립됨. '영국현상학회'가 『영국현상학회보』를 발간하기 시작함.
1969년	'독일현상학회'가 창립되고 1975년부터 『현상학탐구』를 발간하기 시작함. 티미니에츠카(Anna-Teresa Tymieniecka)가 '후설과 현상학 국제연구협회'를 창설하고 1971년부터 『후설연구선집』을 발간하기 시작함.
1971년	미국 듀케인대학교에서 『현상학연구』를 발간하기 시작함.
1978년	'한국현상학회'가 창립되고 1983년부터 『현상학연구』(이후 『철학과 현상학 연구』로 개명함)를 발간하기 시작함.

후설의 저술

1. 후설전집

1. 『성찰』(*Cartesianische Meditationen und Pariser Vorträge*), S. Strasser 편집, 1950.
   『데카르트적 성찰』, 이종훈 옮김, 한길사, 2002; 2016.
2. 『이념』(*Die Idee der Phänomenologie*), W. Biemel 편집, 1950.
   『현상학의 이념』, 이영호 옮김, 서광사, 1988.
3. 『이념들』 제1권(*Ideen zu einer reinen Phänomenologie und phänomeno- logischen Philosophie I*), W. Biemel 편집, 1950; K. Schuhmann 새편집, 1976.
   『순수현상학과 현상학적 철학의 이념들』 제1권, 이종훈 옮김, 한길사, 2009; 2021.
4. 『이념들』 제2권(*Ideen zu einer reinen Phänomenologie und phänomeno- logischen Philosophie II*), M. Biemel 편집, 1952.
   『순수현상학과 현상학적 철학의 이념들』 제2권, 이종훈 옮김, 한길사, 2009; 2021.
5. 『이념들』 제3권(*Ideen zu einer reinen Phänomenologie und phänomeno- logischen Philosophie III*), M. Biemel 편집, 1952.
   『순수현상학과 현상학적 철학의 이념들』 제3권, 이종훈 옮김, 한길사, 2009; 2021.
6. 『위기』(*Die Krisis der europäischen Wissenschaften und die transzendentale Phänomenologie*), W. Biemel 편집, 1954.

『유럽학문의 위기와 선험적 현상학』, 이종훈 옮김, 한길사, 1997; 2016.
7. 『제일철학』제1권(*Erste Philosophie*[1923~1924] *I*), R. Boehm 편집, 1956.
『제일철학』제1권, 이종훈 옮김, 한길사, 2020.
8. 『제일철학』제2권(*Erste Philosophie*[1923~1924] *II*), R. Boehm 편집, 1959.
『제일철학』제2권, 이종훈 옮김, 한길사, 2020.
9. 『심리학』(*Phänomenologische Psychologie*[1925]), W. Biemel 편집, 1962.
『현상학적 심리학』, 이종훈 옮김, 한길사, 2013; 2021.
10. 『시간의식』(*Zur Phänomenologie des inneren Zeitbewußtseins*[1895~1917]), R. Boehm 편집, 1966.
『시간의식』, 이종훈 옮김, 한길사, 1996; 2018.
11. 『수동적 종합』(*Analysen zur passiven Synthesis*[1918~1926]), M. Fleischer 편집, 1966.
『수동적 종합』, 이종훈 옮김, 한길사, 2018.
12. 『산술철학』(*Philosophie der Arithmethik*[1890~1901]), L. Eley 편집, 1970.
13. 『상호주관성』제1권(*Zur Phänomenologie der Intersubiektivität I* [1905~20]), I. Kern 편집, 1973.
『상호주관성』(제13~15권), 이종훈 옮김, 한길사, 2021.
14. 『상호주관성』제2권(*Zur Phänomenologie der Intersubjektivität II* [1921~28]), I. Kern 편집, 1973.
15. 『상호주관성』제3권(*Zur Phänomenologie der Intersubjektivität III* [1929~35]), I .Kern 편집, 1973.
16. 『사물』(*Ding und Raum*[1907]), U. Claesges 편집, 1973.
『사물과 공간』, 김태희 옮김, 아카넷, 2018.
17. 『형식논리학과 선험논리학』(*Formale und transzendentale Logik*), P. Janssen 편집, 1974.
『형식논리학과 선험논리학』, 이종훈 옮김, 나남, 2010; 한길사, 2019.
18. 『논리연구』1권(*Logische Untersuchungen I*), E. Holenstein 편집, 1975.
『논리연구』제1권, 이종훈 옮김, 민음사, 2018.
19. 『논리연구』2-1권(*Logische Untersuchungen II/1*), U .Panzer 편집, 1984.
『논리연구』제2-1권, 이종훈 옮김, 민음사, 2018.

20-1. 『논리연구』 보충판 제1권(*Logische Untersuchungen. Ergänzungsband. I*), U. Melle 편집, 2002.

20-2. 『논리연구』 보충판 제2권(*Logische Untersuchungen. Ergänzungsband. II*), U. Melle 편집, 2005.
『논리연구』 제2-2권, 이종훈 옮김, 민음사, 2018.

21. 『산술과 기하학』(*Studien zur Arithmetik und Geometrie*[1886~1901]), I. Strohmeyer 편집, 1983.

22. 『논설』(*Aufsätze und Rezensionen*[1890~1910]), B. Rang 편집, 1979.

23. 『상상』(*Phantasie, Bildbewußtsein, Erinnerung*[1898~1925]), E. Marbach 편집, 1980.

24. 『인식론』(*Einleitung in die Logik und Erkenntnistheorie*[1906~1907]), U. Melle 편집, 1984.

25. 『강연 1』(*Aufsätze und Vorträge*[1911~21]), Th. Nenon & H.R. Sepp 편집, 1986.

26. 『의미론』(*Vorlesungen über Bedeutungslehre*[1908]), U. Panzer 편집, 1986.

27. 『강연 2』(*Aufsätze und Vorträge*[1922~37]), Th. Nenon & H.R. Sepp 편집, 1989.

28. 『윤리학』(*Vorlesung über Ethik und Wertlehre*[1908~14]), U. Melle 편집, 1988.

29. 『위기-보충판』(*Die Krisis der europäischen Wissenschaften und die transzendentale Phänomenologie*[1934~37]), R.N. Smid 편집, 1993.

30. 『논리학과 학문이론』(*Logik und allgemeine Wissenschaftstheorie*[1917~18]), U. Panzer 편집, 1996.

31. 『능동적 종합』(*Aktive Synthesen*[1920~21]), E. Husserl & R. Breeur 편집, 2000.

32. 『자연과 정신』(*Natur und Geist*[1927]), M. Weiler 편집, 2001.

33. 『베르나우 수고』(*Die Bernauer Manuskripte über das Zeitbewußtsein* [1917~18]), R. Bernet & D. Lohmar 편집, 2001.

34. 『현상학적 환원』(*Zur phänomenologische Reduktion*[1926~35]), S. Luft 편집, 2002.

35. 『철학 입문』(*Einleitung in die Philosophie*[1922~23]), B. Goossens 편집, 2002.
36. 『선험적 관념론』(*Transzendentale Idealismus*[1908~21]), R.D Rollinger & R. Sowa 편집, 2003.
37. 『윤리학 입문』(*Einleitung in die Ethik*[1920 & 1924]), H. Peucker 편집, 2004.
38. 『지각과 주의를 기울임』(*Wahrnehmung und Aufmerksamkeit*[1893~ 1912]), T. Vongehr & R. Giuliani 편집, 2004.
39. 『생활세계』(*Die Lebenswelt*[1916~37]), R. Sowa 편집, 2008.
40. 『판단론』(*Untersuchungen zur Urteilstheorie*(1893~1918)), R.D. Rollinger 편집, 2009.
41. 『형상적 변경』(*Zur Lehre vom Wesen und zur Methode der eidetischen Variation* (1891~1935)), D. Fonfaral 편집, 2012.
42. 『현상학의 한계문제』(*Grenzprobleme der Phänomenologie*(1908~1937)), R. Sowa & T. Vongehr 편집, 2014.

2. 후설 전집에 수록되지 않은 저술

1. 『엄밀학』(*Philosophie als strenge Wissenschaft*) in 『*Logos*』 제1집, W. Szilasi 편집, Frankfurt, 1965.
『엄밀한 학문으로서의 철학』, 이종훈 옮김, 지만지, 2008.
2. 『경험과 판단』(*Erfahrung und Urteil*), L. Landgrebe 편집, Prag, 1939.
『경험과 판단』, 이종훈 옮김, 민음사, 1997; 2016.
3. *Briefe an Roman Ingarden*, R. Ingarden 편집, The Hague, 1968.

3. 후설 유고의 분류

A 세속적(mundan) 현상학
   I 논리학과 형식적 존재론
   II 형식적 윤리학, 법철학
   III 존재론(형상학[形相學]과 그 방법론)
   IV 학문이론

Ⅴ 지향적 인간학(인격과 환경세계)

　　Ⅵ 심리학(지향성 이론)

　　Ⅶ 세계통각의 이론

B 환원

　　Ⅰ 환원의 길

　　Ⅱ 환원 자체와 그 방법론

　　Ⅲ 잠정적인 선험적 지향적 분석학

　　Ⅳ 현상학의 역사적·체계적 자기특성

C 형식적 구성으로서 시간구성

D 원초적 구성(근원적 구성)

E 상호주관적 구성

　　Ⅰ 직접적 타자경험의 구성적 기초학

　　Ⅱ 간접적 타자경험의 구성(완전한 사회성)

　　Ⅲ 선험적 인간학(선험적 신학, 목적론 등)

F 강의·강연들

　　Ⅰ 강의들과 그 부분들

　　Ⅱ 강연들과 부록들

　　Ⅲ 인쇄된 논문들과 그 부록들의 수고(手稿)

　　Ⅳ 정리되지 않은 원고

K 1935년 비판적으로 선별할 때 수용하지 않았던 속기 필사본

　　Ⅰ 1910년 이전 수고들

　　Ⅱ 1910년부터 1930년까지의 수고

　　Ⅲ 1930년 이후 『위기』와 관련된 수고

　　Ⅸ~Ⅹ 후설 장서에 기재한 난외 주석들의 사본

L 1935년 비판적으로 선별할 때 수용하지 않았던 흘림체 필사본

M 필사체 수고 사본과 1938년 이전 후설의 조교들이 타이프한 원고

　　Ⅰ 강의들

　　　　1 『현상학 입문』(1922)

　　　　2 『철학입문』

　　　　3 『제일철학』

  4 『현상학적 심리학』

 II 강연들

  1 베를린 강연

  2 칸트 기념 강연회의 연설

  3 파리 강연과 『데카르트적 성찰』

 III 출판구상

  1 『이념들』 제2권과 제3권

   a) 슈타인 사본

   b) 란트그레베 사본

   c) 란트그레베 사본에 대한 후설의 수정

  2 『논리연구』 제6연구(제2-2권)의 개정

  3 의식의 구조에 대한 연구

   a) 1부

   b) 2부

   c) 3부

   d) 이러한 사상의 범위에 대한 구상

  4 일본 잡지 『개조』에 기고한 논문의 구상

  5 『위기』 제3부를 위한 구상

   a) 프라하 강연

   b) 빈 강연

   c) 『위기』 제3부; 내용 색인; 역사 연구; 『위기』 제3부의 수정

  6~8 커다란 구도 속에서의 구상

  9 후설의 관념론에 관한 논쟁

  10 『브리태니카 백과사전』에 기고한 '현상학' 항목의 구상

  11~17 네 가지 구도 속에서의 구상

N 비망록

P 다른 저자들의 수고들

Q 스승들의 강의를 들을 때 후설이 작성한 메모

R 편지

 I 후설이 쓴 편지

II 후설에게 보낸 편지
　　III 후설에 관한 편지
　　IV 후설 사후(1938년) 후설 부인의 편지
X 기록문서
　　I 임명장
　　II 광고 포스터
　　III 강의 안내문
　　IV 일지

참고문헌

1. 국내 자료

김태길(외), 『현대사회와 철학』, 문학과 지성사, 1981.

김홍우, 『현상학과 정치철학』, 문학과 지성사, 1999.

김희봉, 「후설의 현상학과 '자연적 세계'의 의미─『이념들 Ⅰ』을 중심으로」, 한국현상학회 엮음, 『자연의 현상학』, 철학과 현실사, 1998.

박순영, 「후설의 생활세계 개념에 대한 선불교적 이해」, 한국현상학회 엮음, 『현상학과 한국사상』, 철학과 현실사, 1996.

박승억, 「상상력에 관한 현상학적 연구」, 『철학과 현상학 연구』 제51집, 한국현상학회, 2011.

박이문, 『현상학과 분석철학』, 일조각, 1977.

박인철, 「생활세계와 의사소통─후설과 하버마스의 비교를 중심으로」, 『철학과 현상학 연구』 제31집, 한국현상학회, 2006.

손봉호, 「Husserl의 현상학에서 Einstellung의 문제」, 『철학』 제12집, 한국철학회, 1978.

____, 「훗설에서 현상학의 구상과 지향적 함축」, 한국현상학회 엮음, 『현상학이란 무엇인가』, 심설당, 1983.

신귀현, 「현상학의 근본원리」, 김태길 외, 『현대사회와 철학』, 문학과 지성사, 1981.

____, 「현상학적 환원과 그 철학적 의의」, 『현상학이란 무엇인가』.

____, 「현상학과 심리학」, 한국현상학회 엮음, 『현상학의 전개』, 양서원, 1988.

윤명로 외, 『현상학과 현대철학』, 문학과 지성사, 1987.

윤명로, 「현상학에서 사유와 직관」, 한국현상학회 엮음, 『세계와 인간 그리고 의식 지향성』, 서광사, 1992.

윤병열, 「후설 현상학에서 세계 이해—보편지평으로서 세계」, 한국철학회 엮음, 『철학』 제62집, 2000, 제62집.

이길우, 『현상학적 정신이론』, 강원대학교 출판부, 1986.

＿＿, 「정서적 동기관계와 상호주관적 습득성」, 한국현상학회 엮음, 『현상학과 실천철학』, 철학과 현실사, 1993.

이남인, 「선험적 현상학과 해석학」, 한국현상학회 엮음, 『생활세계의 현상학과 해석학』, 서광사, 1992.

＿＿, 「본능의 현상학과 선험적 현상학」, 철학연구회 엮음, 『철학연구』 제30집, 1992.

＿＿, 「선험적 현상학과 탈현대: 다원주의에 대한 논의를 중심으로」, 철학연구회 엮음, 『철학연구』 제31집, 1992.

＿＿, 「발생적 현상학과 지향성 개념의 변화」, 『세계와 인간 그리고 의식 지향성』.

＿＿, 「본능적 지향성과 상호주관적 생활세계의 구성」, 『현상학과 실천철학』.

＿＿, 「후설의 발생적 현상학과 하이데거의 해석학적 현상학」, 한국철학회 엮음, 『철학』 제53집, 1997.

＿＿, 「후설의 기분의 현상학」, 『역사와 현상학』.

＿＿, 『현상학과 해석학. 후썰의 초월론적 현상학과 하이데거의 해석학적 현상학』, 서울대학교 출판부, 2004.

이영호 엮음, 『후설』, 고려대학교 출판부, 1990.

＿＿, 「논리학의 심리학적 정초에 대한 비판적 고찰—후설의 심리학주의 비판을 중심으로」, 『역사와 현상학』.

이종훈, 「후설 현상학의 실천적 의미」, 한국현상학회 엮음, 『현상학과 실천철학』, 철학과 현실사, 1993.

＿＿, 『현대의 위기와 생활세계』, 동녘, 1994.

＿＿, 「후설 현상학의 목적론과 그 해석학적 순환구조」, 한국해석학회 엮음, 『현대 해석학의 제문제』, 지평문화사, 1997.

____, 「후설 현상학에서 역사성의 문제」, 『역사와 현상학』.

____, 「플라톤의 형상인식과 후설의 본질직관」, 한국서양고전철학회 엮음, 『플라톤 철학과 그 영향』, 서광사, 2001.

____, 「후설 현상학 이해의 위기. 한전숙 교수의 해석에서 허와 실」, 한국현상학회 엮음, 『철학과 현상학 연구』 제21집, 2003.

____, 「후설과 하이데거의 정확한 관계는 제대로 규명되었는가?」, 철학문화연구소 엮음, 『철학과 현실』 제62호, 2004, 224~230쪽.

____, 「후설 현상학의 이중 얼굴은 과연 어떤 모습인가?―『이념들』제1권에 대한 기존의 해석과 관련된 문제」, 한국현상학회 엮음, 『철학과 현상학 연구』 제42집, 2009.

____, 「후설 현상학에서 실증적 객관주의 비판의 의의」, 한국현상학회 엮음, 『철학과 현상학 연구』 제55집, 2012.

조관성, 「자연과 문화의 만남―생활세계 개념의 해석과 재구성」, 『자연의 현상학』.

차인석, 「현상학에서 지향성과 구성」, 한국현상학회 엮음, 『현상학이란 무엇인가』, 심설당, 1983.

한전숙, 「현상학에서 선험성의 문제」, 『현상학이란 무엇인가』.

____, 『현상학의 이해』, 민음사, 1984.

____, 「생활세계적 현상학」, 『생활세계의 현상학과 해석학』.

____, 『현상학』, 민음사, 1996.

2. 외국 자료

Buckley, R.P., *Husserl, Heidegger and the Crisis of Philosophical Responsibility*. Dordrecht. 1992.

Brand, G., *Die Lebenswelt I. Eine Philosophie des konkreten Apriori*. Berlin. 1971.

Cunningham, S., *Language and the Phenomenological Reduction of Edmund Husserl*. The Hague. 1976.
　이종훈 옮김, 『언어와 현상학』, 철학과 현실사, 1995.

de Boer, Th., *The Development of Husserl's Thought*. Th. Plantinga 옮김, The Hague, 1978.

최경호 옮김, 『후설 사상의 발달』, 경문사, 1986.

J. Derrida, *Edmund Husserl's Origin of Geometry*, Nachlas Hays, 1978.

Diemer, A., *Edmund Husserl. Versuch einer systematischen Darstellung seiner Phänomenologie*. Meisenheim am Glan. 1965.

조주환·김영필 옮김, 『에드문트 후설』, 이문출판사, 1990.

Fink, E., *Studien zur Phänomenologie 1930~1939*. Den Haag. 1966.

____, *VI. Cartesianische Meditation. Teil 1. Die Idee einer transzendentalen Methodenlehre*. Dordrecht, 1988.

이종훈 옮김, 『제6 데카르트적 성찰』, 한길사, 2002.

Gadamer, H-G., *Wahrheit und Methode. Grundzüge einer philosophischen Hermeneutik*. Tübingen, 1972.

Hartmann, N., *Zur Grundlegung der Ontologie*. Berlin, 1965.

Heidegger, M., *Sein und Zeit*. Tübingen, 1972.

____, *Über den Humanismus*. Frankfurt, 1975.

____, *Die Grundprobleme der Phänomenologie*. Frankfurt, 1975.

이기상 옮김, 『현상학의 근본문제들』, 문예출판사, 1994.

Jasssen, P., *Edmund Husserl. Einführung in seine Phänomenologie*. Freiburg. 1976.

신귀현·배의용 옮김, 『에드문트 훗설의 현상학』, 이문출판사, 1986.

Kant, I., *Kritik der reinen Vernunft*. Hamburg. 1956.

____, *Prolegomena zu einer jeden künftigen Metaphysik*. Hamburg. 1969.

Kern, I., *Husserl und Kant. Eine Untersuchung über Husserls Verhältnis zu Kant und zum Neukantianismus*. Den Haag. 1964.

배의용 옮김, 『후설과 칸트』, 철학과 현실사, 2001.

Landgrebe, L., *Phänomenologie und Metaphysik*, Hamburg, 1949.

Lauer, Q., *Phenomenology. It's Genesis and Prospect*. New York, 1965.

최경호 옮김, 『현상학. 그 발생과 전망』, 경문사, 1987.

Marx, W., *Die Phänomenologie Edmund Husserls*. München, 1987.

이길우 옮김, 『현상학』, 서광사, 1989.

Merleau-Ponty, M., *Phenomenology of Perception*. C. Smith 번역. London, 1962.

____, *The Primacy of Perception*. J. Edie 번역. Northwestern Univ., 1964.

Pivčević, E., 이영호 옮김, 『훗설에서 사르트르에로』(*Von Husserl zu Sartre*), 지학사, 1975.

Roth, A., *Edmund Husserls ethische Untersuchungen*. Den Haag, 1960.
『후설의 윤리연구』, 이길우 옮김, 세화, 1991.

Sartre, J.P., *Being and Nothingness*. H. Barnes 번역. New Jersey. 1956.

____, *The Transcendence of the Ego. An Existentialist Theory of Consciousness*. F. William/R. Kirkpatrick 옮김, New York, 1957.

Schütz, A., *Der Sinnhafte Aufbau der sozialen Welt*. Frankfurt, 1974.

____, *Collected Papers I. The Problem of Social Reality*. The Hague, 1973.

____, *Collected Papers III. Studies in Phenomenological Philosophy*. The Hague, 1970.

Sepp, H.R.(편), *Edmund Husserl und die Pänomenolpgische Bewegung. Zugnisse in Text und Bild*. Freiburg, 1988.

Sokolowski, R., *The Formation of Husserl's Concept of Constitution*. The Hague, 1964.
최경호 옮김, 『현상학적 구성이란 무엇인가』, 이론과 실천, 1992.

Spiegelberg, H., *The Phenomenological Movement. A Historical Introduction*. Den Haag, 1982.
최경호·박인철 옮김, 『현상학적 운동 Ⅰ』, 이론과 실천, 1991.
최경호 옮김, 『현상학적 운동 Ⅱ』, 이론과 실천, 1992.

Szilasi, W., *Einführung in die Phänomenologie Edmund Hussels*. Tübingen, 1959.
이영호 옮김, 『현상학 강의』, 종로서적, 1984.

van Peursen, C.A., *Phänomenologie und analytische Philosophie*. Stuttgart, 1969.
손봉호 옮김, 『현상학과 분석철학』, 탑출판사, 1980.

Waldenfels, B., *Einführung in die Phänomenologie*. München, 1992.
최재식 옮김, 『현상학의 지평』, 울산대학교 출판부, 1998.

Zaner, R.M., *The Problem of Embodiment*. The Hague, 1964.
최경호 옮김, 『신체의 현상학』, 인간사랑, 1993.

지은이 이종훈

이종훈(李宗勳)은 성균관대학교 철학과를 졸업하고 같은 대학교 대학원에서 후설현상학으로 박사학위를 받았다. 한국현상학회 회장(2011~12)을 역임했으며 현재 춘천교대 명예교수다.

지은 책으로는 『후설현상학으로 돌아가기』(2017), 『현대사회와 윤리』(1999), 『현대의 위기와 생활세계』(1994), 『아빠가 들려주는 철학이야기』 (전 3권, 1994~2006)가 있다.

옮긴 책으로는 『상호주관성』(후설, 2021), 『제일철학』(전 2권, 후설, 2020), 『수동적 종합』(후설, 2018), 『논리연구』(전 3권, 후설, 2018), 『현상학적 심리학』(후설, 2013, 2021), 『형식논리학과 선험논리학』(후설, 2010, 2019), 『순수현상학과 현상학적 철학의 이념들』(전 3권, 후설, 2009, 2021), 『엄밀한 학문으로서의 철학』(후설, 2008), 『데카르트적 성찰』(후설·오이겐 핑크, 2002, 2016), 『유럽학문의 위기와 선험적 현상학』(후설, 1997, 2016), 『경험과 판단』(후설, 1997, 2016), 『시간의식』(후설, 1996, 2018)이 있다.

이 밖에 『소크라테스 이전과 이후』(컨퍼드, 1995), 『언어와 현상학』(수잔 커닝햄, 1994) 등이 있다.

후설현상학으로 돌아가기
어둠을 밝힌 여명의 철학

지은이 이종훈
펴낸이 김언호

펴낸곳 (주)도서출판 한길사
등록 1976년 12월 24일 제74호
주소 10881 경기도 파주시 광인사길 37
홈페이지 www.hangilsa.co.kr
전자우편 hangilsa@hangilsa.co.kr
전화 031-955-2000~3　**팩스** 031-955-2005

부사장 박관순　**총괄이사** 김서영　**관리이사** 곽명호
경영이사 김관영　**편집주간** 백은숙
편집 노유연 박홍민 배소현 임진영
마케팅 이영은　**관리** 이희문 이진아 고지수
디자인 창포　**인쇄** 프린탑

제1판 제1쇄 2017년 3월 31일(양장)
제1판 제1쇄 2025년 12월 10일(보급판)
제1판 제2쇄 2025년 12월 31일

값 38,000원
ISBN 978-89-356-7912-6 93160

- 2018 한국연구재단 지원사업 우수성과물
- 잘못 만들어진 책은 구입하신 서점에서 바꿔드립니다.
- 이 도서의 국립중앙도서관 출판시도서목록(CIP)은 서지정보유통지원시스템 홈페이지(seoji.nl.go.kr)와 국가자료공동목록시스템(www.nl.go.kr/kolisnet)에서 이용하실 수 있습니다.
(CIP제어번호: CIP2017006775)
- 이 저서는 2013년 정부(교육과학기술부)의 재원으로 한국연구재단의 지원을 받아 수행된 연구입니다.
(NRF-2013S1A6A4018048)